L849
5
A

HISTOIRE

DE FRANCE.

TOME 4.

IMPRIMERIE DE GUIRAUDET ET JOUAUST,
Rue Saint-Honoré, 315.

DÉBARQUEMENT SUR LA CÔTE D'ALGER
(14 Juillet 1830)

HISTOIRE
DE FRANCE

DEPUIS L'ANNÉE 1825

JUSQU'A L'AVÉNEMENT DE LOUIS-PHILIPPE

(7 AOUT 1830),

PAR

LE C^{TE} DE MONTGAILLARD,

ÉDITION ORNÉE

D'UN GRAND NOMBRE DE GRAVURES SUR ACIER,

D'APRÈS LES DESSINS DE RAFFET.

Tome 4.

———○○○———

Paris,

MOUTARDIER, LIBRAIRE-ÉDITEUR,

RUE DES GRANDS-AUGUSTINS.

—

1839

HISTOIRE DE FRANCE,

PENDANT

LES ANNÉES 1825, 1826, 1827, ETC.,

CONTINUÉE JUSQU'AU 31 DÉCEMBRE 1831.

LIVRE CINQUIÈME.

SUITE DE L'ANNÉE 1829.

8 Août. Dès ce jour, la restauration entre, à pleines voiles, dans la contre-révolution et l'ancien régime : le sort en est jeté.

Ordonnance royale, qui nomme le prince de Polignac *, pair de France, ministre secrétaire-d'État au département des affaires étrangères, sur la démission du sieur comte Portalis.... Cette ordonnance est contre-signée par le garde-des-sceaux, ministre de la justice, *Bourdeau*.

* Le nom patrimonial de M. de Polignac est *Chalençon*. Il n'est pas de l'ancienne maison de Polignac, éteinte vers le milieu du dix-septième siècle : sa famille est d'une noblesse ordinaire; elle prit le nom de la terre de Polignac, dans le ci-devant Ve-

8. — Ordonnance qui nomme le sieur Courvoisier procureur-général près la cour royale de Lyon, garde-des-sceaux de France, ministre-secrétaire d'État au département de la justice, en remplacement du sieur Bourdeau ; le comte de Bourmont, pair de France, lieutenant-général des armées, ministre secrétaire d'État au département de la guerre, en remplacement du sieur vicomte de Caux (les art. 2 et 3 de l'ordonnance du 17 janvier 1828 (V. cette date) continuant d'avoir leur exécution); le sieur comte de Rigny, vice-amiral, ministre secrétaire d'État au département de la marine et des colonies, en remplacement du sieur Hyde de Neuville (V. 23 août) ; le sieur comte de La Bourdonnaye, membre de la chambre des députés (Maine-et-Loire), ministre secrétaire d'État au département de l'intérieur, en remplacement du sieur vicomte de Martignac ; le sieur Baron de Montbel *, membre de la chambre des députés (Haute-Garonne), ministre secrétaire d'État au département des affaires ecclésiastiques et de l'instruction publique et grand-maître de l'Université de France (la présentation des sujets les plus dignes d'être promus aux archevêchés, évêchés et autres titres ecclésiastiques du royaume, sera faite par un évêque désigné à cet effet, et aura lieu dans la forme suivie antérieurement à l'ordonnance du 26 août 1824), en remplacement du comte Feutrier, évêque de Beauvais, et du

---

lay, dont elle fit l'acquisition. Les Chalençons étaient de simples gentilshommes sans illustration aucune; le cardinal de Polignac est le seul personnage connu de cette famille, dont la fortune et l'élévation prodigieuse datent du règne de Marie-Antoinette, 1774. Mais qu'est, en fait d'illustration, un chapeau de cardinal ?

* M. de Montbel n'a pas le titre de baron ; son nom de famille est *Baron* ; Montbel est un nom de terre.

sieur Vatimesnil. — Le ministère du commerce et des manufactures est et demeure supprimé.

Cette ordonnance est contre-signée par le *prince de Polignac*, nommé ministre le même jour.

8. — Ordonnance royale. — Les attributions conférées au ministère du commerce et des manufactures par les ordonnances des 4 et 20 janvier 1828, sont et demeurent réunies à celles du département de l'intérieur en ce qui concerne le commerce intérieur et les manufactures..... Les attributions du conseil supérieur et du bureau de commerce et des colonies sont rétablies telles qu'elles existaient antérieurement aux ordonnances précitées des 4 et 20 janvier 1828. Le président du bureau de commerce et des colonies est placé sous l'autorité du ministre secrétaire d'État des finances.

Cette ordonnance est contre-signée *prince de Polignac*.

8. — Ordonnance royale, qui nomme le comte Chabrol de Crousol, pair de France, ministre secrétaire-d'État au département des finances, en remplacement du comte Roy.

Cette ordonnance est contre-signée *prince de Polignac*.

8. — Ordonnance du roi, qui nomme les sieurs comte Portalis, ancien ministre des affaires étrangères, le vicomte de Caux, ancien ministre de la guerre et le baron Hyde de Neuville, ancien ministre de la marine, ministres d'État et membres du conseil privé..... Elle est contre-signée *prince de Polignac*.

8. — Ordonnance du roi, qui nomme le comte Por-

talis, premier président de la cour de cassation... Elle est contre-signée *Bourdeau*.

8. — Ordonnance du roi, qui nomme le vicomte de Caux grand'croix de l'ordre royal et militaire de Saint-Louis, et le vicomte de Martignac grand'croix de l'ordre royal de la Légion-d'Honneur...... Elle est contresignée *prince de Polignac*.

8. — Ordonnance du roi, qui charge par *intérim* le comte de Chabrol de Crousol, ministre des finances, du porte-feuille de la justice; le *prince* Jules de *Polignac*, ministre des affaires étrangères, du porte-feuille de la marine et des colonies; le sieur comte de La Bourdonnaye, ministre de l'intérieur, du porte-feuille des affaires ecclésiastiques et de l'instruction publique... Elle est contresignée *prince de Polignac*.

8. — Ordonnance du roi, qui accorde une pension de 12,000 francs, avec jouissance à partir de ce jour, aux sieurs baron Hyde-de-Neuville, ex-ministre de la marine; vicomte de Caux, ex-ministre de la guerre; vicomte de Martignac, ex-ministre de l'intérieur; comte de Saint-Cricq, ex-ministre du commerce; Vatimesnil, ex-ministre de l'instruction publique.

Telle est la série des ordonnances qui bouleversent de fond en comble l'administration publique, et déposent les rênes de l'État entre les mains de M. de Polignac! Les hommes du pouvoir absolu et les jésuites ont, enfin, réussi à amener au pouvoir l'émigré le plus célèbre par son antipathie contre la Charte constitutionnelle, et par son incapacité politique : l'une ne saurait être comparée qu'à l'autre.

Le mécontentement est général dans la capitale, et les

provinces le partageront à l'arrivée des courriers chargés de leur donner connaissance de la nouvelle promotion ministérielle. Elle annonce clairement l'intention d'entrer, sans nul détour, dans ce système contre-révolutionnaire dont M. de Polignac est le *représentant* officiel, le *type* royal. La comédie constitutionnelle, jouée sous le ministère Martignac, est finie ; d'autres acteurs entrent en scène et vont donner, *par ordre supérieur*, une première représentation de l'ancien régime; mais la France ne la laissera pas jouer jusqu'à la fin... La session de 1828 a aboli la censure, l'établissement de feuilles périodiques n'est plus soumis à l'autorisation préalable, et le gouvernement n'a plus la ressource des procès de *tendance :* en voilà plus qu'il n'en faut pour défendre et faire triompher les libertés constitutionnelles de toutes les attaques dirigées contre elle. (V. 27, 28 et 29 juillet 1830.)

10. — Circulaire du nouveau ministre de l'intérieur. — Les circulaires sont de rigueur pour tout ministre arrivant au pouvoir..... M. le comte de La Bourdonnaye fait la sienne pour le ministère de l'intérieur, et signifie aux préfets de faire preuve de dévouement au gouvernement du roi : « Toutefois (leur dit-il) l'intention du gouvernement n'est point de troubler les situations établies, ni de faire une réaction. Tout ce qui voudra se rattacher franchement à lui et le seconder dans la stricte observation de la Charte constitutionnelle (que le gouvernement veut détruire) doit compter sur son appui ; quiconque *tendrait* à s'écarter de cette ligne invariable de conduite aura, nous l'espérons du moins, le *courage de se faire justice.* Dans le cas contraire, je compte trop sur votre dévouement pour n'être pas convaincu que vous vous empres-

serez de m'en informer. » — Le baron d'Haussez fera sa circulaire (27 août) pour le ministère de la marine : « ... Le gouvernement du roi est *inébranlable* dans la résolution qu'il a prise de ne point s'écarter des principes constitutionnels consacrés par la Charte, et de ne rien négliger pour resserrer *à jamais* les liens qui doivent unir le trône et les libertés publiques. Il marchera dans cette voie avec constance ; *modération* et *fermeté*, et je ne puis douter que tout ce qui appartient au corps de la marine ne le seconde de tous ses efforts pour atteindre un but qui est l'objet des vœux de tous les amis de l'ordre et de la monarchie légitime. » Et, un an plus tard, le baron d'Haussez signera l'abolition de la Charte, le trône sera renversé, et le constitutionnel ministre de la marine, décrété d'accusation, échappera en s'exilant au châtiment prononcé contre lui.

10. — Ordonnance du roi, qui nomme le comte Ravez, membre de la chambre des députés, premier président de la cour royale de Bordeaux, pair de France... Cette nomination ne surprend personne ; M. Ravez a certainement mérité la haute dignité qui lui est décernée, par les services qu'il n'a cessé de rendre au pouvoir ministériel, dans sa présidence de la chambre des députés. Nous serions injuste, si nous n'ajoutions pas en même temps que M. Ravez a été constamment fidèle à la légitimité contre-révolutionnaire ; il refusa, sous le régime impérial, toutes les places qui lui furent offertes, et résista aux séductions du prince archi-chancelier Cambacérès, lorsque ce haut dignitaire de l'Empire vint présider le collége électoral de la Gironde : et, en 1815, M. Ravez refusa de prêter son ministère à la défense des frères Faucher (dont il était l'ami) condamnés à mort, malgré la foi des traités, à l'époque de la se-

conde restauration des princes de Coblentz! Que de titres à leur munificence!

13. — Ordonnance du roi, qui nomme le sieur *Mangin* conseiller à la cour de cassation, préfet de police du département de la Seine, en remplacement du sieur de Belleyme, appelé à d'autres fonctions.

M. Mangin, devenu tout à coup si fameux, en 1822, par la virulence, par la barbarie avec lesquelles il remplit les fonctions de procureur-général dans le procès et la condamnation du général Berton (V. 24 février 1822), manquait au ministère Polignac. Chargé du soin de maintenir l'ordre et la tranquillité publique dans Paris, M. Mangin est parfaitement en harmonie avec l'ordre de choses créé par les ordonnances du 8 août; il ne reculera devant aucun acte arbitraire, il passera, s'il le faut, au-dessus de toutes les lois qui garantissent la liberté et la sûreté individuelles, et fera oublier M. Delaveau, dont le préfectorat fut si fatal aux citoyens (V. 19 et 20 novembre 1827). M. Mangin est véritablement, pour le ministère contre-révolutionnaire du 8 août, l'homme qu'il faut, le fonctionnaire *fait exprès*..... Son zèle contre-révolutionnaire sera récompensé, peu de temps après son entrée à la préfecture de police; il sera, dès le 1er novembre, nommé conseiller d'État en service ordinaire, et autorisé à participer aux délibérations du conseil!!!

15. — Paris. — La procession du vœu de Louis XIII a lieu ce jourd'hui. — Le roi viendra de Saint-Cloud pour y assister. Dans le trajet des Tuileries à Notre-Dame, le peuple garde un profond silence : les gardes-du-corps forment la haie dans l'église, la garde royale

et la troupe de ligne dans les rues où passe la procession. La cérémonie finie, le roi partira pour Saint-Cloud ; il aura pu se convaincre, par l'attitude calme et silencieuse du peuple, de l'extrême mécontentement qu'inspire la nomination du ministère Polignac (V. 8 août).

17. — République d'Haïti. — Ouverture, au Port-au-Prince, de la chambre des représentans des communes.

Le président de la république prononce un discours où il annonce que les négociations entamées pour fixer dans les formes positives les relations entre Haïti et la France sont loin d'être terminées : « Contre mon attente, dit-il, on est encore à recevoir du gouvernement français la réponse aux dernières communications qui lui ont été faites..... La justice de nos réclamations, les droits incontestables que nous avons acquis, garantissent que le traité qui réglera les rapports politiques et commerciaux des deux pays sera basé sur le principe de la *réciprocité*..... » Le président représente la situation de la république d'une manière satisfaisante, sous le rapport de la tranquillité intérieure et extérieure, mais peu favorable sous celui des finances : c'est annoncer à la France qu'elle attendra long-temps le paiement des sommes qui lui sont dues en vertu de la vente du droit de souveraineté qu'elle a consentie aux noirs de l'île de Saint-Domingue. (V. *Hist. de France, suite*, etc., Tom. Ier, pages 44 et suiv., 17 avril 1825.)

21. — Suède. — Couronnement de la reine.

Cette auguste cérémonie est faite, suivant l'usage pratiqué de tout temps en Suède, par l'archevêque d'Upsal ; il place la couronne sur la tête de la reine : les députés des quatre ordres, les personnages les plus considérables de la cour, et les hauts fonctionnaires de l'État assistent à cette solennité ; elle est suivie de fêtes splendides, qui ne coûtent aucun sacrifice au peuple ; le roi les solde de sa cassette privée.

La nation française a chèrement payé la féodale et grotesque magnificence du couronnement de Charles x ! A l'époque du sacre de Reims, le peuple était dans la misère, et la cour dévorait, en antiquailles d'ancien régime, les finances de l'État : mais la France est un royaume riche, doublement favorisé dans son climat et dans son sol ; en conséquence les Bourbons de Coblentz ne sauraient trop en pressurer les deux mamelles, l'agriculture et l'industrie. La Suède est un royaume pauvre, disgracié par la nature ; aussi ne voit-on pas sans attendrissement Charles-Jean xiv acquitter de ses propres deniers les dépenses du couronnement. La diète veut subvenir aux frais immenses qu'il occasionne, mais le roi refuse de faire peser cette nouvelle charge sur la nation ! Il sait être roi et grand roi, Charles-Jean xiv ; il sait aussi être magnifique et économe de la substance de ses peuples (V. 29 janvier). Monarque en vertu de *l'élection nationale*, la première et la plus sacrée des *légitimités*, Charles-Jean xiv, fort de l'amour des deux nations qui lui ont remis le soin de leurs destinées, est inébranlable sur son trône de fer et de cuivre ; il n'a rien à craindre de l'esprit révolutionnaire, aristocratique ou démocratique ; il n'a pas à redouter ces révolutions dont sa justice et sa sagesse ont fermé l'abîme en Suède et en Norwége. Noble et grand monarque, offre, pendant de longues années encore, des leçons et des exemples aux rois ! (V. 15 novembre 1828.) Tu règnes sur un peuple libre, tous les amis de l'humanité, de la liberté et des lois, bénissent ton nom : poursuis ta glorieuse carrière, sois toujours *toi-même* et l'histoire con sacrera le surnom de *Père de la patrie* que tu as mérité jusqu'à ce jour !!!

23. — Ordonnance du roi, qui nomme le baron d'Haussez, préfet de la Gironde, ministre et secrétaire d'État au département de la marine et des colonies, en remplacement du sieur comte de Rigny, non-acceptant... Elle est contre-signée par M. *Courvoisier*, garde-des-sceaux.

M. Gauthier, comte de Rigny, reçoit, dans le département de l'Allier (Moulins), le brevet de sa nomination de ministre de la marine ; il *accepte* le porte-feuille. Peu de temps après le courrier ministériel, arrive chez M. de Rigny un courrier expédié par M. l'abbé Louis, son oncle ; le premier courrier n'est pas encore reparti, M. de Rigny retire son acceptation et *refuse* le porte-feuille (tel est le bruit généralement répandu dans la capitale)..... Sans cette heureuse circonstance, le vainqueur en tiers de Navarin eût fait partie du ministère Polignac, et serait vraisemblablement perdu aujourd'hui pour la cause constitutionnelle. La France doit de grands remercîmens à M. l'abbé Louis, pour sa haute prévision et pour le noble usage qu'il a fait de son influence prépondérante sur l'esprit de M. de Rigny.

26. — Ordonnance du roi, qui statue que les présentations pour les archevêchés, évêchés et autres titres ecclésiastiques du royaume, seront faites par le sieur de *Frayssinous*, évêque d'Hermopolis (*in partibus infidelium*), pair de France. — C'est remettre le département des affaires ecclésiastiques et de l'instruction publique entre les mains des jésuites : M. Baron-Montbel sera le ministre titulaire de ce département, et contre-signera les actes de M. Frayssinous, ministre de fait.

Ordonnance du roi, qui nomme le sieur Chanteleauze, procureur-général près la cour royale séant à Riom, procureur-général près la cour séant à Grenoble; et le sieur Guernon de Ranville, procureur-général près la cour séant à Grenoble, près la cour séant à Lyon, en remplacement du sieur Courvoisier, appelé à d'autres fonctions (V. 8 août). — Ces deux procureurs-généraux sont tenus en réserve pour être portés au ministère, lorsque M. de Polignac jugera leurs conseils et leur présence nécessaires dans la haute administration de l'État.

26. — Tribunal de police correctionnelle. — Affaire du *Journal des Débats*.

A peine M. de Polignac est-il entré aux affaires, que les feuilles publiques se répandent en récriminations et en invectives contre le nouveau ministère; le *Journal des Débats*, qui s'est si bien accommodé jusqu'ici de tous les pouvoirs, sous l'empire et la restauration, se distingue entre tous les journaux par la virulence de ses articles contre le gouvernement du roi; dans son numéro du 10 *août* (date rappelant un anniversaire de funeste mémoire), il dit: «..... Le voilà encore une fois *brisé*,
« ce lien d'amour et de confiance qui *unissait* le peuple
« au monarque! Voilà encore une fois la cour avec ses
« *vieilles rancunes*, l'émigration avec ses *préjugés*, le
« sacerdoce avec sa *haine de la liberté*, qui viennent
« se jeter entre la France et son roi! Ce qu'elle a *con-*
« *quis* par quarante ans de travaux et de malheurs, on
« le lui ôte; ce qu'elle *repousse* de toute la puissance
« de sa volonté, de toute l'énergie de ses vœux, on le
« lui impose violemment..... Que feront-ils (les mi-
« nistres) cependant? Iront-ils chercher un appui
« dans la force des baïonnettes? Les baïonnettes aujour-
« d'hui sont *intelligentes*; elles connaissent et respectent

« la loi.... Ceux qui gouvernent maintenant les affaires
« voudraient être modérés, qu'ils ne le pourraient pas ;
« les haines que leurs noms réveillent dans tous les es-
« prits sont trop profondes pour n'être pas rendues...
« Incapables de régner trois semaines avec la liberté de
« la presse, vont-ils nous la retirer? Ils ne le pourraient
« qu'en violant la loi consentie par les trois pouvoirs,
« c'est-à-dire en se mettant *hors la loi du pays* *. Vont-
« ils déchirer cette Charte qui fait l'immortalité de
« Louis XVIII et la puissance de son successeur? Qu'ils
« y pensent bien ! la Charte a maintenant une autorité
« contre laquelle viendraient se briser tous les efforts du
« despotisme. Le peuple paie un milliard à la loi; il ne
« paierait pas deux millions aux ordonnances d'un mi-
« nistre. Avec les taxes illégales naîtrait un HAMPDEN
« pour les briser. HAMPDEN ! faut-il encore que nous
« rappellions ce nom de trouble et de guerre. Malheu-
« reuse France! malheureux roi!... » Dans son numéro
du 15, le même journal dit : « ... Coblentz, Waterloo,
« 1815, voilà les trois personnages du ministère!.....
« Pressez, tordez ce ministère, il ne dégoutte qu'humi-
« liation, malheurs et dangers... » Et, dans le temps,
le *Journal des Débats* a *célébré* Coblentz, Waterloo,
1815!!!

Ces articles ont été déférés au tribunal correctionnel,
et l'éditeur responsable du *Journal des Débats*, M. Bertin ainé, est mis en état d'accusation. L'avocat du roi,
M. Levavasseur, a soutenu l'accusation avec impartialité
et modération ; la manière dont il s'est efforcé de justi-

---

* Et, ce qu'il y aura de plus curieux, le voici : Le 26 juillet 1830 (V. cette date), le *Journal des Débats* acceptera, sans
mot dire, les ordonnances qui *retireront* la liberté de la presse,
et ira solliciter à la préfecture de police l'autorisation nécessaire
pour sa publication.....

fier les choix faits par le roi dans la composition du nouveau ministère, est assez nouvelle pour être remarquée :
« ... Au surplus (a-t-il dit), vous parlez des antécédens du nouveau ministère. Qui vous a dit qu'il devait être *fidèle à ses antécédens ?* Est-il donc si nouveau de voir changer de principes en même temps que d'*intérêts?* Ne voit-on pas des gens adorer aujourd'hui ce qu'ils méprisaient hier? fouler aujourd'hui aux pieds l'objet de leur adoration passée?... » Le *Journal des Débats* prouve la parfaite justesse des paroles de M. l'avocat du roi, et ce magistrat ne pouvait choisir un exemple plus frappant, plus incontestable. Mais, avouons-le aussi, voilà de singuliers motifs pour inspirer la confiance ; les fonctionnaires publics, même les plus élevés dans la hiérarchie politique, n'auront donc qu'à abjurer les principes dont ils ont fait profession pendant toute leur vie politique, pour mériter l'estime et la confiance de la nation !!!

M. Dupin aîné, chargé de la défense, prouve que le *Journal des Débats* a toujours été et est éminemment religieux, royaliste et même un peu *aristocratique*, mais aristocratique *de bon goût*, « par le choix exquis des
« hommes de lettres attachés à sa rédaction, espèce de
« *nobles*, en général peu nombreux, car on ne les fait
« pas *à volonté*. » M. Dupin met beaucoup d'art à justifier les doctrines de ce journal dont les variations sous l'empire et la restauration ont été si multipliées, si éclatantes ; il ne voit dans les passages incriminés que l'usage légal d'un droit incontestable, que l'exercice légitime de la liberté de la presse ; il ne voit dans l'accusation que l'amour-propre et le dépit des ministres « qui
« (dit-il), sous couleur de vouloir venger la personne
« du roi, soi-disant offensé, n'avaient réellement voulu
« venger que leur propre injure, intimider la presse

« constitutionnelle, et créer le *silence*, qui seul pouvait
« leur sembler la paix. »

M. Dupin rappelle « le dévouement de M. Bertin à
« la dynastie des Bourbons, les persécutions dont il a
« été victime pour leur cause, son voyage à Gand, le
« *Moniteur* qu'il y a rédigé (de concert avec M. de
« Châteaubriand); » enfin il s'efforce de prouver que
les paragraphes de l'article incriminé par le ministère
public ne contiennent ni offense contre la personne du
roi, ni attaque contre son autorité constitutionnelle, et
que la chaleur de l'attaque ne pouvait porter que contre
les ministres ; l'adroit défenseur dit à leur sujet : « le
« roi a pu nous *donner à son insu* et *contre sa volonté*
« de mauvais ministres, il pourrait nous donner de plus
« mauvais ministres encore. » Voilà, certes, un ministère qu'on ne peut plus diffamer ; il est traduit en justice dès son avénement au pouvoir..... Malgré tout le
talent oratoire de M. Dupin, le tribunal « condamne
Bertin à six mois d'emprisonnement et 500 francs d'amende (*minimum* de la peine), et le condamne en
outre aux dépens. »

M. Bertin forme appel contre ce jugement. (V. 24
décembre.)

Jamais cause n'avait attiré une si grande foule d'auditeurs ; c'était la cause du ministère et de l'opinion publique ! En effet, tous les journaux non salariés par le
gouvernement se prononcent en même temps contre le
nouveau ministère ; le *Constitutionnel*, le *Journal du
Commerce*, le *Courrier Français*, etc., lancent les
imprécations nationales contre ce *coup d'État ministériel*; le *Courrier Français* va même jusqu'à dire :
« ...Qu'il était déplorable qu'un pays comme la France
« fût sans cesse ballotté par des ministres faibles, au gré
« des intrigues de cour... Les chambres vont s'armer

« de toute leur indignation pour *foudroyer* un minis-
« tère dont la composition est un sujet d'alarmes pour
« le pays..... » Ces journaux ne sont pas mis en cause ;
la préférence est accordée au *Journal des Débats*, et
c'est encore une maladresse du ministère naissant, car
il indispose contre lui le parti *aristocratique* dont ce
journal est l'organe habituel..... Sans doute, la fatalité
qui préside à tous les actes de l'émigration en a
ordonné ainsi.

2 Septembre. — Turquie. — Andrinople. Traité de paix entre la Russie et la Porte.

Les hostilités entre les deux puissances, suspendues pendant l'hiver, ont recommencé au printemps.... Silistrie a capitulé le 30 juin ; l'armée russe a passé le 14 juillet les monts Balkans, et a pris possession d'Andrinople le 20 août, sans coup férir ; des négociations ont été ouvertes entre les commissaires-députés turcs et le général Diébitsch, commandant en chef de l'armée russe : la paix est signée peu de jours après..... Le traité de paix sera ratifié, le 20 septembre, par la Porte-Ottomane ; le 30, l'escadre russe lèvera le blocus des Dardanelles.

La Russie rend à la Porte-Ottomane toutes les places conquises ou occupées par l'armée russe dans la Bulgarie et la Romélie : les frontières des deux empires sont *rectifiées*, selon l'expression du cabinet de Saint-Pétersbourg, c'est-à-dire que la rive gauche du Danube lui appartiendra désormais en entier, ainsi que les îles formées à son embouchure ; la rive droite de ce fleuve restera comme auparavant en la possession de la Porte-Ottomane. Relativement aux conquêtes faites par les Russes sur les côtes orientales de la mer Noire et en Asie, le cabinet de Saint-Pétersbourg les restitue à la Porte, et se borne, pour la *rectification* et la *sûreté* de ses frontières d'Asie, à *incorporer* à l'empire russe les forteresses d'Anapa, de Poti, d'Akhaltzick, d'Atskour, et d'Akhalkalaki. — La Porte-Ottomane s'oblige de payer, dans les termes convenus, 1,500,000 ducats de Hollande (environ 18 millions de francs), pour dédommager les sujets russes des pertes qu'ils ont essuyées depuis la guerre de 1806; et 10,000,000 de ducats de Hollande (environ 117 millions de francs) pour indemniser la Russie des frais et dépenses que la présente guerre lui a occasionés. — Le Bosphore et les Dardanelles sont ouverts à tous les navires marchands en paix avec la Porte, et la liberté de commerce dans la mer Noire est accordée à toutes les nations. — Enfin, la Porte-Ottomane reconnaît l'indépendance de la Grèce, et donne son entière adhésion au traité conclu, à cet égard, à Londres, le 6 juillet, entre la France, la Russie et l'Angleterre, ainsi qu'au protocole du 22 mars 1829. (V. ces dates.)

Par un traité séparé, en date du même jour, les principautés de Moldavie et de Valachie seront évacuées par les troupes russes, et remises sous la suzeraineté de la Porte-Ottomane, mais avec d'importans changemens dans l'administration de ces provinces, changemens qui les placent en quelque sorte sous le protectorat de la Russie; dans sa haute *bienveillance*, elle étend ce protectorat sur la Servie!

L'empereur Nicolas 1ᵉʳ publiera, 19 septembre, un manifeste pour célébrer l'heureuse issue de la guerre de Turquie, l'héroïque valeur de ses armées, et son profond *désintéressement* dans les conditions de paix consenties avec la Porte-Ottomane. — Ce désintéressement est tel, que Constantinople et la Turquie d'Europe sont ouvertes sur le Danube et presque démantelées; la mer Noire est placée sous la domination du cabinet de Saint-

Pétersbourg ; il a désormais une entrée libre dans les provinces asiatiques de la Turquie : en un mot, la Russie étend ses conquêtes et consolide, par ce traité de paix, toutes les usurpations de territoire opérées aux dépens de la Porte-Ottomane depuis plus d'un demi-siècle.

La guerre qui vient de se terminer a montré combien la puissance russe, quoique très-formidable, est, en réalité, au-dessous de l'idée qu'on s'en est généralement formée depuis la chute de Napoléon et les événemens de 1814. En effet, la campagne de 1828 a été funeste et presque honteuse pour le cabinet de Saint-Pétersbourg, malgré les fastueux bulletins qu'il a fait publier : l'armée russe s'est emparée de quelques positions, mais cette campagne si vantée lui a coûté quarante mille hommes tués, blessés ou faits prisonniers ; elle a perdu plus de soixante mille hommes morts de misère, de fatigue et de la peste ; elle a perdu plus des quatre cinquièmes de ses chevaux. Les généraux russes ont montré une grande inhabileté dans la conduite des opérations militaires, notamment au passage du Danube ; et, si les troupes turques eussent été moins indisciplinées, et dirigées par des chefs ayant quelques talens stratégiques et une tactique militaire ordinaire, l'armée russe était exterminée.

Les Russes se sont présentés, dans la campagne de 1829, avec une armée d'environ 250 mille hommes ; toutes les ressources de l'empire avaient été *épuisées* pour l'ouverture de la campagne ; l'armée avait été pourvue d'une artillerie nombreuse et de tous les moyens de transport nécessaires dans les contrées où était porté le théâtre de la guerre : ils ont marché droit au cœur de l'empire ottoman, mais non sans éprouver la plus opiniâtre résistance et sans joncher de leurs morts les champs de bataille où leurs généraux faisaient chanter des *Te Deum*. Le sultan Mamouth, malgré son héroïque résolution de prendre en personne le commandement de son armée, s'est trouvé dans la nécessité de ne pas s'éloigner de sa capitale, où les agens russes excitaient presque ouvertement le peuple à la révolte. Abandonnée par l'Europe entière, la Porte-Ottomane a dû forcément capituler avec son ennemi mortel, passer sous les fourches-caudines, et souscrire à toutes les conditions imposées par l'ambition, la cupidité et l'orgueil de la Russie. L'empire ottoman est resté debout, mais affaibli sur le Danube, la mer Noire et les principautés qui servent d'avant-postes à Constantinople : ce n'est plus qu'un cadavre vivant, et il suffirait d'une nouvelle guerre avec la Russie ou d'une révolte de quelques grands pachas de l'empire ottoman qui obtiendraient des succès un peu importans, pour dépecer ce cadavre!.....

L'issue de cette guerre doit donner à méditer aux grands cabinets de l'Europe : aucun n'a tenté la moindre diversion en faveur de la Turquie, de cette puissance qui, depuis un siècle, arrêtait les envahissemens de la Russie. Si le cabinet de Saint-Pétersbourg, maître de la Pologne, parvient à démembrer l'empire turc et à placer ses étendards sur les tours de Sainte-Sophie (et telle est l'invariable politique de ce cabinet), l'Angleterre, l'Autriche et la France reconnaîtront alors, mais il sera trop tard, la lâcheté ou la faiblesse dont leur politique a été empreinte depuis le premier partage de la Pologne jusqu'à ce jour.

Napoléon avait parfaitement jugé les dangers dont l'ambition et la férocité russe menaçaient l'Europe; s'il eût apporté dans son expédition de Russie la temporisation que commandait une telle entreprise, l'empire russe s'écroulait sous son propre poids, l'Europe et la civilisation étaient préservées, pour plusieurs siècles, de la barbarie russe : malheureusement, il crut être maître du

temps et de la nature ; il succomba, et perdit l'Allemagne
et la France ! Tous les trophées dont la vanité russe s'est
si pompeusement glorifiée après la retraite de Moscou
n'en imposent pas cependant à l'observateur judicieux et
impartial. Les trois grandes puissances de l'Europe, la
France, l'Angleterre et l'Autriche, arrêteraient encore
l'ambition russe, si, écoutant leurs véritables intérêts et
la dignité de leurs couronnes, elles prenaient vis-à-vis du
cabinet de Saint-Pétersbourg une attitude imposante,
une résolution ferme et soutenue..... Veuillent l'humanité et la liberté que ces puissances comprennent enfin
leurs propres intérêts, et ce qu'exigent d'elles la sûreté
de leurs États et la prospérité de leurs peuples ! Elles
peuvent encore opposer aux barbares du Nord une barrière insurmontable !!! Mais Napoléon l'a dit : Avant un
demi-siècle, l'Europe sera cosaque ou républicaine : c'est
à l'Angleterre, à la France et à l'Autriche à voir lequel
des deux elles préfèrent.

5. — Mort du comte Daru, pair de France, intendant-général des armées, grand'croix de la Légion-d'Honneur,
membre de l'Académie-Française, etc., âgé de 62 ans.

La France perd un de ses meilleurs citoyens, l'armée
le plus intègre et le plus éclairé des administrateurs militaires, et les lettres pleurent un grand écrivain. L'empereur Napoléon avait apprécié le rare mérite de M. Daru ;
il le plaça à la tête de l'administration militaire et n'eut
qu'à se féliciter des services qu'il en reçut ; le grand
empereur avait en lui une confiance presque sans bornes,
et jamais confiance ne fut plus noblement justifiée : peu
d'hommes, en effet, ont réuni tant de talens et de
vertus. M. Daru était recommandable par un désintéressement et une loyauté qui semblaient appartenir aux
temps anciens ; il aimait le bien avec passion et le faisait

sans ostentation. Un esprit aussi élevé et une âme aussi généreuse devaient chérir la liberté ; M. Daru lui fut fidèle, même sous le despotisme impérial ; il la défendit toujours à la chambre des pairs, sous le despotisme de la restauration..... Investi de l'estime publique, il meurt regretté par la France entière, pleuré par les habitans de sa terre et des villages environnans, qui regrettent en lui un bienfaiteur et un ami. M. Daru était célèbre dans les sciences et les lettres ; on lui doit la meilleure *Traduction des Odes d'Horace* qu'on ait faite jusqu'à ce jour ; il laisse à la France une *Histoire de Bretagne* très-estimée, et une *Histoire de la république de Venise*, ouvrage supérieur, et l'un des plus remarquables de ce siècle * ; M. Daru fit présent du manuscrit de cette histoire à l'imprimeur Firmin Didot : ce don gratuit atteste le noble désintéressement de M. Daru.

L'illustre citoyen a laissé un ouvrage posthume intitulé : *l'Astronomie*, poème didactique où l'auteur a fait preuve d'un grand talent poétique et de hautes connaissances dans cette partie : il n'avait fait d'études un peu profondes en astronomie que dans les dernières

---

* Cette histoire renferme des documens précieux sur les affaires de France. — L'on y lit une lettre de Louis XIII à son ambassadeur à Venise, 24 avril 1617, dans laquelle le monarque avoue et s'efforce de justifier, au nom de Dieu, l'assassinat qu'il a long-temps médité contre le maréchal d'Ancre, et se félicite de sa longue dissimulation envers lui ; où il remercie Dieu de lui avoir inspiré cette bonne pensée, de lui avoir préparé l'exécution et amené la victime sous l'épée de M. de Vitry, capitaine des gardes, qui sera nommé maréchal de France en récompense de l'assassinat. Il est curieux de voir Louis *le Juste* se glorifier de ce guet-à-pens, pour lequel, dit-il, « l'on n'entend qu'applaudissemens et bénédic-
« tions sur moi. » Quel roi que ce fils de Henri IV !

années de sa vie, et dans la composition de son poème il s'est presque placé au niveau de la science..... Il appartenait à l'illustre et vénérable Sylvestre de Sacy de faire l'éloge de M. Daru; cet éloge est digne de l'un et de l'autre.

11. — Mexique. — Tampico. Capitulation du général Barradas et des troupes espagnoles composant l'expédition contre le Mexique.

Le cabinet de Madrid s'est follement persuadé qu'il pourrait conquérir le Mexique, et a préparé, dans le port de la Havane (île de Cuba), une expédition chargée *de prendre possession du royaume*. L'amiral Laborde, commandant une escadre de deux vaisseaux de ligne, trois frégates et plusieurs petits bâtimens de guerre, débarque, le 27 juillet, au port de Ponta-Iérès, environ 3,500 hommes; cette armée, « que le monde « observe et qui fera l'admiration de la postérité, » disent l'amiral Laborde et le général Barradas, se met en marche sur Tampico ; la partie du territoire mexicain où les troupes espagnoles ont opéré leur débarquement est dégarnie de forces militaires, et le général Barradas s'avance à quelques lieues de Tampico : mais le général mexicain, Santa-Anna, le force bientôt à rétrograder : après un combat où les Espagnols sont entièrement défaits, Barradas, manquant de vivres et voyant toute la population mexicaine s'armer contre lui, est trop heureux de regagner Tampico et d'obtenir une capitulation qui lui permet de ramener les débris de son *invincible armée* à la Havane : généraux, officiers, soldats espagnols, tous s'engagent à ne jamais revenir au Mexique, à ne jamais prendre les armes contre la république mexicaine. Tel est le résultat de cette expédition! Il doit prouver à l'Espagne l'inutilité de ses tentatives pour reconquérir l'Amérique méridionale : l'Espagne pourra entretenir long-temps encore la guerre civile dans ces contrées, y fomenter des conspirations, y salarier des assassins, etc., mais l'Amérique est à jamais perdue pour le cabinet de Madrid.

15. — Mexique. — Décret du président de la république, Vicento Guerrero, pour l'abolition de l'esclavage.

Le décret porte : « L'esclavage est aboli pour toujours dans la république. — En conséquence, sont libres tous les individus qui se regardaient, jusqu'à ce jour, comme esclaves. — Lorsque la situation financière de la république le permettra, les propriétaires d'esclaves seront indemnisés, et l'indemnité sera réglée par une loi..... »

Avant un demi-siècle, l'esclavage sera définitivement et complétement aboli dans les deux Amériques. L'humanité et la philosophie doivent de grands remercimens à M. Wilberforce et à ses généreux coopérateurs en Angleterre; elles sont aussi redevables de cet immense bienfait à l'assemblée *constituante* de France qui proclama les droits de l'homme et l'émancipation des peuples.

15. — Inauguration du monument élevé à la mémoire des victimes de Quiberon. — Le maréchal Soult, duc de Dalmatie, proposa, en 1814, d'*immortaliser* les *exploits* et les *vertus* des Vendéens et des Chouans, en leur érigeant un monument triomphal ; il appartenait à un illustre guerrier de l'*empire* de prendre une si noble initiative*..... Madame la Dauphine a voulu qu'un grand

---

* On lit, dans les *Mémoires* du comte de Lavalette: « Que, ministre de la guerre, préoccupé de faire oublier, par sa ferveur nouvelle, ses anciennes affections pour la république et ensuite pour l'empire, le maréchal Soult donnait tous ses momens aux

acte de piété nationale consacrât la mémoire des héros-
martyrs de Quiberon ; un mausolée est érigé en leur
honneur à la Chartreuse, et l'inauguration en est faite
par trois évêques et un nombreux clergé, avec toute
la pompe que comporte cette solennité. M. de Chazelles,
préfet du Morbihan, prononce, à cette occasion, un
discours remarquable par l'enthousiasme de reconnaissance et d'admiration qu'il prodigue aux héros de la
guerre civile. Le *Moniteur* du 21 le donne tout entier.

Les départemens de l'Ouest ont été successivement
honorés de la présence du duc d'Angoulême, de son
auguste épouse, du duc de Bourbon, de *madame*
duchesse de Berry : Louis xviii et Charles x n'y ont
jamais mis le pied, craignant, apparemment, les sifflets de
ceux qui les avaient attendus si long-temps lorsqu'ils se
battaient pour eux. mais les deux princes n'en portaient
pas moins dans leur cœur les Vendéens et les Chouans.

15 Octobre. — Ordonnance du roi sur le retard des
concessionnaires de titres de noblesse et de majorats à se
pourvoir de lettres-patentes. — Elle accorde un délai de

Vendéens et à leur histoire, en faisant signer au roi une ordonnance pour le monument de Quiberon, et en les plaçant
dans l'armée..... Il réunit avec éclat, dans la ville de Nantes,
tout ce qui restait de vieux insurgés de la Vendée, pour leur
faire solennellement des distributions de pensions et de décorations. » — Il faillit y avoir insurrection à Nantes; l'agent du
ministère fut obligé de se sauver..... Au reste, le maréchal
Soult espérait, nous le pensons, qu'en agissant de la sorte, la
concorde et l'union s'établiraient entre les patriotes et les Vendéens, et que les uns et les autres s'aimeraient comme des
frères en Jésus-Christ.

M. de Lavalette blâme également la conduite du maréchal
envers le général Excelmans, qu'il *exila* dans son département
natal; le ministre allait employer la force contre le général, au
moment où ce dernier s'évada.

six mois, passé lequel délai toute ordonnance, à raison de laquelle les lettres-patentes n'auront pas été retirées par les concessionnaires, sera déclarée éteinte et périmée.

Cette ordonnance prouve combien les anoblissemens et les titres honorifiques perdent chaque jour de valeur dans l'opinion nationale; peu de personnes les sollicitent, et celles dont l'amour-propre n'est pas à l'épreuve de pareils colifichets, ne témoignent pas même d'empressement à s'investir du titre légal qui les leur confère. C'est l'un des signes les plus caractéristiques du progrès des lumières et de l'abolition des préjugés; il montre le peu de prix que les Français d'aujourd'hui attachent à la naissance et aux titres honorifiques.

18. — Ordonnance du roi sur la réorganisation de l'académie de médecine. — Cette ordonnance apporte de notables modifications dans le régime de l'académie de médecine, institué et réglé par les ordonnances de décembre 1820 et de février 1821; elle conserve au gouvernement le droit d'approuver la nomination des titulaires, et maintient, dans toute son intégrité, le despotisme administratif que le ministère exerçait dans cette académie.

20. — Amérique méridionale. — Colombie.

Le libérateur Bolivar se fait nommer président à vie, avec le droit de choisir son successeur : investi de la dictature, il veut en assurer la durée. Hautement accusé d'aspirer au trône, cet homme illustre, qui a rendu de si éminens services à sa patrie, perd chaque jour de sa popularité et par conséquent de sa puissance; il ne faudrait qu'un général disposant d'un corps de troupes un peu considérable pour renverser le libérateur et replonger la Colombie dans l'anarchie : tous les amis du *libérateur* se sont efforcés de le détourner de son projet, ils lui ont représenté les dangers qui pourraient en résulter pour sa personne; Bolivar n'a écouté que *les nécessités de la patrie*..... Il marche, dit-on, au pouvoir absolu; les événemens ultérieurs nous apprendront si le grand *citoyen* n'était qu'un ambitieux, dévoré de la soif du pouvoir: mais l'éclatant patriotisme dont il a fait preuve depuis vingt années ne permet pas jusqu'à ce jour de croire aux imputations dirigées contre lui.....

4 Novembre. — Inauguration de la statue de Louis XIII à la Place Royale.

Les membres du corps municipal de la Seine, précédés des deux préfets, ont rendu (dit le journal officiel) les honneurs d'usage à l'*effigie* du roi. Le préfet de la Seine (Chabrol) prononce un discours où il ne rougit pas de présenter Louis XIII comme le digne fils du grand, du bon Henri; où il ose dire que l'esclave du cardinal de Richelieu « a droit au souvenir reconnaissant de la France. » — Au surplus, lorsque la restauration relève la statue de Louis XV, l'on ne doit pas s'étonner de voir celle de Louis XIII reparaître sur son piédestal! Elle va remplacer une très-belle fontaine, nécessaire à ce quartier, dont les habitans manqueront d'eau, mais auront en dédommagement l'effigie d'un roi bigot, cruel et aussi méprisable que méprisé (V. 5 septembre).

11. — Ordonnance du roi, portant réorganisation de l'école des chartes (établie en 1822).

Cette ordonnance est rendue sur le rapport fait au roi par le ministre de l'intérieur, La Bourdonnaye; elle renferme de sages dispositions et présente une utilité réelle:

si son exécution répond aux vues annoncées par le gouvernement, l'école des chartes fournira de précieux matériaux à l'histoire de France.

17. — Ordonnance du roi, qui nomme le prince de Polignac, ministre des affaires étrangères (V. 8 août), *président du conseil des ministres*.....!!! L'ex-émigré va régner sous le nom de Charles x, qui abdique de fait en attendant mieux. — Cette ordonnance est contresignée par le garde-des-sceaux, *Courvoisier*.

18. — Ordonnances du roi, qui nomment le sieur Baron de Montbel (il fallait dire Baron-Montbel), ministre des affaires ecclésiastiques et de l'instruction publique, ministre secrétaire d'État au département de l'intérieur, en remplacement du comte de La Bourdonnaye, démissionnaire....... M. Baron-Montbel a défendu, corps à corps, le ministère *déplorable*, les jésuites, les faux électeurs, les priviléges; il a combattu les ordonnances du 16 juin, la liberté de la presse, la révision des listes électorales. — Le sieur Guernon de Ranville, ci-devant procureur-général près la cour royale de Lyon, ministre secrétaire d'État au département des affaires ecclésiastiques et de l'instruction publique, en remplacement du sieur Baron de Montbel, appelé à d'autres fonctions.... M. Guernon de Ranville s'est glorifié publiquement *d'être contre-révolutionnaire* : sans cela, serait-il ministre?

18. — Ordonnance du roi, qui nomme M. le comte de La Bourdonnaye ministre d'État et membre du conseil privé. — Elle est, ainsi que les deux précédentes, contre-signée *prince de Polignac*.

A ce jour, le ministère Polignac est *complet*; il appartient, sans nuances aucunes, à l'ancien régime de

Versailles et de Coblentz. M. de La Bourdonnaye, dont les talens oratoires et les connaissances politiques ne sauraient être contestés, n'a pu se résigner à subir la suprématie de l'incapable prince romain Polignac; il a donné sa démission et fait preuve d'un caractère digne d'éloges. Quelques reproches que la cause constitutionnelle soit en droit d'adresser à M. de La Bourdonnaye, quelques reproches qu'elle soit fondée à lui intenter pour sa conduite politique en 1814, surtout en 1815 et 1816, où il provoqua contre les vaincus des cent-jours un système de *catégories* qui rappelait les temps de 1793, la cause constitutionnelle ne saurait du moins l'accuser de dissimulation ou de perfidie, et c'est un éloge lorsqu'il s'agit de l'un des plus opiniâtres partisans du pouvoir absolu. Depuis son entrée sur la scène de la restauration, il s'est montré à découvert l'ennemi des institutions libérales; bien différent, dans sa conduite politique, de cette foule de fonctionnaires publics de toutes les classes qui ont pris toutes les couleurs du caméléon... Plusieurs discours de M. de La Bourdonnaye portent l'empreinte d'un grand talent, notamment celui qu'il prononça (séance du 2 avril) dans la discussion sur la loi communale et départementale; l'on y reconnaît des vues d'homme d'État, quelque aristocratiques et même anti-constitutionnels qu'en soient les principes. Sans doute, M. de La Bourdonnaye a l'intime conviction que la monarchie absolue est plus conforme aux besoins et au gouvernement de la France que la monarchie constitutionnelle; il s'abuse étrangement, et ses préjugés politiques sont d'un autre temps, mais il a du moins le mérite de n'avoir pas changé de doctrines depuis 1814 : nous ne connaissons aucun ministre dont il soit permis d'en dire autant. Absorbé dans la chambre des pairs, M. de La Bourdonnaye perdra toute son influence politique, et demeurera, ainsi que l'un de ses prédécesseurs au ministère de l'intérieur (M. Corbière), étranger aux événemens qui ne tarderont pas à éclater en France; il les prévoyait, et M. de Corbière aussi; ce dernier disait : « Eh! sûrement, nous sommes toujours en *révolution;* sans cela, le fils d'un paysan comme moi serait-il ministre? » M. Corbière était homme de grand sens et de probité !

29. — Tribunal de police correctionnelle. — Affaire de l'*Association bretonne.*

Plusieurs habitans de l'un et de l'autre sexe, dans les cinq départemens de l'ancienne province de Bretagne, ont publié, au mois de septembre dernier, un projet de souscription dans lequel il est dit : « ... Considérant qu'une poignée de brouillons politiques menacent d'essayer l'audacieux projet de renverser les bases des garanties constitutionnelles consacrées par la Charte;... que la résistance par la force serait une affreuse calamité; qu'elle serait sans motif lorsque les voies restent ouvertes à la résistance légale; que le moyen le plus certain de faire préférer le recours à l'autorité judiciaire est d'assurer aux opprimés une solidarité fraternelle : déclarons, sous les liens de l'honneur et du droit, souscrire individuellement pour la somme de..... Cette souscription formera un fonds commun à la Bretagne, destiné à indemniser les souscripteurs des frais qui pourraient rester à leur charge, par suite du *refus d'acquitter* des contributions publiques illégalement imposées, soit sans le concours libre, régulier et constitutionnel du roi et des deux chambres, soit avec le concours des chambres formées par un système électoral qui n'aurait pas été voté dans les mêmes formes constitutionnelles..... » — L'acte d'association indique et prescrit les moyens d'exécution nécessaires, détermine quels seront les mandataires et procureurs-généraux ayant mission de recueillir les souscriptions, de satisfaire aux indemnités, d'exercer, sur la réquisition d'un souscripteur inquiété par une contribution illégale, le pourvoi et ses suites contre les exacteurs; de porter plainte civique et accusation contre les auteurs, fauteurs et complices de l'assiette et perception de l'impôt illégal.

En peu de jours l'acte d'association se couvre de souscripteurs; plusieurs départemens (Seine-Inférieure, Moselle, etc.) forment une semblable association, et bientôt le même esprit de résistance légale se répand dans toute la France: tel est le patriotique résultat des alarmes causées par la nomination de M. de Polignac au ministère!

Le *Journal du Commerce* est le premier à publier (17 septembre) l'acte de l'Association bretonne; dès le lendemain, *le Constitutionnel*, le *Courrier français*, le JOURNAL DES DÉBATS, la GAZETTE DE FRANCE, insèrent cet acte dans leurs feuilles: ils sont saisis... Le 19 septembre, la chambre du conseil du tribunal de première instance de la Seine rend une ordonnance qui renvoie MM. Bert et Valentin de Lapelouze, gérans responsables du *Journal du Commerce* et du *Courrier français*, devant le tribunal correctionnel, pour y être jugés suivant la loi; l'un, pour avoir donné la première publicité à l'Association bretonne; l'autre, pour avoir ajouté à l'insertion de l'acte des réflexions qui en font l'apologie: l'ordonnance déclare qu'il n'y a lieu à suivre contre les autres inculpés qui n'ont fait que répéter, sans commentaire répréhensible, l'article inséré dans le *Journal du Commerce* et le *Courrier français*.

Au tribunal de police correctionnelle, M. l'avocat du

roi, *Levavasseur*, établit que la *souscription n'existait pas;* « au reste (dit-il), la question de l'authenticité est complètement accessoire. » Afin de prouver que les prévenus se sont rendus coupables du délit d'excitation à la haine et au mépris du gouvernement du roi, M. l'avocat du roi pose en axiome que ces mots, « *gouvernement du roi*, doivent s'entendre par *gouvernement du roi agissant par des ministres responsables.* » — Selon M. l'avocat du roi, « l'excitation à la haine et au « mépris des ministres responsables, est l'excitation à « la haine et au mépris du gouvernement du roi. » D'après une semblable doctrine, il n'y a plus de responsabilité ministérielle, et tout examen des actes des ministres est interdit à la presse !!!

Tout le discours de M. l'avocat du roi est de la même force; il divague sans cesse et ne fournit aucune preuve des assertions sur lesquelles l'accusation s'appuie. — M. Bert, après avoir établi la preuve matérielle de l'existence de l'*Association bretonne*, réfute et détruit d'une manière victorieuse toutes les argumentations de M. Levavasseur; le prévenu fait preuve, dans sa défense, d'un jugement, d'une sagesse et d'un talent également distingués: MM. Bernard et Mérilhou défendent les deux journaux incriminés avec cette supériorité oratoire et judiciaire qui les caractérise; leurs plaidoyers les honorent également comme jurisconsultes profonds, bons citoyens et défenseurs énergiques des libertés constitutionnelles.— Le tribunal condamne Bert et Valentin de Lapelouze à un mois d'emprisonnement et 500 francs d'amende.

Ce procès et cette condamnation donnent à l'*Association bretonne* une haute importance politique; ils jettent une grande déconsidération sur le ministère Polignac, contre lequel l'opinion nationale se prononcera d'une manière plus véhémente de jour en jour. Le *refus de l'impôt* dans telle circonstance donnée, est la menace la plus grave qui puisse être faite à ce ministère; mais il a devers lui le budget de 1830 : il se moquera, en conséquence, des symptômes de résistance légale qui se manifestent dans les départemens, et, persistant plus que jamais dans ses projets de contre-révolution, il en viendra officiellement à proclamer la violation de toutes les libertés constitutionnelles consacrées par la Charte (V. 25-29 juillet 1830) : le trône sera brisé en éclats, et la branche aînée de la maison de Bourbon sera expulsée du territoire français.

2 Décembre. — Tribunal de police correctionnelle. — Affaire du prince de Castelcicala, ambassadeur de Naples, contre *le Constitutionnel*, le *Courrier français* et le *Journal du Commerce*. — Les gérans responsables des trois journaux sont prévenus « d'avoir diffamé le prince Castelcicala dans ses fonctions d'ambassadeur, en alléguant *qu'il est le même que Fabricio Ruffo qui avait fait partie de la junte sanguinaire créée à Naples par le ministre Acton.* »

L'avocat du roi, Levavasseur, avait demandé, le 18 novembre, la remise de la cause, sous prétexte qu'il n'avait pris lecture que le matin même, de l'ordonnance de la chambre du conseil qui renvoyait les prévenus devant le tribunal, mais au fait pour laisser tomber cette affaire et étouffer de la sorte une discussion qui devait dévoiler cette masse de faits effroyables dont l'histoire accuse le prince Castelcicala, faits prouvés par des documens authentiques : la cause avait été remise au 2 de ce mois.

MM. Barthe et Mérilhou sont les défenseurs des gérans des trois journaux inculpés; le premier prouve, et surabondamment, que le prince *Castelcicala* est la même personne que *Fabricio Ruffo* dont le nom avait acquis une si épouvantable renommée en 1799 (V. *histoire de France*, tome v, page 218 et suiv.). Les crimes sans nombre commis par Fabricio Ruffo sont attestés par des historiens dont la véracité ne saurait être contestée : Botta; Cuoco, devenu en 1816 l'un des conseillers de Ferdinand; le comte Orloff, ambassadeur de Russie à la cour de Naples, qui dédia son ouvrage à l'empereur Alexandre. Ce Fabricio Ruffo est devenu prince de Castelcicala; mais cette haute élévation ne l'empêche pas d'être *lui-même*.... Castelcicala a demandé, en sa qualité d'ambassadeur de Naples, l'extradition d'un Napolitain, *Galotti*, réfugié en Corse à la suite des mouvemens révolutionnaires qui ont eu lieu, en 1826, dans une province du royaume de Naples; le malheureux a été livré : son extradition excite, en France, une indignation profonde, et rappelle naturellement la conduite de Fabricio Ruffo en 1799! L'identité du personnage est constatée, et le tribunal « renvoie les prévenus de la plainte, sans « dépens. »

L'homme qui, dans les temps de révolution, rend son nom fameux dans les annales du crime, cet homme, quels que soient son rang et ses dignités, appartient à l'histoire; elle a le droit de le juger selon ses œuvres, et c'est lui-même qui se diffame lorsqu'il a la maladresse d'en appeler aux tribunaux. Le nom de Fabricio Ruffo sera justement placé dans l'histoire à côté de ceux de Robespierre, de Fouché, de Couthon, de Cambacérès, de Barras, de Lebon, de Fouquier-Tainville, etc., et autres personnages horriblement fameux de la révolution française.

2. — Ordonnance du roi, qui nomme le sieur baron Clouet (V. 14 juin 1815), maréchal-de-camp, direc-

teur de l'administration au ministère de la guerre. — Fidèle compagnon de M. le comte de Bourmont aux champs de Waterloo, M. le baron Clouet devait naturellement être appelé auprès de lui au ministère de la guerre. Dans quelles plus honorables mains M. de Bourmont pouvait-il remettre la direction de l'administration de ce département? On l'a dit de tout temps, il y a confraternité entre militaires qui ont partagé les mêmes périls et cueilli les mêmes lauriers : les noms de M. de Bourmont et de M. Clouet sont devenus inséparables ; pourquoi deux personnages qui ont si bien mérité des princes de Coblentz depuis la restauration de 1815 ne seraient-ils pas l'un à côté de l'autre au ministère de la guerre? Rien de mieux pour le bien de l'État; rien de plus touchant que cette homogénéité de services.

8. — Ordonnance du roi, qui rétablit le conseil supérieur et le bureau de commerce tels qu'ils existaient *avant* et *antérieurement* à la création du ministère des manufactures et du commerce. — Le bureau de commerce est replacé dans les attributions du président du conseil des ministres.

On fait, on défait, et tout est bouleversé dans l'administration depuis la révolution ministérielle du 8 août (V. cette date) : rien de stable dans les choses ni dans les hommes ; il ne faut pas en être surpris, lorsque le gouvernement change tous les ans de système, et veut, de manière ou d'autre, renverser la loi fondamentale de l'État.

10. — Mort du cardinal duc de Lafare, archevêque primat de Sens, premier aumônier de Mme la Dauphine, pair de France, ministre d'État, commandeur des ordres du roi, etc., âgé de 77 ans. — Les traitemens, supplé-

mens de traitemens, pensions, etc., dont il jouissait, s'élevaient à la somme de 192,000 fr. *

M. de Lafare manifesta, dès l'ouverture des étatsgénéraux, 1789, une profonde aversion pour la liberté, et demeura constamment fidèle à la haine qu'il avait vouée aux principes proclamés par l'assemblée constituante ; il fut l'un des prêtres les plus intolérans de France, l'un des agens contre-révolutionnaires de l'émigration les plus intrigans et les plus actifs. Chargé à Vienne des affaires des princes français jusqu'en 1795, et de celles du comte de Lille (Louis XVIII) après la mort du fils de Louis XVI, l'ex-évêque de Nancy ne cessa d'exciter les puissances étrangères à s'armer contre sa patrie ; il inonda les cours du Nord de mémoires politiques et de plans contre-révolutionnaires. Rentré en France à la suite des Cosaques et des pandours, cet ecclésiastique exerça une grande influence dans les affaires du clergé ; on lui doit le rétablissement des jésuites et de l'ultramontanisme ; aussi fut-il comblé de toutes les faveurs que la cour de Rome peut accorder : il avait des droits non moins incontestables à la reconnaissance des princes de Coblentz, ils lui prodiguèrent les dignités et les richesses. M. le cardinal de Lafare était, à la

* Rien d'étonnant, au surplus, dans cette allocation de traitemens : l'archevêque de Rouen jouit de 300 mille francs de revenu; celui de Toulouse, de plus de 200 mille; celui de Reims en a pour le moins autant; enfin le prélat, évêque d'Amasie (*in partibus infidelium*), *qui gouverne* l'archevêché de Lyon, jouit, de compte fait, de 240 mille francs de revenu : pauvres prélats! ils ne cessent de dire que l'Église est *ruinée, persécutée, avilie...* Depuis la restauration, 1814, le clergé catholique a coûté 400 millions au trésor public; il prélève, cette année-ci (1829), 42 millions sur le budget de l'État; quelle ruine, quelle persécution, quel avilissement!!!

chambre des pairs, le représentant de l'absolutisme politique et religieux; on lui a entendu dire : « La constitu-
« tion civile du clergé et la Charte constitutionnelle sont
« inexcusables aux yeux de la religion et de la royauté :
« elles sont des crimes. »

17. — Ordonnance royale, qui nomme le marquis de Pastoret chancelier de France, en remplacement de M. le comte Dambray, décédé. — Qui eût dit en 1792 au citoyen-avocat Pastoret, se déchaînant à la tribune nationale contre les princes français, *Monsieur* et M. le *comte d'Artois*, qu'il deviendrait un jour pair de France, chancelier de France, par brevets signés de ces deux princes ? L'on peut dire des avocats, comme des livres écrits, *habent sua fata libelli*.

17. — Cour royale de la Seine. — Affaire du *Courrier français*.

Le jugement rendu, le 27 juin (V. cette date), par le tribunal de police correctionnelle avait excité le plus grand étonnement; toute la France le regardait comme une violation flagrante de la liberté religieuse consacrée par la Charte. M. Chatelain avait appelé de ce jugement; fort de son droit, il se présente devant la cour royale.

Son défenseur, M. Mérilhou, soutient la cause avec le talent et la force de raisonnement qu'il a déployés devant le tribunal; il faudrait citer en entier son plaidoyer, si l'on voulait rappeler tout ce qu'il offre de beautés; nous nous bornerons à un seul fragment : « ..... Ici,
« ma position est bizarre : je défends un journaliste ac-
« cusé d'avoir *outragé la religion de l'État et les autres*
« *cultes chrétiens reconnus par la Charte*; et c'est moi
« qui viens défendre la religion de l'État et toutes les

« autres religions contre le tribunal de première instance
« lui-même, et contre le ministère public qui nous
« poursuit : car, si vous admettiez les théories que les
« premiers juges ont adoptées, vous consacreriez *l'abus*
« *du pouvoir révoltant par lequel l'autorité civile, usur-*
« *pant les droits de l'autorité spirituelle*, pourrait ré-
« soudre tels ou tels doutes théologiques, et prononcerait
« *dogmatiquement* sur des questions de croyance dont
« l'appréciation ne peut être discutée au-delà des bornes
« du sanctuaire : *genre d'oppression que l'histoire a*
« *flétri*, et contre lequel ont protesté les plus grands
« docteurs de la foi catholique. »

M. Chatelain fait preuve, pour sa défense, du même courage et de la même éloquence qui lui ont mérité l'éclatant suffrage de tous les amis de la liberté constitutionnelle ; cet écrivain, si distingué par son énergie et ses vertus civiques, acquiert de nouveaux droits à la reconnaissance nationale. — La cour rend l'arrêt suivant : « Au fond : considérant qu'il résulte du droit public des Français consacré par la Charte, la faculté pour eux de publier et faire imprimer leurs opinions, et aussi celle pour chacun de professer sa religion avec une égale liberté, sous la seule condition des lois répressives de l'abus de ces facultés ; — considérant que l'opinion émise publiquement sur une croyance religieuse, et qui constituerait un manque de foi à cette croyance, peut sembler *un malheur* aux yeux de ceux qui ont la foi, mais ne deviendrait coupable que si elle dégénérait en injures et outrages, soit à cette croyance, soit à ceux qui la professent ; — considérant que Chatelain, en *prévoyant* un événement *même impossible*, ne s'est pas servi d'expressions, et ne s'est pas permis des réflexions ou allusions injurieuses et outrageantes contre la religion chrétienne ; — met l'appellation et ce dont est appel au néant; émendant, décharge Chatelain des condamnations contre lui prononcées; au principal, le renvoie des fins de la plainte. »

Cet arrêt excite une vive satisfaction; il est reçu aux acclamations de l'opinion nationale. La France bénit la Cour royale de mettre, dans cette circonstance, un frein à l'intolérance et aux empiétemens toujours croissans du clergé, et d'assurer avec la liberté de conscience le droit qu'a tout individu de discuter les croyances religieuses.

M. Chatelain a rendu un grand service à son pays; le *Courrier français* a noblement soutenu la réputation qui lui est acquise : ce journal, le premier des journaux de France, a constamment défendu la cause nationale; depuis le premier jour de son apparition, il ne s'est pas écarté un instant de la ligne constitutionnelle sur laquelle il s'était placé; nulle variation dans ses doctrines, nulle hésitation dans sa marche, toujours même opposition, même énergie; opposition parfaitement juste et éclairée, énergie parfaitement soutenue et justifiée : quelle est la feuille périodique qui peut présenter de si grands droits à la confiance nationale? Aucune, nous le disons sans crainte d'être démenti.

24. — Cour royale. — Affaire du *Journal des Débats* (V. 26 août) : appel.

L'avocat du roi (M. *Bérard-Déglajeux*) soutient l'accusation, en mettant en avant les raisons déduites par M. *Levavasseur*, au tribunal de police correctionnelle... M. Dupin aîné, défenseur de l'accusé, traduit les ministres eux-mêmes à la barre, et rappelle les écrits ou les discours de M. de Polignac, de M. de La Bourdonnaye, où l'on pourrait trouver, dit-il, plus que dans les articles incriminés du *Journal des Débats*, les caractères d'offense à la personne du roi, et d'atteinte à la prérogative royale que la Charte investit d'une liberté illimitée dans le choix des ministres. Le plaidoyer du célèbre avocat fait une vive impression sur l'auditoire, et l'accusé vient y ajouter en protestant du dévouement dont il a toujours fait preuve pour la dynastie et la cause royale ; en terminant son discours, M. Bertin dit : « ... Messieurs, si par impossible mon défenseur n'était pas parvenu à vous faire partager sa conviction et la mienne, j'ose me flatter que, d'après le peu de mots que je viens d'avoir l'honneur de vous adresser, aucun de vous, aucun de ceux qui m'entendent ne pourra croire qu'arrivé au terme d'une pénible carrière, j'aie sérieusement voulu offenser, outrager, insulter celui qui fut toujours l'*objet* de mon respect, de mon amour, j'allais presque dire *de mon culte*... »

La cour royale rend l'arrêt suivant : « Considérant que si les expressions de l'article incriminé sont inconvenantes et contraires à la modération qu'on doit apporter dans la discussion des actes du gouvernement, elles ne constituent pas le délit d'offense à la personne du roi, et d'attaque à la dignité royale ; ... — La cour décharge Bertin aîné des condamnations contre lui prononcées ; au principal, le renvoie de la plainte. »

Cet arrêt est reçu aux applaudissemens publics, et confirmé par l'assentiment général. C'est, en effet, la liberté de la presse que la cour royale vient de consacrer, en dépit d'un ministère dont tous les efforts tendent à la détruire. Dans une conjoncture aussi solennelle, le *Journal des Débats* s'est montré l'organe de l'opinion nationale ; elle se félicite de la victoire qu'il remporte, et sait gré au journal de l'*aristocratie* de l'énergie avec laquelle il a combattu le ministère de la contre-révolution... Sept mois plus tard (25 juillet 1830), ce ministère suspendra la liberté de la presse, abrogera les lois électorales, et brisera la chambre des députés; le même *Journal des Débats* obtempèrera aux ordonnances royales qui prononceront la destruction du régime constitutionnel; et, répétons-le, les mêmes rédacteurs qui se sont élevés avec tant de force contre la simple nomination du ministère du 8 août, iront à la préfecture de police apporter leur lâche soumission aux actes si monstrueusement arbitraires que ce ministère lancera contre la liberté de la presse!!! Le *Journal des Débats* était-il entré en grâce auprès du ministère Polignac, et avait-il repris le chemin de la trésorerie? — En 1832, une personne attachée au *Journal des Débats*, dira: « Nous écrivons pour les gouvernemens qui « donnent de l'argent et des places : ce sont, pour nous, « les meilleurs gouvernemens. » Cette naïveté n'a rien de surprenant; mais l'on serait bien étonné, si nous nommions le personnage qui s'exprime avec tant de franchise!!!

ANNÉE 1830.

1ᵉʳ JANVIER. — Le roi reçoit, ainsi qu'il est d'usage, les félicitations et les hommages des autorités constituées, à l'occasion du nouvel an; cette étiquette et ces formalités ne tirent pas à conséquence; on prodigue au prince de belles protestations de fidélité et de dévouement à sa personne, sauf à se conduire suivant les circonstances (V. juillet 1830), et à l'abandonner à lui-même après lui avoir juré dévouement et fidélité inviolables... La réception des complimens est, cette année, moins gracieuse que de coutume; la cour met dans ses réponses une aigreur, une sévérité remarquables.

M. Séguier, président de la cour royale de Paris, parlant au nom de ses collègues, assure Charles x de leur respect, de leur amour ; il dit : « Sire, nos ans re-
« commencent par ce qu'il y a de plus heureux pour
« les Français : *voir le roi!* Après des vœux constans
« pour votre conservation, nous en avons encore un à
« former, c'est que notre cœur parle au vôtre. Alors
« nous ne sommes plus inquiets de nos expressions :
« l'amour des sujets est compris de la bonté du mo-
« narque. Ce sentiment de tous nos momens, sire,
« mais trop rarement divulgué, se dédommage en ce
« jour privilégié, où l'honneur de nous être approchés
« de votre majesté, et le bonheur de le dire, *soldent*
« et *arrhent* pour chaque année les travaux assidus,
« les devoirs pénibles des serviteurs fidèles de votre
« justice. » L'on ne peut, assurément, rien dire de mieux et en meilleur jargon de courtisan ; mais Charles x n'a pas oublié, n'a pas *absous* les arrêts rendus par la cour royale les 17 et 24 décembre 1829 (V. ces dates), relativement au *Courrier français*, au *Journal des Débats;* il répond sèchement au discours de M. Séguier : « Les vœux que m'adresse la cour
« royale ont toujours des droits sur mon cœur. Tous
« les Français, je n'en doute pas, les partagent : ils
« savent combien j'ai moi-même d'amour pour eux. »
Et, haussant la voix : « Magistrats de la cour royale,
« *n'oubliez jamais* les importans devoirs que vous avez
« à remplir. *Prouvez*, pour le bonheur véritable de
« mes sujets, que vous *cherchez* à vous *rendre dignes*
« des marques de confiance que vous avez reçues de
« votre roi. » C'est dire clairement qu'ils n'en sont pas dignes. Depuis les *lits de justice*, aucun chef de gouvernement n'avait parlé, en France, en termes plus inconvenans, avec plus de dureté, à une cour royale! mais il

restait encore, à cette cour, une insulte à subir. Lorsque ses membres se présentèrent chez madame la Dauphine, pour lui offrir l'hommage de leurs respects : « Passez, « messieurs, » leur dit cette princesse, de cette voix aigre et avec cet air de dédain qui la caractérisent. C'était outrager, sans nécessité aucune, la cour royale de Paris, et par conséquent la magistrature elle-même...... Pour le coup, M. Lainé pourrait dire de Charles x et de madame la Dauphine ce que Louis xviii avait dit des députés qui s'étaient prononcés contre la loi du 5 février 1816 : « Ils sont *encore fâchés* » (V. *Hist. de France; suite*, etc., tom. iii, 17 mai - 24 juin). — Le despotisme est inhérent au caractère du prince d'Édimbourg, comme il l'était au caractère du prince de Blankembourg ; nous avons entendu dire à Louis xviii : « Le despotisme est dans la nature ; quoi de plus despote « qu'elle ? » Le prétendant faisait là une véritable pétition de principe : sans doute la nature est inflexiblement despote, mais c'est en obéissant à des lois fixes, invariables, éternelles. Le despotisme est, nous en convenons, un ingrédient excellent, indispensablement nécessaire dans tout bon gouvernement ; mais c'est le despotisme de la justice et des lois, devant lesquelles doivent s'incliner les rois, aussi bien que les simples particuliers.

2. — Suicide de M. Auger, littérateur, membre et secrétaire perpétuel de l'Académie-Française, âgé de 57 ans. — Il disparaît de son domicile, après avoir écrit à ses confrères, dans la personne du président de l'Académie, une lettre où il leur exprime les regrets que sa santé ne lui permette pas de remplir les devoirs attachés à ses fonctions ; il leur annonce « que les mé- « decins lui ont interdit tout travail, toute application « de l'esprit, et qu'ils lui ont ordonné de partir, sans

« délai, pour un voyage dans le Midi : il espère que sa
« santé lui permettra de venir bientôt reprendre ses
« fonctions. »

Le 17 février, les eaux de la Seine ont jeté sur la
Grève, près de Meulan (Seine-et-Oise), le corps de
M. Auger : il était en putréfaction. L'on a trouvé, dans
la poche de son gilet, la belle tabatière d'or que l'archevêque de Paris (Quélen) lui avait donnée à l'occasion de sa nomination à l'Académie-Française : le prélat de Paris avait reconnu, avec *générosité*, les éloges
que M. Auger lui prodigua dans cette circonstance.....
M. Quélen, académicien, est aux ordres des ministres,
comme l'archevêque de Paris est aux ordres des Jésuites
(Voyez le 16 janvier 1827).

Il n'est pas sans quelque intérêt politique d'entrer
dans certains détails sur la carrière littéraire de M. Auger; on aura une idée des entraves que la presse a subies
sous l'empire et la restauration, et de la conduite de
plusieurs hommes de lettres de notre temps.

Né dans la classe plébéienne, M. Auger fut d'abord
commis dans l'administration des vivres, d'où il entra
en qualité d'employé dans les bureaux du ministère de
l'intérieur : mais il ne tarda pas à quitter la carrière administrative, où il était tout-à-fait ignoré, pour se lancer dans celle des belles-lettres; il s'y dévoua à la profession de critique, et se fit journaliste. Après avoir
inutilement sollicité une place d'inspecteur de l'Université, il eut l'adresse de se faire nommer membre de la
commission chargée de l'examen des livres; dès ce
moment, les auteurs furent soumis à la critique et à la
censure de M. Auger, et le littérateur, jaloux de plaire à
Napoléon, musela de tout son pouvoir la presse périodique et non périodique : Napoléon n'aimait ni la personne ni les écrits de M. Auger; aussi l'ex-censeur im-

périal s'empressa-t-il, après les événemens de 1814, de qualifier l'empereur de *Poltron de Fontainebleau.* Il est heureux pour certains écrivains de n'avoir pas de conscience politique, de conscience nationale ; mais encore ne faut-il pas abuser d'un tel égoïsme.... M. Auger voulait-il donc que Napoléon allumât en France la guerre civile ?

La restauration de 1814 vint ouvrir une nouvelle carrière à M. Auger ; il se fit *publiciste de journal,* mais ses articles littéraires prouvèrent une ignorance complète de la science politique ; ils lui valurent cependant une espèce de faveur ministérielle, et une *ordonnance royale* le nomma membre de l'Académie-Française, à l'époque de la réforme, ou plutôt à la dissolution de l'Institut national ; il fut académicien *par ordre du roi.* Nommé, en 1820, membre de la commission de censure, M. Auger en exerça les fonctions avec un zèle dévorant ; ce littérateur, séide du pouvoir ministériel, avait en horreur les idées libérales ou constitutionnelles ; s'il en trouvait vestige dans les manuscrits soumis à sa censure, « Voilà, s'écriait-il, de la contrebande que je « ne laisserai pas passer. » Il est, au surplus, déplorable de reconnaître que la conduite de M. Auger a été celle d'un grand nombre d'hommes de lettres qui ont, comme lui, déshonoré, sous l'empire et la restauration, cette noble profession...

M. Auger, qui a fait quelque bruit dans les dernières années de sa vie, était dépourvu de génie, d'imagination, de sensibilité ; mais il possédait cette instruction de collége que les pédans étalent avec complaisance dans leurs livres ou dans les journaux. Écrivain, ou plutôt annotateur, il appuyait sa réputation sur celle des auteurs dont il reproduisait les œuvres dans des éditions qu'il surchargeait de notes, la plupart insignifiantes.

M. Auger était, si l'on peut parler ainsi, une espèce de lierre littéraire... Il a badigeonné une bonne partie de l'ancienne littérature, mais ses recrépissages littéraires tombent déjà en lambeaux : il s'est porté *éditeur* d'une foule d'ouvrages publiés dans le dernier siècle; il s'acquit le surnom de *Notice*, du titre qu'il donnait à la préface historique qu'il plaçait à la tête de chaque auteur.

Cette espèce de littérateur de troisième ordre a travaillé pour la plupart des feuilles périodiques dont le ministère faisait les frais : il a même été, pendant un temps, la providence du *Journal de l'Empire*, autrement dit *Journal des Débats*.

Nous avons donné une certaine extension à cet article, quoique le personnage qui en fait le sujet eût fort peu d'importance; on pourra juger, d'après les talens et la conduite du secrétaire perpétuel de l'Académie-Française, de l'état où se sont trouvées la littérature et la presse en France, depuis le commencement du siècle jusqu'à ce jour.

3. — Ordonnance du roi qui statue que les dépenses de l'administration centrale des postes et des bureaux de Paris, pour traitemens personnels des chefs et employés de toutes classes, et pour gages des gens de service au nombre de cinq cent quatre-vingt-seize, seront successivement réduites à la somme de 1,508,000 fr., au fur et à mesure des extinctions, vacances, admissions à la retraite, ou promotions à d'autres emplois.

Tous les jours, l'on annonce des projets d'économie, la situation des finances en fait une nécessité au gouvernement; il publie ordonnances sur ordonnances, mais elles ne sont exécutées que très-imparfaitement, et les réductions portent principalement sur les employés subalternes dont le traitement suffit à peine pour leur entretien : les hauts fonctionnaires jouissent, au contraire, d'émolumens énormes, cumulent les places et puisent à pleines mains dans les coffres de l'État.

4. — *Angleterre.* — Protocole du traité conclu, par les plénipotentiaires de France, de la Grande-Bretagne et de la Russie, relativement aux affaires de la Grèce.

Par l'article 1er, — « La Grèce est déclarée État indépendant. » — Le second détermine les limites du nouvel État, dont le territoire s'étendra de l'embouchure du fleuve Aspropotamos jusqu'à celle du Spéchios, et comprendra tous les pays situés entre elles. L'île de Négrepont et les Cyclades sont comprises dans le territoire grec. L'article 3 établit, en Grèce, le gouvernement monarchique et héréditaire par ordre de primogéniture : il sera confié à un prince qui ne pourra être choisi parmi ceux des familles régnantes dans les États *signataires* du traité du 6 juillet 1827, et portera le titre de prince *souverain* de la Grèce, etc., etc.

Les affaires de cette héroïque et malheureuse contrée ne seront pas terminées, même améliorées, par cette mesure de la conférence de Londres ; la Russie et l'Angleterre exerceront toujours en Grèce une influence funeste à la liberté et aux intérêts du nouvel État, et la France, chargée par les deux cours de maintenir la police en Morée, continuera les sacrifices qu'elle a faits jusqu'à ce jour en faveur de l'indépendance de ce pays, sans en retirer aucun bénéfice pour son influence politique ou ses intérêts commerciaux.

6. — Ordonnance du roi, portant convocation de la chambre des pairs et de la chambre des députés des départemens pour le 2 mars.

6. — Ordonnance du roi, portant fixation du traitement des desservans au-dessous de soixante ans, de l'indemnité allouée aux vicaires autres que ceux des communes de grande population, et du crédit à distribuer en secours aux anciennes religieuses pour l'année 1830.

Le traitement des desservans est porté à 800 francs ; l'indemnité allouée aux vicaires à 350 francs ; le secours aux anciennes religieuses à 700,000 francs pour l'année 1830.

Les desservans auront à peu près 45 sous par jour pour leur subsistance ! L'on est révolté de voir les prélats de l'église catholique vivre, pour la plupart, dans l'abondance, le luxe, l'oisiveté, tandis que les ouvriers qui labourent la vigne du Seigneur reçoivent en quelque sorte le pain de l'aumône. Tel archevêque jouit de 200,000 fr. de rente ; et il n'est pas de petit évêque qui n'ait un revenu de 50,000 fr. au moins, tandis que le respectable prêtre, qui arrose de ses sueurs le sanctuaire divin, est réduit à une condition voisine de l'indigence ; mais M. Beugnot l'a dit : « Il est nécessaire que les archevêques et les évêques soient environnés des pompes de ce monde ! »

Quand arrivera le moment où la justice nationale rétribuera les ministres du culte catholique selon leurs œuvres et d'après leurs mérites ?

6. — Portugal. — Mort de Charlotte-Joachim de Bourbon, fille de Charles IV d'Espagne, veuve de Jean VI de Portugal ; sœur de Ferdinand VII, roi d'Espagne, et *mère de D. Miguel*; elle était âgée de cinquante-cinq ans.

L'on a imputé à cette princesse un grand nombre de crimes ; son ambition et ses intrigues n'ont pas peu contribué à susciter et à entretenir les divisions qui agitent la monarchie portugaise ; l'influence qu'elle exerçait sur les résolutions de D. Miguel peut donc être considérée comme l'une des principales causes des forfaits commis par ce prince. Des feuilles publiques d'Angleterre ont dit que D. Miguel était fils de Lucien Bonaparte, qui mit à profit, et de toutes les façons, le temps de son ambassade à Lisbonne : nous croyons que l'imputation d'adultère, publiée contre Charlotte-Joachim de Bourbon, est une calomnie... La veuve de Jean VI laissera un nom flétri dans l'histoire.

10. — France. — Mort de M. Dambray, chancelier de France ; il était âgé d'environ soixante-dix ans.

Issu d'une famille parlementaire distinguée, M. Dambray fut nommé successivement avocat-général à la cour des aides, et avocat-général au parlement de Paris ; il fit preuve d'un grand talent, comme magistrat et comme orateur, dans le procès *Kornmann*, où la magistrature elle-même était mise en cause : M. Dambray plaidait, dans cette circonstance, *pro aris et focis ;* Beaumarchais perdit son procès, mais la magistrature fut déshonorée : le procès Kornmann et le procès du collier furent deux grandes fautes du gouvernement de Louis XVI.

Après la destruction des parlemens, par simple décret de l'assemblée constituante, M. Dambray disparut de la scène publique ; mais dévoué à la cour, il la servit de ses intrigues et se rendit en Italie, où, de concert avec son beau père (M. de Barentin, garde-des-sceaux), il dressa des ridicules plans de contre-révolution dont l'empereur Léopold disait : « Voilà de fort beaux projets, il n'y manque qu'une seule chose : le sens commun. » M. de Breteuil nous a dit ce mot du circonspect et judicieux empereur d'Allemagne.

Après l'issue du voyage de Varennes, juin 1791, tentative sur le succès de laquelle M. Dambray avait fondé sa contre-révolution, l'ex-avocat-général de Paris rentra en France et y vécut dans une retraite dont la tranquillité ne fut pas un instant troublée; il traversa fort heureusement les horribles époques de la convention nationale et du directoire exécutif, et arriva jusqu'à celle de la restauration, 1814, sans avoir personnellement à se plaindre d'une révolution qui avait immolé tant de victimes et ruiné tant de fortunes. M. Dambray avait sollicité auprès de l'empereur Napoléon une place dans la magistrature : mais l'empereur, informé des intelligences que l'ex-avocat-général entretenait avec Louis xviii à Hartwel, refusa constamment d'admettre M. Dambray au nombre des membres de la cour de cassation. Nous le disons, parce que M. le duc de Frioul, Duroc, nous l'a dit : cependant M. Dambray fut membre du conseil-général de son département, ce qui ne tirait pas à conséquence.

Dès la prise de possession du trône, Louis xviii investit M. Dambray du titre de chancelier de France, et lui déféra la présidence de la chambre des pairs. M. Dambray contre-signa, en cette qualité, l'ordonnance du 6 mars 1815, qui déclarait Napoléon *traître et rebelle*, et ordonnait *de lui courir sus*. Napoléon laissa, dans les cent jours, la liberté et la vie à M. Dambray, qui s'était empressé de lui adresser une apologie de sa conduite par l'intermédiaire de Cambacérès : M. Félix Lepelletier, commissaire extraordinaire de l'empereur dans la Seine-Inférieure, se contenta même de la parole d'honneur que donna M. Dambray de résider dans sa terre de Montigny, près Dieppe, et de ne se mêler en aucune manière des affaires publiques. M. Dambray profita de cette généreuse tolérance pour s'évader, se rendre auprès de Louis XVIII, et travailler à des manifestes contre sa patrie.

Pendant les quinze années de sa présidence à la chambre des pairs, M. Dambray a fait preuve de modération, de conciliation et de sagesse ; l'impartialité qu'il a montrée dans les affaires capitales soumises à la cour des pairs mérite d'autant plus d'éloges, que ses opinions personnelles étaient toutes au pouvoir absolu, à l'ancien régime.

M. Dambray n'aimait pas la Charte ; il nous a dit que Louis XVIII avait fait, en *l'octroyant* aux Français, une *énorme faute*. Heureusement, ajoutait-il, « la Charte « porte en elle-même son remède : l'article 14 suffit pour « la supprimer quand il sera temps. » Nous rapportons les propres paroles de M. Dambray..... Il est inutile de dire qu'il condamna le maréchal Ney à la peine de mort.

M. Dambray avait été, dès sa jeunesse, fort adonné aux plaisirs de la table ; c'était son goût dominant ; il faisait de fréquens excès en ce genre, et sa santé en était altérée ; aussi ses facultés intellectuelles s'affaiblirent d'année en année d'une manière prononcée : mais M. Dambray conserva toujours une grande douceur de caractère ; il était d'une bienveillance, d'une bonté, d'une affabilité remarquables, et si l'homme d'État présentait une complète nullité, l'homme privé était à la fois estimable et aimable. M. Dambray réunissait en lui toutes les vertus privées et toutes celles du magistrat ; il eût été, sous l'ancien régime, un très-digne garde des sceaux ; mais il n'avait aucune de celles qui font l'homme d'État, surtout dans des circonstances difficiles. Ses actes ont, plus que ceux des autres ministres de 1814, préparé la catastrophe du 20 mars 1815. La veille de ce jour mémorable, le 19, nous l'avons vu sortir du dernier conseil présidé par Louis XVIII ; toutes les figures étaient allongées et

TOME IV.

tristes, la crainte et le désespoir y étaient peints; la face de M. Dambray était, seule, restée ronde et réjouie : il semblait ne se douter de rien, et Bonaparte était à Fontainebleau!... Il avait long-temps refusé de croire à son débarquement!!! M. de Blacas, premier ministre de fait, le confident, l'ami, le favori du roi, était, sous tous les rapports, fort au-dessous de M. Dambray. Voilà les hommes à qui Louis XVIII avait confié la restauration de son trône!!!

17. — *Ordonnance du roi, qui appelle soixante mille hommes sur la classe de 1829.* — Il sera ultérieurement statué sur les époques de la mise en activité des jeunes soldats de la classe de 1829.

Les départemens du Nord, de la Seine et de la Seine-Inférieure, sont les trois plus imposés; le premier fournit dix-huit cent vingt-huit soldats; le second, quatorze cent trente-six; le troisième, treize cent sept : les départemens des Basses-Alpes, des Pyrénées-Orientales et de la Lozère, sont les trois moins imposés; le premier fournit deux cent quatre-vingt-onze soldats; le second, deux cent quatre-vingt-sept; le troisième, deux cent soixante-trois.

Une conscription de soixante mille soldats est levée chaque année; la France possède tous les élémens de force et d'art militaire que peut désirer une grande nation; et néanmoins son armée est, comparativement, beaucoup moins nombreuse que celles des puissances du premier ordre : elle possède, il est vrai, en officiers généraux, un personnel qui pourrait suffire à une armée d'un million d'hommes; mais ce ne sont pas les officiers-généraux qui gagnent les batailles, ce sont les capitaines et les sous-officiers.

20. — Colombie. Santa-Fé de Bogota. — Proclamation et message adressés par Bolivar au peuple et au congrès de la Colombie.

Dans sa proclamation, Bolivar dit : « Colombiens! je cesse aujourd'hui de vous gouverner! voici déjà vingt années que je sers la république comme soldat et comme magistrat. Pendant cette longue période, nous avons reconquis le pays, émancipé trois républiques, étouffé trois guerres civiles, et quatre fois j'ai rendu au peuple l'*omnipotence* qui m'avait été confiée, en rassemblant spontanément quatre congrès *constituans*. Vos vertus, votre valeur, votre patriotisme ont obtenu ce résultat; à moi, la gloire d'avoir dirigé ces grands événemens... J'ai été victime de plusieurs soupçons, et la pureté de mes principes n'a pas même suffi pour ma défense. Ceux qui aspirent au *commandement suprême* ont formé le complot de me ravir votre affection en m'attribuant leurs propres intentions ; ils m'ont représenté comme l'auteur de projets qu'eux seuls avaient conçus; enfin, ils m'ont peint aspirant à la couronne, *eux qui plus d'une fois me l'avaient offerte* *, et qui savent que toujours je repoussai leurs offres avec l'indignation du républicanisme le plus austère, le plus dévoué. Jamais, non jamais, j'en fais le serment, je ne conçus l'ambitieuse pensée de monter sur le trône. Toutes les insinuations de mes ennemis, toutes les intentions qu'ils m'ont prêtées à ce sujet n'ont eu qu'un but, celui de me perdre dans votre esprit... » — « Colombiens! groupez-vous autour du congrès *constituant*, centre de la sagesse nationale, seul espoir légitime du peuple, et *dernier point de réunion des patriotes*... O mes concitoyens! écoutez les der-

---

* Napoléon avait dit la même chose, s'était servi des mêmes expressions dans les journées du 18 et 19 brumaire.

nières paroles d'un homme qui va terminer sa carrière politique. C'est au nom de la Colombie que je vous conjure de rester unis, afin de ne pas devenir les *assassins de la patrie* et vos propres bourreaux. »

Après avoir rendu, dans son message, compte de son administration, de la situation intérieure et extérieure de la république, des besoins imminens de la chose publique et des ressources que présente le pays, Bolivar soumet au congrès les plus judicieuses observations et lui donne les conseils les plus salutaires; ils portent l'empreinte d'un patriotisme pur, et attestent les connaissances politiques, la sagesse de vues et la profonde expérience du libérateur : il expose les motifs impérieux qui le portent à abdiquer le pouvoir, et dit : «... Heureuse la république, si, en acceptant ma démission, vous nommez président un citoyen chéri de la nation. La république est perdue, si vous cherchez à me réélire. Ecoutez mes prières, servez la république; sauvez ma gloire, qui est celle de la Colombie; disposez de la présidence, que j'abdique respectueusement.» — «... A partir de ce jour, je ne suis plus qu'un citoyen armé pour la défense de la patrie, un sujet du gouvernement; mes fonctions cessent pour toujours : je dépose formellement et solennellement le pouvoir suprême dont les suffrages de la nation m'avaient investi... »

Bolivar répond d'une manière digne de lui aux calomnies que ses ennemis n'ont cessé de répandre jusqu'à ce jour contre son patriotisme et sa dictature. Cette exposition de principes, cette noblesse de conduite et une aussi magnanime résolution attestent à la fois la supériorité de son esprit et l'élévation de son âme... Que Bolivar eût résolu de conserver le commandement suprême jusqu'à l'entière consolidation du nouvel ordre de choses établi dans la Colombie, c'est ce dont l'on ne saurait douter, puisqu'il l'a dit et même écrit à quelques-uns de ses officiers les plus affidés ; mais fatigué des oppositions que lui suscitaient, de toutes parts, des hommes plus ambitieux du pouvoir qu'attachés à la liberté nationale, voyant les insurrections et la guerre civile se reproduire sans cesse dans la Colombie, ce grand homme se retire du commandement, et laisse ses concitoyens maîtres de décider eux-mêmes de leurs destinées. (V. 27 avril.)

24. — Ordonnance du roi, qui statue que : Le bâtiment dont les constructions avaient été commencées sur le quai d'Orsay, est et demeure affecté à l'exposition des produits de l'industrie. — Dans le cours de la prochaine session législative, un projet de loi sera présenté aux chambres à l'effet de pourvoir aux dépenses de construction du *Musée de l'industrie*.

Cette ordonnance mérite des éloges ; elle tend à encourager, à honorer, d'une manière digne d'elles, l'industrie agricole et l'industrie manufacturière qui ont fait de si grands progrès en France depuis la révolution de 1789, et qui en présenteraient de plus étonnans encore si elles jouissaient de la liberté qui leur appartient essentiellement. Mais à quelle époque cette ordonnance recevra-t-elle son exécution? Les jeunes ruines du magnifique bâtiment du quai d'Orsay affligeront long-temps encore les regards du public ; car, tout se commence, et rien ne se finit en France : il a fallu la volonté, la surveillance et toute la munificence de Napoléon, pour que les monumens dont il a doté la ville de Paris fussent achevés ou mis dans un tel état d'avancement, que la *restauration* se trouvât forcée de les terminer, toutefois aux dépens des contribuables et sans que le trône fit la moindre dépense à cet égard. En revanche, les églises, les séminaires et les couvens s'élèvent, comme par enchantement, dans toutes les grandes villes de France.

25. — Paris. — On lit dans le *Moniteur* : « Plusieurs fois les journaux ont parlé d'un individu qui, depuis cinq semaines, se rend soir et matin sur le quai de Gèvres, pour y faire une distribution de quatre à cinq cents soupes à tous les indigens sans distinction. Ce bienfaiteur, qui cache son nom, est connu des pauvres sous la dénomination de : l'homme au petit manteau bleu. Les hommes qui exercent la bienfaisance d'une manière si honorable doivent être *connus*; et, dans cette circonstance, je crois, malgré l'incognito dont il n'a point cessé de se couvrir, qu'il est utile et *juste* de signaler à l'estime publique M. ***, etc. » Le journal intitulé *le Constitutionnel* a dit la veille : «:... La charité plébéienne, sous un modeste manteau bleu, distribue des alimens sains et chauds, sans demander au vieillard ce qu'il a fait dans les temps de la république; à l'enfant, si c'est des ignorantins ou de l'enseignement mutuel qu'il reçoit ses leçons ; à la mère de famille, si elle assiste au sermon du missionnaire ou au prêche du pasteur; si c'est en latin ou en français qu'elle prie ; si son mari est catholique, protestant ou juif; s'il lit *la Quotidienne* ou le *Moniteur.* »

«... J'ai gémi des souffrances qu'un hiver long et ri-
« goureux a fait peser sur *mon* peuple ; mais la bien-
« faisance a multiplié les secours, et c'est avec une vive
« satisfaction que j'ai *vu* les soins généreux prodigués à
« l'indigence sur tous les points de *mon* royaume, et
« particulièrement dans *ma* bonne ville de Paris. »
Ainsi dira Charles x, dans son discours d'ouverture de la session des chambres législatives (V. 2 mars). Le monarque se serait honoré en signalant nominative-

ment en face de la nation le vertueux citoyen qui pratique, depuis un grand nombre d'années et d'une manière aussi noble que rare, cette bienfaisance dont on fait tant d'étalage dans la chaire évangélique et les livres de philosophie. Ce citoyen est M. CHAMPION, ancien bijoutier au Palais-Royal. — M. de Monthion reçoit, toutes les années, les pompeux hommages de l'académie; ses vertus y sont célébrées comme des actes presque divins ; M. de Monthion mérite la reconnaissance publique par la généreuse destination qu'il a faite, après sa mort, d'une immense fortune pour récompenser les actions qui honorent le plus la dignité humaine; mais ce riche philanthrope célibataire n'a fait que *léguer* ses biens à la vertu indigente : M. Champion, père d'une nombreuse famille, leur distribue de son vivant son modique patrimoine; les trois quarts de ses revenus appartiennent aux pauvres : un trait suffira pour peindre ce véritable *ami de l'humanité.*

Un homme, dans la force de l'âge, était appuyé sur le parapet du quai de Gèvres ; sa stature était forte, presque colossale ; des vêtemens en lambeaux couvraient à peine sa nudité; sa physionomie était immobile ; ses traits durs et grossiers semblaient annoncer un de ces êtres de la dernière classe du peuple, privés de toute espèce de sensibilité : c'était un chiffonnier. Son regard était fixé sur un petit vieillard autour duquel se groupaient une foule de gens déguenillés que dévoraient la faim et le froid : le vieillard, couvert d'un très-court manteau bleu, leur donnait des alimens, des vêtemens : « Faut-il donc qu'il y ait une terre pour *pourrir* « un homme comme ça ! » s'écrie tout à coup le chiffonnier ; et des larmes, les premières peut-être qu'il eût répandues de sa vie, viennent sillonner ses joues... La nature a parlé, le chiffonnier l'a traduite dans sa langue.

Pourrir, quel mot de génie! le sentiment est ici d'autant plus profond, d'autant plus sublime, que l'expression de l'homme du peuple est simple et rustique. Un académicien eût beaucoup mieux dit, mais il n'eût pas aussi bien senti : le chiffonnier a deviné que le *Panthéon* devait appartenir aux amis de l'humanité...

Un jeune artiste (M. Fourreau), élève de M. Gros, et dont le talent répond déjà à la célébrité de son illustre maître, M. Fourreau se rendait à ses cours journaliers ; il arrive auprès du chiffonnier dans le moment sublime, ses yeux se remplissent de larmes : il y a du génie dans ces larmes!

M. Champion est la providence des indigens ; ils reçoivent des secours, sans connaître la plupart du temps la main qui les leur envoie ; son pays natal, le département de l'Yonne, a vu sa bienfaisance y chercher la misère jusque dans la chaumière la plus ignorée : un membre du conseil municipal de Chatel-Censoir (Yonne) n'a pu résister au besoin de dévoiler à ses concitoyens les vertus de M. Champion ; il a trahi la modestie du bienfaiteur (V. *Mercure de l'Yonne*, 15 avril 1829). Prêtres, princes, philosophes, académiciens, proclamez la bienfaisance, parlez-en sans cesse en phrases de cour, en pompeuses périodes ; M. Champion la met en pratique ; il en a fait son habitude, son existence ; et ce qui achève d'illustrer ce grand citoyen, sa famille s'est identifiée à ses actes de philanthropie, et lui sacrifie avec joie son aisance.

Une semblable famille, une telle bienfaisance sont hors de ligne et ne justifient que trop la digression dans laquelle nous sommes entré. Hélas! il y a si peu de place pour l'humanité et la vertu dans les annales d'un écrivain véridique!

27. — Ordonnance du roi, qui élève à la dignité de

pairs du royaume les individus dont les noms suivent : le duc de *Céreste ;* les sieurs marquis de *Tourzel ;* marquis Roux, dit de *Puyvert ;* comte de *La Bourdonnaye*, député du département de Maine-et-Loire ; baron de *Vitrolles ;* comte *Beugnot ;* lieutenant-général comte *Vallée.* — Il leur est enjoint, pour être admis à siéger dans la chambre, de justifier de l'institution d'un majorat de 10,000 francs de revenu net... Les lettres-patentes qui seront expédiées, en vertu de la présente ordonnance, aux pairs de France, porteront institution du titre de baron.

Cette promotion et celle des chevaliers des ordres (V. 21 février) seront les deux actes éminens du ministère Polignac ; l'on peut juger, d'après ces actes, de la portée politique du président du conseil.

La nomination des sept pairs ne serait pas aperçue, si l'on n'y trouvait le sieur Arnaud, dit de Vitrolles, si fameux en 1814 et 1815 par la nature de ses services et l'excès de son dévouement à la restauration, et M. Beugnot, si distingué par la souplesse de son caractère et la flexibilité de ses opinions : ce dernier personnage attend, depuis sept ans, dans les antichambres du palais des pairs ; il est plus que charitable de l'introduire dans la chambre. Le public a salué cette nomination, il ne veut la mort de personne ; d'ailleurs M. Beugnot a donné au ministère Villèle et au ministère Martignac tant de preuves de déférence, que le gouvernement Polignac le met sans crainte au rang de ses conquêtes : chaque ministère n'a-t-il pas besoin de la plume *facile* et *souple* de ce grand homme ou plutôt de cet homme grand, dont le corps est aussi flexible que l'esprit ? M. le comte Beugnot est pauvre, il jouit tout au plus de 120,000 fr. de rente ou de traitemens ; la pension de pair lui revient donc de droit, et son éloquence ministérielle la lui assure : il est du nombre de ces parvenus de la révolution qui ont précieusement conservé, disent-ils, *le feu sacré de la liberté!* Mais, ô fatalité! M. Beugnot ne fera que toucher à la pairie, et la plus malencontreuse des révolutions le rejettera bientôt dans les limbes dont il est à peine sorti.

Dans la séance de la chambre des pairs (3 mars), le chancelier de France, président, communiquera à la chambre l'ordonnance du roi portant nomination à la pairie des sept individus ci-dessus dénommés, ainsi que deux autres ordonnances royales : la première (du 19 décembre 1829), portant élévation à la dignité de chancelier de France (vacante par la mort de « Notre *amé* et *féal* Charles Dambray ») « de notre *amé* et *féal* le « marquis de Pastoret, vice-chancelier »; la seconde, du 10 août 1829 (V. cette date), portant élévation à la dignité de pair du royaume du sieur Ravez, membre de la chambre des députés, premier président à la cour royale de Bordeaux.

Le marquis Pastoret, redisons-le, est le même individu que l'ex-avocat citoyen Pastoret, dont l'éloquence révolutionnaire faisait tant de bruit en 1792 (Voyez *Histoire de France, etc.*, tome 3, pages 3, 4, 5, 19, 79, 108-113, etc., etc.). Nul patriote de cette époque ne poursuivit avec autant de loquacité et d'acharnement les princes émigrés, et ne montra un zèle et un dévouement aussi ardens en faveur de la liberté et de l'égalité; en revanche, depuis la restauration de 1814, la maison de Bourbon et le pouvoir absolu n'ont pas eu de sujet plus *pur*, de partisan plus exalté... Mais qu'une révolution vienne à éclater, le marquis Pastoret abandonnera Charles x, et se cachera (V. 30 juillet 1830).

4 Février. — Angleterre. — Discours de la cou-

ronne à l'ouverture du parlement; il est prononcé par le lord chancelier, en l'absence du roi.

L'on chercherait en vain, dans ce discours, quelques données sur les résolutions politiques du cabinet de Saint-James, relativement aux affaires du Portugal; la couronne ne fait pas même connaitre les protocoles de la conférence, rendus sur celles de la Grèce (V. 4 janvier) : elle garde un profond silence sur le séjour des troupes françaises en Morée, et sur l'expédition si publiquement annoncée en France contre le dey d'Alger : le seul point de politique extérieure sur lequel s'explique le cabinet britannique, c'est sur la *satisfaction* que cause au roi d'Angleterre la *paix d'Orient;* l'on ne pouvait adresser à la Russie un remerciment plus flatteur sur la *modération* avec laquelle le cabinet de Saint-Pétersbourg a démembré et presque détruit la puissance ottomane : il ne reste plus à la Russie, pour compléter cette modération, qu'à se déclarer *protectrice* de l'Empire ottoman.

Le discours de la couronne ne fait pas la moindre allusion aux affaires intérieures de la France, qui ont acquis cependant une très-grande gravité depuis l'avénement de M. de Polignac au ministère, et qui s'embarrassent de plus en plus depuis son élévation à la présidence du conseil : le cabinet de Saint-James craint évidemment d'émettre la plus petite insinuation sur un changement ministériel auquel il a puissamment contribué; le duc de Wellington niera même qu'il y ait contribué pour sa part, ce qui prouve incontestablement le contraire.

Quant à la situation intérieure de l'Angleterre, le discours annonce des projets de réforme dans les lois, et d'amélioration dans l'administration de la justice : il parle d'une réduction considérable dans le montant des dépenses publiques; des diminutions des produits de l'année dernière ; des désastres occasionés par la rigueur des saisons ; de la détresse qui règne parmi les classes rurales et dans la classe manufacturière : aveux qui tendent tous à déceler l'affaiblissement de l'influence politique de l'Angleterre dans ses rapports extérieurs, et ses embarras sous les rapports financiers et d'administration intérieure... Dans de telles conjonctures, le silence gardé sur les résultats de l'*émancipation catholique* et sur l'état actuel de l'Irlande, ce silence est d'autant plus significatif, que le cabinet semble redouter la plus petite explication sur les affaires de cette malheureuse partie de l'Empire britannique ; pas un mot, une simple allusion qui puissent donner lieu aux moindres conjectures sur ce grand objet : l'on dirait que l'Irlande est le *noli me tangere* des ministres anglais... Et cependant, la question de la *réforme parlementaire* et celle des *dîmes* agitent tous les esprits : et cependant, l'assemblée de Birmingham doit apprendre aux ministres que les populations réclament de concert et exigeront bientôt de vive force les concessions invoquées depuis si long-temps, et toujours en vain... En résumé, le discours de la couronne prouve que l'Angleterre est dans une situation extérieure et intérieure qui lui rend nécessaire la continuation de la paix, et qui ne lui permet d'exercer sur la France d'autre influence que celle dont le cabinet des Tuileries lui concède l'exercice avec une bénignité et une résignation véritablement extraordinaires!!!

4. — Angleterre. — Protocole de la conférence tenue par les plénipotentiaires de France, d'Angleterre et de Russie (V. 4 janvier).

Elle décide que le gouvernement du nouvel État grec, avec le titre de *prince souverain* de la Grèce, sera offert au prince Léopold de Saxe-Cobourg. — Il sera fait mention honorable de la France dans les négociations relatives au choix du *souverain* de la Grèce : la France jouissait, depuis plusieurs siècles, du « droit d'exercer « en faveur des catholiques soumis au sultan un *patro-* « *nage spécial;* » en conséquence la conférence arrête que, dans le nouvel ordre politique de la Grèce, les évêques catholiques « seront maintenus dans l'intégrité « des fonctions, droits et priviléges dont ils ont joui sous « le patronage des rois de France..., et que les propriétés « appartenant aux *anciennes missions françaises*, ou « établissemens français, seront maintenus et respectés. »

La France a dépensé trente ou quarante millions pour assurer, a-t-on dit, l'indépendance de la Grèce : elle reçoit, en compensation de ses sacrifices d'hommes et d'argent, le maintien de son *patronage* en faveur des églises catholiques et des missions !!! Le roi *très-chrétien* pouvait-il moins et mieux obtenir de la sainte-alliance? C'est une bonne aubaine et une belle gloire religieuse pour la France.

6. — Haïti. — Proclamation du président de la république relative à la réclamation territoriale de l'Espagne.

Le roi d'Espagne a demandé au gouvernement de la république la remise de la partie (ci-devant espagnole) de l'est d'Haïti (c'est-à-dire plus de la moitié de l'île de Saint-Domingue); le président Boyer dit aux Haïtiens : « Quelle que soit l'obstination de l'absurde préjugé qui conteste à notre contrée les titres que nous avons acquis par les mêmes moyens que tous les États reconnus, la résolution que nous avons prise de les *défendre jusqu'à extinction, est invariable.* »

La France a traité, avec les noirs d'Haïti, de son *droit* de souveraineté ou de suzeraineté ; ils ont promis de lui payer une somme d'argent en échange de leur complet affranchissement : mais ils ne donneront pas une piastre au roi d'Espagne, pour son prétendu droit sur la partie de Saint-Domingue anciennement dite *Espagnole;* cette partie de l'île, cédée à la France par le roi d'Espagne, traité de Bâle, 1795, a fait par conséquent portion intégrante de la colonie française de Saint-Domingue : là est le *droit* de la république d'Haïti; quant au fait, l'Espagne est dans l'impuissance absolue de lui enlever cette grande et précieuse portion de son territoire, et le cabinet de Madrid doit renoncer pour jamais à tout espoir de possession et même d'*indemnité* à cet égard. Saint-Domingue est aussi définitivement perdue pour elle que le Mexique et le Pérou, quoiqu'il puisse arriver dans ces contrées transatlantiques.

7. — Paris. — La commission des souscripteurs pour l'acquisition du domaine de Chambord en offre, *au nom de la France,* les titres au roi.

L'archevêque de Paris (Quélen), président de la commission, et de plus académicien, adresse au roi un discours, où il dit : « Lorsqu'au milieu des plus cruelles douleurs, un *enfant de consolation* fut donné à la France, un cri de joie, d'*admiration* et d'actions de grâces, répondit de toutes parts à ce bienfait, signe *miraculeux* de la divine protection et présage *assuré* de bonheur et de gloire. Tous les cœurs se pressèrent autour de ce royal berceau où reposaient tant d'espérances à côté de tant de *merveilles,* et Votre Majesté se rappelle sans doute *encore* le concert unanime de vœux, de bénédictions et d'hommages dont vos fidèles sujets saluèrent la *venue* de notre nouveau Henri... Le célèbre domaine de Chambord, ancien héritage des comtes de Blois, réuni à la couronne sous Louis XII, *père du peuple;* son château *construit* par François 1ᵉʳ, *père* des beaux-arts aussi bien que des *belles-lettres (nota :* et grand inquisiteur de l'imprimerie et de la pensée), *visité* par Louis XIV dans la splendeur et la magnificence de sa cour, *habité* par le malheur et les vertus de Stanislas, *orné* par Louis XV des lauriers de Fontenoi et de Rocoux : tel est, sire, le monument qu'une ingénieuse pensée voulut dédier au *fils de la restauration*, en mémoire du *bonheur* de sa naissance. » (V. 2 août 1830 ce que les feuilles périodiques diront sur l'illégitimité du duc de Bordeaux)... « Les départemens et les communes, les villes et les campagnes, l'administration, la magistrature, l'armée, le riche, l'artisan, tous applaudirent à cette inspiration *monarchique*, tous voulurent *participer* et *concourir* (*nota :* sous peine de destitution) à l'accomplissement d'une œuvre qui *désormais* est *devenue* celle de la France entière. — C'est elle, sire, c'est cette France qui vous est *si chère,* dont nous avons aujourd'hui l'honneur d'être *en quelque sorte* les interprètes et les organes ; c'est elle qui, *brûlant* du désir d'exprimer au roi son généreux et *invincible* amour, supplie Votre Majesté de *sourire* un instant à cette *conspiration nationale ;* d'avoir pour agréable ce faible hommage qu'elle vous offre dans la personne de votre auguste petit-fils, et de le recevoir comme un gage de ce que son *dévouement* est *capable de lui faire entreprendre* toutes les fois qu'il s'agira de *l'honneur* de votre couronne, de la *gloire* de votre règne et de la *prospérité* de votre royale famille. »

M. de Quélen est, nous l'avons dit, membre de l'Académie-Française ; l'on s'en aperçoit à tous ses mandemens, à tous ses discours d'apparat ; le roi lui répond : « Monsieur l'archevêque, messieurs, au moment où le roi, mon frère, apprit l'intention qu'avait la *France* d'offrir au *jeune* enfant *qui venait de naître* le domaine de Chambord, son premier mouvement fut la crainte de charger ses peuples d'une *dépense nouvelle*. Mais l'im-

pulsion était donnée, et quelque chose que nous ayons pu faire dans le principe pour *contenir cet élan*, rien n'a pu l'arrêter; *la France* a fait voir qu'aucun sacrifice ne lui était impossible, quand il s'agissait de donner à ses rois une preuve *plus constante encore* de cet attachement pour eux qui n'a *jamais* cessé d'exister dans le cœur des Français » (*nota :* même pendant les vingt-cinq années de la révolution, 1789-1814). — « Dans cette circonstance, j'accepte avec reconnaissance, au nom de mon petit-fils, l'offre que vous venez de faire, *certain* que c'est pour *la France entière* un gage de l'amour qui ne cessera *jamais d'unir* le roi aux Français, et *les Français à leur roi.* »

L'invincible amour et le dévouement de la France entière, la conspiration nationale pour l'acquisition du château de Chambord, l'enfant de consolation, le fils de la restauration, l'honneur, la gloire, la prospérité de la royale famille; tout cela deviendra de l'histoire ancienne avant six mois, et l'enfant du miracle, ainsi que la royale famille, seront expulsés du trône et du sol de la patrie, malgré le *dévouement capable de tout entreprendre*, aux acclamations de la France entière et à *coups de fourche*, dira M. de Châteaubriand, confrère de M. de Quélen à l'Académie, et historiographe de la chevalerie et de la royauté restaurées.

L'ingénieux Paul-Louis Courrier a fait justice, au nom de la France, de la souscription *nationale* de Chambord; son opuscule restera comme un monument de la servile adulation des courtisans et de l'aveugle confiance que les rois leur accordent. Comment Charles x, qui ne voit rien que par les yeux de ses gens titrés, ne se persuaderait-il pas qu'il est l'objet de l'amour et des bénédictions de ses peuples? Pour lui, la France, c'est la cour; les Français, ce sont les courtisans : ainsi, les émigrés et les prêtres conduisent à coups d'encensoir, et de génuflexions en génuflexions, le *père du peuple* vers l'abîme ouvert sous ses pas : ils l'y précipiteront, et aux jours de danger, ils se cacheront selon leur invariable et courageuse coutume dans toutes les circonstances critiques de notre révolution ; et l'on dira en juillet 1830, comme en mars 1815 : « Faites-moi le plaisir de me dire où sont les royalistes ! »

11. — Angleterre. — Réponse du prince Léopold de Saxe-Cobourg à la note collective des plénipotentiaires (V. 4 février).

Le prince, très-flatté de l'honneur que lui font les augustes souverains, « accepte la carrière utile et honorable que lui ouvrent les hautes puissances, » mais en observant « qu'elles veuillent bien accorder au nouvel État grec une garantie complète, ainsi que la promesse d'un secours en cas d'agression étrangère ; il demande une extension de frontières et des secours pécuniaires proportionnés aux besoins du nouvel État, et un secours de troupes dont les hautes puissances, de concert avec lui, fixeront le nombre, ainsi que le temps qu'elles pourront rester à sa disposition. »

La conférence n'admettra pas les observations-demandes du prince Léopold (V. 20 février). L'Angleterre et la Russie reconnaissent ostensiblement l'*indépendance* de la Grèce, mais sous condition tacite que cette contrée demeurera sous leur influence directe.

14. — Ordonnance du roi, qui prescrit l'établissement d'écoles primaires dans toutes les communes du royaume.

Le nouveau ministre des affaires ecclésiastiques et de l'instruction publique, Guernon-Ranville, fait un rapport, adroitement calqué sur celui de M. Vatimesnil, relativement au développement de l'instruction primaire; il ne trouve pas de meilleur moyen pour arriver à cette fin que de faire, au nom du roi, un appel aux conseils des communes et des départemens qui s'empresseront de fournir les fonds nécessaires pour cet objet; « l'instruction sera (dit le ministre) *monarchique;* avant tout, elle sera chrétienne sous *le roi très-chrétien.* Des *écoles modèles préparatoires* rempliront à cet égard les religieuses intentions de Votre Majesté. » De la Charte, des droits politiques et civils, pas un mot : il ne s'agit pas, en effet, de former des citoyens, mais des sujets ; l'on ne veut pas des hommes éclairés et libres sous le joug des lois, mais des hommes ignorans et résignés à l'obéissance passive : les préfets, le haut et très-haut clergé, les prêtres ultramontains, les jésuites, les ignorantins, voilà quels doivent être les directeurs par excellence, les maîtres préposés à l'instruction primaire, concentrée dans des écoles communales divisées en trois classes correspondantes aux trois degrés d'enseignement....

Depuis trente ans, l'on a rendu, sur l'instruction publique, une foule de lois, de décrets, d'ordonnances, de décisions, de réglemens, tendant tous à *améliorer* (dit-on) cette première et si importante partie de l'administration publique, et l'on a toujours répudié le plus grand et le seul moyen d'amélioration : *la liberté de l'enseignement !* Mais cette conduite des gouvernans, de Napoléon à Charles x, est conséquente; l'on craint les lumières et l'instruction, il faut donc retenir la masse de la nation dans l'ignorance, pour l'asservir avec plus de facilité : depuis la restauration, 1814, de nouvelles entraves ont été mises successivement à l'instruction particulière ou publique; les familles ne jouissent pas même de la liberté d'élever leurs enfans dans leur sein ; on asservit les instituteurs particuliers, comme ceux des colléges publics, à des prohibitions, à des monopoles sans nombre, et ils sont tenus de s'y soumettre, sous peine d'existence.

Sans doute, le gouvernement doit surveiller l'enseignement, mais il ne doit pas le diriger contrairement aux droits et aux vœux des familles ; il ne doit pas surtout mettre, d'autorité, l'instruction entre les mains d'une corporation monastique et sous l'empire exclusif des prêtres : c'est vouloir étouffer d'avance la pensée et l'esprit ! Que les gouvernemens absolus dirigent, dans ce sens, l'instruction publique, ils agissent d'une manière logique et parfaitement appropriée aux principes du despotisme ; mais ces principes ne sauraient être admis dans un gouvernement représentatif et constitutionnel, car c'est attenter directement aux droits politiques et civils des citoyens. Ne cessons de faire des vœux pour que l'autorité, dans ses propres intérêts de sécurité et de stabilité, renonce enfin au plus intolérable, au plus odieux des monopoles, à celui qui tend à détruire, dans son germe, l'esprit de liberté inhérent à la dignité de l'homme.

15. — Mort de Marie-Chamans, comte Lavalette, ancien directeur-général des postes, condamné à mort par la restauration de 1815, malgré la foi des traités, et sauvé de l'échafaud par le sublime dévouement de son épouse, née Beauharnais.

Né dans la classe du peuple, * Lavalette se voue tout

---

* Son père tenait un très-petit café près le cimetière Saint-Jean, à Paris. — Le comte Lavalette n'a pas, comme une foule de parvenus de l'Empire, désavoué ses parens ; il parlait souvent de l'obscurité de sa naissance, et n'a jamais signé : *de* Lavalette.

entier à la liberté, dès le premier tocsin de 1789; il la défend sur les champs de bataille, et mérite par sa bravoure, ses talens et son caractère, l'estime et la confiance de l'homme extraordinaire qui couvre la France de gloire : Bonaparte le fait son aide-de-camp. Chargé de fonctions importantes et délicates, Lavalette les remplit avec un dévouement sans bornes; malheureusement, ce dévouement fut coupable, nous ne saurions le taire! Les fonctions de M. Lavalette étaient de décacheter les lettres et de livrer le secret des familles à son maître : c'est là l'espèce de vérité qu'il lui disait!!! — Lavalette supporta la prospérité et l'adversité avec une modestie et une dignité également remarquables; il demeura fidèle à Napoléon dans la grande infortune, et lui conserva un attachement pur de tout intérêt personnel.

L'ambition et la richesse ne purent jamais rien sur le cœur de M. de Lavalette; ce cœur fut toujours à la patrie. Les Bourbons de Coblentz ne devaient pas lui pardonner son dévouement à Napoléon; une condamnation à mort vint le frapper dans ces exécrables jours de 1815, préparés par la trahison et exploités par la vengeance; son épouse l'arracha aux assassins, et la piété conjugale offrit dans ces temps d'affreuse mémoire l'exemple du plus héroïque courage dont puisse s'honorer l'humanité. La cour en rugit de rage, une grande victime lui échappait! Les ministres ne rougirent pas d'exprimer à la tribune nationale leurs féroces regrets de l'évasion de M. Lavalette; ils accablèrent son épouse de mauvais traitemens..... Leur nom sera flétri, et le nom de madame Beauharnais Lavalette vivra éternellement dans l'histoire : l'infortunée, elle perdit plus que la vie, dans l'accomplissement de ses devoirs d'épouse!.... Deux femmes ont été l'honneur, le modèle de leur sexe : madame de Lafayette, dans les cachots d'Olmutz; madame de Lavalette, dans les cachots de la Conciergerie ; elles forcèrent le despotisme royal à rougir de ses barbaries ; elles donnèrent à l'univers le sublime spectacle de la plus haute vertu conjugale, et du plus noble héroïsme civil ! Il s'illustrera aux yeux de la France et de la postérité, le ministre qui proposera l'érection d'une statue à madame de Lafayette et à madame de Lavalette ; ces deux monumens manquent à la France.

M. de Lavalette a laissé des *Mémoires* précieux pour l'histoire de notre temps ; l'on y découvre les causes secrètes de plusieurs événemens importans ; ils portent l'empreinte d'une franchise et d'une impartialité au-dessus de tout soupçon : l'on y reconnaît l'homme de bien, le bon Français ; M. Lavalette était un homme fort estimable sous tous les rapports essentiels.

— Le même jour, 15, meurt, à Paris, M. le duc de Lévis : ce n'est qu'un membre de la chambre des pairs de moins... M. Etienne, directeur de l'Académie-Française, prononcera l'éloge funèbre de l'homme « chargé de toutes les dignités que donne *la naissance* * ou que

---

* Il faut que le préjugé de *la naissance* soit une maladie presque incurable, pour qu'un esprit aussi éclairé, aussi libéral que l'est celui de M. Étienne, parle, en 1830, de la *noblesse* de M. de Lévis : certainement M. Étienne est de l'avis de Chamfort : « *Généalogie, mythologie !* » et se moque de ces insensés à hautes vanités nobiliaires qui se croient d'une espèce supérieure au reste des hommes. M. Étienne, tout en ménageant certaines susceptibilités, se rit comme nous (et il y est intéressé pour son propre compte, car il a l'honneur et le bonheur d'être né dans la classe du peuple) des absurdités généalogiques qui se réveillent aujourd'hui avec une nouvelle ardeur ; il y a cependant des degrés dans ces absurdités ! Par exemple : les *Montesquiou* et les *Lévis* se sont arrêtés à mi-chemin ; les premiers ne datent que du *règos* Clovis ; les se-

confèrent les hauts emplois de l'État, et qui jouissait avec le plus de *bonheur* des titres qui sont le prix du mérite ou la conquête de l'esprit, et qui aimait à faire briller *la simplicité de la plume académique* sous le faste des éclatantes décorations de la faveur. » C'est un confrère que M. Étienne salue de l'adieu académique. — M. de

conds ne remontent que jusques à la sainte Vierge; c'est peu de chose. Les *Noé* ont eu moins de retenue, ils ont remonté jusqu'au déluge ou à Noé, constructeur de l'arche qui sauva le genre humain. Les *Croï* ne se sont pas contentés de si mince *noblesse*, ils ont été jusqu'à Adam! Les *Mémoires* de Saint-Simon nous apprennent que « les *Crouy* ou de *Croï* ont « poussé la folie jusqu'à une généalogie qui conduit la famille « depuis Adam jusqu'à André II, roi de Hongrie... parce que « les armes de Hongrie et les leurs sont les mêmes, sans pou- « voir en montrer d'autres titres. » — « Elle ne date que du treizième siècle, et commence par un *Gilles*, nommé *homme-lige* d'Enguerrand, vidame d'Amiens, lequel *Gilles* possédait le très-médiocre fief de *Croï*, situé sur la terre de Péquigny (Somme); fief dont *Gilles* prit le nom de *Croï*, qui est devenu celui de sa postérité..... La comtesse de Solre, veuve du comte de Solre mort en 1718 (et cela n'est pas bien vieux), était *debout* à la cour parmi les dames de qualité, sans aucune prétention, ni son mari non plus; son fils se fit appeler le *prince* de Croï, quitta le service, et ne quitta plus la Flandre; sa femme se prétendait *princesse*, mais *elle le fut uniquement pour ses valets*, et son fils pareillement... » Ainsi dit Saint-Simon, ce grand seigneur si versé dans la science héraldique! Il démontre que les *Gilles* ou *Croï* sont, tout bonnement, de simples gentilshommes, et que leur titre de prince ne leur donnait aucun rang en France : c'étaient des *princes* par *brevet* des empereurs d'Allemagne, ce qui ne signifiait pas grand chose au 18me siècle, et ne signifie rien aujourd'hui.

Les Montmorency, et même les Bourbons, sont, comme l'on voit, de petites gens, en comparaison de ces quatre familles qui datent de la fondation de la monarchie française, de l'origine du christianisme, de l'époque du déluge, de la création du monde... Quelles extravagances, quel délire de vanité!!!

Lévis était zélé partisan de l'ancien régime, ardent défenseur des priviléges, ennemi très-prononcé des libertés nationales : il a livré au public un recueil de *Maximes* qui sert à faire estimer davantage celles de Larochefoucauld ; l'opuscule de M. de Lévis prouve qu'il n'était ni homme d'État, ni moraliste profond : cet auteur doit être rangé, comme écrivain, et même comme académicien, au rang des personnages médiocres.

19. — Norwége. Christiania. — Ouverture de la session du storthing.

Le plénipotentiaire de S. M. le roi Charles-Jean xiv (le conseiller d'État Collett, premier membre de la régence de Norwége) prononce, au nom du roi, un discours où l'on remarque les plus nobles sentimens et la plus touchante sollicitude pour le peuple de ce royaume ; il dit : « ..... Le rapport qu'on va vous soumettre vous fera connaître l'état actuel du royaume, et les mesures réglées par l'administration dans le cours des deux dernières années. La situation peu florissante dans laquelle se trouve encore la Norwége, suite naturelle d'époques et d'événemens qui rappellent de douloureux souvenirs, n'a pas mis à ma disposition des moyens suffisans pour faire tout le bien que je me proposais. Cependant les affaires ont repris leur marche régulière, et le bien du pays a été assuré autant et aussi promptement que le permettaient les circonstances. » — « Le rapport vous montrera comment les arts, les sciences et *l'instruction publique*, ont reçu tous les secours et l'appui qu'il était en mon pouvoir de leur donner, et que le gouvernement n'a rien négligé pour accélérer le travail du nouveau code pénal. » — « Quoique les circonstances où se trouve présentement le commerce aient eu une influence sensiblement préjudiciable aux ressources alimentaires en général, et que cette influence ait dû nécessairement entraver le recouvrement des impôts directs, la caisse de l'État a néanmoins été à même de couvrir ses dépenses, et les paiemens annuels de la dette se sont faits régulièrement, *sans* que je me sois vu obligé d'avoir *recours aux crédits ouverts sur la Banque.* » — « Bien que mes efforts pour faciliter l'exportation de nos bois n'aient pas été couronnés des succès que j'avais espérés, et que celle de plusieurs produits du royaume ait été peu avantageuse dans les circonstances présentes, c'est néanmoins une grande satisfaction pour moi de pouvoir vous annoncer que les recettes des douanes ont surpassé les évaluations du budget..... » — « Le rapport sur l'administration du royaume est un tableau des soins que je me suis donnés pour soutenir l'honneur et le bien-être de la Norwége. Il ne présente point, à la vérité, de ces résultats extraordinaires qui excitent l'admiration ; car nos ressources ne nous permettent pas d'offrir des illusions séduisantes ou de faire des demandes exagérées : cependant il en résulte que le bien de l'État fait des progrès. » — « La marche de l'administration vous convaincra que ses efforts ont tendu, sans relâche, à la paix, à la tranquillité et au bien général comme à celui des particuliers. » — « Gravez, Messieurs, profondément dans votre esprit ces vérités. Secondez mes desseins qui n'ont point d'autre but. Soyez *unis* entre vous, *bienveillans envers un peuple de frères*, et scrupuleux de l'accomplissement de la loi fondamentale. C'est ainsi que vous vous rendrez dignes des bienfaits que la Providence a évidemment répandus sur la Norwége. Car l'histoire de tous les temps et de tous les peuples prouve, d'une manière incontestable, que jamais une partie d'un État n'a dissous ses liens, et ne s'est rendue, comme la Norwége, un État indépendant, sans avoir fait préalablement le sacrifice d'un grand nombre de ses enfans, et sans avoir vu ravager les villes et les campagnes.... »

Quelles sages et paternelles exhortations! Charles-Jean s'occupe, avec le même soin, la même persévérance, les mêmes inquiétudes royales, du bonheur des deux peuples réunis sous son sceptre (V. 19 mars); il aime également les deux nations. — Nous donnons une certaine étendue aux débats des diètes et storthings des deux peuples, pour montrer avec quelle haute sagesse Charles-Jean les gouverne. Son administration royale peut servir de modèle et de leçon à tous les gouvernemens d'Europe... *Bernadotte* est un homme très-*fin*, c'est la qualité dominante de son caractère, ont long-temps répété la jalousie et l'injustice politiques. Oui, la nature a doué Charles-Jean d'une rare finesse, de celle dont les grandes âmes et les esprits supérieurs ont seuls le secret, de celle qui préserve les rois de l'exil, de la prison et de l'échafaud, de celle qui leur assure les bénédictions de leurs sujets et les hommages de la postérité! Heureuses les nations qui ont pour rois des hommes aussi *fins !!!*

20. — Angleterre. — Protocole de la conférence relatif au nouvel État grec (V. 11 février).

Les hautes puissances admettent la demande du prince *souverain*, à l'égard de la garantie du nouvel État grec ; elles lui refusent le « droit d'intervention par rapport à la manière dont le gouvernement turc exerce son autorité à Candie ou à Samos. Ces îles doivent rester sous la domination de la Porte, et doivent être indépendantes de la nouvelle puissance que l'on est convenu d'établir en Grèce. » En outre, la conférence déclare « qu'il existait des obstacles *insurmontables* à revenir sur les décisions relatives à la démarcation des limites du nouvel État grec; » elle veut bien accorder des secours pécuniaires, et garantir l'emprunt nécessaire pour les obtenir; elle veut bien encore laisser à la disposition du prince, pour le terme d'une année, le corps français qui se trouve actuellement en Grèce; elle promet même de s'entendre avec lui relativement à un plus long séjour de ces troupes, s'il est jugé indispensable : enfin, elle décide que « jusqu'à l'arrivée du prince en Grèce, les rapports établis entre le gouvernement actuel de cette contrée et les cours alliées, seraient maintenus tels qu'ils existent en ce moment. »

L'Angleterre et la Russie se disputent la *dépendance* de la Grèce, et veulent que le prince *souverain*, auquel elles offrent la couronne du nouvel État grec, soit placé sous leur influence directe : en attendant son installation, l'hospodar russe, Capo-d'Istrias, administre la contrée; le gouverneur-général des îles Ioniennes contre-balance de tous ses efforts l'influence du cabinet de Saint-Pétersbourg, et l'Angleterre et la Russie se servent, de concert, des troupes et de l'argent de la France pour arriver à leurs fins : la France est l'âne qu'elles chargent de porter le bât.

21. — Convocation du chapitre des Ordres de Saint-Michel et du Saint-Esprit, et nomination de dix chevaliers des Ordres, dont les noms suivent : MM. le duc de *Nemours*, le prince Amédée de *Broglie*, le comte de *Durfort*, le comte Roy, le marquis d'*Ecquevilly*, le comte Reille, le marquis de *Vérac*, le marquis de *Conflans*, le comte Bordesoulle, le comte de *Cossé*. Trois de ces chevaliers sont nés roturiers, aussi la particule *de* n'est-elle pas accolée à leurs noms.

Les principes d'égalité sont entrés dans nos mœurs,

et les relations sociales n'admettent plus aucune différence entre les gens titrés et les gens non titrés ; c'est un des grands bienfaits de la révolution de 1789. La restauration de 1814 tend, au contraire, à rétablir l'ancien régime jusque dans les frivolités honorifiques dont il tirait toute sa vanité ; elle veut donc ressusciter la noblesse de cour, la haute aristocratie ; mais tous ses efforts seront vains ; l'esprit du siècle, l'infusion progressive des lumières dans toutes les classes de la société, et le titre de *citoyen*, le premier et le plus honorable de tous les titres, font apprécier à leur juste valeur tous les brillans hochets de cour qu'on jette à la tête du premier venu : un cordon bleu n'est maintenant, aux yeux de la nation qu'un signe de la grande faveur dont jouit auprès du monarque le personnage qui en est affublé, et par conséquent un témoignage de son aversion pour la liberté et l'égalité constitutionnelles. En faisant un chevalier des ordres, le gouvernement du roi s'imagine sans doute qu'il crée un grand seigneur, ou tout au moins une illustre notabilité ; il se trompe étrangement, et l'anachronisme est même si plaisant que l'opinion publique en fait justice par le ridicule ; et qu'est un cordon bleu sur la poitrine de MM. Roy, Peyronnet, Lainé, Ravez, Corbière, etc., tous avocats fort savans, nous en sommes persuadé, mais roturiers encore plus excellens ?

La noblesse est détruite de fait, et si elle subsiste encore de droit dans l'article 71 de la Charte, c'est nominalement et pour mémoire : tous ces pompons de Versailles et de Coblentz, toutes ces billevesées de naissance et de distinctions honorifiques ont fini leur temps ; ils ne mériteraient pas même d'être mentionnés, s'ils ne décelaient une direction bien prononcée en faveur de l'ancien régime, dont on reproduit les vanités et les futilités, en attendant qu'on puisse en rétablir les priviléges et les abus. N'annonce-t-on pas une procession des ordres, où tous les chevaliers paraîtront en costume *féodal*, avec *armes* et *blason*, et selon les réglemens constitutifs promulgués par l'illustre fondateur de l'ordre du Saint-Esprit, l'incestueux, l'atroce, l'infâme Henri III, roi de France, en qui s'éteignit, heureusement pour l'humanité et la patrie, la branche des princes capétiens dite de Valois *, branche qui fit éprouver aux peuples tous les fléaux que les hommes peuvent essuyer ?

* L'on aura une idée de ce que sont et de ce que peuvent le droit divin, le pouvoir absolu, la féodalité et le fanatisme, en jetant les yeux sur les lignes suivantes : « On peut voir l'histoire de la maison de Valois dans l'histoire des parlemens. Les meurtres, l'assassinat et la spoliation de l'ordre des Templiers ; l'altération des monnaies, le massacre des Juifs, le prodigieux agrandissement des gens de main-morte ; des monarques et des princes exécrables, des pères atroces et des enfans non moins dénaturés ; trois batailles aussi désastreuses que la bataille de Cannes ; des rois captifs ; la rebellion placée à demeure dans la famille de ces rois, dont la prodigalité et les vices augmentaient à mesure que l'Anglais dépouillait ces rois de leurs provinces ; des attentats affreux, des séditions continuelles ; toutes les sortes de brigandages, de vexations et d'excès commis par les seigneurs, par les nobles, par les prêtres ; les assassinats et les empoisonnemens devenus les armes des princes de la maison de France ; des dilapidations inconcevables ; une succession héréditaire de maîtresses et de concubines ; la vénalité des offices de judicature, des bénéfices du clergé, des dignités militaires ; des reines et des régentes infâmes ; l'étranger assis sur le trône de France ; trois siècles de guerres intestines, la jaquerie, un assassinat royal suivi de vingt années de massacres ; des Maillotins, des Guises, une Saint-Barthelemy, enfin !!! et tels seraient encore les fléaux que nous aurions à craindre, si les portes de la France étaient jamais ouvertes aux deux princes de Coblentz qui réclament l'héritage des Valois !..... » *Fondation de la quatrième dynastie, ou de la dynastie impériale. Paris,* 18 *brumaire an* XIII (10 novembre 1804), *de l'imprimerie du gouvernement* (par M^{cc} Montgaillard).

Le sol de la France tremble sous les pieds de la restauration, l'alarme est dans tous les esprits, l'irritation remplit tous les cœurs; la session des chambres législatives s'avance à grands pas, elle va décider peut-être de l'existence de la monarchie des Bourbons : et c'est dans ce moment que la cour se repait, à cœur joie, de fêtes, de spectacles, de bals, de cordons bleus ; en vérité, il faut avoir pitié d'un premier ministre et d'un gouvernement qui dansent sur les bords du volcan, dont ils ont signalé eux-mêmes les prochaines éruptions.

21. — Mort du cardinal-duc de Clermont-Tonnerre, archevêque de Toulouse ; il est décédé dans cette ville à l'âge de quatre-vingt-deux ans révolus.

L'église ultramontaine, les jésuites et la cour de Rome perdent un illustre soutien ; la France constitutionnelle est délivrée d'un implacable ennemi, d'un prélat qui exerçait l'influence la plus funeste dans les sacristies de la restauration. Riche de plus de deux cent mille francs de dotation ou de traitemens divers, M. le cardinal-archevêque usait de sa fortune ecclésiastique en prélat de l'ancien régime ; il voyageait en prince, avec des voitures de suite ; sa table était servie avec autant de profusion que de recherche, tandis que les pauvres mouraient de faim aux portes de son palais, quoique les feuilles salariées en aient fait un apôtre de charité et de bienfaisance : le luxe de la représentation et la morgue nobiliaire étaient les traits distinctifs du caractère de cet apôtre de la restauration, dont on n'oubliera jamais l'insolente vanité ; il traitait en subordonnés les ministres du roi et se faisait gloire de désobéir aux lois du royaume : ses mandemens évangéliques étaient des manifestes contre les libertés constitutionnelles, et l'on peut dire sans altérer le moins du monde la vérité historique, que l'archevêque-cardinal s'était constitué, avec orgueil, dans un état permanent d'hostilité contre l'ordre politique établi par la Charte de Louis XVIII.

Ce prélat, diffamé dans son diocèse de Châlons-sur-Marne, où le déréglement de ses mœurs avait excité le plus grand scandale avant la révolution *, ce prélat se montra, depuis les premiers jours de 1789 jusqu'au moment de sa mort, l'un des ennemis les plus acharnés de toute amélioration politique, de toute tolérance religieuse; la philosophie et la liberté lui furent constamment en horreur; chef de la *petite Église*, de cette portion du clergé de l'émigration qui reniait sa patrie, et se refusait à toute espèce de transaction du pouvoir ecclésiastique avec l'autorité temporelle, M. le cardinal-archevêque Clermont-Tonnerre entretint avec fureur les divisions qui agitaient le clergé gallican : aveuglément soumis à la volonté du Vatican, il ne recula pendant les quinze dernières années de sa vie devant aucune des ténébreuses intrigues qui devaient lui mériter la faveur de la cour de Rome : elle le récompensa de l'*orthodoxie* de ses doctrines et des services rendus au *jésuitisme*, en lui conférant le chapeau rouge, le titre de prince de l'Église.

Ce prélat était d'un esprit borné, sans instruction ni connaissances théologiques, mais il s'appelait Clermont-Tonnerre ! C'était le cardinal de Bouillon du règne de Louis XIV, moins le talent politique et l'art oratoire. Rentré dans sa patrie, enrichi par la restauration, appuyé de la toute-puissante protection de la cour de Rome, le cardinal-archevêque n'a cessé, depuis l'avénement au trône de Charles X, de combattre en faveur

---

* Il passait, publiquement, dans le diocèse de Châlons, pour être père de plusieurs enfans, encore existans (dit-on).

du pouvoir absolu et du fanatisme religieux ; il n'aura pas peu contribué, par ses mandemens et son intolérance, à faire tomber la couronne du front du monarque qui l'avait comblé d'honneurs, de grâces et de richesses. — Quelle immense distance entre le prélat de Toulouse et le prélat de Bordeaux, M. de *Cheverus !* Ce dernier est véritablement le ministre du Très-Haut, l'homme de Dieu ; son palais archiépiscopal est celui des pauvres, sa bourse est leur patrimoine ; sa vie leur appartient tout entière ; les jours, les nuits de l'archevêque de Bordeaux sont consacrés au sublime exercice de ses devoirs religieux ; combien il fait chérir, il fait respecter la religion chrétienne! et combien le haut clergé de France doit s'honorer de tant de vertus évangéliques ! Il faut bénir, nous dirions presque adorer les prêtres qui, d'après les préceptes et l'exemple de notre divin Sauveur, consacrent leur existence à soulager les indigens, à consoler les malheureux, à réconcilier les coupables avec leur conscience, et qui ne cessent de dire aux hommes de toutes les religions, de toutes les sectes : *Pardonnez-vous les uns aux autres*, *aidez-vous*, aimez-vous. Le clergé français possède beaucoup de ces prêtres, surtout parmi les curés de campagne.

1ᵉʳ Mars. — Messe du Saint-Esprit, célébrée à Notre-Dame, la veille de l'ouverture des chambres. — L'archevêque de Paris (Quélen) harangue le roi en ces termes : « Sire, les ordres de Votre Majesté nous *ferment* la bouche, mais sa présence nous *ouvre* le *cœur* ; le cœur a son langage qui n'a pas besoin du ministère de la parole pour être entendu et compris. Les *nôtres*, Sire, sont remplis de respect, de dévouement et d'amour, et aussi des vœux ardens qu'ils vont répandre aux pieds des saints autels : ils seront exaucés, ces vœux ; car l'esprit-saint nous assure, dans les divins Livres, que le roi qui espère en Dieu, et qui s'appuie sur l'invincible miséricorde du Très-Haut, ne sera jamais *ébranlé*. » — Le roi répond : « Les sentimens que vous m'exprimez vont droit à mon cœur. J'ai la ferme confiance que tous mes fidèles sujets les partagent, et que le ciel répandra sur eux ses bénédictions comme je le désire du fond de mon cœur. »

Une foule considérable garnissait les quais et les rues par où le cortége royal passait : elle a gardé le plus profond silence.

« Le silence du peuple est la leçon des rois. »

2. — Ouverture de la session des chambres par le roi, en personne.

L'appareil le plus pompeux a été déployé pour donner à cette cérémonie un éclat et une solennité extraordinaires ; l'on dirait que le roi va tenir, cette année, un *lit de justice* aux chambres législatives.

Monté sur son trône *, le roi a dit : « C'est toujours avec confiance que je réunis autour de mon trône les pairs du royaume et les députés des départemens. » — « Depuis votre dernière session, d'importans événemens ont consolidé la paix de l'Europe et l'accord établi entre mes alliés et moi pour le bonheur des peuples. » — « La guerre est *éteinte* en Orient ; la *modération* du

* « On a remarqué que le roi, en arrivant sur l'estrade du trône, avait laissé tomber son chapeau qu'il tenait à la main, et que M. le duc d'Orléans, s'étant empressé de le relever, avait mis un genou en terre pour le présenter à sa majesté. » — « Cet incident, recueilli par un journal du temps, a pu être regardé cinq mois après comme un étrange pronostic. » (*Annuaire historique universel pour 1830.*)

vainqueur et l'intervention amicale des puissances, en préservant l'empire ottoman des malheurs qui le menaçaient, ont maintenu l'*équilibre* et affermi les anciennes relations des États. » — « Sous la protection des puissances signataires du traité du 6 juillet, la Grèce *indépendante* renaitra de ses ruines ; le choix du prince appelé à régner sur elle, fait assez connaitre les vues *désintéressées* et pacifiques des souverains. » — « Je poursuis en ce moment, de concert avec mes alliés, des négociations dont le but est d'amener entre les princes de la maison de Bragance une *réconciliation* nécessaire au repos de la Péninsule. » — « Au milieu des graves événemens dont l'Europe était occupée, j'ai dû suspendre l'effet de mon juste ressentiment contre une puissance barbaresque ; mais je ne puis laisser plus long-temps impunie l'insulte faite à *mon* pavillon : la réparation éclatante que je veux obtenir, en satisfaisant à l'honneur de la France, tournera, avec l'aide du Tout-Puissant, au profit de la chrétienté. » — « Les comptes des recettes et dépenses seront mis sous vos yeux en même temps que l'état des besoins et des ressources pour l'exercice de 1831. J'ai la satisfaction de voir que, malgré la *diminution* qu'ont éprouvée les revenus de 1829, comparativement à ceux de l'exercice précédent, ils ont surpassé les évaluations du budget. » — « Une opération récente a suffisamment indiqué l'intérêt auquel des emprunts sont devenus négociables ; elle a démontré la possibilité d'alléger les charges de l'État. Une loi relative à l'amortissement vous sera présentée ; elle se liera à un plan de *remboursement* ou *d'échange* qui, nous l'espérons, conciliera ce que les contribuables attendent de notre sollicitude avec la justice et la bienveillance dues à ceux de nos sujets qui ont placé leurs capitaux dans les fonds publics : les mesures sur lesquelles vous aurez à délibé-

rer ont pour but de satisfaire à tous ces intérêts ; elles pourront donner les moyens de subvenir sans de nouveaux sacrifices, et en peu d'années, aux dépenses qu'exigent impérieusement, pour la défense du royaume, pour la prospérité de l'agriculture et du commerce, les travaux des places fortes, les ouvrages à terminer dans les ports, les réparations des routes et l'achèvement des canaux. » — « Vous aurez aussi à vous occuper de plusieurs lois relatives à l'ordre judiciaire, de divers projets d'administration publique et de quelques mesures destinées à améliorer le sort des militaires en retraite. »—
« J'ai gémi des souffrances qu'un hiver long et rigoureux a fait peser sur *mon* peuple ; mais la *bienfaisance* a multiplié les secours, et c'est avec une vive satisfaction que j'ai *vu* les soins généreux prodigués à l'indigence sur tous les points de *mon* royaume, et particulièrement dans *ma* bonne ville de Paris. » — « Messieurs, le premier besoin de mon cœur est de voir la France, heureuse et respectée, développer toutes les richesses de son sol et de son industrie, et jouir en paix des institutions dont j'ai la ferme volonté de consolider le bienfait. La Charte a placé les libertés publiques *sous la sauvegarde des droits de ma couronne; ces droits sont sacrés; mon devoir envers mon peuple est de les transmettre intacts à mes successeurs.* »—« Pairs de France, députés des départemens, je ne doute pas de votre concours pour opérer le bien que je veux faire. *Vous repousserez les perfides* INSINUATIONS *que la malveillance cherche à propager. Si de coupables manœuvres* suscitaient à mon gouvernement des OBSTACLES *que je ne veux pas prévoir, je trouverais la force de les surmonter dans ma résolution de maintenir la paix publique*, dans la juste confiance des Français et l'amour qu'ils ont toujours montré pour leurs rois. »

Nous rapportons en entier le discours du roi ; c'est le dernier qu'il prononcera ! il n'est pas sans importance pour les libertés publiques de faire quelques observations sur ce manifeste du pouvoir absolu, précurseur d'une catastrophe royale à laquelle Charles x se résignera avec une débonnaireté, une soumission et une humilité dont aucun prince n'aura offert d'exemple.

Le *Moniteur* n'a pas rendu fidèlement le discours du roi. Plusieurs passages de ce discours ont été *rectifiés* dans le journal *officiel*, entre autres ceux-ci, appartenant au dernier paragraphe ; le roi a dit, dans la séance royale : « Des obstacles que je ne veux pas, ET QUE JE NE PEUX « PAS prévoir. » Il n'a pas dit : « Vous repousserez les « perfides insinuations, etc. » Il a dit : « Vous repous- « serez AVEC MÉPRIS LES CALOMNIES, etc. » Il n'a pas dit : « Je trouverais dans ma résolution, etc. » ; il a dit : « Je « trouverais dans MON POUVOIR et ma résolution, etc. » Telles sont les corrections faites dans le *Moniteur*. Les mots tracés en petites capitales ont été omis dans le journal *officiel;* nous rétablissons ici les paroles prononcées par Charles x dans la séance royale ; plusieurs députés et trois pairs, dont le témoignage est irrécusable, nous ont affirmé que le discours prononcé et le discours écrit étaient dissemblables (quant au dernier paragraphe), et présentaient les *variantes* que nous venons de signaler ; qu'ils avaient entendu le roi prononcer très-distinctement, avec une fermeté décidée, les mots supprimés ou changés dans le journal officiel... La *révolution de juillet* ayant, en quelque sorte, pris son point de départ des menaces renfermées implicitement dans le discours de la couronne, nous ne pouvions passer sous silence des *errata* d'une si grande portée politique.

En comparant le discours de l'ouverture de la dernière session (27 janvier 1829) avec celui de l'ouverture de la session de 1830, on peut juger d'un coup d'œil l'immense différence qui règne entre eux : le gouvernement du roi promettait, en 1829, des améliorations dans l'ordre politique et civil; non-seulement il n'en est plus question en 1830, mais on a l'air de regretter les promesses ci-devant faites, quelque mensongères qu'elles fussent au fond. Le discours de la couronne est plein de défiances et de menaces; le pouvoir absolu s'y montre à découvert, tant les faibles ménagemens observés encore par le ministère Martignac semblent inutiles au ministère Polignac. *Plus de concessions*, a dit le gouvernement du 8 août 1829; cela veut dire, en style contre-révolutionnaire de Coblentz: *Nous voulons détruire la liberté de la presse, le droit électoral, et la Charte qui les consacre.*

Ce discours menaçant, hors de toute opportunité, de toute convenance envers les deux chambres législatives, c'est-à-dire envers deux *portions essentielles* de la puissance souveraine, laisse entrevoir clairement la résolution de recourir à un coup d'État, à la dictature, si le gouvernement du roi juge ces mesures nécessaires au *maintien de la paix publique;* et, néanmoins, cette paix n'a été troublée nulle part dans l'année qui vient de s'écouler! Les impôts ont été parfaitement payés, les lois obéies; le monarque a rendu, lui-même, hommage à la bienfaisance, à la générosité publique *en faveur de l'indigence, sur tous les points du royaume.*

Le mot de *paix publique* signifie clairement, dans le discours royal, *ancien régime;* pour arriver à ses fins, le ministère Polignac veut une chambre de députés ministérielle, et tout-à-fait servile; il veut la septennalité des *trois cents* de M. de Villèle et le silence de la presse périodique; s'il en est autrement, il dissoudra la chambre, enchainera la presse et gouvernera par ordonnances. Tout cela est renfermé dans le dernier paragraphe du discours de la couronne, discours rédigé, dit-on, par M. de Martignac, avec une certaine modération, mais auquel M. Peyronnet aurait, d'après l'opinion générale, mis la *dernière* main et imprimé un ton absolu..... En nous énonçant avec cette franchise, nous ne faisons, au reste, que résumer les feuilles stipendiées par le gouvernement; elles lui prêtent impudemment ces projets et ces vues, sans que le ministère les fasse démentir, ou désapprouve leurs vociférations contre-révolutionnaires.

On doit l'avouer : jamais administration nouvelle ne s'était annoncée, depuis 1814, avec tant de maladresse, d'incapacité, d'étourderie; peu lui importent l'opinion publique, la confiance nationale; l'on dirait même que le ministère Polignac veut leur ôter jusqu'à ces illusions dont le précédent ministère s'était si bien aidé en arrivant au pouvoir. Aujourd'hui, la position est nettement dessinée : contre-révolution par la chambre des députés, ou par la force des armes!!! La guerre est donc déclarée entre le pouvoir absolu et la liberté constitutionnelle; et, aux yeux de tout observateur attentif, les hostilités ne doivent pas tarder à éclater.

Si le discours royal inspire de vives alarmes sous les rapports de l'administration intérieure, il n'est ni plus honorable ni plus conforme aux intérêts de la nation sous les rapports de la politique extérieure.

En effet, l'on y loue la modération de l'empereur de Russie, qui n'a pris, grâce sans doute à l'*intervention amicale* des puissances, que la rive gauche du Danube et de fortes positions militaires aux portes de Constantinople; mais ce qu'on appelle l'empire ottoman n'est pas encore détruit, et l'*équilibre* de l'Europe est *maintenu!* — La Grèce est indépendante sous la protection de trois puissances qui lui donnent pour roi un sujet *anglais;* mais le choix du souverain de l'État grec ne permet certainement pas de révoquer en doute les vues *désintéressées* de la France dans les affaires de la Grèce, aussi bien que dans celles de la Turquie : la Russie s'établit sur le Danube et la mer Noire ; il est de toute justice, pour *l'équilibre* en Orient, que l'Angleterre s'établisse dans la Grèce; la France a pour elle *l'honneur* de son expédition en Morée, doit-elle trouver mauvais qu'on lui laisse ignorer la situation de ses forces aussi bien que l'étendue des sacrifices nécessaires pour les y maintenir au profit de l'Angleterre et de la Russie?... Pas un mot sur nos rapports politiques ou commerciaux avec les nouveaux États de l'Amérique du Sud, le Brésil, le Portugal; le discours de la couronne se borne, sur le dernier point, à un insignifiant espoir de *réconciliation* entre les deux frères qui se disputent le trône; le gouvernement du roi n'ose pas même se permettre une parole en faveur de la légitimité, ou contre l'usurpation ; il est impossible de mettre plus de réserve dans les négociations diplomatiques qui peuvent avoir lieu à cet égard..... En revanche, l'on se prononce vivement contre le dey d'Alger, l'on annonce officiellement que la guerre lui sera déclarée incessamment : et, chose inconcevable, l'on ne demande pas à la chambre des députés les fonds nécessaires pour l'entreprendre et la soutenir! L'on dépensera des sommes immenses sans y être légalement autorisé, les ordonnances tiendront lieu de lois ; et les dépenses faites, on présentera à la chambre un bordereau de frais qu'elle sera tenue d'acquitter.... Mais cette guerre d'Alger qu'on a pu éviter, dans laquelle les premiers torts sont évidemment du côté de la France, le ministère Polignac la veut à tout prix ; il espère y trouver de la gloire, de la force, et l'une doit lui assurer l'autre. La guerre d'Espagne n'a-t-elle pas donné à Louis XVIII la septennalité, le double vote et plusieurs autres *facilités* de gouvernement? pourquoi la guerre d'Alger ne procurerait-elle pas à Charles X encore plus de facilités pour détruire la Charte? Et que ne pourra pas entreprendre l'ancien régime avec une armée victorieuse et dévouée aux *petit-fils d'Henri* IV? En définitive, voilà le but vers lequel tendra invariablement le ministère Polignac; ce présomptueux et inepte favori n'est ni de son siècle, ni de son pays : dépourvu de connaissances politiques, de talens oratoires, et n'ayant pas même les premières notions de l'homme d'État, il croit que *vouloir, c'est pouvoir;* il suffit, dirat-il à ses intimes, de la force pour assurer le droit : et c'est avec ces belles maximes de Versailles et de Coblentz qu'il précipitera le plus *légitimement* du monde la branche ainée de la maison de Bourbon dans un nouvel abime de calamités où elle doit périr corps et biens.

9. — Adresse de la chambre des pairs, en réponse au discours du roi (V. 2 mars).

Cette adresse est remarquable par la manière dont la chambre *interprète* le discours de la couronne, dans les passages relatifs à l'administration intérieure de l'État; les pairs se hasardent, avec les formes les plus respectueuses, à laisser entrevoir les alarmes publiques dont la manifestation devient chaque jour plus vive depuis l'avènement du ministère Polignac.

La pensée et la résolution politiques de la chambre des pairs sont renfermées dans les phrases suivantes, dont chaque mot devient la critique tacite, mais un peu *courtisanesque,* comme dit Montaigne, du système adopté par le gouvernement du roi : « ... La *diminution* des revenus de 1829, quoiqu'ils aient surpassé les évaluations du budget, fait *désirer* des *économies* et de *nou-*

velles *ressources*; elles *pourront* résulter *en grande partie* de la loi relative à *l'amortissement*... Le premier besoin du cœur de Votre Majesté est de voir la France, heureuse et respectée, jouir en paix de ses *institutions*. Elle en *jouira*, Sire; que pourraient, en effet, des *insinuations malveillantes* contre la déclaration *si expresse* de votre volonté de *maintenir* et de *consolider ces institutions?* La monarchie en est le fondement, les droits de votre couronne y resteront inébranlables; ils ne sont *pas moins* chers à votre peuple *que ses libertés*. Placées sous votre sauvegarde, elles fortifient les liens qui attachent les Français à votre trône, à votre dynastie, et les leur rendent nécessaires. La France ne veut pas plus de *l'anarchie* que son roi ne veut du *despotisme*. » Il y a dans cette dernière phrase un grand avertissement pour le ministère! La chambre des pairs donnera, dans le paragraphe final, une espèce de leçon à la couronne : « Si des manœuvres coupables suscitaient à votre gouvernement des obstacles, ils seraient bientôt surmontés, non pas seulement par les pairs, défenseurs héréditaires du trône et de la Charte *, mais aussi par le concours simultané des deux chambres et par celui de l'immense majorité des Français; car il est dans *le vœu et l'intérêt de* tous que les droits sacrés de la couronne demeurent inviolables et soient transmis, INSÉPARABLEMENT DES LIBERTÉS NATIONALES, aux successeurs de Votre Majesté et à nos derniers neveux, héritiers de notre confiance et de notre amour. »

* La révolution de juillet fera plus que susciter des *obstacles* au gouvernement du roi; elle renversera le trône; et les pairs, « défenseurs héréditaires du trône, » le laisseront tomber; ils ne défendront ni le trône, ni la Charte; ils ne se défendront pas eux-mêmes.

La discussion du projet d'adresse a été remarquable par le discours que M. de Châteaubriand a prononcé dans cette circonstance ; il a dit : « Je l'avoue, c'est à mon corps défendant, et après de longues hésitations, que je me suis résolu à monter à cette tribune. Jamais je n'ai tant désiré la paix, jamais je n'ai été moins disposé à me jeter au milieu des orages. Il a fallu six mois entiers de provocations, il a fallu m'entendre traiter d'apostat et de renégat, par ordre ou par permission, pour qu'enfin je me crusse obligé de m'expliquer. Au reste, je pardonne de grand cœur à ceux qui m'ont prodigué les outrages. » — « Je désire quatre choses pour mon pays, Messieurs, la religion sur les autels de saint Louis, la légitimité sur le trône d'Henri IV, la liberté et l'honneur pour tous les Français. » — « *Je n'ai point douté* que les ministres du jour n'eussent *l'intention* de maintenir ces quatre choses ; mais j'ai pensé dès le premier instant que, par la nature même de la composition du conseil, ils *inquiéteraient* les intérêts publics ; j'ai pensé qu'en voulant trouver la France ancienne dans la France nouvelle, ils pourraient mettre la réalité en péril pour saisir ou pour combattre des chimères... » M. de Châteaubriand a complétement oublié, à ce qu'il paraît, sa monarchie selon la Charte, ses *sept hommes par département*, sa conduite politique de 1815, ses opinions *ministérielles*, etc. ; continuons : « ... Il y a une force dont j'oserai me vanter, parce que, le cas échéant, je ne tirerais pas cette force de moi, mais de la nature des choses ; qu'on mette *devant moi* une usurpation quelconque, et qu'on me laisse *écrire* ; je ne demande pas un an pour ramener mon roi ou pour élever mon échafaud. La liberté est la première alliée de la légitimité ; que celle-ci la mette de son côté, et elle se peut rire de toutes les *ambitions conjurées* contre elle. » —

Voilà une noble fierté, une belle confiance dans ses forces; mais M. de Châteaubriand présume trop de son influence politique, c'est-à-dire de son talent littéraire; les événemens de juillet 1830 donneront un grand démenti à son génie. Poursuivons : « ... Nobles pairs, toute révolution *venant d'en bas* est aujourd'hui *impossible;* mais cette révolution peut venir d'en haut. » (*Nota.* Mais le très-noble pair l'a hautement provoquée dans sa *monarchie selon la Charte !*) « Elle peut sortir d'une administration égarée dans ses systèmes, ignorante de son pays et de son siècle. Je renferme mes pensées; je contiens mes sentimens; je ne développe rien; je n'approfondis rien; je ne lève point le voile qui couvre l'avenir; je laisse ce discours incomplet, parce que mon attachement à la légitimité arrête et brise mes paroles. Royaliste, je n'hésite pas sur les rangs où je dois me placer aujourd'hui; je demanderais seulement qu'on m'indiquât le poste où je devrais consommer mon sacrifice, si un seul mot de Charles x ne pouvait dissiper les périls et les ténèbres que l'on a répandus sur la France. »—« Tout ce que je ne dis point ici, Messieurs, je *désirais* le dire à sa majesté, en la suppliant de m'accorder la douloureuse permission de déposer à ses pieds ses bienfaits. Qui sait ce qu'une voix fidèle, émue, sortant du cœur et des *entrailles* d'un royaliste (*nota* : auteur de l'*Essai sur les révolutions*, etc.), aurait pu produire? Cette voix, il ne m'a pas été accordé de la faire entendre. Après le roi, Messieurs, je ne connais pas de juges plus élevés et plus respectables que mes nobles collègues. C'est donc aux pairs de France, aux premiers soutiens du trône, que j'ai osé confier une faible partie de mes sentimens et de mes craintes. » — « Les dernières lignes du discours de la couronne ne justifient que trop la triste prévoyance qui m'a obligé d'interrompre une carrière aussi conforme à mes goûts qu'à mes études. Je n'ai point abandonné sans regret le poste honorable que le roi m'avait confié. » — « On a pris ces regrets pour du repentir; je le conçois : il y a des hommes qui auraient des remords d'abandonner la fortune. Quant à moi, Messieurs, j'étais bien peu fait pour tant d'éclat, d'honneurs et de richesses. Je suis rentré dans mon obscurité comme ces émigrés, mes anciens compagnons d'armes et de souffrances, que je retrouvai sur la route de Gand. Il semblait que l'exil nous était naturel; nous avions la sérénité de la bonne conscience, la satisfaction du devoir accompli; nous suivions le roi. » — « Ne voulant, Messieurs, ni repousser le beau travail de votre commission, ni me séparer de ceux de mes nobles amis qui donnent leur assentiment au projet d'adresse, par la raison que ce projet n'a rien d'*approbatif* ni de *laudatif;* désirant ainsi ne faire aucune opposition à la majorité de la chambre; mais, d'un autre côté, ne pouvant m'empêcher de trouver le projet d'adresse *insuffisant* dans les circonstances graves où nous sommes, ma résolution est de m'abstenir de tout vote, afin de garder à la fois les convenances des *liaisons parlementaires*, et de satisfaire à mes scrupules politiques. » — Après un si bel exposé de sentimens et de principes, l'on devra s'étonner de ne pas voir, dans les journées de juillet, M. de Châteaubriand se ranger auprès des défenseurs de la légitimité à Saint-Cloud, auprès des défenseurs de la couronne et de la personne de Charles x à Rambouillet : la révolution de juillet consommée, M. de Châteaubriand exprimera, il est vrai, les plus éloquens regrets sur l'issue de cette révolution, et se dévouera à la famille déchue; mais il ne ramènera pas, dans un an, son roi, et il n'élèvera pas son échafaud (à lui), quoiqu'on *le laisse écrire !...* Nous avons regardé comme un devoir et de toute justice, de rapporter une partie du discours prononcé, par M. de Châteaubriand, le 9 mars; il s'y montre royaliste dévoué aux infortunes royales; pourquoi donc ne suivra-t-il pas le roi déchu à Édimbourg, comme il avait suivi le roi fugitif à Gand? Du moins, il fera une très-belle oraison funèbre, à la chambre des pairs, sur les catastrophes de la *légitimité* : en attendant, il refuse son vote à l'adresse de cette chambre. Que veut-on de plus?

L'adresse de la chambre des pairs est votée à l'unanimité, moins *une* voix : le nombre des votans est de 226.

Sans s'écarter en rien des hautes convenances que lui impose sa position dans l'ordre politique, la chambre des pairs dit implicitement au roi que les droits de sa couronne demeureront inviolables s'il ne les sépare pas des libertés nationales : elle est donc bien forte, l'opinion publique, et les alarmes de la nation depuis le 8 août doivent être bien fondées en droit, pour que la chambre aristocratique, qui a donné, depuis quinze ans, tant d'exemples d'une soumission aveugle, presque sans bornes, aux actes illégaux commis par le gouvernement de la restauration, pour que la chambre des pairs se croie obligée de tenir aujourd'hui un pareil langage : elle a bien mérité de la France dans cette grande conjoncture (comme à l'époque du projet de loi sur le droit d'ainesse, ou autrement sur le rétablissement de l'ancien régime); et la patrie reçoit avec reconnaissance une adresse qui sort, pour la première fois, du protocole dont la chambre héréditaire s'était fait une règle depuis 1814.

Le roi répond à la grande députation : « Messieurs, les sentimens que vous m'exprimez, au nom des pairs de France, me sont d'autant plus agréables, qu'ils me prouvent que la chambre a parfaitement *compris* et *senti* tout l'*ensemble* de mon discours. » — « Je compte *sur vous*, Messieurs, comme vous devez compter sur mon *inébranlable fermeté*, et j'aime à ne pas douter, comme vous m'en donnez l'*espérance*, que les deux chambres s'uniront à moi pour assurer et consolider le bonheur de mes peuples. »

A dater du 8 août 1829, les paroles du roi, ou de ses ministres, ont une importance qui ne permet pas à l'annaliste de les passer sous silence. Les grands événemens s'expliquent naturellement, lorsqu'on suit avec attention le langage et la marche du pouvoir : il indique clairement lui-même la position dans laquelle il se trouvera forcément engagé dans un temps donné.

11. — Mort du marquis de Lally-Tollendal, pair de France, âgé de 79 ans. — Il a refusé la veille de sa mort de recevoir M. l'archevêque de Paris (Quélen), qui, sans être appelé, s'était présenté et avait insisté fortement, selon sa pieuse habitude, pour administrer au moribond les secours spirituels.

M. de Lally, fils naturel du général Lally, dont la tête tomba sous la hache du bourreau, se prononça dès l'aurore de la révolution en faveur de la liberté nationale et contre le despotisme ministériel ; il jouit en 1789 d'une grande influence dans l'assemblée nationale, et fit les plus grands efforts, de concert avec MM. Mounier, Clermont-Tonnerre et Malouet, pour établir en France la *constitution anglaise*, dont il était admirateur enthousiaste et presque frénétique, sans considérer, sans se douter, peut-être, que cette constitution ne convenait nullement à la France, tant est grande la différence de caractère, d'usages, de mœurs, de religion, dans les deux nations.

Ardent révolutionnaire depuis le serment du Jeu de Paume jusqu'aux journées des 5 et 6 octobre 1789, M. de Lally se rattacha, dès le commencement de 1790, au parti de la cour, et fut l'un des chefs les plus influens du *club des monarchiens*, qui voulait la souveraineté du peuple, la royauté constitutionnelle et une pairie héréditaire; c'était, au fond, placer les libertés nationales sous le joug de l'aristocratie héréditaire! Les opinions législatives de M. de Lally-Tollendal, dépourvues le plus souvent de science politique et quelquefois d'esprit national, ne tardèrent pas à le priver de la popularité dont son effervescence révolutionnaire contre le despotisme de Versailles l'avait, en quelque sorte, investi de prime abord : Mirabeau le perdit bientôt dans l'esprit de l'assemblée nationale, et le força, ainsi qu'il le disait, à *quitter la partie*. M. de Lally, aussi embarrassé de sa renommée que de ses opinions politiques, se réfugia en Angleterre; il tint une noble conduite pendant le procès de Louis XVI, en s'offrant à la convention nationale pour défenseur du roi; c'était se venger noblement de la mort de son père, et se sacrifier en même temps pour sauver les jours d'un monarque qui avait constamment manifesté une aversion décidée pour les principes politiques dont M. de Lally faisait profession... L'offre de M. de Lally-Tollendal aurait été encore plus méritoire, si un des membres les plus influens de la convention, qu'il avait consulté à ce sujet, ne lui avait fait répondre, par deux fois, que son offre ne serait pas acceptée!

Rentré en France, à l'époque de l'amnistie consulaire, M. de Lally offrit ses services au premier consul, qui ne jugea pas à propos de les accepter ; Bonaparte disait de M. de Lally : « C'est un Anglo-Français plein de vide.» Ce jugement est par trop rigoureux; M. de Lally n'était pas assurément un homme d'État, ce n'était pas même un orateur distingué, mais l'on ne saurait dire qu'il fût dépourvu de talens; il possédait des connaissances littéraires et historiques assez étendues. M. de Lally avait un défaut qu'il prenait pour une qualité, celui d'être éminemment sentimental en matière de législation ; il était de plus d'une loquacité intarissable dans tous les sujets qu'il traitait : pérorer dans une assemblée était pour lui une nécessité d'existence ; il avait une élocution diffuse et pâteuse ; il tombait presque toujours dans un pathos doctoral et à grands sentimens qu'il prenait bonnement pour de la haute politique législative. On imaginerait difficilement la quantité d'utopies politiques renfermées dans sa tête, elles donnent la mesure de son amour-propre ; mais l'excès de cet amour-propre ne portait nulle atteinte aux sentimens de son cœur, dont toutes les impulsions étaient nobles et bienveillantes. L'on voyait toujours dans M. de Lally l'homme de bien ; il aimait la liberté et la voulait sincèrement, mais il s'égarait dans les moyens de la fixer dans nos institutions et de la faire entrer dans nos mœurs. L'aristocratie anglaise était, pour lui, le *type* du gouvernement représentatif, et le gouvernement britannique, le gouvernement-modèle : de cette fausse idée politique, découlèrent toutes les erreurs du député aux états-généraux... Il fut l'un des coopérateurs de la Charte octroyée par Louis XVIII, et n'entrevit pas sans doute, ou feignit de ne pas voir les principes de despotisme qu'elle renfermait dans son sein. Nommé pair de France, M. de Lally soutint, dans plusieurs circonstances importantes, la cause de la liberté constitutionnelle ; mais, infidèle aux libertés nationales, il défendit plus d'une fois, à la chambre héréditaire, la cause du pouvoir absolu, ou ministériel. Au reste, ses facultés intellectuelles s'étaient affaiblies, depuis plusieurs années, d'une manière sensible, et son influence politique était réduite à celle de son nom. M. de Lally s'est un peu trop montré, sous la restauration, l'homme du pouvoir ; la fin de sa carrière politique ne répondit pas aux espérances qu'avait fait naître son apparition aux états-généraux.

M. de Lally-Tollendal n'a pas condamné à mort le maréchal Ney ; l'histoire lui tiendra compte de sa noble conduite pendant le procès du brave des braves.

Les écrits de M. de Lally, assez médiocres en général, portent l'empreinte d'un cœur bon et généreux ; tout le monde sait aujourd'hui que les *Mémoires* qui firent tant de sensation à l'époque du procès du général Lally furent composés par le célèbre avocat Gerbier... La littérature doit à M. de Lally-Tollendal une *Vie du comte de Strffaord*, assez estimée ; il a publié une mauvaise tragédie sur la mort de ce ministre anglais, et plusieurs articles de journaux et de recueils où l'on trouve quelques vues utiles à côté de beaucoup de bavardage sentimental. M. de Lally n'était plus de son siècle, et répudiait le mouvement imprimé à l'esprit humain par la révolution française : il meurt assez tôt pour que sa pairie (la pairie cessera avant peu d'être héréditaire) passe à son gendre, M. le marquis d'Aux, qui, pour être un peu moins inconnu de la France, dont il sera un jour l'un des représentans, ajoute à son nom celui de feu son beau-père, et figurera sur la liste de nos *seigneuries* à la lettre A : Aux-Lally. L'on ne savait pas auparavant que la France possédât un marquis d'Aux ?

. 11. — Chambre des pairs. — Présentation de deux projets de loi sur le duel.

Le premier dit : « Sont compris dans les faits que le Code pénal qualifie de délits ou de crimes, et punis comme tels, le meurtre et les blessures résultant du *duel*, de quelques armes que les combattans aient fait usage. »

Le second établit les peines applicables à ces délits ou crimes ; elles consisteront dans l'emprisonnement pour un terme plus ou moins long, dans l'interdiction de tout ou partie des droits civiques, civils et de famille, dans la mise en surveillance du condamné dans un lieu éloigné de douze myriamètres au moins du lieu où aura été commis le délit ou le crime, etc. La question : *Y a-t-il des circonstances atténuantes?* sera posée dans la cour d'assises, et le tribunal correctionnel pourra user de la faculté laissée par l'article 463 du Code pénal, si les circonstances lui paraissent atténuantes.

Les États-Unis ont pris la noble initiative de la suppression du duel. (V. 3 mars 1828.)

11. — Arrêt de la cour royale de Paris, chambres réunies; affaire de l'association bretonne. (V. 27 novembre 1829.) — « La cour, faisant droit, tant sur l'appel des sieurs Bert et Valentin de Lapelouze, que sur celui de M. le procureur-général, adoptant les motifs des premiers juges, met les appellations et ce dont est appel au néant, ordonne que le jugement dont est appel sortira son plein et entier effet. »

Cet arrêt vient ajouter à la publicité et par conséquent à l'influence de l'association bretonne; en confirmant purement et simplement le jugement rendu le 27 novembre, la cour royale reconnaît implicitement l'illégalité des impôts dans le cas où ils seraient établis, soit sans le concours des chambres, soit avec le concours des chambres inconstitutionnellement formées. Par conséquent, le refus d'acquitter les impôts établis en violation formelle des lois établies ne saurait constituer un délit.

12. — Château des Tuileries. — Réception par le roi de la députation bordelaise, du 12 mars (1814) : M. Lynch, maire *honoraire* de Bordeaux, porte la parole; il dit : « Sire, lorsque Votre Majesté montrait aux heureux

habitans de la Saône *un Français de plus*, un autre Français, bien digne de ce nom, voyait flotter sur les tours de Bordeaux le drapeau de la fidélité. Il peut être, Sire, quelquefois *agité* par la tempête; mais sa base est *inébranlable* comme le sentiment dont il est l'emblême. »
Le roi répond à ce discours, qui a le mérite de la brièveté (M. Lynch n'est pas académicien): « La conduite des Bordelais en 1814, Messieurs, restera à jamais gravée dans mon cœur: leur exemple donna l'élan à *toute la nation*, qui se ressentira toujours du *bonheur* que lui ont procuré les grands événemens de cette époque. Félicitez-vous donc, Messieurs, d'être Bordelais, puisque de si grands souvenirs se rattachent à votre ville et à son dévouement mémorable. Pour moi, je ne les oublierai jamais; j'aime au contraire à me les rappeler chaque jour, et comme roi, et comme père. » On remarquait, parmi les membres de la députation, MM. Lainé, Desèze, Marcellus, Martignac, Gautier, etc.

Il n'est pas hors de propos de consigner ici cette particularité, quoiqu'elle soit peu importante en elle-même: car les événemens démentiront bientôt le dévouement exprimé, au nom de la *ville du douze mars*, par huit ou dix courtisans chamarrés de titres et de cordons.... Bordeaux recevra avec enthousiasme la nouvelle de la chute et de la proscription de Charles x et de sa famille! Les princes de Coblentz ont, en effet, procuré depuis quinze ans tant de bonheur et de gloire à la nation française, que Bordeaux les verra partir pour l'exil sans émettre le moindre regret sur leur sort, et l'on dira froidement dans cette cité: « Est-ce bien *un Français de moins?* »

Ce n'est pas d'après des harangues de députations toujours intéressées à tromper et à flatter les princes, qu'ils doivent juger de l'amour et du dévouement de leurs sujets ; s'ils gouvernent dans les intérêts et l'honneur de la nation, le peuple les bénira ; s'ils sacrifient au contraire les intérêts généraux aux classes privilégiées, le peuple applaudira aux catastrophes qui les précipiteront du trône. Charles x en fera dans quelques mois la terrible expérience.

15. — Iles Açores... Ile Tercère. — Proclamation des membres de la régence, chargés d'administrer le royaume de Portugal au nom de la reine dona Maria da Gloria.

Par décret du 15 juin 1829, l'empereur D. Pedro a nommé membres de cette régence le marquis de Palmella, le comte de Villaflor et le conseiller Guerreiro. La régence a tenu ses premières séances à Londres ; elle se rend à Tercère, seul territoire portugais qui ne soit pas sous la domination de D. Miguel ; mais cette île est bloquée par une escadre portugaise : les membres de la régence lui échappent, en se transportant, du vaisseau anglais qui les portait, sur un bâtiment américain qui se dirigeait sur Tercère, et que l'escadre de blocus y laisse entrer sans difficulté.

C'est dans cette petite île que les partisans de la jeune reine rassembleront les moyens nécessaires pour opérer un débarquement sur les côtes de Portugal.

17. — Mort du maréchal de France comte (fait *marquis* par la restauration) Gouvion Saint-Cyr, âgé de soixante-six ans, à Hyères (département du Var)... Ses restes mortels seront transportés à Villiers, près Neuilly (banlieue de Paris), terre du défunt.

Laurent Gouvion n'appartenait en aucune manière à la famille nobiliaire de Gouvion ; il était fils d'un boucher de Toul (Meurthe). Sa mère, qui sortait d'une classe plus élevée, présida à son éducation; séparée de son mari, elle se retira à Lyon, près d'un oncle chanoine, et se fit appeler Saint-Cyr, nom que Gouvion ajouta dans la suite au sien pour se distinguer de plusieurs de ses parens qui servaient comme lui à l'armée du Rhin : elle l'envoya fort jeune étudier, à Rome, l'art de la peinture pour laquelle il montrait le goût le plus vif; mais la nature lui en avait refusé le génie. Il vint à Paris après deux années de séjour dans la capitale du monde chrétien, et, tout en cultivant son art, il s'essaya dans la carrière dramatique sur les théâtres bourgeois de Mareux et de Doyen, où se sont formés plusieurs des acteurs qui ont brillé sur notre scène : dès l'instant où la patrie vint appeler ses enfans à la défense du territoire, Gouvion s'enrôla dans le premier des nombreux bataillons de volontaires parisiens, formé en grande partie de *jeunes artistes*, et vola aux frontières.... Gouvion eût été un peintre ou un comédien fort médiocre; il deviendra l'une des gloires militaires de la France, et son nom sera immortel.

Dès son entrée dans la carrière des armes, Gouvion-Saint-Cyr se distingue par une intrépidité et des talens militaires qui fixent sur lui les regards des généraux; son avancement est prodigieux : simple soldat en 1792, à son départ de Paris, il est général de division en 1794; tous ses grades, il les gagne sur les champs de bataille; il ne doit rien à l'intrigue ou à la faveur, et nul des généraux français, pas même Napoléon-le-Grand, ne peut dire avec plus de vérité que lui : *Je suis fils de mes œuvres.*

Le général Saint-Cyr n'a pas quitté les champs de bataille pendant vingt années; il a combattu en Allemagne, en Italie, en Espagne, en Russie; il a fait triompher le drapeau national sur les bords du Rhin, du Tibre, de l'Èbre, de la Dwyna ; partout le général a servi la patrie, et partout il est demeuré fidèle à l'honneur : distingué entre tous les généraux par une probité, un désintéressement, une loyauté et une sagesse qui ne se démentirent pas un instant pendant ces quarante années de guerres et de révolutions où tant de personnages célèbres ont perdu et le mérite et la gloire de leurs services, le général Saint-Cyr est sorti pur de tous les changemens de fortune, de toutes les catastrophes qui ont successivement désolé la patrie sous les noms de liberté, de gloire, de légitimité ; c'est, à peu de chose près, Phocion et Paul-Émile, c'est Épaminondas et Xénophon....

Le général Saint-Cyr fait aimer et respecter le nom français dans tous les pays conquis ; la fanatique Espagne rend elle-même un éclatant hommage à ses vertus publiques, à ses qualités privées ; tant il sait appeler à lui la confiance des peuples, tant il sait la mériter et la conserver ! sa parole est une garantie inviolable, l'on y croit comme aux promesses des dieux. Son inaltérable douceur, sa fermeté inébranlable, cette probité qui respire dans toute sa physionomie, dans ses moindres paroles, jusque dans son silence, donnent à ses actions, à ses commandemens, à ses moindres invitations, le caractère sacré de la loi ; il soumet les esprits et gagne les cœurs ! homme de guerre, homme d'État, philosophe, ami de la vérité, et Français par-dessus tout, Saint-Cyr a donné à sa patrie une vie pleine de belles, de bonnes, de grandes actions ; il a servi son pays dans les camps, dans les négociations, à la tribune législative, aux conseils du prince, et il l'a servi avec une fidélité et un dévouement à toute épreuve ; mais il était encore une gloire dont personne jusqu'à lui ne s'était montré ambitieux, celle de *descendre* du faîte des honneurs pour *monter* dans la retraite, lorsqu'il devient impossible de faire le bien et de prévenir le mal. Cette gloire appartenait à l'âme du maréchal Saint-Cyr, il l'a attachée à son nom; le grand homme a quitté le ministère et abandonné les affaires de l'État aussitôt qu'il lui a été démontré qu'on ne pouvait plus servir avec honneur, avec utilité pour son pays un gouvernement qui perdait le pays et se perdait lui-même.... Il avait vécu comme les hommes illustres de Plutarque, il devait finir comme eux.

L'on n'a fait qu'un seul reproche au général Saint-Cyr, dans une carrière militaire de plus de vingt années. Ce reproche était-il fondé ? nous l'ignorons ; mais notre devoir nous oblige à ne pas le taire.... « Il devait (ont dit plusieurs grands capitaines, et entre autres Masséna) se faire jour, *à tout prix*, à travers les forces ennemies qui le bloquaient dans Dresde, 1813, sortir de cette place à la tête de ses vingt-trois mille hommes, rallier à lui les garnisons françaises qui occupaient Hambourg, Magdebourg et plusieurs villes du nord de l'Allemagne, et se placer, avec ces quatre-vingt mille hommes et cinq cents pièces d'artillerie, sur les derrières des armées alliées. En prenant une si magnanime résolution, le maréchal eût vraisemblablement préservé la France de l'invasion de 1814 ; alors il eût été le premier homme de son siècle, et sa gloire militaire aurait rivalisé avec celle de Napoléon... » Ce reproche adressé à Gouvion-Saint-Cyr a été fait aussi, et avec beaucoup plus de fondement encore, au maréchal Davoust, enfermé dans Hambourg avec des troupes non moins nombreuses et plus aguerries ; mais sous un chef absolu, les subordonnés les mieux intentionnés n'osent pas prendre une résolution. Napoléon donna l'ordre aux garnisons qu'il avait laissées si malencontreusement dans les places du nord, et qui étaient autant d'armées, de se faire jour et de se rallier ; les moyens les plus ingénieux avaient été employés pour faire parvenir ses ordres, mais toute tentative échoua ; il était déjà trop tard lorsque Napoléon les donna : plusieurs garnisons, celle de Dresde particulièrement, étaient tombées dans l'état le plus fâcheux, et Napoléon devait expier complétement la faute capitale qu'il avait faite d'éparpiller et de laisser pour garder des conquêtes à jamais perdues, les forces immenses avec lesquelles il eût pu sur le Rhin défendre la France, première conquête de son génie à laquelle il devait sacrifier toutes les autres.... Les ennemis du maréchal ont dit que, pressé par ses généraux de prendre ce parti, il s'y refusa obstinément ; qu'il assembla bien un conseil de guerre, mais en n'y appelant que les généraux dont il était *sûr*, c'est-à-dire ceux qui étaient d'avis de capituler ; qu'il avait été *gagné* par les alliés, et que, pour couvrir les apparences, il voulut partager la captivité de son corps d'armée, etc. — La haute loyauté du maréchal suffit pour détruire de telles inculpations ; elles seraient une grande tache à sa gloire si elles n'étaient point d'atroces calomnies : sans doute le maréchal ne se croyait pas autorisé à prendre, sans ordre exprès de Napoléon, une résolution de cette importance ; il ne pouvait assumer sur lui la responsabilité des événemens et exposer de son chef de si nombreux corps de troupes. Ce maréchal, naturellement froid et n'ayant jamais sacrifié au hasard, était d'ailleurs fatigué de la guerre ; *il en avait assez*, selon l'expression du maréchal Lefebvre (duc de Dantzick), et le temps où les généraux français préféraient la mort à une capitulation était passé. Le maréchal Saint-Cyr déplorait les calamités dont la continuation de la guerre accablait la France, et il avait l'intime conviction que Napoléon ne se résoudrait jamais à poser les armes.

- La vérité historique nous a fait un devoir de parler de la capitulation de Dresde (11 novembre 1813) : nous avions franchement exprimé, en 1826, notre opinion sur cette capitulation (*Histoire de France*, etc., t. 7, pag. 271), et nous n'en avons pas changé depuis, tant nous sommes persuadé, d'après tous les renseignemens obtenus jusqu'à ce jour, que le maréchal Saint-Cyr ne pouvait guère tenir une autre conduite que celle qu'il suivit alors.

Administrateur d'une haute capacité, Saint-Cyr a donné à la France la loi *sur le recrutement de l'armée* et la création d'un corps d'état-major. Les *Mémoires* militaires qu'il a publiés sont d'un écrivain profond et véridique ; le citoyen s'y montre à côté de l'homme de guerre : c'est l'éloge le plus complet que nous pouvons en faire. Si la France a jamais une *armée nationale*, c'est au maréchal Saint-Cyr qu'elle en sera redevable.

Les obsèques du général Saint-Cyr auront lieu le 26 ; ses restes mortels seront déposés à côté de ceux de Masséna... Que sont auprès de ces tombes les tombes royales de Saint-Denis ?

Le maréchal Mortier (duc de Trévise) et le marquis de Jaucourt prononceront un discours sur le cercueil qui renferme tant de vertus, tant de gloire ; mais ils parleront en hommes de cour, en hommes du monde... Le général Lamarque, le meilleur des généraux que la révolution et l'empire aient laissés à la France, l'orateur le plus énergique, le plus éloquent qui reste aujourd'hui à la liberté et à la patrie, le général Lamarque restituera au maréchal Gouvion Saint-Cyr toute la gloire qui lui appartient ; il honorera cette grande mémoire d'une manière digne d'elle et de lui : il dira toute sa vie !!!

18. — Adresse de la chambre des députés des départemens, en réponse au discours du roi (V. 2 mars).

Cette adresse de la chambre élective est d'une importance bien autrement décisive que celle de la chambre héréditaire : ce ne sont pas des privilégiés héréditaires osant à peine exprimer une opinion nationale, c'est la nation qui parle au trône.

Sous le ministère Villèle, les adresses de la chambre des députés faisaient en quelque manière partie de son réglement, et il était passé en forme de loi de louer la couronne et le ministère, en répétant à la couronne les éloges qu'elle se donnait à elle-même dans le discours d'ouverture de la session; la chambre paraphrasait ce discours, en publiait une seconde édition et remerciait l'administration des bienfaits qu'elle répandait sur la France : mais l'excès de ces bienfaits ayant entrainé la chute du ministère le plus vil, le plus anti-national et le plus déprédateur qu'eût encore enfanté la restauration, l'on vit enfin les représentans de la nation, poussés en avant et soutenus par l'opinion publique, abjurer leur servilité, prendre confiance en eux-mêmes, revendiquer les droits dont la Charte avait doté la nation et les chambres législatives, et réclamer avec énergie ces institutions communales et départementales sans lesquelles il ne saurait exister de véritable garantie pour les intérêts nationaux. Le ministère Villèle avait été celui de la fourberie et des actes arbitraires, le ministère Martignac celui des déceptions et des illusions; il ne restait plus à l'autorité royale de ressources dans le mensonge et la fraude, elle se jeta dans le système contre-révolutionnaire pur, et le ministère Polignac fut installé. Il n'y eut qu'un cri dans toute la France contre ce ministère d'ancien régime et de pouvoir absolu, et, malgré la loi du double vote, les colléges électoraux envoyèrent des représentans forts de la confiance du pays et décidés à défendre ses droits!... La chambre des députés entend enfin les vœux de la nation, elle les seconde!

Le discours de la couronne ne peut plus laisser de doute sur ses intentions; la chambre des députés y répond d'une manière aussi ferme que respectueuse, avec noblesse, avec patriotisme. Elle se montre fidèle au trône et au peuple, et cette fois elle ne craint pas de faire entendre la vérité, *ce premier besoin des rois*, a dit Charles x: «... La réduction que Votre Majesté nous annonce dans le revenu public est un symptôme dont la *gravité* nous afflige. Nous mettrons tous nos soins à *rechercher les causes du malaise* qu'il indique. — Votre Majesté a ordonné de nous présenter une loi relative à l'amortissement et à la dette publique; l'importance des questions que renferment ces projets et l'*obligation* de tenir une balance exacte entre *les divers intérêts* qui s'y rapportent, exciteront *au plus haut degré* notre sollicitude. Une organisation *équitable* et habilement combinée du crédit public sera pour la France un puissant moyen de prospérité, et pour Votre Majesté un nouveau titre à la gratitude de ses peuples. — Mais il est une *condition nécessaire* à l'accomplissement de ce bienfait, et sans lequel il demeurerait stérile. C'est la *sécurité de l'avenir*, fondement le plus solide du crédit, et premier besoin de l'industrie..... » Voilà pour la situation financière.

La partie la plus importante de l'adresse est celle de l'administration politique, ou intérieure; la chambre dit: «... Cependant, Sire, au milieu des sentimens unanimes de respect et d'affection dont votre peuple vous entoure, il se manifeste dans les esprits une *vive inquiétude* qui trouble la *sécurité* dont la France avait *commencé* à jouir, altère les sources de sa prospérité, et pourrait, si elle se prolongeait, devenir *funeste à son repos*. Notre *conscience*, notre *honneur*, la fidélité que nous vous avons jurée et que nous vous conserverons *toujours*, nous imposent le devoir de vous en dévoiler *la cause*. — Sire, la Charte que nous devons à la *sagesse* de votre prédécesseur, et dont Votre Majesté a la *ferme volonté* de consolider le bienfait, consacre *comme un droit l'intervention du pays dans la délibération des intérêts publics*. Cette intervention *devait être*, elle est en effet *indirecte*, » (*nota :* avec quels ménagemens; presque anti-nationaux, s'exprime une chambre que les conseillers de la couronne ne tarderont pas à qualifier de *factieuse*, de *séditieuse!*) « sagement mesurée, circonscrite dans des limites exactement tracées et que nous ne souffrirons jamais que l'on ose tenter de franchir; mais elle est positive *dans son résultat*, car elle fait du *concours permanent* des *vues politiques de votre gouvernement* avec *les vœux de votre peuple*, la condition *indispensable* de la marche régulière des affaires publiques. Sire, notre loyauté, notre dévouement, nous *condamnent* à vous dire que CE CONCOURS N'EXISTE PAS. — Une *défiance injuste* des sentimens et de la raison de la France est aujourd'hui la *pensée fondamentale* de l'administration ; votre peuple s'en *afflige*, parce qu'elle est *injurieuse* pour lui ; il s'en *inquiète*, parce qu'elle est *menaçante* pour ses libertés. — Cette défiance ne saurait approcher de votre noble cœur. Non, Sire, la France ne veut pas plus *de l'anarchie* que vous ne voulez *du despotisme;* elle est digne que vous ayez foi dans sa loyauté comme elle a foi dans vos *promesses*. — Entre ceux qui *méconnaissent* une nation si calme, si fidèle, et nous qui, avec une conviction profonde, venons de déposer dans votre sein *les douleurs de tout un peuple*, jaloux de l'estime et de la confiance de son roi, que la haute *sagesse* de Votre Majesté *prononce*. Ses royales prérogatives ont placé dans ses mains les moyens d'assurer entre les pouvoirs de l'État cette *harmonie constitutionnelle*, première et *nécessaire* condition de la *force* du trône et de la *grandeur de la nation*. » — Cette dernière phrase veut dire : « Nous « persisterons dans notre résistance légale au despotisme ; « changez vos ministres et votre système de gouverne-« ment, ou dissolvez la chambre et soumettez-vous au « jugement du pays. »

Charles x répond à la grande députation dans la personne de son président : « Monsieur, j'ai entendu l'adresse que vous me présentez au nom de la chambre des députés. *J'avais droit* de compter sur le *concours* des deux chambres pour accomplir tout le *bien* que je méditais. Mon cœur s'afflige de voir les députés des départemens déclarer que, *de leur part*, *ce concours n'existe pas*. — Messieurs, j'ai annoncé *mes résolutions* dans mon discours d'ouverture de la session : *ces résolutions* sont *immuables*; l'intérêt de mon peuple me défend de m'en écarter. »

L'adresse de la chambre des députés et la réponse du roi retentissent dans tout le royaume ; elles excitent une indignation générale contre le ministère et rallient fortement la nation à ses représentans qui viennent enfin, en quelque sorte malgré eux, de se résoudre à déposer la vérité aux pieds du trône. La scission entre le monarque et le peuple est aujourd'hui officiellement prononcée du haut du trône, du haut de la tribune nationale ! Dépourvus de toute sagesse, de toutes prévisions politiques, les ministres de Charles x demeureront sourds à des avertissemens si solennels ; ils courront tête baissée vers l'abîme qui doit les engloutir ; mais aussi quels ministres ! Des hommes dont l'incapacité, les doctrines contre-révolutionnaires, les violences administratives, l'abnégation de tous les principes de nationalité et de patriotisme, la fraude, la trahison et la concussion, ont signalé la carrière publique; et à la tête de ces hommes, un favori sans expérience, sans talens, sans mérite, qui a professé avec orgueil la plus constante aversion pour les libertés nationales, et dont le nom seul est une contre-révolution tout entière! Il faut aujourd'hui payer de son génie, et M. de Polignac est, politiquement parlant, l'homme le plus nul qui soit arrivé au pouvoir depuis 1789 jusqu'à ce jour; sa tête est d'une complète stérilité; l'on dirait qu'il y a chez lui absence ou éclipse totale de pensée lorsqu'il aborde la tribune politique; impuissant pour expliquer les idées qu'on lui a fournies, il ne sait pas même s'exprimer en termes convenables à la matière dont il parle; et s'il parle, c'est pour ne rien dire: répétons-le, c'est la plus étonnante incapacité de l'émigration, et c'est à cette incapacité que l'ancien régime, le pouvoir absolu et le fanatisme religieux ont remis les rênes de l'État!

L'adresse de la chambre des pairs a été votée à l'unanimité: le nombre des votans est de 226; M. de Châteaubriand s'abstient de voter: celle de la chambre des députés l'a été à une majorité de 40 voix; le nombre des votans était de 422; le scrutin a donné 221 voix *pour*, 181 *contre*. Dans la première chambre, les ministres ont gardé pendant la discussion le plus profond silence; dans la seconde, les ministres ont combattu de toutes leurs forces le projet d'adresse, sans pouvoir obtenir les modifications exigées par la couronne. MM. Baron-Montbel et Guernon de Ranville se sont particulièrement distingués par la violence de leur opposition au vœu de la majorité; le dernier, qui n'avait pas craint de dire à son avénement au pouvoir: « Je me fais gloire d'être *contre-révolutionnaire*, » a poussé l'imprudence de l'arbitraire au point de déclarer, dans le comité secret : « Qu'il prendrait volontiers sous sa responsabilité de proposer au roi des mesures *extra-légales*; » ce ministre, il est vrai, jugera convenable deux jours plus tard de faire démentir ces paroles, mais nous les lui restituons comme propriété incontestable, d'après le témoignage d'un député ministériel qui a entendu M. Guernon de Ranville s'exprimer textuellement comme il est rapporté ci-dessus... 221 membres de la chambre des députés se sont officiellement prononcés contre le ministère Polignac, et l'adresse présentée au roi ne saurait leur permettre de revenir sur leurs pas, en eussent-ils d'ailleurs la volonté, et plusieurs d'entre eux eussent-ils été beaucoup plus loin qu'ils ne croyaient aller.... Il faut donc chasser le ministère ou la chambre, point de milieu ; la résolution *immuable*, proclamée par Charles X, vient d'indiquer le parti qu'il prendra, *un coup d'État!* Les ministres et les feuilles salariées par le gouvernement s'en glorifient d'avance avec une jactance et une étourderie qui étonnent jusqu'aux vieux courtisans de Versailles.

En toutes circonstances, la dissolution de la chambre élective est une mesure grave, puisque c'est en appeler au jugement du pays, et soumettre le gouvernement aux chances d'une lutte électorale ; il ne faut donc y recourir que dans les extrêmes besoins de la chose publique.... Dans les conjonctures éminemment critiques où se trouve le ministère, et d'après les défiances aussi excessives que fondées dont la nation est imbue contre lui, dissoudre une chambre que la force des choses réduit, presque contre sa volonté, à voter une adresse dictée par les irritations et les plaintes de la nation, c'est s'exposer d'une manière certaine à créer une opposition encore plus formidable que celle qu'on n'a pu rompre, et c'est en outre insulter la nation dans ses droits, dans ses intérêts les plus chers. Charles 1er et Jacques II sont les deux rois d'Angleterre qui ont dissous, comparativement à la durée de leurs règnes, le plus de parlemens : qu'en est-il résulté ? Un échafaud, et la ruine totale d'une dynastie... Plus heureux, Louis XVIII a usé, selon son bon plaisir, de cette ressource extrême, mais il avait pour lui les baïonnettes étrangères, les congrès et la sainte-alliance ; rien de tout cela n'existe pour Charles X, après la chute du ministère Villèle ; de plus, les mœurs et l'esprit constitutionnels ont fait depuis trois ans de notables progrès, la presse a acquis une très-grande influence, et le roi de Coblentz doit plus que jamais regarder l'année, disons presque le mois où il règne ; c'est la sagesse et non les courtisans qu'on doit consulter ; c'est la bonne foi royale qu'il faut montrer aux peuples, ce sont les intérêts nationaux qu'il devient plus nécessaire que jamais de respecter, de satisfaire, si l'on veut se maintenir sur un trône constitutionnel que toutes les armées réunies de l'Europe ne réussiraient pas à transformer, du moins pour long-temps, en trône oriental : de quelque espoir qu'ils se bercent, de quelque force matérielle dont ils disposent, les rois de l'Europe ne peuvent plus, d'ailleurs, sans d'extrêmes périls, gouverner long-temps contre l'intérêt des peuples, d'après le droit divin, selon les maximes du pouvoir absolu ; notre siècle verra les principes constitutionnels ou libéraux, comme on le voudra, s'établir à... Constantinople ! à Pétersbourg ! Il y a donc ineptie profonde et folie démontrée à vouloir heurter, aujourd'hui, de front l'esprit national, l'esprit humain ; à se mettre en hostilité vis-à-vis des masses nationales ; à se jouer de leurs droits et de leurs libertés. Nous l'avons dit, et nous ne cesserons de le répéter, parce que c'est se montrer fidèle sujet de son gouvernement et sincère ami de son pays : il faut transiger franchement et sans arrière-pensées avec la liberté constitutionnelle, ou se résoudre à périr. M. Lainé a dit un grand mot : « *Les rois s'en* « *vont!* » Ils peuvent cependant rester : mais il faut pour cela qu'ils se fassent nations.

Pourquoi Napoléon a-t-il été détrôné deux fois? pourquoi a-t-il fini ses jours dans la captivité? Parce qu'il a méconnu l'esprit du siècle, l'esprit de la nation ; parce qu'il a voulu être empereur et roi par la grâce de Dieu, et non par la souveraineté nationale : Napoléon premier consul, était de son siècle ; Napoléon empereur n'en était plus, et répudiait les principes qui l'avaient conduit au trône. Nous le dirons en toute franchise : Napoléon Bonaparte fut *l'homme de la gloire et du despotisme.*

Il faut le répéter jusqu'à satiété, et dans l'intérêt des rois encore plus que dans celui des peuples : les temps du pouvoir absolu et des privilèges aristocratiques sont passés sans retour. Depuis la révolution française, le monde date d'une ère nouvelle : l'affranchissement du genre humain a été proclamé, et les principes de liberté se sont infiltrés dans les masses les plus compactes : *l'esprit français* est partout, il a conquis les deux mondes, et les peuples ont leur *sainte-alliance*, bien autrement forte et irrésistible que ne peut l'être celle des rois. Quelques mois encore, et l'Europe verra des trônes s'écrouler à ce seul mot : souveraineté nationale ! quelques semaines, et Charles x attachera son nom à une révolution qui fera disparaître la légitimité de droit divin devant la souveraineté du peuple....

Depuis quarante ans, le gouvernement a été, en France, dans les clubs, dans les camps et dans les sacristies ; il est plus que temps de placer aujourd'hui le gouvernement dans la nation : mais Charles x se refuse à l'évidence des faits, à la nécessité des choses ; monté depuis cinq ans sur le trône de Louis XVIII, il ne sait pas encore qu'une restauration ne se fait jamais sans *conditions*, et que la Charte ou la liberté constitutionnelle a été la *condition* passée, en forme de contrat, entre la nation française et la maison de Bourbon ; ce contrat, c'est la maison de Bourbon qui l'a dicté, imposé à la France : rompre cette condition, ou violer ce contrat, c'est donc, de la part des princes de Coblentz, se remettre dans la position où ils se trouvaient avant leur rentrée en France, c'est légitimer d'avance une révolution qui les expulserait *sans retour* du royaume. Voilà ce que l'opinion publique ne cesse de dire au trône, et ce que le trône ne veut pas entendre. — Que résultera-t-il de cette obstination, de cette ineptie royales ? Un bouleversement qui perdra Charles X et ébranlera l'Europe. Cette immense chute servira-t-elle, du moins, de leçon aux rois de pouvoir absolu, de droit divin ? Les événemens nous l'apprendront. Disons, en attendant, *Erudimini, reges, vos qui judicatis terram*.

19. — Proclamation du roi, ainsi conçue : « ... La session de 1830, de la chambre des pairs et de la chambre des députés des départemens, est prorogée au 1ᵉʳ septembre prochain. — La présente proclamation sera portée à la chambre des pairs par notre ministre secrétaire d'État au département des affaires étrangères, président de notre conseil des ministres, par notre ministre de la guerre et par notre ministre des finances. » *Contre-signée*, Polignac.

La proclamation du roi, relative à la prorogation au 1ᵉʳ septembre de la session de 1830, « sera portée à la chambre des députés par notre ministre secrétaire d'État au département de l'intérieur et notre ministre de la marine. » *Contre-signée*, Montbel, et, pour *ampliation*, le conseiller d'État, secrétaire général du ministère de l'intérieur, baron Balzac. — Le président de la chambre des députés, Royer-Collard, dit : « Aux termes de la loi, en cas de dissolution ou de prorogation de la chambre, elle se sépare à l'instant. La séance est levée. »

Les cris de *vive le roi!* éclatent aussitôt dans le côté droit et le centre ; les députés du côté et du centre gauches se lèvent en masse, quittent leurs rangs, et font retentir la salle des cris de *vive la Charte!*

Le gouvernement du roi vient de commettre, d'un seul coup, un acte de faiblesse et un acte de despotisme ; il n'ose pas dissoudre la chambre des députés, il la proroge ; irrité contre l'adresse en réponse au discours de la couronne, il vient d'acquérir la certitude qu'il a perdu la majorité, et l'opposition l'arrêterait dès les premiers pas qu'il hasarderait dans la ligne contre-révolutionnaire : mais il se persuade qu'il marchera librement en l'absence des chambres, et il les paralyse pendant six mois, espérant trouver dans ce laps de temps les moyens d'arriver à ses fins ; il insulte la France, outrage la représentation nationale, et accroît sans nécessité comme sans mesure le mécontentement public! Mais la prorogation doit donner aux ministres de Coblentz la facilité de disposer à volonté du trésor public ; ils y puiseront à pleines mains sans *l'assentiment des chambres*, et violeront tout à leur aise, sans craindre la moindre résistance, les promesses solennelles faites *quatre jours auparavant* : dans la séance du 15, le ministre de la marine, d'Haussez, a dit : « ... L'on s'est *informé* si les fonds nécessaires seraient *demandés* aux chambres, si les marchés seraient passés avec concurrence et publicité, si l'on a déjà fait *par anticipation* des dépenses qui

pourraient tourner en pure perte. Je *puis* et je *dois* dissiper ces doutes. *Le ministère vous demandera les crédits extraordinaires que la circonstance rend* INDISPENSABLES... » Autant de paroles, autant de mensonges : les ministres iront leur train, les crédits extraordinaires ne seront pas demandés et les dépenses auront lieu : partout les ordonnances seront mises à la place des lois : enfin, le ministère Polignac, arrivé au dernier terme d'impuissance législative, dissoudra la chambre après l'avoir prorogée, et, fort de la terreur qu'il croit inspirer au moyen de la garde royale et de l'armée, il dissoudra la nouvelle chambre après l'avoir convoquée pour le 3 août (V. 16 mai). Tous ces actes seront promulgués au nom de la Charte, que l'on invoque et que l'on viole à tour de rôle. « *La couronne* (disent les écrivains sala-
« riés du ministère) *étant*, DE DROIT, *pouvoir* CONSTI-
« TUANT. »

19. — Suède. — Stockholm. — Clôture de la diète suédoise.

Le même jour où Charles X prorogeait si légèrement, si intempestivement, la session législative de 1830, le prince royal de Suède faisait, au nom du roi de Suède, Charles-Jean, la clôture de la diète suédoise, et prononçait un discours véritablement royal, tant il est empreint de loyauté, de grandeur, d'attachement et de sollicitude pour la prospérité et la dignité de la nation suédoise : «... Confiant dans la direction de son roi, le peuple s'est reposé sur ses principes constitutionnels ; il s'est rappelé l'année 1810 (V. *Histoire de France*, tome VII, p. 22 à 31), et en a fait la comparaison avec l'époque présente. »
— « Appelé pour vous défendre, je ne tardai pas à reconnaître les élémens de grandeur que le pays possédait encore ; c'est sur ces élémens que j'ai fondé le système qui

vous a rendus à vous-mêmes. Au milieu des agitations politiques, *vous aviez décrété vos droits;* mais cette solution ne suffisait pas, elle devait être confirmée par la guerre et la victoire. J'ai réussi, dans mon administration, avec autant de bonheur qu'en combattant pour vous. J'ai été conduit, par la Providence, au-delà des vœux que vous pouviez former. Il y a vingt ans, l'antique et belliqueuse Suède ne comptait pas deux millions quatre cent mille habitans; sa population approche aujourd'hui de trois millions. Votre conseil d'État vous a fait connaître qu'elle était chargée de plus de 53 millions de dette; 44 millions en sont déjà éteints. » — « Votre bevillning (ou don gratuit) s'élevait, en 1812, à la somme de 2,650,000 rixdhallers (environ 15,000,000 de francs); il a été diminué successivement de près d'un cinquième. Vos anciennes contributions directes ont aussi reçu un dégrèvement considérable. En ouvrant votre session, je vous annonçai que la Banque avait augmenté ses espèces métalliques de près d'un million ! En la fermant aujourd'hui, je puis ajouter que sans dépasser le capital de trente millions en billets, ces mêmes fonds métalliques se sont accrus, pendant l'année 1829, de plus de 800,000 rixdhallers (environ 4,500,000 fr.). La jonction des deux mers a coûté à l'État cinq millions; elle touche maintenant à sa fin. Cette conception hardie *vous appartient tout entière;* dès son origine, elle fut unanime; elle a été depuis l'objet de controverses que je me félicite d'avoir contribué à aplanir. » — « Mon administration, obligée de s'arrêter dans son mouvement, pour observer la source des obstacles qu'elle a rencontrés, a dû ne pas exposer à des chances hasardeuses les forces nouvelles et l'esprit national qu'elle avait recréés. Elle a soustrait cette presqu'île aux calamités des dissensions civiles et à leurs funestes suites. J'ai maîtrisé les attraits de l'ambition et du

pouvoir des armes. Je les ai rendues les auxiliaires de *la majesté des lois*. J'ai été plus *conciliateur* que monarque, plus *magistrat* que souverain. J'ai cherché à relever les *prérogatives législatives*, sans perdre de vue le levier *moral* de la royauté. Enfin, j'ai tout immolé à l'union comme au bien-être des deux royaumes. Pénétrés des besoins communs, les Suédois et les Norwégiens ont cessé de répandre leur sang et de détruire leurs fortunes. »
— « Je me suis attaché à donner aux *générations qui s'élèvent* les qualités sans lesquelles le citoyen perd son énergie. Ces qualités sont la *vérité* et la *justice* : avec elles, la Scandinavie restera *indépendante*. C'est de l'autorité *légale* dont les gouvernans sont revêtus que découlent le salut des peuples et la gloire de leur nom. »
— « Après avoir *assuré vos droits politiques*, mes efforts ont eu pour but le maintien du pacte fondamental; je l'ai *conservé intact*. La paix et la tranquillité, voilà l'objet de mes soins! pour affermir ces heureux résultats, J'AI PLACÉ LE TRÔNE AU MILIEU DE LA NATION : je l'ai *confié* à sa sauvegarde. » — «Couverts par l'égide de la concorde, *nous* pouvons désormais perfectionner notre Code, et, par une rédaction simple, rendre son exécution facile. Cette Charte, réclamée tant par les *justiciables* que par les *juges* eux-mêmes, donnera de la sécurité à tous; et *l'examen* réfléchi *des jurisconsultes* pourra *guider* les résolutions à prendre à la prochaine diète... Nos relations extérieures ne laissent rien à désirer, et celles de bon voisinage sont sur le pied le plus amical... »
— « Avant d'aller joindre votre roi qui m'adopta pour son fils, je suis assez heureux d'avoir *acquis par mes services* le *droit* de vous dire : *Comprenez* votre gouvernement; vous le devez au bien qu'il a fait. Vous le savez, je n'ai jamais trouvé ma félicité que dans les prospérités publiques; et je continue de prier le Tout-Puissant d'ac-

corder à *la patrie* son appui, son secours et sa bénédiction céleste... »

Aucun souverain, en Europe, n'a jamais *rendu* à ses peuples *un compte* aussi loyal, aussi national, de son gouvernement. Quels nobles avertissemens il donne aux rois de la terre; quelles leçons pour Charles x, roi de France et de Navarre, et pour Guillaume, roi des Pays-Bas! L'année 1830 leur apprendra qu'on ne viole pas impunément la loi fondamentale de l'État, qu'on n'attente pas aux libertés publiques sans s'exposer à être tôt ou tard précipité du trône!... Le roi de Suède ne craint pas un semblable sort; son peuple est honoré et heureux; sa couronne, quoique nouvelle, est fortement attachée à sa tête; son diadème est respecté dans les Deux-Mondes; le voisin de Charles-Jean, le colossal autocrate de toutes les Russies, ne franchirait pas impunément les frontières de la Suède; la nation suédoise tout entière serait là! Règne en paix, comme avec gloire, sur ce trône de granit où t'éleva la nation suédoise, sage et magnanime Charles-Jean xiv; tu n'as rien à craindre de l'histoire, de la postérité; elles placeront ton nom à la tête des monarques de ce siècle.

L'on est également saisi d'étonnement et d'admiration en voyant un royaume aussi pauvre que celui de Suède entreprendre et *exécuter* des travaux que les royaumes les plus riches n'oseraient pas même concevoir; cette création romaine, le canal de Gotha, suffirait pour immortaliser un règne! Nous avons dit un royaume aussi pauvre: à peine les revenus de la Suède s'élèvent-ils à 10,000,000 de rixdhallers (environ 55,000,000 de francs), (*nota*: on donne annuellement, en France, cette somme et au-delà au clergé et aux jésuites), et la liste civile de Charles-Jean ne s'élève pas au-dessus de 340,000 rixdhallers, environ 2,200,000 fr. (espèces ou billets), en y comprenant les revenus des bâtimens, terres et forêts de la couronne. Avec de si faibles ressources, Charles-Jean xiv trouve le moyen de soutenir dignement la majesté royale dans toutes les solennités, et de protéger avec efficacité l'agriculture, le commerce, les sciences, les lettres et les beaux-arts... Charles x n'a pas plus de 45 à 46,000,000 de francs, pour lui et la famille royale, soit de liste civile, soit des revenus territoriaux et domaniaux de la couronne : aussi, quels monumens pourra-t-il élever pendant son règne? quels grands établissemens nationaux pourra-t-il former? A peine s'il est assez richement doté pour récompenser, comme ils le *méritent*, les anciens courtisans de Versailles, les émigrés de haut parage, les grands dignitaires de l'Église, les jésuites, les chouans et les Vendéens, qui le laisseront tous s'embarquer pour l'exil sans lui avoir donné, aux jours de dangers, d'autres preuves de dévouement que de songer à leur sûreté personnelle pour lui offrir, il est vrai, dans des temps plus heureux, un nouvel hommage de leur fidélité à sa personne sacrée!!!...

21. — Ordonnance royale portant répartition du produit du centime du fonds de non-valeurs attribué au ministre des finances. — Un tiers est mis à la disposition des préfets; les deux autres tiers restent à la disposition du ministre des finances, qui en fera la distribution ultérieure entre les divers départemens.

Les préfets et le ministre des finances demeurent de cette manière les maîtres de disposer du centime du fonds de non-valeurs comme ils le jugent à propos, c'est-à-dire au profit des jésuites et des évêques, et d'après l'influence des privilégiés de cour ou d'administration : aucun contrôle n'est exercé sur cette partie de la fortune publique; le gouvernement se borne à en faire mention devant les chambres : ainsi se reproduisent chaque année, et toujours impunément, les abus dont on se plaint dans les départemens, dont les pertes ou les besoins sont mis de côté par le régime fiscal et arbitraire des hommes de la restauration.

22. — Pays-Bas. — La Haye. — Loi sur la presse.

Depuis quelques mois, la liberté de la presse éprouve de continuelles entraves dans le royaume des Pays-Bas : le ministre Van-Maanen poursuit les écrivains avec un acharnement dont M. de Peyronnet lui-même pourrait se glorifier... La loi nouvelle ajoute encore aux rigueurs exercées contre eux ; il y est dit : «... Quiconque aura méchamment et publiquement, de *quelque manière* ou par quelque moyen *que ce soit*, attaqué la dignité royale, l'autorité du roi ou les droits de sa dynastie, ou bien aura, *de la même manière*, injurié, outragé ou calomnié la personne du roi, sera puni d'un emprisonnement de deux à cinq ans... Quiconque aura méchamment et publiquement, de quelque manière ou par quelque moyen que ce soit, attaqué la force obligatoire des lois, ou provoqué à y désobéir, sera puni d'un emprisonnement de six mois à trois ans... » Le reste de la loi, à proportion. — Maintenant, il suffira de mettre les *ordonnances* sur le même rang que les *lois*, pour interdire à la presse toute discussion des actes du gouvernement. Bientôt il n'y aura plus dans les Pays-Bas, comme en France, que les *historiographes* nommés et payés par le gouvernement qui puissent parler et écrire!

Cette loi sur la presse portera au plus haut degré le mécontentement des Belges ; elle contribuera puissamment à faire tomber la couronne de la Belgique du front de Guillaume!

22. — République d'Haïti. — Port-au-Prince. — Les commissaires de Charles x, MM. Pichon et Mollien, adressent au président Boyer un discours où ils l'assurent des dispositions bienveillantes dont le roi de France est animé envers Haïti.

Les deux commissaires sont chargés d'une négociation, « qui doit définitivement asseoir les relations des deux pays sur la base de la plus stricte réciprocité. » En conséquence, les négociations entre les deux pays, entamées depuis un an, ont particulièrement, aujourd'hui, pour objet le paiement de la dette dont Haïti est redevable envers l'ancienne métropole : « Mais (dit le gouvernement haïtien) il était nécessaire qu'Haïti obtînt certaines facilités que les commissaires français n'étaient pas autorisés à admettre, et ce seul motif a empêché que les négociations aient eu l'issue qu'on en attendait. » Le président Boyer enverra à Paris un commissaire chargé de terminer la négociation en France ; la mauvaise foi et les exigences des conseils de Charles x, qui espèrent toujours tromper le gouvernement d'Haïti, retarderont encore la conclusion politique et commerciale dont il est question, et les colons seront frustrés de la faible indemnité qui leur a été promise en 1825.

25. — (6 avril.) Russie. — Saint-Pétersbourg. — Décret de l'empereur Nicolas 1er, pour l'ouverture de la diète de Pologne.

L'autocrate dit : «... Il s'est déjà écoulé douze ans depuis que l'immortel *restaurateur* de votre patrie vous rassembla pour la première fois autour de son trône, pour vous mettre en possession du plus précieux des priviléges qu'il vous a *conférés*. — Ayant hérité de ses *sentimens pour vous* ainsi que de son sceptre, nous vous convoquons aussi dans le même dessein. Vous avez appris par trois diètes quel doit être le but de vos efforts, ainsi que ce que vous devez éviter... » — « Les séances des deux chambres s'ouvriront le 28 mai et seront closes le 18 juin. »

La Pologne est tombée, depuis 1812, sous la domination russe, qui exerce dans toute l'étendue de ce royaume une tyrannie dont le vice-roi, le féroce grand duc Constantin, aggrave de jour en jour la honte et les désastres : les diètes ne sont plus que de vains simulacres de liberté nationale : le destructeur de la Pologne ordonne, la diète obéit. Voilà quelle est, pour les Polonais, la jouissance du plus précieux des priviléges que le *magnanime* Alexandre Ier leur conféra, et dont le *très-magnanime* Nicolas Ier leur conservera les bienfaits en faisant du royaume de Pologne une province russe.

29. — Espagne. — Pragmatique-sanction, ayant force de loi, décrétée par le roi don Carlos IV sur la demande des Cortès, 1789, et publiée par ordre de S. M. Ferdinand VII, régnant actuellement, pour l'observation perpétuelle de la loi 2e, titre 15, 2e partie, qui établit la succession régulière à la couronne d'Espagne. — (En d'autres termes : Pragmatique-sanction, qui abolit la loi salique établie en Espagne par une loi de Philippe V, petit-fils de Louis XIV.)

L'antique constitution donnée aux provinces ou royaumes d'Espagne appelait les filles aussi bien que les garçons à la succession au trône, et c'est à cet ordre politique que la monarchie espagnole fut redevable de la réunion de la Castille et de l'Aragon, par le mariage d'Isabelle et de Ferdinand, dit le Catholique, et surnommé par l'histoire : *le parjure*. Philippe V abolit en 1713, par sa pragmatique, cet ordre de choses fondé par la *loi castillane*; Charles IV le rétablit en 1789 pour exclure, tous cas arrivant, la branche aînée et les branches collatérales de la maison royale de France de toute succession éventuelle au trône des Espagnes et des Indes.

L'on doit observer que le décret de Philippe v, 1713, rendu dans une forme inusitée, obtenu par menaces et violences, fut, en réalité, extorqué aux cortès et au conseil de Castille ; il ne reçut pas la sanction nationale... La pragmatique-sanction de Charles iv, 1789, ne reçut pas non plus la sanction nationale ; cette pragmatique, quoique fondée en droit, se trouve donc entachée des mêmes vices, et présente la même irrégularité que le fameux décret de Philippe v : ces deux actes, faits sous la cheminée, comme on dit trivialement, n'offraient aucune légalité, et rien ne le prouve plus authentiquement que les proclamations de diverses juntes espagnoles, de 1808 à 1813, et surtout de celle de Murcie, à l'époque où la nation espagnole se trouvait sans souverain, par l'abdication volontaire ou forcée de Charles iv et de Ferdinand vii. Voici comment s'exprimait la junte de Murcie : « La principale, et peut-être la plus essentielle des lois de la monarchie, est celle de la succession au trône, établie dans notre grand code des *Partidas*, dont les lois justifient combien est ancienne la coutume de succéder en Espagne. Notre nation n'a jamais voulu changer cette méthode ; et ainsi, lorsque le seigneur Philippe v essaya de changer l'ordre de succession, en voulant introduire la loi salique de France, par laquelle sont exclues les femmes, question qui reparut aux cortès de 1789, il fut déclaré par l'unanimité des votes que sa majesté (Charles iv) ne pouvait changer l'*établissement espagnol* dont elle avait juré de garder l'observation... » — Il résulte évidemment des résolutions promulguées par les cortès pendant le cours de la révolution espagnole, que les lois de succession ont été violées en 1713, et rétablies en 1789, quelque illégaux, d'ailleurs, que fussent à cette dernière époque les moyens et la forme employés à cet effet.

Aujourd'hui Ferdinand VII met au grand jour la pragmatique-sanction de son père, ensevelie depuis quarante ans dans les archives secrètes : il vient de convoler à de quatrièmes noces, et il espère que son épouse, Sicilienne, lui donnera des héritiers ; les circonstances politiques ou l'ont placé les divers événemens survenus dans les Espagnes, depuis 1789 jusqu'à ce jour, et le désir d'exclure ses frères de la succession d'Espagne s'il meurt sans postérité, ou sans laisser d'enfans mâles, ces considérations réunies le portent à publier et mettre en vigueur la pragmatique de Charles IV « comme retour à la méthode régulière établie par les lois du royaume et par la coutume immémoriale pour la succession à la couronne d'Espagne. »

Les princes de la maison de Bourbon de France, de Naples, et même d'Espagne, se trouvent, d'après cette pragmatique, dépouillés de tous droits éventuels à la couronne d'Espagne ; les Bourbons de France protesteront, mais *secrètement*, contre la mesure prise par Ferdinand !

Si la couronne d'Espagne vient à tomber sur la tête d'une princesse née du quatrième mariage de Ferdinand, l'Espagne peut devenir autrichienne, prussienne, ou russe, selon l'alliance qu'il conviendra de faire contracter à cette princesse, selon l'époux qu'il plaira de lui choisir : où en serait alors le droit politique de l'Europe, ou, pour mieux dire, cet *équilibre* de puissance dont les cabinets paraissent s'inquiéter avec tant de tendresse depuis les événemens de 1814 qui ont réduit la France à demeurer simple spectatrice des envahissemens et des spoliations qu'ils jugent à propos d'exercer ? L'homme le moins au fait des intérêts généraux, ou du droit public des couronnes, peut juger de la perturbation que l'abolition de la loi salique doit apporter, tôt ou tard, dans tous les États européens.

30. — *Allemagne.* — Mort du grand duc de Bade (Louis-Auguste Guillaume), âgé de soixante-sept ans. — Le prince *Léopold* Charles-Frédéric, frère du grand duc défunt, autrefois comte de Hochsberg, et déclaré, le 4 octobre 1817, prince grand ducal, margrave de Bade et héritier au trône, prend les rênes du gouvernement, et annonce par une proclamation son avénement au trône.

Il était à présumer qu'à la mort du grand duc Louis, de graves difficultés s'élèveraient, en Allemagne, relativement à la possession du grand duché de Bade, sur lequel la Bavière élevait des prétentions ; elles étaient fondées. En effet, le roi de Bavière avait cédé le Palatinat au grand duc de Bade, à l'époque du *remaniement* des princes de la *confédération germanique*, et de sa transformation en *confédération du Rhin* sous le *protectorat*, c'est-à-dire sous la domination de l'empereur Napoléon : mais le roi de Bavière avait été dédommagé de la cession de cette belle et riche province, le Palatinat, par de grandes extensions territoriales dans le Tyrol, par la principauté de Saltzbourg, etc., etc. A l'époque de la chute de Napoléon, l'Autriche s'empara de la plus grande partie de ces territoires, devenus bavarois, et se les adjugea définitivement, au congrès de Vienne, 1815, mais en promettant, *foi autrichienne*, que le Palatinat, précédemment donné au grand duc de Bade, serait rendu à la Bavière à la mort du grand duc, s'il décédait sans héritiers mâles de sa ligne directe... Trois margraves de Bade existaient alors à la cour de Carlsruhe, savoir :

les princes Léopold, Guillaume et Maximilien ; ils étaient fils de ce vénérable margrave (Charles-Frédéric), le nestor des princes, dont le règne de soixante années fut une suite non interrompue de bienfaits pour ses sujets. Ce prince, adoré de son heureux peuple, avait épousé en secondes noces, de la *main gauche* *, la fille d'un simple baron (de Geyer), à laquelle il conféra le titre et le rang de comtesse de Hochsberg ; c'est ce margrave qui eut le bon sens de refuser le titre de *roi* que voulait lui imposer Napoléon, et de n'accepter que celui de grand duc!... La ligne directe des grands ducs se trouvant sans enfans mâles, les princes, fils de la comtesse de Hochsberg, furent déclarés, en 1817, par le grand duc, habiles à succéder à la couronne grand-ducale; pragmatique-sanction, reconnue par toutes les puissances de l'Europe, excepté l'Autriche, mais dont la Prusse s'était engagée par un traité, 1829, à maintenir l'exécution. — Il était à craindre que l'Autriche n'appuyât les intentions manifestées par la Bavière, de s'emparer du Palatinat à la mort du grand duc Louis ; l'une et l'autre furent vraisemblablement arrêtées par l'opposition que la Prusse aurait formée à cet envahissement ; mais le prince Léopold crut devoir prendre ses mesures de précaution, tous cas arrivant. En conséquence, la mort du grand duc Louis est tenue secrète pendant soixante heures, et le prince Léopold profite de ce temps pour se faire prêter serment de fidélité par les troupes et pour mettre ses deux capitales, Carlsruhe, et Manheim surtout, en état de défense pour

---

* Ces sortes de mariages, appelés *morganatiques*, ne donnent pas, d'après le droit public d'Allemagne, aux enfans qui en proviennent, le droit de succéder aux titres et rang de leurs pères ; ils ont le titre de princes, mais sont déclarés inhabiles à succéder aux fiefs, principautés et couronnes.

le premier moment : il est proclamé, sans opposition et sans trouble, dans toute l'étendue du grand duché.

Le nouveau grand duc est âgé de quarante ans ; il a épousé en 1819 une des filles du roi de Suède, Gustave-Adolphe, déposé par les quatre ordres de ce royaume, et banni, lui et sa postérité, des possessions et territoires de la Suède... Il annonce à ses sujets qu'il maintiendra religieusement la constitution et les lois dont jouit le pays, et qu'il n'a d'autre désir que d'assurer la liberté et la prospérité de son peuple. — Ainsi disent tous les princes à leur avénement à la couronne ; les événemens ultérieurs montreront jusqu'à quel point le grand duc Léopold sera fidèle à ses promesses, à ses sermens.

31. — *Décision* du ministre de la guerre, Bourmont, portant fixation des indemnités accordées aux troupes de l'armée expéditionnaire d'Afrique, sous le commandement dudit ministre Bourmont, pendant la durée de leur séjour dans la huitième division militaire (Toulon).

Le ministère Polignac prodigue l'argent pour activer les préparatifs et assurer le succès de l'armée expéditionnaire ; elle est le pivot de la contre-révolution méditée par le gouvernement du roi : il s'affranchit déjà pécuniairement de la sanction et même des formes légales ; aucun crédit extraordinaire pour pourvoir aux frais de la campagne d'Afrique ne sera demandé aux chambres législatives ; les ministres ordonnanceront, d'après leur bon plaisir, la remise des fonds, sans se soumettre au contrôle exigé par les lois : le pouvoir royal ordonne, ils exécutent : plus il dépensera, plus les contribuables seront tenus de payer.

1ᵉʳ Avril.—Paris.—Arrêt de la cour royale de Paris,

affaire de l'*Association bretonne*. (V. 27 novembre 1829 et 11 mars 1830.)

«... Considérant que la plus odieuse imputation que l'on puisse faire à des ministres, et celle qui peut le plus exciter à la haine et au mépris, c'est de les présenter comme ayant eu l'audacieux projet de renverser les bases des garanties constitutionnelles consacrées par la Charte, et de leur supposer l'intention d'imposer des contributions publiques, soit sans le concours libre, régulier et constitutionnel des deux chambres, *soit avec le concours des chambres formées par un système électoral qui n'aurait pas été établi dans les formes constitutionnelles;* — Considérant que Bert, gérant du *Journal du Commerce*, et de Lapelouze, gérant du *Courrier Français*, en publiant, dans leurs numéros des 11 et 12 septembre dernier, l'acte intitulé l'*Association bretonne*, qui ne repose que sur une semblable supposition, et en accompagnant cette publication de réflexions conçues dans des termes approbatifs, et offensans pour le gouvernement du roi, ont, hors le cas de discussion et de censure des actes des ministres, imputé au gouvernement du roi *l'intention criminelle*, soit d'établir et de percevoir des impôts qui n'auraient pas été consentis par les deux chambres, *soit de changer illégalement le mode d'élection*, soit de révoquer la Charte constitutionnelle qui a été octroyée et concédée à toujours, et qui règle les droits et les devoirs de tous les pouvoirs publics;
— Que par cette publication, ils se sont rendus coupables du délit prévu et puni par la loi du 25 mars 1812;
— La cour déboute Bert et de Lapelouze des oppositions par eux formées à l'arrêt par défaut du 11 mars 1830, et les condamne aux dépens.»

2. — Ordonnance du roi, qui nomme le vicomte

de Suleau, préfet du département de la Moselle, directeur-général de l'administration de l'enregistrement et des domaines, en remplacement du sieur Calmon, conseiller d'État.

M. Calmon est l'un des hommes les plus probes, les plus spéciaux, les plus expérimentés dont s'honore la France; il est brutalement destitué en sa qualité de patriote, c'est-à-dire d'ami de la Charte et des libertés constitutionnelles. Il faut, aujourd'hui, mettre sa conscience et son vote à la disposition du ministère, ou encourir sa disgrâce et perdre sa place. La destitution de M. Calmon fait beaucoup de sensation dans la capitale.

2. — Ordonnance du roi, portant nomination et mutation de plusieurs préfets. — Douze préfets changent de résidence; neuf individus, anciens préfets sous le ministère Villèle, sous-préfets ou maîtres des requêtes, sont nommés préfets : les destitutions portent sur les préfets suspects d'opinions constitutionnelles.

Ce remaniement de préfectures est, en sens inverse, une seconde édition du remaniement opéré par M. de Martignac... Les fonctionnaires de toute classe doivent présenter, sous le ministère Polignac, des *antécédens* qui répondent de leur obéissance passive, d'une soumission absolue aux ordres de l'absolutisme et de l'ultramontanisme : leur conduite est donc sévèrement scrutée à l'officine de Montrouge. Les jésuites gouvernent, et tous les délégués de la haute administration sont placés sous leur influence directe : rien de plus naturel, de plus conséquent.

3. — Paris. — Mort du marquis Barthélemy, ancien ambassadeur, ancien membre du directoire exécutif, ancien

sénateur, pair de France, etc., à l'âge de quatre-vingt-trois ans.

Ce personnage dut à l'étonnante souplesse de son caractère la protection et l'avancement dont il jouit dès son entrée dans la carrière diplomatique. Placé dans les bureaux de M. le duc de Choiseul, qui l'appelait *graine de courtisan*, il y fit preuve d'un esprit de servilité dont les plus vieux habitués de l'OEil de Bœuf n'eussent peut-être pas eu l'instinct. M. de Breteuil se connaissait en secrétaires de cette espèce ; il emmena le jeune Barthélemy en Suisse, en Suède, et le recommanda vivement à son successeur dans l'ambassade de Stockholm ! La révolution française devait faire la fortune d'un homme, parvenu à l'âge mûr, qui eût inventé le jésuitisme politique, si ce système n'eût été depuis long-temps en pratique à Versailles : la révolution ne trompa pas M. Barthélemy.

Attaché à l'ambassade d'Angleterre, dont il eut la direction en 1791[*], M. Barthélemy fut choisi, peu de temps après, pour remplir celle de Suisse (que M. Alexandre Lameth contribua à lui faire donner), ambassade devenue d'une si grande importance par suite des événe-

---

[*] Il y desservit de tout son pouvoir la cause de la liberté constitutionnelle, et trahit les intérêts nationaux en faveur de l'ancien régime : M. Barthélemy avait reçu de Louis XVI des instructions particulières à cet égard... Il correspondait secrètement avec le roi par l'intermédiaire de M. de Laporte, intendant de la liste civile. — M. Barthélemy fut spécialement chargé d'*épier* la conduite et les relations de monseigneur le duc d'Orléans (Louis-Philippe-Joseph), et ses rapports clandestins contribuèrent à noircir ce prince dans l'esprit de Louis XVI et de la reine : il reçut une gratification de vingt mille livres pour ce lâche service... Nous tenons les faits ci-dessus de M. de Laporte, avec lequel nous avons eu, depuis 1789 jusqu'au 10 août 1792, des relations intimes.

mens d'août et de septembre 1792; le ministre de la république française acquit une sorte de réputation diplomatique, en réussissant à conclure, avril 1795, la paix entre la France et la Prusse, et plus tard la paix entre la France et l'Espagne. La pusillanimité de son âme en faisait un instrument dont la convention et le directoire se servaient pour explorer et persécuter les émigrés français : le citoyen Barthélemy, jacobin avec les jacobins, était encore plus royaliste avec les royalistes; il portait ces derniers dans son cœur, aussi fut-il l'un des premiers fonctionnaires qui trahirent la république en faveur de la maison de Bourbon; il favorisa puissamment, mais avec la plus grande réserve, les négociations entamées par Louis XVIII, le prince de Condé et l'ambassadeur d'Angleterre, Wickam, avec le général Pichegru. Nous n'entrerons pas à ce sujet dans des détails devenus, aujourd'hui, à peu près indifférens pour l'histoire; bornons-nous à dire que nous eûmes, en 1796, plusieurs conférences nocturnes avec le ministre de la république, d'abord à l'hôtel même de l'ambassade, ensuite au Petit-Bâle, où l'on avait loué une maison pour ces rendez-vous. M. Barthélemy accepta d'effusion de cœur les propositions qui lui furent faites, et reçut sans hésiter une somme de 200,000 livres de Suisse (300,000 fr.), que nous eûmes mission de lui remettre... Rappelé de son ambassade de Suisse, il vint prendre au directoire le fauteuil du citoyen Letourneur; mais ses rapports avec le parti *clichien* ne tardèrent pas à être pénétrés, et le rendirent l'une des premières victimes du 18 fructidor. Il fut arrêté, condamné à la déportation, et jeté dans les déserts de la Guiane, d'où il eut le bonheur de s'évader et de se rendre en Angleterre.

Barthélemy fut rappelé dans sa patrie, après le 18 brumaire, par arrêté des consuls; Bonaparte, qui ne connaissait pas, sans doute, sa participation secrète à la trahison de Pichegru, le nomma membre du sénat dit *conservateur*, et l'ex-déporté eut, en sa qualité de président du sénat, *l'honneur* et le *bonheur* de remettre à Bonaparte l'acte qui le nommait consul à vie; nous avons entendu M. Barthélemy s'exprimer ainsi au cercle du second consul, Cambacérès, qui le protégea constamment auprès de l'empereur Napoléon. Il est inutile de dire que l'ex-citoyen Barthélemy (que nous avons vu, à Bâle, coiffé du bonnet rouge), devenu comte de l'empire, commandant de la Légion-d'Honneur, fut l'un des sénateurs les plus pressés de trahir Napoléon et de voter sa déchéance; c'est dans l'ordre. Aussi Louis XVIII le nomma, dès la première restauration, 1814, pair de France, et le fit *marquis* royal. A la seconde restauration, 1815, Barthélemy fut nommé vice-président de la chambre des pairs, grand officier de la Légion-d'Honneur, etc. — Il condamna le maréchal Ney à la peine de mort; c'était le moins qu'il dût au roi de Coblentz et à l'étranger.

A proprement parler, le marquis Barthélemy n'avait pas d'opinion politique à lui, quoiqu'il fût grand partisan de l'ancien régime et des priviléges; il était tout ce qu'on voulait qu'il fût; tant il avait à cœur la sûreté, ou, si on l'aime mieux, la quiétude physique et morale de sa personne... Il serait mort oublié, s'il n'eût pas cloué son nom aux attaques contre-révolutionnaires sourdement méditées contre la Charte, et surtout contre la loi des élections; la *proposition Barthélemy* lui laissera une célébrité ineffaçable. (V. *Histoire de France*, etc., t. IV, V, VIII, etc.; *table analytique*, etc....) Les émigrés *du milliard* doivent de grands remercimens à M. Barthélemy; il fut le *premier* à proposer de donner une *large* indemnité aux émigrés, et de leur payer *la valeur de leurs biens vendus*, s'il était impossible de les leur rendre en nature : dès le mois d'août 1814, il remit un mémoire à Louis XVIII, dans lequel il portait l'*indemnité* à un *milliard* cinq cents millions, dont 500 millions pour le clergé!!!!!!

M. le marquis Barthélemy avait, comme homme politique, des talens très-ordinaires ; comme diplomate, il était doué d'une modération, d'une réserve, d'une souplesse qui le faisaient arriver à ses fins : son instruction et ses connaissances en affaires d'un ordre élevé étaient bornées, mais il possédait l'art de bien négocier celles dont on le chargeait. La douceur de son ton, la politesse de ses manières prévenaient en sa faveur; sa simplicité, sa modestie inspiraient de la confiance ; l'on croyait trouver en lui l'homme franc et consciencieux : il n'était que courtisan adroit et jésuite de robe courte.

M. Barthélemy eut un premier bonheur qui fit sa fortune, celui d'être le neveu de l'auteur du *Voyage du jeune Anacharsis en Grèce*, l'un des ouvrages les plus remarquables du dernier siècle ; c'est sous les auspices de la célébrité littéraire de son oncle que le commis des bureaux de M. de Choiseul fit son apparition dans le monde. Sa mort est inaperçue en France; la patrie, les libertés nationales, l'administration, les sciences, la littérature, n'ont aucune obligation au marquis Barthélemy.

4. — Ordonnance du roi, portant organisation du corps royal du génie militaire.

Cette ordonnance statue sur la composition du corps royal du génie militaire; sur l'admission et l'instruction des élèves; sur leur avancement et leurs fonctions; sur les appointemens et autres allocations; sur l'assimilation des grades et de l'uniforme; sur les adjoints du génie militaire.

L'ordonnance est vraiment curieuse ; dans la partie de l'uniforme, elle règle jusqu'aux boucles de souliers et de jarretières ; il est impossible de pousser plus loin la science ou l'art des minuties... Au reste, le président du conseil, Polignac, donnera un grand exemple à cet égard : il créera un uniforme *vert-pomme* pour les affaires étrangères ; rien n'est important, en effet, dans cette partie, comme l'étiquette de la parole et du salut, comme la coupe et la couleur de l'habillement.

M. le Dauphin, ministre de la guerre, est en outre ministre de la marine en sa qualité d'amiral de France ; il peut donc bouleverser, selon son bon plaisir, tous les réglemens des armées de terre ou de mer. Le baron d'Haussez condescendra, de cœur, et avec autant de complaisance et de respect que le comte de Bourmont, aux sublimes conceptions de l'héritier présomptif de la couronne.

6. — Ordonnance du roi qui détermine la forme dans laquelle seront exécutées les ordonnances relatives aux transmissions de pairies hors de la ligne directe.

Elle repose sur un considérant qui mérite d'être cité :
« Nous nous sommes fait rendre compte des motifs qui ont pu être apportés à l'appui des demandes adressées, soit au roi, notre auguste frère, soit à nous, à l'effet d'obtenir dans la chambre des pairs des transmissions hors de la ligne directe, masculine et légitime, et nous avons reconnu que ces demandes étaient, *en général*, appuyées sur le *souvenir* de services rendus à *notre* État et à *nous*, et sur le désir de rassembler *autour* du premier corps de l'État les *grandes propriétés* qui peuvent ajouter à son *influence*..... »

Souvenir de services, *influence* des grandes propriétés ! Mais quels services ont rendus à l'État la plupart des pairs créés par M. Decazes, par M. de Villèle, etc., sans remonter plus haut? Des services de sacristie, d'antichambre ou de salon. Quelle influence peuvent exercer sur l'esprit national des enrichis, la plupart inconnus, de la révolution et surtout de la restauration? Vous voulez (dira-t-on aux ministres) des aristocrates qui aient une influence politique? commencez donc par créer une aristocratie, et ne la fondez pas sur les priviléges de la naissance ou les faveurs de la cour; car toute aristocratie qui participe de l'une ou de l'autre de ces origines n'obtiendra jamais d'estime, de considération dans l'opinion nationale. Sans doute, le principe aristocratique est inhérent à la grande propriété; mais il est fortement repoussé par nos mœurs, et les grandes propriétés se divisent, d'après nos lois civiles, de génération en génération : conséquemment il n'y a pas, il ne saurait même y avoir en France de corps aristocratique fondé, stable et assez influent pour combattre avec succès l'élément démocratique que vous cherchez à détruire, parce qu'il doit servir de base à tout bon système représentatif et constitutionnel. L'aristocratie bâtarde que l'on ordonnance chaque année depuis 1814, et qui n'est riche que de traitemens, de pensions et dotations portés au budget, est purement nominale; l'esprit national souffle dessus et la balaie, comme les vents balaient les brouillards. Faites, tant qu'il vous plaira, des ducs, des marquis et des barons; vous ne créerez pas pour cela une aristocratie; vous aurez seulement des gens *titrés*, ce qui ne veut rien dire depuis 1789 : vous n'aurez même pas des *nobles*, dans la signification que vous prétendez donner à cette qualification. La noblesse est fille du temps et des préjugés; or, le temps l'a détruite, et les préjugés n'existent plus : faudra-t-il le répéter sans cesse? Vous aurez donc beau réunir les gens titrés en chambre des pairs, vous aurez des individus appelés *pairs de France*, mais vous n'aurez pas un corps politique dont l'aristocratie, et par conséquent l'influence soient fondées, comme en Angleterre, sur la possession du sol, sur de grands services rendus à la nation et consacrés par cinq à six siècles d'existence. L'aristocratie politique ne peut vivre sans féodalité et sans privilége : la féodalité et les priviléges sont en opposition directe avec nos mœurs et avec l'esprit du siècle ; la loi fondamentale les bannit irrévocablement ét à toujours de nos institutions et de nos lois. Vous ne rétablirez donc jamais, quelque chose qui arrive, le droit d'ainesse et les substitutions ; vous n'aurez donc jamais, en France, une chambre des pairs qui offre une similitude politique avec la chambre des pairs d'Angleterre, dont les racines sont enfoncées dans le sol même du royaume ; c'est un malheur sans doute, nous ne craignons pas de le dire : mais la force des choses et la nécessité des temps en ordonnent ainsi. Vous bâtissez sur le sable, et des ordonnances suffisent pour abolir ce qui est établi par des ordonnances...... En imposant aux transmissions de pairies hors de la ligne directe la nécessité de fonder un majorat, et un majorat *bourgeois* quant à la quotité du revenu, vous ne consolidez pas l'institution de la pairie, car vous ne donnez pas même au successeur éventuel l'influence dont peut jouir personnellement le pair titulaire ! récompenses ou peines, estime ou mépris dans l'esprit public, bonne ou mauvaise renommée, tout est aujourd'hui *personnel;* on n'hérite plus par testament de la réputation du testateur, chacun fait la sienne.

La pairie a été, depuis seize ans, tellement mutilée et dénaturée, que toutes les ordonnances qui lui sont appliquées ne peuvent rien pour la solidité de l'institution ;

elles l'affaiblissent au contraire dans l'opinion nationale, ce qui est, nous le redisons, un malheur politique dont les conséquences peuvent être fatales pour le trône encore plus que pour la nation : plus la France avancera dans le système représentatif, plus ces conséquences deviendront sensibles et peut-être irrémédiables.

6. — Mort du grand duc de Hesse-Darmstadt, Louis x, âgé de près de soixante-dix-sept ans; il régnait depuis quarante ans, jour pour jour. — Le prince héréditaire lui succède, sous le nom de Louis xi ; il est dans sa cinquante-troisième année.

6. — L'archevêque de Paris (Quélen), qui, comme nous l'avons déjà dit, met sa gloire à ressusciter en France, et dans Paris même, le culte aux os canonisés (V. tome III, 2 août 1829), procède à la reconnaissance et à l'ouverture de la caisse contenant les reliques de saint Vincent-de-Paul.

Ces reliques, miraculeusement conservées pendant la révolution par les *filles* et par les *sœurs de la Charité*, n'ont cependant été découvertes qu'après seize années de *restauration;* » elles consistent en beaucoup de linges qui avaient servi au saint dans sa dernière maladie, dans la tête, l'épine du dos, les os principaux des bras et des jambes.... Le corps n'est plus entier aujourd'hui *;

---

* On lit dans la *Gazette des Cultes* le passage suivant : « L'ar-
« chevêque de Paris, *Vintimille*, après avoir assisté à l'ouverture
« du cercueil de Vincent-de-Paul chez les lazaristes, en 1729,
« déclara que son corps avait eu le sort des autres cadavres,
« et qu'il était retombé en poussière. » — « Le procès-verbal que
vous avez fait vous-même du coffre où l'on vous dit qu'étaient
ses reliques, constate que ce que vous croyez en avoir consisté

plusieurs parties en ont été distraites successivement pour être données à des églises ou à des prélats.... La tête a absolument la forme que nous voyons dans les portraits du saint..... Le corps était posé sur un coussin..... » (*Moniteur.*) Nous entrons dans ces détails, parce qu'ils caractérisent le règne de Charles x.

L'archevêque de Paris publiera un mandement pour inviter les fidèles à l'adoration de ces reliques ; elles seront transférées de l'église métropolitaine de Notre-Dame à la chapelle de MM. les Lazaristes (V. 25 avril) « avec toute la pompe que l'Église catholique a coutume de déployer dans ces sortes de solennités. »

Le mandement archiépiscopal respire la ferveur religieuse la plus exaltée ; en le lisant, l'on se croirait reporté au douzième siècle ; le prélat compte beaucoup sur l'intercession de saint Vincent-de-Paul et sur la procession de ses reliques pour assurer le succès de nos armes dans l'expédition d'Alger..... et le succès des coups d'État, et plus encore sans doute pour obtenir le chapeau de car-

dans un crâne, dans une portion d'épine dorsale et quelques os des bras et des jambes. Vous avez conservé ces tristes restes dans votre merveilleuse châsse, contre les usages et les règles de l'Église, qui veut qu'on expose à nu les ossemens des saints à la vénération des fidèles. Ce que vous nous donnez pour le vrai corps de Vincent-de-Paul n'est qu'un homme de paille habillé en prêtre, dont le visage et les mains sont de cire. Mais qu'importe ? La pagode n'en produira que mieux les effets que désire le prélat, celui d'attirer les offrandes, et celui de réchauffer, de multiplier même la clientelle des jésuites ainsi que des lazaristes. »

Notá. Nous citons les articles de cette gazette, pour montrer à quel point le jésuitisme est descendu bas dans l'opinion publique : cet article et celui de la même gazette (V. 25 avril) sont sans doute d'une grande inconvenance, mais ils montrent combien l'ultramontanisme est en haine à la nation.

dinal, qui doit être la récompense de sa sainte entreprise.

11. — Ordonnance du roi : « Sur le rapport de notre
« président du conseil des ministres, et sur la *présenta-*
« *tion* de notre bien-aimé fils le Dauphin; nous avons
« ordonné et ordonnons ce qui suit : Notre *très-amé*
« *et féal* comte de Bourmont, pair de France, ministre
« secrétaire d'État au département de la guerre, est
« nommé commandant en chef de l'armée d'expédition
« en Afrique. »

Cette ordonnance est *inconstitutionnelle*, puisqu'en statuant sur la *présentation* de M. le Dauphin, elle décline de fait la responsabilité du ministre signataire ; elle est, de plus, d'une inconvenance qui blesse gravement l'opinion publique ; c'est insulter à la fois l'armée et la patrie; car la conduite de M. de Bourmont aux champs de Waterloo, de quelques excuses qu'on veuille la colorer, est éminemment contraire à l'honneur militaire et à l'honneur national, qui en sera toujours inséparable. Lorsqu'on est en face de l'ennemi, il ne peut s'agir en aucune manière d'opinions politiques; le devoir commande, et quitter son poste est et sera toujours un crime aux yeux de l'honneur militaire... Le gouvernement du roi, représenté par M. de Polignac, ne pouvait pas commettre une plus grande faute; elle humilie l'armée et *sépare* le trône de la nation.

Il n'est pas ici question des talens militaires de M. de Bourmont ; cet officier-général est, dit-on, d'une bravoure à toute épreuve, tout le monde lui rend justice sur ce point; mais il n'a jamais commandé en chef, si ce n'est dans les brigandages de la chouannerie. Quel que fût, au reste, son génie militaire, il ne saurait être mis en balance, même en regard, avec l'extrême déconsidération, pour ne rien dire de plus, accolée à son nom depuis les *cent jours* et le *jugement à mort* du maréchal Ney. Sa nomination à un commandement d'armée, que plusieurs maréchaux ou lieutenans-généraux de la gloire française, dévoués à la restauration de 1814, pouvaient revendiquer de droit, sans encourir l'improbation nationale; cette nomination cause une surprise et une indignation générales: on croit y lire une déclaration de guerre aux libertés constitutionnelles, et un dessein formel de recourir à la violence pour en opérer la destruction au retour de l'armée d'Afrique. Chose remarquable encore dans cette nomination, elle conserve à M. de Bourmont le ministère de la guerre, en sorte que, ministre de la guerre et commandant d'armée tout ensemble, cet ancien chef de chouans se donnera à lui-même ses instructions, et exécutera, sans contrôle aucun, les plans qu'il aura formés pour la conduite de l'expédition d'Alger; il conclura les marchés, disposera des finances et ordonnera les mouvemens militaires de la manière qu'il voudra et sous les formes administratives et ministérielles qu'il lui plaira de suivre! Il faut, en vérité, que l'esprit de vertige soit inhérent au despotisme, pour que le gouvernement du roi se livre, nous ne dirons pas à de si flagrantes illégalités, mais à une semblable violation de toutes les *formes* voulues par le régime représentatif.

Dans la supposition où M. de Bourmont, général en chef, suivrait une conduite funeste aux intérêts de l'État, ou contraire à l'honneur des armes françaises, M. de Bourmont, ministre, ne serait soumis à aucune responsabilité; elle retomberait de fait, aux termes de l'ordonnance, sur M. le Dauphin, qui a présenté cet officier-général et ministre comme commandant en chef de l'armée d'expédition : or, M. le Dauphin étant irresponsable de droit, la Charte est effrontément violée. C'est ce dont le gouvernement du roi se moquerait au surplus, ce dont il triompherait même si la force matérielle lui assurait l'appui qu'il s'en promet.

Il faut déplorer l'aveuglement d'un prince qui marche de faute en faute, et d'inepties en inepties, vers le gouffre que les courtisans et les jésuites ont ouvert sous ses pas ; nul homme n'est ennemi de lui-même, et un roi moins que tout autre individu, puisqu'il a tant à perdre : comment donc expliquer la situation dans laquelle Charles x s'enfonce tous les jours davantage ? Par cette fatalité du *droit divin*, épais bandeau, qui entraîne invinciblement les princes dans l'abîme du pouvoir absolu.

Pour compléter l'illégalité de l'ordonnance de ce jour, une ordonnance nouvelle, sous la date du 18 de ce mois, statuera que le président du conseil des ministres, M. de Polignac, sur le rapport duquel M. de Bourmont est appelé au commandement de l'armée d'Afrique, demeurera chargé du porte-feuille de la guerre en l'absence de M. de Bourmont ; et, singularité sans exemple jusqu'à ce jour, M. de Bourmont est chargé, en ce qui le concerne, de l'exécution de l'ordonnance qui nomme M. de Polignac son *alter ego* au département de la guerre..... Il faut être en France et sous l'empire d'une *restauration d'ancien régime*, pour que la haute administration de l'État puisse se livrer à une telle aberration de principes et de tout sens commun.

18. — Paris. — Le marquis de Rézende, envoyé extraordinaire et ministre plénipotentiaire de l'empereur du Brésil, remet au roi et au Dauphin, de la part de son souverain, la décoration des *ordres impériaux* de Pierre 1er et de la Croix du Sud.

L'institution de ces ordres a fait croire aux Brésiliens que D. Pédro tournait complaisamment ses regards du côté des distinctions honorifiques de la féodalité et du despotisme, dont les souverains européens se montrent encore si jaloux. Établir en Amérique des ordres de chevalerie, c'est se croire en Europe, et s'écarter visiblement de l'esprit et des principes de la Charte constitutionnelle *octroyée* au Brésil et au Portugal ; lorsque ces hochets perdent de jour en jour de leur prix en Europe, le moment ne saurait être plus mal choisi pour les introduire en Amérique. D. Pédro ne tardera pas à le reconnaitre ; il sera expulsé du trône brésilien, et ses *ordres* impériaux auront contribué à précipiter sa chute.

18. — Expédition d'Alger. — Composition de l'armée navale et de l'armée de terre.

L'armée navale, sous le commandement de M. le vice-amiral Duperré, se compose d'environ 100 bâtimens de guerre, dont 11 vaisseaux de ligne, 24 frégates, 6 corvettes, 25 bricks, 7 bateaux à vapeur, etc. ; le nombre des navires de transport est porté à 600.

L'armée de terre, sous le commandement de M. de Bourmont, ministre de la guerre, se compose, pour l'infanterie, de trois divisions ; chaque division, de trois brigades ; chaque brigade, de deux régimens. La cavalerie se compose de trois escadrons et de 30 à 40 gendarmes ; l'artillerie, de dix-huit compagnies, et le génie de huit : le total de l'armée comporte un effectif d'environ 30 mille hommes.

Toutes ces forces se rassemblent à Toulon, à Marseille et à Aix.

21. — Rapport au roi, concernant le mode et les

conditions d'admission dans la carrière diplomatique. — Ce rapport, fait par M. de Polignac, est approuvé par le roi, et prend, en conséquence, le caractère d'ordonnance royale.

Le règlement établit, au département des affaires étrangères, un cours de droit public et un cours d'instruction diplomatique; vingt-quatre jeunes gens seront admis à y prendre part, sous le titre d'*élèves diplomatiques*; les secrétaires *surnuméraires* (titre qui n'existe pas encore dans la carrière diplomatique) seront au nombre de douze, et l'on choisira les douze premiers parmi les *attachés* actuels aux ambassades et légations du roi, qui comptent au moins deux années de résidence, et parmi les employés du service intérieur du département qui ont plus de deux ans de service; les *attachés* actuels qui ne seront pas promus aux places de secrétaires surnuméraires, concourront avec les élèves, en proportion des deux tiers des places, pour remplir les vacances au fur et à mesure. Les élèves devront faire preuve de la connaissance de l'une des deux langues, anglaise ou allemande. (Pourquoi laisser de côté la langue espagnole, la langue turque, la langue hollandaise, etc.?)

La partie brillante de l'ordonnance est celle qui règle l'uniforme des *secrétaires surnuméraires*; « la broderie ne consistera qu'en deux baguettes espacées au collet et aux paremens de l'habit, *conformément au modèle.* » Ce modèle est de l'invention de M. de Polignac, qui choisit pour l'habit la couleur *vert-pomme*: l'on peut se rappeler que la livrée de M. le comte d'Artois était de cette couleur. Les *attachés* « n'auront au collet et aux paremens qu'une simple baguette, et n'auront le droit de porter l'uniforme (vert-pomme) qu'en pays étranger, etc. »

Voilà les sérieuses occupations du président du conseil des ministres, ses vastes conceptions lorsque la chambre des députés vient de lui faire connaître, d'une manière péremptoire, le mécontentement de la nation.

Tout est minutie, privilége, despotisme ministériel, dans l'ordonnance de ce jour; elle atteste l'incapacité administrative et le système exclusif de M. de Polignac, qui se réserve expressément « la faculté de *faire passer* à l'étranger les personnes attachées au service de l'intérieur, et *d'appeler* dans les bureaux celles qui appartiennent au service extérieur, quand il *jugera* nécessaire d'opérer de pareilles mutations. » Telle est la Charte diplomatique, conçue et octroyée par M. de Polignac: quel dommage que le prince romain n'ait pas été élevé à l'école vert-pomme! mais la place de *secrétaire surnuméraire* n'existait pas *encore*, lorsque l'homme de l'ancien régime et de l'émigration a pris possession du gouvernement de la France.

22. — Allemagne. — Duché de Brunswick. — Le duc Charles, régnant, abroge diverses ordonnances en vigueur, dans ce duché depuis 1813, 15, 17 et 28.

Ce prince marche au despotisme; il détruit les faibles améliorations introduites dans le régime politique et civil du pays pendant sa tutelle, et même depuis son avénement au gouvernement; il mécontente de gaîté de cœur ses sujets, et modifie selon son bon plaisir les réglemens qu'il juge contraires à l'exercice de son autorité: l'on dirait qu'il est pressé de se voir détrôné... Avant quelques mois, le prince sera chassé de son palais et de ses États, et renouvellera le spectacle donné à l'Europe par le roi de Suède (Gustave-Adolphe IV; V. mars 1809); le duc Charles cherchera de toutes parts des ennemis à sa patrie, et fera d'impuissantes et ridicules tentatives pour se ressaisir du pouvoir que lui auront fait perdre ses velléités de despotisme et ses incapacités politiques.

25. — Paris. — Procession pour la translation des reliques de saint Vincent-de-Paul.

Le concordat de 1801, dont aucune loi n'a abrogé les dispositions, défend expressément toutes célébrations et cérémonies des cultes *hors des temples* qui y sont consacrés ; mais la restauration viole, quand bon lui semble, les lois, et ne prend pas même la peine de s'en justifier. Les processions se multiplient dans les villes et les campagnes comme dans les plus heureux temps de l'ancien régime ; bientôt la France ne sera plus qu'un vaste couvent, et les campagnes ne verront plus d'autres drapeaux que les bannières des confréries ; la France en revient au temps du roi Robert !

La translation des reliques a lieu, conformément au programme affiché la veille dans tout Paris * : elle part de Notre-Dame, traverse les quais jusqu'à la rue des Saints-Pères, d'où elle se dirige au couvent des Lazaristes, rue de Sèvres. La châsse du saint (sortie des ateliers de M. Odiot, mais qui, par sa lourde masse et sous d'autres rapports encore, fait peu d'honneur à cet

* On lit dans la *Gazette des Cultes* : « ..... N'est-il pas étrange de voir figurer les détails d'une cérémonie catholique à côte des évolutions de Franconi, et les merveilles opérées ou à opérer par les reliques de saint Vincent-de-Paul, en contact avec les prodiges des chiens savans ? »—L'archevêque aurait dû se borner à afficher son mandement et son programme de fête religieuse à la porte des églises, il en a couvert tous les coins de rues ; ils portent en tête l'écusson de monseigneur, avec cette devise en bas-breton : « *En per emser quelen* (le houx est toujours vert). » Il y a peu de modestie et beaucoup de maladresse dans cette ostentation féodale et despotique, dont M. l'archevêque ne tardera pas, du reste, à recevoir une punition éclatante.

orfévre célèbre) est portée par dix hommes qui succombent à la peine ; elle coûte, dit-on, 100.000 fr., tant pour la matière que pour le travail : l'appel fait aux fidèles, dans cette occasion, a produit des souscriptions pour une somme considérable... et l'archevêque espère faire payer la châsse par une allocation du conseil général de la Seine, ou par l'administration des hospices de Paris. La bonne ville de Paris n'a-t-elle pas fait présent à monseigneur d'une maison de campagne, achetée au prix de 200,000 fr., et de 60,000 francs de vaisselle plate? aussi, le saint prélat se gardera bien de payer de ses deniers la châsse de Vincent-de-Paul ; M. Odiot sera obligé de le traduire plus tard devant les tribunaux pour être satisfait.

La cérémonie attire beaucoup de spectateurs ; mais ils font preuve, en général, de peu de dévotion ou de foi, quelque grand que soit le nombre des confréries d'hommes des paroisses de la capitale, précédées de leurs saintes bannières et chantant des cantiques français. Les frères de la doctrine chrétienne, ou ignorantins, avec leurs écoliers, les lazaristes, les séminaires, les sœurs de la Charité, les sœurs de Saint-Vincent, les curés de Paris et leur clergé, le chapitre de l'église métropolitaine, le chapitre royal de Saint-Denis ; en un mot, tout le ban et l'arrière-ban du clergé précèdent l'archevêque, rayonnant de piété et de gloire. Il est escorté par de nombreux détachemens de troupes de ligne et de gendarmerie qui forment le cordon, et immédiatement suivi par le préfet de police, *Mangin*. — Charles x et son fils manquent à ce pieux cortège ; mais ils sont à la chasse, car le plus beau temps favorise ce jour-là et dévots et chasseurs.

Un historien, un publiciste dont les écrits se recommandent par de profondes connaissances et une grande élévation de vues, a donné, sur cette fête du douzième siècle, des détails que nous ne saurions passer sous silence ; il dit : « Ces reliques, dont quelques feuilles libérales ont contesté l'identité, avaient été enfermées dans une châsse d'argent massif, admise à la dernière exposition des produits de l'industrie française, en 1828, moins remarquable pour son travail gothique que par le poids, qui était d'environ cinq cents kilogrammes, payée en partie par les souscriptions des fidèles. Rien n'avait été négligé pour donner la plus grande pompe à cette solennité..., que le parti célébrait comme un triomphe en l'honneur du chef des missions de France. » (*Nota.* C'est-à-dire des RR. PP. lazaristes, ou RR. PP. jésuites.) « Trois ou quatre mille prêtres, ou lévites, frères des écoles chrétiennes et sœurs de la Charité, douze à quinze prélats, entre lesquels on distinguait l'archevêque de Paris, vêtu de ses habits pontificaux, formaient cette procession, à laquelle s'était jointe une foule de personnages couverts de broderies et de décorations, et qu'escortaient des troupes de la garde royale et de la garnison, dont la musique militaire se mêlait aux chants religieux du clergé. Elle traversa plusieurs quais et grandes rues que la police avait fait orner de tentures et parsemer de feuillages, au travers des flots d'une population moins édifiée qu'étonnée du spectacle qu'on offrait à ses yeux. Les reliques, arrivées à la chapelle des missions, furent exposées pendant plusieurs semaines à la vénération des fidèles ; le roi et la famille royale y allèrent publiquement faire leurs prières ; et il fut frappé en mémoire de cette cérémonie une médaille, distribuée ou vendue à tous ceux qui voulurent s'en faire un mérite ou témoigner de leur piété. » (*Annuaire historique universel*, pour 1830.)

Ce spectacle, renouvelé du moyen âge, produit une sensation entièrement opposée à l'effet qu'on s'en était promis ; il excite le dédain des classes moyennes, et le peuple lui-même tourne en dérision la *promenade* des reliques : c'est sans doute un grand mal, car tout ce qui tend à affaiblir le principe religieux est affligeant. Le clergé aurait, ce nous semble, un grand intérêt à s'abstenir de ces démonstrations publiques, lorsqu'elles se trouvent en opposition formelle avec les mœurs du temps et l'esprit du siècle. C'est mal servir les intérêts de la religion que de la livrer ainsi aux moqueries, aux dédains, aux mépris et presque à la risée de la multitude. La religion ne saurait être trop révérée, et c'est pour cette raison de premier ordre que les ministres du culte catholique devraient éviter avec le plus grand soin toutes ces rénovations, dites pieuses, des temps d'ignorance et de superstition que la philosophie et les lois de l'État condamnent également.

Rien de plus respectable que les cérémonies du culte catholique ; mais il faut les renfermer dans le divin sanctuaire et ne pas les exposer en place publique ; le prêtre doit donner l'exemple d'une stricte observation des lois de l'État ; malheureusement le clergé ultramontain se place, depuis la restauration, au-dessus de toutes les lois civiles, au-dessus même de la loi fondamentale de l'État... La cérémonie de ce jour ne contribuera pas peu à précipiter les événemens qui changeront bientôt la face de la France.

27. — Amérique méridionale. — Colombie. — Bolivar, *libérateur* de la république, adresse au congrès, par un message, sa dernière et *définitive* résolution de refuser la présidence que le congrès veut encore le prier d'accepter ; il dit : « Mes chers concitoyens, la constitution est achevée, et elle vous confie le droit de choisir les hauts fonctionnaires qui doivent présider aux destinées de la république. Je dois donc vous réitérer ma détermi-

nation positive de ne point accepter le poste que vous vouliez me confier. Le bien de mon pays me *condamne* au sacrifice que j'accomplis en quittant pour jamais la terre où je suis né, afin que ma présence ne soit pas un obstacle au bonheur de mes concitoyens. » — « Vénézuella m'attribuait des projets ambitieux, et ils servaient de prétexte à sa séparation de la république : ma réélection pourrait empêcher une réconciliation désirable, et attirer sur la Colombie les fléaux de la guerre civile. » — « J'ai déjà soumis au congrès les motifs impérieux qui lui font un devoir de ne donner à la Colombie pour magistrats que des hommes doués de qualités éminentes. » — « Recevez, mes chers concitoyens, ce dernier message comme une preuve de mon ardent patriotisme et de mon amour pour les Colombiens. Bogota, 27 avril. *Signé* Simon Bolivar. »

Après avoir solennellement abdiqué, Bolivar annonce l'intention où il est de quitter l'Amérique méridionale et de passer sur le continent européen, afin de ne laisser aucun doute sur la sincérité des sacrifices qu'il a faits à l'indépendance et à la liberté de son pays. Le grand homme prononce, contre lui-même, l'ostracisme qu'il croit utile au bien de la patrie. (V. 20 janvier, 9 mai, 27 décembre.) — Voilà le plus grand acte d'héroïsme que pût faire Bolivar; cet acte est unique dans les temps modernes; la révolution française n'a rien offert d'aussi patriotique, d'aussi sublime !!!

28 Avril — 15 Mai. — Voyage de M. le Dauphin dans le midi de la France.

Ce prince fait son entrée, à sept heures du soir, dans la ville de Lyon ; les quais, les rues qu'il doit traverser, les établissemens publics et quelques maisons particulières sont illuminés : à la caserne du 10ᵉ régiment de ligne, on lit sur un transparent les vers suivans, improvisés par le tambour-major :

> Des héros de sa race il rehausse l'éclat ;
> Il est par sa valeur l'idole du soldat ;
> Favori de la gloire et chéri de Bellone,
> En lui voyez l'espoir et le soutien du trône.

Le prince part de Lyon le 29, et arrive le 30 à Avignon, où les autorités lui prodiguent les plus serviles adulations ; afin que rien n'y manque, le *Moniteur* dira, sous la rubrique d'Avignon : « Pour que le jour heu« reux du passage d'un fils de France ne laissât rien à « désirer aux habitans de notre pays, une pluie bien« faisante est venue rafraichir nos campagnes désolées « par deux mois de sécheresse. » La châsse de Sainte-Geneviève n'avait pas toujours tant de vertu...

Après avoir opéré par sa présence ce petit miracle, le prince part d'Avignon le 1er mai, et arrive le même jour à Marseille ; il a été annoncé aux habitans de cette cité, par une proclamation du maire, qui laisse bien loin derrière elle les vers de la caserne de Lyon, et la harangue du préfet de Vaucluse (Avignon).... « Son altesse royale entrera à Marseille par ce magnifique arc de triomphe, élevé par l'amour et la reconnaissance du peuple marseillais à l'éternelle gloire de ce prince vainqueur et pacificateur, et de la vaillante armée qu'il conduisit de victoire en victoire jusque *dans* les murs de Cadix. » — « Il vient aujourd'hui indiquer à *cette même armée* un nouveau laurier qui croit pour elle sur les rivages barbares de l'Afrique, et lui donner *l'impulsion* d'un nouveau triomphe dont *la dignité de l'Europe*, le commerce de toutes les nations, et la ville de Marseille surtout, recueilleront les premiers fruits..... »

L'on ne peut malheureusement éviter ces particularités ; elles font connaître l'époque et les personnages dont l'histoire est obligée de s'occuper.

Après avoir épuisé l'enthousiasme public de Marseille, le prince part pour Toulon, où il fait son entrée le 3 : il y passe en revue l'escadre, et les troupes de terre réunies dans la ville, et en repart le 5 pour retourner à Paris ; il arrivera le 8 à Grenoble, en partira le 11, et sera de retour le 15 dans la capitale du royaume.

Ce voyage, entrepris dans le double but de donner l'impulsion (comme a dit M. le maire de Marseille) au nouveau triomphe militaire, et surtout à l'esprit public dans les départemens de l'est et du midi, au moment où les élections vont avoir lieu, ce voyage ne produit dans la capitale aucune espèce de sensation. M. le Dauphin y rentre « *comblé des bénédictions de toutes les populations qui ont joui du bonheur de sa présence.* » Mais il reste encore à M. le Dauphin un dernier voyage à faire en France ; dans trois mois, ce prince sera chassé du territoire français *à coups de fourche*, expression dont se servira M. de Châteaubriand, et les populations des départemens qu'il traversera de Rambouillet à Cherbourg l'accableront de leur silence : quel mépris !

1er Mai. — Charles x, accompagné de madame la Dauphine et de *Madame*, duchesse de Berry, se rend à la chapelle des Lazaristes pour faire sa prière et adorer les reliques de saint Vincent-de-Paul.... La chapelle est « tendue de draperies cramoisies semées de fleurs de lis d'or, alternées avec des couronnes royales et le monogramme de sa majesté. » (V. 25 avril.)

L'archevêque de Paris (Quélen) prononce le discours suivant : « Les hommages solennels rendus à saint Vin-

cent-de-Paul, au sein de la capitale *, sont bien capables de *réjouir* Votre Majesté : les fidèles et nombreux habitans de sa bonne ville de Paris se sont montrés encore, dans cette circonstance, DIGNES D'OBÉIR au roi *très-chrétien*. En venant elle-même se joindre à son peuple pour vénérer les précieux restes d'un humble prêtre qui fut l'honneur du sacerdoce et l'ami des pauvres, Votre Majesté révèle *les hautes pensées de sa foi*, et les *secrets touchans* de son cœur. Sans doute, Sire, votre religion et votre charité n'avaient pas besoin de ce nouveau témoignage, les *œuvres* de sa piété royale et de sa munificence éclatent de toutes parts ; mais votre *présence* au milieu des modestes enfans de Vincent-de-Paul met le comble à leur bonheur, comme elle est la *juste* récompense de leur dévouement, de leur respect et de leur amour. »
— Le roi répond au prélat : « Monsieur l'archevêque, en venant vénérer les reliques d'un saint prêtre, si cher à l'humanité, j'ai surtout le désir d'obtenir, *par son intercession*, le bonheur de mes peuples : je lui demanderai avec confiance de présenter à Dieu ce vœu le plus ardent de mon cœur, et je ne doute pas que ses prières ne soient exaucées. »

L'on est forcé de s'arrêter sur ces puérilités dont se compose la vie royale de Charles x, si l'on veut se rendre raison des terribles événemens qui vont éclater. Le monarque est en guerre avec la nation, et il passe ses jours dans la sacristie ou à la chasse : loin de songer à calmer

---

* Il n'est pas inutile d'observer que le parlement de Paris, par un arrêt du 4 janvier 1758, et par des remontrances du 29 juin 1759, et la Sorbonne, composée des curés de Paris et des docteurs en théologie, ont censuré la bulle de canonisation, comme offensante pour l'Église gallicane, en ce qu'on préconisait dans le saint béatifié, moins ses vertus douces et modestes, que son dévouement aux principes des ultramontains, et son

l'irritation publique, en satisfaisant aux vœux et aux besoins du peuple, il ne s'occupe qu'à ajouter aux fermens de mécontentement qui éclatent dans toutes les parties du royaume; il se livre aux prêtres ultramontains et aux jésuites. Le *Mane Tesel Phares* est écrit sur les murs de son palais; il n'en persiste pas moins dans la voie où l'ont engagé les émigrés et les prêtres; il marche à sa ruine avec une *résolution immuable*, et n'entend pas même la foudre qui gronde sur sa tête!!!

3 — 29 MAI.—Brésil.—Rio-Janeiro.—Ouverture de la première session de la seconde législature de l'empire.

L'empereur D. Pédro annonce aux deux chambres du parlement qu'obligé, en qualité de père et de tuteur, de défendre la cause de la jeune reine de Portugal dona Maria, qui est de retour au Brésil, il ne compromettra jamais la tranquillité du Brésil pour les intérêts du Portugal; il exprime sa grande satisfaction de la continuation de ses relations d'amitié et de bonne harmonie entre lui et les autres souverains, ainsi que de la tranquillité qui règne dans toutes les provinces de l'empire: il appelle l'attention de l'assemblée générale sur les affaires de finances et de justice, qui exigent de grandes améliorations, et qui sont d'un intérêt vital pour la prospérité de l'empire; sur l'armée, qui a besoin d'une organisation stable et régulière; sur la marine, qui a besoin de réformes indispensables; sur l'agriculture et l'industrie, qui réclament des lois nécessaires à leur prospérité;

---

obéissance absolue aux ordres de la cour de Rome et des jésuites. Ainsi dit, avec raison, le *Courrier français* (25 avril).

Vincent-de-Paul, admirable de charité pour les pauvres, était intolérant et persécuteur, comme catholique romain. Il s'est prononcé, dans plusieurs circonstances, en *moliniste* acharné: c'était l'un des plus furibonds promoteurs de la *constitution*.

sur l'éducation de la jeunesse, qui demande une prompte et très-grande attention.

Tout est au mieux dans le gouvernement de l'État ; mais les diverses parties de l'administration publique sont toutes en souffrance! rien de stable, de fondé, de national : la dynastie impériale sacrifie les intérêts du pays à ses convenances personnelles, et le peuple brésilien, auquel on a donné une charte constitutionnelle, vit encore sous un régime de pouvoir absolu. Il est aisé de voir que D. Pédro ne se maintiendra pas long-temps sur le trône du Brésil.

Le 29, les deux chambres du parlement, en réponse au discours de la couronne, enjoindront à l'empereur « de maintenir fidèlement sa royale parole, de ne pas intervenir, comme souverain du Brésil, dans les affaires du Portugal.»... — « Oui, Sire, lui diront-elles, une telle intervention serait nuisible à la prospérité de l'empire ; et, *quel qu'en soit le résultat*, contraire aux droits des nations. » A travers toutes leurs protestations de dévouement et de concours aux vues de la couronne, les deux chambres laissent clairement apercevoir le peu de confiance que leur inspirent les paroles et les actes de D. Pédro; les événemens ultérieurs prouveront combien peu ce souverain doit compter sur l'appui de son parlement et sur l'affection de ses peuples.

5. — Paris. — Ordonnance du roi, tendant à pourvoir à l'exécution définitive de la convention conclue, le 30 avril 1822, entre la France et l'Espagne, relativement à la liquidation et au paiement des créances des sujets français, provenant de saisies et de confiscations des propriétés qu'ils possédaient en Espagne au moment ou la guerre a éclaté entre les deux États.

. Les créances liquidées se montent à la somme de 9,842,944 francs; il sera délivré aux titulaires de ces créances *réduites*, *au marc le franc*, jusqu'à concurrence de la somme de 8,500,000 francs, des inscriptions de rente, etc.

Voilà une petite justice obtenue pour les créanciers de l'Espagne : il faut en féliciter le gouvernement français, car il est aussi difficile d'obtenir du gouvernement espagnol le paiement d'une dette que de le faire consentir à rien rabattre du pouvoir absolu : au reste, les conseillers de Charles x ne se soucient guère que Ferdinand vii accorde à ses sujets la liberté constitutionnelle!

9.—Amérique méridionale.—Colombie.—Le congrès offre à Bolivar, *libérateur*, ex-président de la république, les regrets et les vœux de la nation colombienne; il rappelle, dans son décret de ce jour, les éminens services que le libérateur a rendus à l'émancipation de la cause américaine, et lui exprime la gratitude et l'admiration dont la nation est pénétrée pour lui... Dans ce même décret, le congrès confirme, en tant que de besoin, la pension annuelle et à vie, de 30,000 dollars (environ 157,000 francs), qui lui avait été conférée en 1823, et ordonne qu'elle sera payée partout où le libérateur résidera... (V. 17 décembre.)

10. — Ordre du jour du lieutenant-général Bourmont aux troupes formant l'armée expéditionnaire d'Afrique... L'embarquement de l'armée s'exécutera le 16.

Ordre du jour. « Soldats! l'insulte faite au pavillon français vous appelle au-delà des mers; c'est pour le venger, qu'au signal donné du haut du trône vous avez *tous* brûlé de courir aux armes, et que *beaucoup d'entre vous* ont quitté avec ardeur le foyer paternel... » Le général-ministre dit ensuite aux troupes que les étendards français ont flotté à plusieurs époques sur la plage africaine ; que les nations civilisées des Deux-Mondes ont les yeux fixés sur elles ; que l'Arabe, trop long-temps opprimé par une milice avide et cruelle, verra en elles des libérateurs et implorera l'alliance française ; et qu'un prince auguste a voulu se convaincre lui-même que rien n'avait été négligé pour assurer leurs succès et pourvoir à leurs besoins.

Le général Bourmont se rappelle, comme on le voit, des proclamations et des ordres du jour de l'empereur Napoléon ; et, en effet, il ne l'a abandonné que l'avant-veille de la bataille de Waterloo!... Il signe son ordre du jour : *Lieutenant-général, pair de France, commandant en chef de l'armée d'expédition d'Afrique ;* l'on observe qu'il ne prend pas la qualité de *ministre de la guerre*, dont le porte-feuille lui a cependant été conservé par l'ordonnance qui nomme M. de Polignac à l'*intérim* de ce département..... Mais la France est sans inquiétude : le département de la guerre n'est-il pas dirigé par M. le Dauphin et par M. le prince de Polignac? L'absence de M. de Bourmont ne sera pas remarquée au ministère de la guerre.

15. — Arrivée à Paris de LL. MM. siciliennes et du prince de Salerne.

LL. MM., entrées en France au mois d'octobre 1829, ont traversé le midi du royaume pour se rendre en Espagne, où elles conduisent la princesse Marie-Christine, leur fille, fiancée au roi Ferdinand VII. Elle sera la quatrième épouse de ce monarque... Le mariage a été célébré à Madrid le 11 décembre. En quittant l'Espagne dans le mois d'avril 1830, LL. MM. siciliennes sont leur entrée le 27 à Bayonne, d'ou elles se rendent à Paris par Bordeaux.

Charles X fait à ses augustes hôtes les honneurs de sa capitale, ou leur présence excite à peine la curiosité publique; il désigne l'Élysée-Bourbon pour leur résidence, et les y conduit lui-même; il leur prodigue les revues, les banquets et les fêtes. M. le duc d'Orléans donnera au Palais-Royal une fête des plus brillantes (31 mai) à LL. MM. siciliennes; cette fête sera honorée de la présence de Charles X et de la famille royale; LL. MM. quitteront Paris le 30 juin, pour retourner dans leurs États.

Au sujet de la fête du Palais-Royal, on lit dans l'*Annuaire historique et universel pour* 1830 : Cette fête fut « moins remarquable par la magnificence et le goût du prince qui l'offrait à ses augustes parens, que par la réunion de toutes les célébrités et les illustrations du temps, sans acception de rang ou d'opinion, fait à citer dans les circonstances ou l'on se trouvait, et que le ministère venait encore d'aggraver. » La note mise à ce passage dit : « Cette fête, dont on trouvera les détails dans la *chronique* (art. du 31 mai), appartient à l'histoire par une conversation que M. Salvandy assure y avoir eue avec monseigneur le duc d'Orléans, qu'il a recueillie et fait insérer depuis dans le livre des *Cent-et Un* (1ᵉʳ vol.), conversation trop longue pour trouver place ici, mais dont il résulterait que le prince était fort effrayé de la tournure des affaires, et qu'il avait fait d'inutiles efforts pour engager le roi à changer de système. » *Nota*. Ces particularités auront une grande importance historique après la *révolution* de juillet.

François 1ᵉʳ a pu se convaincre par lui-même de l'attachement des Français à la liberté constitutionnelle;

le peu d'empressement qu'ils ont mis à jouir de sa présence a dû lui prouver qu'ils n'oubliaient pas sa conduite à l'époque de la révolution napolitaine, 1820; la proscription et l'extradition de l'infortuné *Galotti* étaient présentes à tous les esprits, et quelques cris pour sa délivrance ont été proférés aux oreilles du roi napolitain, lorsqu'il s'est montré aux habitués du Palais-royal, du haut de la terrasse, le jour de la fête. François 1er, pendant son séjour en France, n'a pas même eu la politique pudeur de faire tomber les fers du captif, dont son ambassadeur à Paris, Fabricio Ruffo, dit prince de Castelcicala, avait exigé et obtenu l'extradition au mépris du droit des gens et de la foi des nations.

Le voyage et le séjour de LL. MM. siciliennes en France donneront lieu à des dépenses considérables; elles seront acquittées, en très-grande partie, aux dépens du trésor public, c'est-à-dire des contribuables. C'est juste.

Peu de voyages de souverains ont fait moins de sensation en France que celui du roi, de la reine, et du prince royal des Deux-Siciles. Les Français ont tant vu de rois dans leur gloire d'abord et dans leur malheur ensuite, qu'ils sont blasés, et que la vue d'un *homme* pourrait seule réveiller leur attention.

16.—Ordonnance royale. — « Article 1er. — La chambre des députés est dissoute. — Art. 2. — Les colléges électoraux sont convoqués dans tout le royaume : ceux d'arrondissement et ceux des départemens qui n'ont qu'un collége, pour le 25 juin 1830; les colléges départementaux pour le 3 juillet, et le collége du département de la Corse pour le 20. — Art. 3. — La chambre des pairs et la chambre des députés des départemens sont convoquées pour le 3 août prochain. »

Poussé dans ses derniers retranchemens, le gouvernement du roi prononce enfin la dissolution d'une chambre qu'il avait prorogée au 1er septembre. Il se flatte de dominer les élections et d'en obtenir une chambre où *les trois cents* de M. de Villèle reparaîtront avec une nouvelle servilité, avec une nouvelle ferveur ; il en appelle au jugement du pays. L'insensé ! L'adresse de la chambre de 1828, adoptée avec enthousiasme par l'opinion nationale, ne lui a pas ouvert les yeux ; les deux cent vingt-un signataires de l'adresse se sont déclarés en opposition formelle avec le ministère, et nul doute que les électeurs ne les choisissent de nouveau pour représentans et défenseurs des intérêts nationaux. La couronne se place donc dans la nécessité de dissoudre la nouvelle chambre, de suspendre la Charte et de faire un coup d'État qui peut amener sa ruine ! car il n'y a plus aujourd'hui d'autre alternative : subir dans toute leur étendue les conséquences des futures élections, ou recourir à la force des armes ! La question est posée, réduite à l'expression la plus simple : le despotisme, ou la liberté ; le régime du bon plaisir, ou le régime constitutionnel..... Le pays prononcera.

Ainsi, à force d'actes arbitraires, de déceptions, d'inepties, de violations de la loi fondamentale, le gouvernement du roi a trouvé le moyen d'irriter toutes les opinions et de s'aliéner tous les partis ; il a fait perdre à la couronne le respect et la confiance du peuple, et c'est dans une situation semblable qu'il ose se présenter devant le grand jury national ! Il faut être bien résolu à s'ensevelir dans les abîmes pour y courir avec cette opiniâtreté ; mais le sort en est jeté : périsse le trône ou la liberté constitutionnelle ! La guerre est proclamée, et les hostilités vont commencer.

19. — Ordonnance du roi qui supprime la direction générale des ponts-et-chaussées et des mines, et qui nomme le sieur Becquey, conseiller d'État, et ci-devant directeur-général des ponts et-chaussées et des mines, ministre d'État et membre du conseil privé.

Ordonnances du roi qui nomment le sieur Courvoisier, les sieurs comte de Berthier, directeur-général des forêts, le baron de Balainvilliers, conseiller d'État, et le sieur baron Dudon, conseiller d'État, ministres d'État et membres du conseil privé.

Le nombre des ministres d'État augmente à vue d'œil; ces chanoines ministériels formeront bientôt une grande corporation ou chambre de sinécuristes, à vingt mille francs d'appointemens par tête.

19. — Ordonnance du roi qui porte création d'un nouveau ministère.

« Seront séparées du département de l'intérieur pour former un ministère particulier, sous le titre de *ministère des travaux publics*, les branches d'administration qui composent la direction générale des ponts-et-chaussées et des mines, ainsi que celles qui concernent les rivières et cours d'eau non navigables, les desséchemens, les bâtimens civils, les travaux d'embellissement des villes, et tous autres travaux relatifs aux diverses parties de la voie publique. »

L'on ne vit jamais une telle instabilité d'hommes et de choses dans la haute administration d'un État; mais la restauration crée ou supprime un ministère, comme s'il s'agissait d'une distribution d'appartement pour la plus grande satisfaction du maître; l'on promène d'un département à l'autre les divers ministres, sans s'inquiéter le moins du monde s'ils sont aptes au nouveau portefeuille qu'on leur confère : l'on a raison ; ne sont-ils pas propres à tout, du moment qu'on leur reconnaît l'esprit et les intentions contre-révolutionnaires du roi et de son premier ministre ?

19. — Ordonnances du roi qui nomment : le sieur Baron-Montbel, ministre secrétaire d'État au département de l'intérieur, ministre secrétaire d'État au département des finances ; *notre très-cher amé et féal* comte de Peyronnet, ministre secrétaire d'État au département de l'intérieur ; le sieur baron Capelle, conseiller d'État, préfet de Seine-et-Oise (Versailles), ministre secrétaire d'État au département des travaux publics.

La nomination de M. Peyronnet au ministère de l'intérieur et de la police politique est d'une signification qui ne laisse rien à deviner..... Pour le prouver, nous citerons un fait peu connu. — A l'époque de la conspiration de la machine infernale, le ministre de la police, Fouché, voyant les inquiétudes où les divers partis jetaient le premier consul Bonaparte, lui dit : « Si vous
« me permettez d'expliquer nettement ce que je pense,
« je dirai, citoyen consul, que le gouvernement ne
« saurait s'investir d'une trop grande force et exercer
« une surveillance trop étendue. Depuis le 18 brumaire,
« je suis sur la piste des royalistes et des émigrés : je
« connais parfaitement les conventionnels et les jaco-
« bins : les complots, les intrigues des uns et des autres
« ne peuvent m'échapper, et je réponds sur ma tête de
« la sûreté de votre personne et de la parfaite tran-
« quillité de l'État, si une haute et entière surveillance
« m'est attribuée dans tout ce qui se rapporte au gou-
« vernement intérieur de la république. — Expliquez-
« vous, quelles sont les attributions dont vous parlez ?
« — C'est le complément nécessaire de celles que doit

« avoir la police. Réunissez les préfectures au ministère
« de la police, et je réponds de tout. — Comment
« dites-vous ? — Les préfectures placées dans les attri-
« butions du ministère de la police, et je réponds de
« tout sur ma tête. » Le premier consul garde un moment le silence, et dit à Fouché : « Portez-moi ce
« soir le rapport que j'ai demandé. » Il congédie le
ministre de la police. Étonné, confondu de la hardiesse
et de l'ambition de Fouché, le premier consul se promène à grands pas dans son cabinet, les bras croisés, et
dit plusieurs fois à demi-voix : « La police et les pré-
« fectures ! Les préfectures et la police ! Mais *c'est*
« *tout l'empire.* » Son agitation était extrême ; il ne
songeait peut-être pas que le général Duroc, assis dans
un coin à une petite table, écrivait les ordres secrets dont il l'avait chargé ; au bout de cinq minutes,
il sortit et passa chez madame Bonaparte.—Nous tenons
ce fait de M. le duc de Frioul; il nous le communiqua, en 1810, après la destitution du duc d'Otrante,
Fouché.

M. Peyronnet, ministre de l'intérieur et maître de la
haute comme de la basse police, dispose en réalité du
gouvernement intérieur du royaume; c'est le bras de
M. de Polignac, l'exécuteur des volontés royales, *le
commandeur* des préfets, et le régulateur des colléges
électoraux ; sur lui reposent les espérances de l'ultraroyalisme et de l'ultramontanisme ; ce ministre, l'homme *habile*, l'homme *fort* du ministère de Coblentz, achèvera
de perdre Charles x et sa dynastie!!!

21. — Angleterre.—Londres.—Lettre de Léopold,
prince de Saxe, aux plénipotentiaires des trois cours
alliées, contenant son abdication du trône de la Grèce.
(V. 4, 11, 20 février dernier.)

· Le prince Léopold tient une conduite conséquente à la réponse qu'il a faite le 11 à la note collective des plénipotentiaires ; il s'en réfère à la communication adressée par lui, le 9 février, au premier lord de la trésorerie, et à l'opinion qu'il a communiquée aux plénipotentiaires des cours alliées dans sa note du 15 courant. Après un exposé des divers documens que lui a transmis le président du gouvernement de la Grèce (Capo d'Istrias), documens qui témoignent de l'opposition manifestée par le sénat grec, et par l'opinion nationale, relativement au souverain donné à la Grèce et aux conditions mises au choix de ce souverain, le prince dit : «... Le caractère et les sentimens du soussigné ne lui permettent pas de se soumettre à être *imposé* à un peuple mécontent, et de se trouver rattaché dans l'esprit de cette nation à une diminution de territoire, à l'abandon de ses forces en armes et à l'évacuation de leurs terres et maisons, d'où les Turcs ne les avaient expulsés jusqu'à ce moment que par une incursion temporaire... Le soussigné redoutait toujours ce résultat... Il n'a jamais caché aux plénipotentiaires que quelque disposé qu'il fût à faire de grands sacrifices personnels à la Grèce, ils n'avaient pas le droit d'exiger qu'il allât jamais dans ce pays sans obtenir, pour lui et les Grecs, cette sécurité qu'on ne peut trouver que dans les dispositions d'un traité solennel.... Il avait déclaré (dans sa communication du 9 février) ne pouvoir gouverner les Grecs conformément à un traité qui pourrait avoir pour résultat l'effusion du sang et le massacre de leurs frères ; il avait élevé des objections contre les nouvelles frontières à cause de leur faiblesse sous le point de vue militaire, et réclamé pour les Grecs le droit de s'opposer à sa nomination.» — «.... Dans un *memorandum* du 8 mai, il s'est exprimé en termes aussi positifs. Il a annoncé qu'il faudrait conquérir les provinces cédées par les Grecs pour les livrer aux Turcs, et que le nouveau souverain ne pouvait commencer son règne par des mesures de police pour faire abandonner aux Grecs leurs propres foyers. » — « Si le sénat grec n'eût manifesté aucune opposition, ou du moins qu'il l'eût manifestée en termes qui permissent d'avoir l'espoir raisonnable qu'il adhèrerait plus tard à ces mesures, le soussigné aurait pu, bien qu'involontairement, se soumettre à devenir *l'instrument de l'exécution* des décisions des puissances alliées, et il se serait efforcé d'en adoucir la *rigueur* et d'en prévenir la *tendance;* mais le langage du sénat est aussi franc que ses sentimens sont naturels. » — « Le soussigné se trouve ainsi, par sa nomination, dans la pénible position d'être rattaché, par le même acte, à des mesures coërcitives. Il faudra donc que son premier acte comme souverain soit ou de forcer ses propres sujets, par le secours des armées étrangères, à se soumettre à la cession de leurs biens et propriétés à leurs ennemis, ou de se réunir à eux pour repousser et éluder l'exécution d'une partie de ce même traité qui le met sur le trône de la Grèce .... Lorsque le soussigné prévoyait qu'il deviendrait souverain de la Grèce, c'était dans l'espoir d'être reconnu librement et unanimement par la nation grecque, et d'être accueilli par elle comme l'ami qui récompenserait sa longue et héroïque lutte par la sûreté de son territoire et l'établissement de son indépendance sur des bases permanentes et honorables. » — « C'est avec le plus profond regret que le soussigné voit ses espérances déçues..... En conséquence, le soussigné remet formellement entre les mains des plénipotentiaires un dépôt dont les circonstances ne lui permettent plus de se charger avec honneur pour lui-même et avantage pour les Grecs ou les intérêts généraux de l'Europe. » *Signé* Léopold, prince de Saxe... Sa lettre est un document de haute importance ; ce prince sera choisi plus tard pour porter une autre couronne qu'il acceptera avec empressement, quoiqu'il soit, dans cette dernière circonstance, *l'instrument de l'exécution* des décisions des puissances alliées réunies en *conférence* à Londres.

En attendant, l'abdication, ou renonciation au trône de la Grèce par le prince Léopold, est pleine de bon sens et annonce de nobles sentimens : le prince a senti et très-bien jugé qu'il ne serait, en Grèce, qu'un instrument des volontés de l'Angleterre et de la Russie, et qu'il ne pourrait en conséquence favoriser les vues de l'une sans s'exposer à l'animadversion de l'autre. Ces puissances ne veulent pas que la Grèce soit, en réalité, État *indépendant*; elle doit être province russe ou colonie anglaise, et le prince de Saxe ne veut pas descendre aux fonctions de hospodar ou de lord-commissaire : la France l'inquiète peu ; elle n'a pas, et le prince le sait à merveille, de volonté propre ; elle cède suivant les circonstances à l'impulsion russe ou à l'impulsion anglaise ; mais encore, les deux cabinets de Londres et de Saint-Pétersbourg se servent d'elle dans cette conjoncture pour assurer l'exécution de leurs protocoles, et Léopold, répétons-le, n'entend pas être préfet de Grèce et vassal des trois puissances *alliées :* il ne veut pas, enfin, attacher son nom à l'esclavage et aux calamités du peuple grec.

L'on ne saurait donner trop d'éloges à la renonciation du prince ; les motifs sur lesquels il la fonde sont loyaux et généreux ; ils mettent en même temps à nu la politique de l'Angleterre et de la Russie, dont il ne craint pas, dans sa lettre, de signaler l'ambition et la perfidie. L'opinion nationale applaudit, en France, au caractère et aux sentimens manifestés par le prince Léopold ; il conserve, en Angleterre, l'estime publique ; et s'il ne dément pas dans la suite une aussi honorable conduite, ce prince aura bien mérité des amis de l'indépendance nationale et de la liberté constitutionnelle.

Comme il ne manquera jamais de princes pour accepter un trône, la Grèce n'en sera pas plus libre de se choisir un chef, et les puissances signataires du traité du 6 juillet lui imposeront un souverain de leur choix, celui qu'elles trouveront le plus résigné à exécuter leurs volontés... Plusieurs années se passeront, dans la misère et dans l'anarchie, avant que les Grecs voient arriver ce *Messie ;* ce sera un petit prince mineur, que plusieurs journaux représenteront comme très-peu favorisé par la nature, bossu et sourd.

29. — Paris. — Ordonnance du roi relative à la répartition du crédit de 5,022,800 francs, ouvert au ministère de l'intérieur par la loi du 2 août 1829, entre ce ministère et celui des travaux publics.

Cette ordonnance est illégale, en ce qu'elle change la distribution des fonds alloués, par le budget, au ministère de l'intérieur, et les attribue à un ministère que la loi ne reconnait pas... Le ministère des travaux publics, créé par ordonnance du 19 de ce mois, n'existait pas à l'époque où les chambres ont voté le budget du ministère de l'intérieur. Aucune loi n'accorde à la couronne la faculté de créer à volonté des ministères, et d'augmenter par conséquent les dépenses publiques sans avoir obtenu la sanction des chambres législatives.

30. — Saint-Cloud. — Le roi, grand-maître de l'ordre du Saint-Esprit, en ce jour, fête de la Pentecôte, tient, dans son cabinet, chapitre dudit ordre.

MM. les archevêques de Paris (Quélen) et de Bordeaux (Cheverus) sont proclamés commandeurs ecclésiastiques de l'ordre... Si le cordon bleu n'était pas depuis long-temps une décoration tout-à-fait insignifiante, M. Cheverus le ferait considérer comme une récompense honorable, puisqu'il serait porté par le prélat le plus pieux et le plus respectable de l'Église de France : l'archevêque de Bordeaux est le parfait modèle de toutes les vertus évangéliques, et il donne aujourd'hui un grand exemple de modestie en acceptant le collier des ordres, qui très-certainement n'ajoutera rien au respect, à la vénération que portent unanimement au prélat tous ses diocésains catholiques, réformés, ou israélites.

Après la tenue du chapitre, le roi sort de ses appartemens, précédé des chevaliers de ses ordres, et des chevaliers non reçus auxquels doivent être conférés les insignes, lesquels chevaliers bleus l'accompagnent processionnellement jusqu'au trône élevé en avant de la principale porte de la chapelle. « Après l'office divin, le roi s'est dirigé sur le trône érigé à gauche de l'autel, accompagné des grands officiers de l'ordre... M. le chancelier de l'ordre a lu la formule du serment. Immédiatement après, monseigneur le duc de Nemours, après s'être prosterné au pied du trône, a prêté serment entre les mains du roi, et a été décoré par sa majesté des insignes de l'ordre. Le même cérémonial a ensuite été observé pour MM. les chevaliers non reçus... »

Il y a vingt siècles d'intervalle entre les années 1789 et 1830; on l'oublie, et l'on veut rétablir les distinctions de la haute aristocratie de cour, aussi bien que le pouvoir absolu de la couronne! mais l'on se moque à Paris de la cérémonie du cordon bleu, et le ridicule en fait justice : le marchand de soieries a vendu quelques aunes de ruban, voilà tout.

2 Juin.—Paris.—Rapports au roi, concernant la division du ministère de l'intérieur et de celui des travaux publics; concernant les attributions du nouveau ministère des travaux publics (V. 29 mai).

Ces rapports, faits par le ministre des travaux publics, baron Capelle, sont *approuvés* par le roi et ont la force d'une ordonnance.

Il est curieux de voir M. Capelle (ancien comédien, préfet du Léman sous Napoléon, qui livra, 1814, Genève et les frontières de la France aux armées étrangères, etc., etc.) déclarer *meubles* ou *immeubles* les travaux de sculpture et de peinture destinés à orner les bâtimens monumentaux et autres, et attribuer les travaux de sculpture et de peinture au ministère des travaux publics ou à celui de l'intérieur, suivant qu'ils s'exécutent *avec* les bâtimens, ou *après* leur construction... Quel grave sujet d'examen et de délibération pour cet homme d'État !

6. — Maine-et-Loire. — Angers. — Des troubles éclatent à Angers, à l'occasion de l'arrivée de MM. d'Andigné et Guilhem, ex-députés.

La population d'Angers a voulu témoigner à ces deux membres de l'opposition l'estime et la reconnaissance que lui inspirent leur patriotisme et leur énergique conduite à la chambre des députés : une foule considérable s'est portée au devant d'eux et les a suivis jusqu'à leur arrivée dans la ville, où un banquet avait été préparé pour les recevoir; les autorités se sont prononcées contre l'opinion nationale, la force armée a été déployée, et les deux ex-députés ont eu à subir des outrages, et même des voies de fait... Ils porteront plainte judiciaire contre le préfet de Maine-et-Loire et contre les fonctionnaires civils et militaires chargés de l'exécution de ses arrêtés... Le *Moniteur*, 15 juin, insultera lâchement MM. d'Andigné et Guilhem, qui demandent justice des actes arbitraires exercés contre eux : « *Qu'est-ce* (dira-t-il) que M. d'Andigné et M. Guilhem? Par quels talens, par quelles fonctions se sont-ils fait connaitre à la France? Quels services rendus à la ville d'Angers ont mérité que les habitans de cette ville s'enflamment à leur aspect d'un si étrange enthousiasme?...» M. *de* Cadoudal, dont le nom est devenu si fameux depuis l'assassinat médité par son frère, George Cadoudal, 1804, contre le premier consul Bonaparte, se glorifiera de la conduite qu'il a tenue en sa qualité de lieutenant-colonel commandant la 8e légion de gendarmerie royale : sa lettre (V. *Moniteur*, 17 juin) justifie parfaitement les faveurs dont Louis XVIII et Charles X ont comblé sa personne et sa famille.

Une ordonnance du roi, en date du 20 juin, statuera ainsi : « Il n'y a lieu d'autoriser à poursuivre aucun des « fonctionnaires désignés dans la plainte des sieurs « Guilhem et d'Andigné de la Blanchaye. »

Les fonctionnaires publics ne peuvent être traduits devant les tribunaux qu'avec l'autorisation du conseil d'État, c'est-à-dire des ministres dont ils exécutent les ordres : ainsi les citoyens victimes d'actes arbitraires ne doivent, sous aucun rapport, s'attendre à obtenir justice ou réparation, que d'après le bon plaisir du despotisme ministériel ! Il ne faut pas se lasser de le dire jusqu'à ce qu'une loi ait statué sur la responsabilité des ministres et des autres agens de l'autorité !!!

Telle est la liberté et la sécurité dont jouissent, en France, les citoyens de toutes les classes, et même les députés des départemens.

6. — Paris. — Ordonnance du roi relative aux com-

missions administratives des hospices : elle est rendue sur le rapport du ministre de l'intérieur (Peyronnet).

D'après cette ordonnance, la nomination des membres des commissions administratives des hospices et des autres établissemens de bienfaisance, est attribuée aux préfets ; ils pourront provoquer la révocation des administrateurs et des receveurs par eux nommés, et même en prononcer la suspension provisoire, s'il y a urgence, en en référant au ministre de l'intérieur, etc., etc.

L'ordonnance attribue aux préfets un pouvoir qui serait plus utilement exercé par les conseils-généraux, et encore mieux par les citoyens que l'estime publique appellerait à ces fonctions d'humanité et de bienfaisance : mais le gouvernement ne veut pas entendre parler d'*élection* en matière administrative, et confère, en toutes choses, le plus d'autorité possible à des préfets dont il dispose.

6. — Paris. — Ordonnance du roi, qui détermine les classes des condamnés qui seront envoyés dans les maisons centrales de détention..... Elle est rendue d'après le rapport fait au roi, sur ces maisons, par le ministre de l'intérieur (Peyronnet), qui en violera les dispositions pendant son ministère de deux mois.

L'article 1ᵉʳ de l'ordonnance dit : « A l'avenir, les individus des deux sexes condamnés correctionnellement à PLUS *d'un an* de prison, seront *seuls* envoyés dans les maisons centrales de détention pour y subir la peine qui leur aura été infligée. »

Pour satisfaire des haines particulières, M. Peyronnet enverra dans les maisons centrales des écrivains condamnés à *un an* d'emprisonnement ; il soutiendra que : UN *an* et PLUS *d'un an* sont synonymes, et que les écrivains condamnés à un an doivent être envisagés et traités, dans l'expiation de la peine, comme les condamnés à plus d'un an !!! Telle est la justice de l'ex-ministre de la justice.

13. — Proclamation au peuple français, à l'occasion des élections prochaines des députés.

Ce document est d'une telle importance royale, nationale, parlementaire, que nous ne saurions nous dispenser de l'insérer tout entier dans ces annales. — « Français ! la dernière chambre des députés a *méconnu* mes intentions. J'avais *droit* de compter sur son *concours* pour faire *le bien que je méditais;* elle me l'a *refusé.* Comme père de mon peuple, mon cœur s'en est affligé ; comme roi, j'en ai été *offensé :* j'ai prononcé la dissolution de cette chambre. » — « Français ! votre prospérité fait ma gloire ; votre bonheur est le mien. Au moment où les colléges électoraux vont s'ouvrir sur tous les points de mon royaume, vous écouterez la *voix* de votre roi. » — « Maintenir la Charte constitutionnelle et les institutions qu'elle a fondées, *a été* et sera *toujours* le but de mes efforts. » — « Mais, pour atteindre ce but, je dois *exercer librement* et faire respecter les *droits sacrés* qui sont *l'apanage* de ma couronne. » — « C'est en eux qu'est la garantie du repos public et de vos libertés. La nature du gouvernement serait altérée, *si de coupables atteintes affaiblissaient mes prérogatives;* et je trahirais mes sermens si je le *souffrais.* » — « A *l'abri* de ce gouvernement (*Nota.* L'histoire dira : *malgré* ce gouvernement), la France est devenue florissante et *libre;* elle lui *doit* ses franchises, son crédit et son industrie. La France n'a rien à envier aux autres États, et ne peut *qu'aspirer* à la conservation des avantages dont elle jouit. » — « *Rassurez-vous* donc sur vos droits ; je les *confonds* avec les miens, et les protégerai avec une égale sollicitude. » — « Ne vous laissez pas égarer par le *lan-*

gage insidieux des *ennemis* de votre repos. Repoussez *d'indignes soupçons* et de *fausses craintes* qui ébranleraient la confiance publique et pourraient exciter de graves désordres. Les *desseins* de ceux qui propagent ces craintes *échoueront, quels qu'ils soient, devant mon* IMMUABLE RÉSOLUTION. Votre sécurité, vos intérêts, ne seront pas plus compromis que vos libertés. Je *veille* sur les uns comme sur les autres. » — « Électeurs ! hâtez-vous de vous rendre dans vos colléges ; qu'une négligence répréhensible ne les prive pas de votre présence ! qu'un même sentiment vous anime, qu'un *même drapeau* vous rallie ! » — « C'est votre roi qui vous le demande ; c'est un père qui vous appelle. » — « Remplissez vos *devoirs ;* je saurai remplir les miens. » *Signé* Charles : *contre-signé* Polignac.

Cette proclamation n'est pas ministérielle, elle est toute royale ; afin que personne ne puisse s'y tromper, le document est contre-signé par le président du conseil qui atteste, officiellement, la volonté personnelle du roi. — Cette proclamation détruit de fait la responsabilité ministérielle établie en droit par la Charte ; le roi (irresponsable, inviolable et sacré) se met au lieu et place de cette responsabilité, et assume sur sa personne le mécontentement et la résistance de la nation ! La proclamation est visiblement dirigée contre la majorité de la chambre dissoute, contre ces 221 députés qui ont repoussé le ministère Polignac, contre la presse et les écrivains qui ont averti la nation des dangers dont elle était *menacée*. La représentation nationale y est insultée et provoquée d'une manière presque directe, ainsi que la loi électorale : enfin, *l'immuable résolution* de Charles x ne permet plus d'espérer qu'il se rende aux vœux de la nation. « Les *droits sacrés* qui sont l'*apanage* de sa *couronne* » ne laissent plus de doute sur la détermination qu'il a prise de soutenir ces droits par la force et aux dépens des libertés nationales; il annonce clairement l'intention de supprimer, en sa qualité de *pouvoir constituant*, de *droit divin*, la loi fondamentale de l'État, si la majorité de la chambre que vont nommer les colléges électoraux offre les mêmes sentimens constitutionnels, la même opposition que la majorité de la chambre dissoute. Il n'y a donc plus, à vrai dire, de régime représentatif en France; la proclamation fait plus que le laisser soupçonner, elle le déclare implicitement.

Le manifeste royal est escorté d'une ordonnance, en date du 6 juin; la dissolution a été prononcée le 16 mai, et c'est aujourd'hui seulement, 13 juin, que parait l'ordonnance qui désigne les villes où se réuniront les colléges électoraux, et qui nomme les présidens de ces colléges. Aucun des 221 votans de l'adresse n'est appelé à la présidence; elle est conférée, en très-grande partie, aux députés qui ont voté contre l'adresse, aux membres de la chambre septennale et du double vote, éliminés par les élections de 1827 (V. 18-30 novembre 1827), aux pairs créés par M. de Villèle; ces derniers s'y trouvent en nombre considérable : enfin l'ordonnance royale appelle à la présidence des colléges tous les personnages connus par leur constante opposition aux principes de la Charte et aux libertés publiques.

Pour corroborer encore l'ordonnance du 6 et la proclamation du 13, le ministre de l'intérieur adressera, le 15, aux préfets des départemens, une circulaire où l leur enjoindra de prendre « des mesures pour que les abords des colléges soient *libres*, que la personne des électeurs soit *indistinctement* respectée, qu'aucun outrage ne leur soit adressé, qu'aucune clameur populaire ne puisse exercer *d'influence* sur leur vote, qu'au-

cun tumulte extérieur ne se fasse *entendre* dans le lieu des séances et ne *trouble* l'ordre des opérations électorales. » C'est se jouer impudemment de l'opinion publique... Les présidens de colléges viendront recevoir leurs instructions au ministère de l'intérieur, et il ne devra leur rester aucun doute sur le véritable sens de la proclamation royale et de l'immuable résolution de Charles x!... Malheur aux fonctionnaires publics suspects du moindre petit attachement au système constitutionnel!!! M. de Saint-Cricq adresse aux électeurs d'Orthès une lettre dans laquelle il se dit *fermement dévoué à nos institutions;* une ordonnance royale le destitue de sa qualité de ministre d'État. Que de preuves de dévouement, et même de servilisme, M. de Saint-Cricq n'a-t-il pas cependant données, dans une foule de circonstances, à l'ancien régime et au despotisme ministériel!
— L'on craint que les électeurs du département des Landes ne refusent leurs votes au ministre de la marine, d'Haussez, et ne les accordent au général Lamarque; une ordonnance vient mettre à la retraite le premier des généraux français! l'on pourrait citer une foule d'exemples semblables.

M. Peyronnet exerce, dans cette conjoncture, les fonctions secrètes de *grand électeur* de France.

Eh bien! malgré tant de protestations constitutionnelles, malgré tant de manœuvres ministérielles et administratives, malgré la proclamation royale, le jugement du pays prononcera la condamnation du ministère Polignac, les colléges électoraux nommeront des députés fermement résolus à défendre la cause nationale, le monarque se tiendra pour plus *offensé* que jamais, et la colère achèvera l'œuvre de l'ineptie : le trône sera renversé!...

Il reste encore un mois et demi à la couronne pour

réfléchir sur la situation où elle se trouve, pour conjurer la révolution qui doit presque nécessairement éclater, si ses conseillers persistent dans leurs criminels desseins : la couronne demeurera sourde aux avertissemens, aux conseils que lui donneront ses amis les plus dévoués, et *trois jours* suffiront pour briser le trône et chasser la dynastie !

La proclamation royale sera tirée à plus de cent mille exemplaires et envoyée, par ballots, aux préfets, avec ordre impératif de la répandre dans les colléges électoraux. — Un inepte préfet qui s'est rendu fameux dans le département du Lot (*Histoire de France, suite.* V. tome II, page 216), sous le ministère Villèle, destitué par M. de Martignac, réintégré par M. de Polignac, le marquis *Saint-Félix-Maurémont*, aujourd'hui préfet de la Vienne, transmet à chaque électeur sa carte électorale avec un exemplaire de la proclamation royale, *de l'ordre exprès du roi :* sa lettre-circulaire mérite citation : « C'est à vous, mon« sieur, à *choisir* entre la voie qui vous est indiquée par « cette auguste communication, et celle où les factions « chercheraient à vous entraîner. Mais non : vous ne « pouvez hésiter. Quel Français digne de ce nom pré« fèrerait les troubles à la concorde, le désordre au « repos, les crises politiques à l'ordre constitutionnel, « *la révolution à Charles* x?... »

Un préfet non moins fameux que celui de la Vienne, M. Fadate de Saint-George, préfet des Côtes-du-Nord, a envoyé aux électeurs la proclamation royale dans la lettre ci-jointe : « Monsieur, *par ordre du roi*, j'ai « l'honneur de vous adresser un exemplaire de la pro« clamation royale. Le roi *veut* que ses paroles soient « entendues de tous les Français, qu'elles *arrivent* à « chaque électeur. Vous les écouterez avec recueille« ment, avec une respectueuse émotion. Vous les au-

« rez présentes à la pensée, lorsque vous irez au col-
« lége, où un père vous appelle, déposer le vote que
« votre roi vous *demande*. — Si quelques *ennemis* de
« votre repos ont cherché à donner une fausse direc-
« tion à votre dévouement, les paroles royales détrui-
« ront d'insidieuses insinuations. Je ne puis croire qu'un
« Breton hésite à courir sous le drapeau de son roi. S'il
« en est d'assez aveugles pour *refuser* de s'y rallier, *ils*
« *seront faciles à compter*, j'en ai l'assurance. C'est aux
« cris de *vive le roi* que nous les proclamerions *indignes*
« de porter le nom de Bretons toujours fidèles à leur
« Dieu et à leur roi. Vive le roi ! » — Ces mots, *enne-*
mis, *indignes*, s'adressent directement aux 221 députés signataires, et l'on ordonne, *de par le roi*, aux
colléges électoraux de ne pas les élire : voilà l'indépendance et la liberté que le ministère veut, pour plus de
régularité, faire régner aux nouvelles élections.

Si les préfets répondent, presque tous, avec empressement aux injonctions et aux circulaires du ministre de
l'intérieur, Peyronnet, les évêques montrent, de leur
côté, le zèle le plus ardent ; ils adressent au roi un *mé-*
moire ou sont étalées, en forme d'*ultimatum*, les plus
insolentes prétentions de l'ultramontanisme ; ils intri-
guent à la cour, et tonnent dans la chaire évangélique :
leurs prédications, leurs mandemens sont de véritables
libelles contre la Charte constitutionnelle ; ils invoquent
à grands cris une chambre monarchique et religieuse
qui leur rende les bois de l'État appartenant autrefois au
clergé, qui leur alloue, pour racheter les biens ecclésiastiques vendus par la nation, un petit milliard d'indemnité, comme aux émigrés..... Rien n'égale la violence
de certains mandemens ; l'on y provoque la désobéis-
sance aux lois, les lois sont traitées d'impies et d'athées,
et l'on appelle la colère du ciel contre les persécuteurs

du clergé et les destructeurs de la religion!... Les moines et les prêtres de *la sainte ligue* ne parlaient pas autrement.

Voilà comment le gouvernement du roi entend le système représentatif et exécute la Charte.

14. — 3 juillet. — Côte d'Afrique. — L'escadre française a occupé, le 13, la baie de *Sidi-Ferruch*, et l'armée expéditionnaire a commencé, sous sa protection, le débarquement des troupes; il a été terminé dans la matinée du 14. — Les batteries ennemies, où se trouvent seize pièces de 16 et deux mortiers, battues par l'artillerie de campagne et prises en écharpe par les vaisseaux de l'escadre, ont été abandonnées par les Arabes ou enlevées par l'armée française, qui a occupé aussitôt les hauteurs en avant de la presqu'île : son quartier général a été porté à *Turetta-Chica*.

Le 19, l'armée ennemie, forte de trente mille hommes (infanterie et milices turques ou arabes, contingens d'Oran, de Constantine, etc.), sort du camp de Straoneli, qu'elle occupait depuis le 15, et attaque les Français avec vigueur; le camp et toutes les munitions et provisions qu'il renferme tombent en leur pouvoir : la perte de l'ennemi est évaluée à deux ou trois mille hommes tués ou blessés ; celle des Français n'est pas précisée, mais a dû être considérable ; on peut la porter, d'après des témoignages dignes de foi, à douze ou treize cents hommes tués ou blessés.

Des affaires partielles ont journellement lieu, du 19 au 24, entre des corps d'Arabes et d'infanterie turque, et des corps français ; elles sont à l'avantage de ces derniers, qui ont, néanmoins, huit à neuf cents hommes mis hors de combat. Le 24 et le 25, il y a plusieurs engagemens entre les troupes ennemies et les troupes françaises auxquelles les Bédouins font éprouver des pertes considérables : mais l'armée française réussit à prendre position en avant du *Château de l'Empereur*, « le point de résistance le plus fort de l'ennemi. » Des pièces d'artillerie sont transportées sur cette position pour assiéger le château.

Les rapports adressés par le général en chef, comte de Bourmont, au prince de Polignac, les 17, 19, 22, 25, 28 juin, 1ᵉʳ et 3 juillet ; les rapports faits par l'amiral Duperré au ministre de la marine, et les rapports des généraux Valazé et Lahitte sur les travaux du génie et de l'artillerie pour le siége d'Alger, font connaître l'étendue des difficultés que l'armée française a dû surmonter pour amener la capitulation et la reddition d'Alger. Les soldats ont fait, comme à leur ordinaire, preuve d'intrépidité et de dévouement à l'honneur français ; l'amiral Duperré a développé, assure-t-on dans le journal officiel, de grands talens dans la disposition et la conduite des forces navales ; mais comme cela est toujours arrivé lorsqu'il y a eu concours des deux armes, l'armée de terre accusera l'armée de mer de n'avoir pas fait ou d'avoir mal fait ce qu'elle devait faire*! Le comte de Bourmont a montré beaucoup d'ac-

---

* Ce n'est pas à nous à juger si les torts attribués au vice-amiral Duperré étaient réels et fondés ; mais notre devoir, comme historien, est de les rapporter. On lui a reproché : *Premièrement*, d'avoir donné à la flotte, au moment où elle mit à la voile de Toulon (25 mai), l'ordre de se porter devant Alger, d'où elle fut obligée de rétrograder sur *Minorque*, où il fallut perdre quinze jours à rassembler les bâtimens qui composaient l'expédition....... L'ordre donné de se porter d'abord sur Alger, où chaque bâtiment vint tour à tour se montrer, et où chacun reçut *Palma* pour nouvelle destination ; cet ordre eut pour effet d'avertir le dey, par l'arrivée successive de nombreuses

tivité et de courage, et ses quatre fils ont imité le noble exemple de leur père ; les généraux Lahitte et Valazé ont soutenu la haute réputation qui leur était si justement acquise dans l'arme de l'artillerie, du génie, et se sont couverts d'une immortelle gloire : c'est principale-

voiles devant sa résidence, de l'imminence d'un danger auquel il n'avait pas cru jusqu'alors, et, en conséquence, le dey convoqua et pressa l'arrivée des contingens de ses vassaux, et prit d'autres mesures qu'il eût négligées ou rendues moins réelles, s'il eût été attaqué plus tôt. — *Secondement*, la partie du convoi chargée des chevaux de trait, d'une portion importante du matériel et de l'artillerie, du régiment des chasseurs d'Afrique, etc., tarda plus de huit jours à arriver, et ce retard fut cause de la stagnation forcée des opérations militaires... L'armée navale aurait pu être réunie, dès le premier moment, dans la rade de Sidi-Ferruch, et l'on eût prévenu ainsi les pertes considérables d'hommes que l'armée de terre éprouva depuis son débarquement jusqu'à l'époque où elle s'empara des hauteurs qui dominent le fort de l'Empereur. Malheureusement, l'amiral Duperré avait donné ordre à la partie du convoi mouillée à Palma (cette partie du convoi portait le matériel et les chevaux d'artillerie, la cavalerie de l'armée et *les outils* du génie), de n'en sortir que quelques jours après le départ de l'escadre et d'une portion des transports; c'était *scinder* la flotte en deux, et priver l'armée de terre de la possibilité de pousser rapidement ses succès, car elle ne pouvait, faute de ces moyens, se porter en avant, et force fut à M. de Bourmont de séjourner jusqu'à leur arrivée dans les positions qu'on venait d'enlever : une tempête violente, en repoussant de la côte ce second convoi au moment où il allait la rallier, vint encore retarder les opérations : si la tempête eût duré vingt-quatre heures de plus, le succès de l'expédition était gravement compromis.

Une personne de grand mérite, qui a rempli avec un rare talent des emplois et des missions d'une haute importance, qui a pris une part active et très-distinguée aux affaires d'Alger, a bien voulu nous donner ces renseignemens; nous nous permettons de les publier, parce qu'ils nous paraissent exacts : s'il en était autrement, les témoins ne manqueraient point pour les démentir.

ment à ces deux armes qu'est due la prompte reddition d'Alger... Disons, avec la même justice, qu'officiers et soldats, tous ont rivalisé de zèle et d'efforts pour soutenir la dignité nationale et l'honneur des armes françaises : mais, telle est la disposition des esprits, telles sont les préventions populaires, telle est la haine qu'on porte à l'homme-déserteur de Waterloo, que, pour le peuple, le héros de l'expédition d'Alger ne sera pas le général Bourmont qui l'a aussi habilement exécutée que conçue, mais le vice-amiral Duperré qui l'a, dit-on, gravement compromise : c'est que celui-ci passe pour professer des principes politiques diamétralement opposés à ceux du général-ministre.

Cette expédition effacera, en partie, la honte et l'abaissement dans lesquels est militairement tombée la France depuis la restauration des princes de Coblentz : car, la guerre d'Espagne, 1823, n'a rien diminué de cet abaissement ; elle a, bien au contraire, ajouté à cette honte, puisque l'objet de la guerre de 1823, où le gouvernement du roi et le prince généralissime (d'Angoulême) ont acheté la victoire à prix d'or, était de détruire la liberté constitutionnelle en Espagne, et de rétablir dans ce royaume le pouvoir absolu de la couronne, en attendant que les circonstances permissent aux conseillers de Charles x d'obtenir en France un aussi déplorable succès ! Au surplus, la guerre d'Alger doit être envisagée comme un bienfait pour l'humanité et la civilisation, quels que soient les motifs qui ont porté le gouvernement du roi à l'entreprendre; en chassant de leurs repaires les puissances barbaresques, cette guerre détruira l'esclavage auquel leurs pirateries exposaient les sujets de la plupart des États européens : les lumières et la liberté en retireront, tôt ou tard, autant d'avantages que la religion et la philosophie..... Mais la France conservera-t-elle la possession d'Alger? Il faut le demander à la sainte-alliance, et surtout à l'Angleterre.

16. — Paris. — Ordonnance du roi qui statue : « Les deux conseils généraux du commerce et des manufactures, actuellement existans, n'en formeront plus qu'un seul qui prendra le titre de *Conseil général du commerce et des manufactures*, et qui réunira les attributions déterminées par les ordonnances royales du 23 août 1819 et du 9 février 1825. »

D'après les dispositions de l'ordonnance, ce conseil s'assemblera chaque année, sur la convocation du ministre de l'intérieur, qui fixera l'époque et la durée de la réunion; qui présidera le conseil en personne ou par ses délégués; qui pourra en remplacer les membres en cas de vacance, ou en cas de négligence; qui les classera en deux sections, l'une du *commerce*, et l'autre des *manufactures*, etc., etc. — Le conseil sera composé de 72 membres, qui exerceront pendant cinq années, et qui seront rééligibles. « Toutes les chambres de commerce du royaume concourront à sa nomination. » Paris nommera 8 membres; les autres villes de commerce, au nombre de 34, nommeront 39 membres; les 25 membres nécessaires pour compléter le nombre de 72 seront nommés par le ministre de l'intérieur; toutes les nominations seront soumises à l'approbation du roi, etc., etc.

Le commerce et les manufactures se trouvent placés de la sorte sous l'autorité immédiate de la couronne; ils ne jouiront que de la portion de liberté qu'il plaira au ministre de l'intérieur de leur accorder. Tout est sous le joug de l'arbitraire et du monopole en France; les lois, la liberté individuelle, la liberté de la presse, l'industrie, le commerce, les manufactures, les postes aux chevaux et aux lettres, les messageries, les alimens de nécessité première, etc. — Qu'il y a loin de cette manière de gouverner et d'administrer au système politique et commercial adopté et suivi en Angleterre et dans les États-Unis, et à cette maxime de Turgot : Laissez faire, laissez passer !

18. — Ordonnance royale, portant ajournement des colléges électoraux d'arrondissement au 12 juillet, et des colléges électoraux de département au 19 du même mois, dans les départemens de l'Ardèche, des Ardennes, de l'Aube, de l'Eure, d'Eure-et-Loir, du Gard, d'Indre-et-Loire, de Loir-et-Cher, du Loiret, de Maine-et-Loire, de la Marne, de la Mayenne, des Basses-Pyrénées, de la Sarthe, de la Seine, de la Seine-Inférieure, de Seine-et-Marne, de Seine-et-Oise, de Vaucluse, et de l'Yonne. (Total, vingt départemens.) Leurs colléges électoraux avaient été convoqués, par l'ordonnance du 16 mai, les premiers, au 23 juin, les seconds, pour le 3 juillet.

Le considérant de l'ordonnance de ce jour dit : « Ayant été informé qu'un grand nombre de contestations relatives aux droits politiques d'électeurs du ressort des cours royales de Paris, Rouen, Orléans, Angers, Metz, Pau et Nîmes, sont encore pendantes devant les tribunaux et ne pourront pas être définitivement jugées avant l'époque fixée par notre ordonnance du 16 mai dernier pour la réunion des colléges ; voulant que rien ne soit négligé pour atteindre la plus grande *régularité* possible dans les listes électorales, nous avons ordonné, etc. »

Le considérant ment impudemment : l'ordonnance est loin d'avoir pour motif la plus grande *régularité* dans les listes électorales ; c'est au contraire la plus grande fraude possible que le gouvernement du roi cherche à y introduire sous ce prétexte... Un journal dira avec beaucoup de justesse : « Le délai de vingt jours a paru suffisant pour obtenir la cassation des arrêts qui contrarient le ministère. Si l'on obtient ce résultat, on procédera aux élections sans s'inquiéter de l'impossibilité où seront les électeurs de défendre leurs droits devant la cour de cassation. » Voilà le premier acte arbitraire, ou plutôt le petit coup d'État par lequel M. Peyronnet signale sa rentrée au ministère.

Les vingt départemens *ajournés* sont ceux où le parti ministériel a le moins de chances de succès dans les colléges électoraux ; il espère, en gagnant du temps, corrompre une partie des électeurs, en employant tous les moyens d'intrigue et de séduction : l'armée expéditionnaire d'Afrique a opéré son débarquement sur les côtes d'Alger ; le ministère ne doute pas qu'elle ne s'empare de cette place, et que ce triomphe ne lui donne une influence décisive pour la nomination de ses candidats à l'élection... Mais il en sera tout autrement ; une grande partie des 221 signataires de l'adresse en réponse au discours de la couronne seront *réélus :* circulaires, promesses, menaces, destitutions, commandemens, proclamation royale et remise d'icelle aux électeurs, de *l'ordre exprès du roi*, dénis de justice, refus par les préfets de recevoir les réclamations et d'y faire droit, fraudes de toute espèce, rien ne sera négligé en faveur de la cause ministérielle ; mais l'opinion nationale est tellement prononcée, le mécontentement public a acquis une telle intensité, que le ministère éprouvera, dans la lutte électorale, une défaite complète. — L'on peut s'étonner de voir, dans le nombre des départemens ajournés, celui de Paris, où la presse périodique exerce une influence si forte, que le ministère ne peut rien se promettre de la mesure d'ajournement ; le public croit en trouver le véritable motif dans la présence de LL. MM. siciliennes ; le gouvernement du roi ne veut pas qu'elles assistent au triomphe de la cause constitutionnelle; c'est un petit désagrément qu'il désire leur épargner. — Le ministère s'est complètement fourvoyé; les colléges d'arrondissement, ou colléges uniques, donneront à l'opposition une majorité considérable : parmi les 221 députés signataires de la fameuse adresse, 110 seront réélus, tandis qu'il n'y aura de réélus, parmi les députés opposés à cette adresse, que quarante individus seulement. Il en sera à peu près de même dans les grands colléges... En totalité, l'opposition comptera près de 280 députés, le ministère en obtiendra à peine 150.

25. — Savoie. — Mort du général Le Borgne, dit de Boigne, âgé de soixante-dix-huit ans; cet aventurier s'est rendu fameux dans l'Inde par ses services et ses trahisons, et en Europe par sa grande fortune et ses vanités... Son nom se rattache à la ruine de Typpo-Saëb, et sous ce point de vue nous sommes tenu d'en faire mention.

Ce Savoyard, connu sous le nom de général de *Boigne*, naquit à Chambéry dans la classe du peuple : il était fils d'un pauvre ouvrier en gants, s'appelant *Le Borgne*. Il s'engagea fort jeune en qualité de soldat, et déserta successivement du service sarde, autrichien et russe. Parvenu au grade de sergent dans un régiment russe, qui se trouvait cantonné aux frontières orientales de l'empire, dans le gouvernement d'Astrakan, Le Borgne gagna les États du grand Mogol, et prit du service dans les troupes de ce souverain. Il était d'une haute stature, et assez instruit comme sous-officier ; ces avantages le firent remarquer, et lui valurent bientôt un grade élevé dans l'armée indienne. Chargé d'y introduire l'instruction et la discipline européennes, Le Borgne réussit à capter la faveur de l'empereur, qui le combla de dignités et de dons:

séduit par le gouvernement anglais, ou plutôt par une cupidité et une ambition insatiables, le Savoyard, devenu général du grand Mogol, trahit ce souverain, s'évada avec toutes les richesses qu'il en avait obtenues, et fut assez heureux pour échapper aux poursuites ordonnées contre sa personne. Il gagna les territoires de la compagnie anglaise, et se mit à son service, d'où il passa, quelques années après, sous les drapeaux de Typpo-Saëb, qui l'éleva au grade de généralissime. Le souverain du Mysore lui accorda une confiance entière et lui confia le commandement de sa cavalerie, principal soutien de sa puissance militaire. Dans la dernière bataille livrée contre les Anglais, Le Borgne passa de leur côté, à la tête de toute la cavalerie maratte, forte d'environ cinquante mille combattans, et Typpo-Saëb se vit réduit à s'enfermer dans Séringapatam, où il trouva une mort si glorieuse, si héroïque!!!... Après quelque séjour dans les principales factoreries anglaises, le général Le Borgne vint en Angleterre, avec une fortune évaluée à près de 60 millions de francs. Il plaça dans les fonds publics anglais une somme très-forte (800,000 livres sterling, environ 20 millions de francs); des personnes en position d'être bien informées à cet égard nous ont assuré, dans le temps, que le gouvernement anglais avait exigé ce dépôt, afin d'obtenir de l'ex-général indien l'exécution de certaines conditions qui lui avaient été imposées dans l'Inde, et pour *sûreté de sa parole*. Quoi qu'il en soit de cette dernière particularité, le très-opulent ex-généralissime de Typpo-Saëb, après avoir quitté à Londres son nom de famille *le Borgne*, pour prendre celui de *de Boigne*, devint éperdument amoureux d'une jeune émigrée française, fort pauvre, mademoiselle d'Osmont; il obtint facilement sa main, lui constitua en Savoyard prudent et avisé un simple douaire de 12 mille francs de rente, se sépara de son épouse au bout de fort peu de temps, et vint porter sa jalousie et sa fortune sur le continent. Il étonna l'Allemagne par l'éclat de son luxe; mais n'ayant obtenu au-delà du Rhin qu'une très mince considération, malgré la somptuosité des fêtes qu'il donnait à Francfort-sur-le-Mein, dans l'une desquelles il dépensa plus de 10 mille livres sterling (environ 250,000 fr.), le ci-devant *nabab* se rendit à Paris et s'y établit dans le bel hôtel de la rue Basse-du-Rempart, qui fait face à la rue de la Paix, et sur le marbre duquel on lit aujourd'hui : *hôtel d'Osmond* * ; il fit l'acquisition du beau domaine de *Beauregard*, situé entre Versailles et Saint-Germain, appartenant avant 1789 à monsieur le comte

---

* Par une singularité remarquable, ce même hôtel est devenu la propriété de M. le comte d'Osmond, fils de l'ex-ambassadeur de Louis XVIII à Londres. Cet ex-émigré a fait une immense fortune, en épousant la plus riche héritière de France, mademoiselle Destillières, fille d'un marchand de chevaux de Caen (Calvados), devenu l'un des Crésus de la *bande noire* qui exploitait les biens nationaux, et, par suite, l'un des riches banquiers et propriétaires de Paris. C'est chez ce banquier que M. Roy (aujourd'hui membre de la chambre des pairs) a jeté les premiers fondemens de sa fortune ; avocat de la maison Destillières et compagnie, et ayant une part dans les affaires de cette maison, il en fit valoir avec un rare talent les créances sur le duc de Bouillon, créances qui procurèrent d'immenses bénéfices, notamment dans l'exploitation de la superbe forêt de Navarre : cette *exploitation* fit grand bruit dans le temps!!!... Le duc fut ruiné.

La famille d'Osmond, confondue avec celle de Comminges, l'une des plus anciennes de la Gascogne, s'est alliée à une famille de franche roture ; mais les grandes fortunes, quelle qu'en soit l'origine, ont toujours procuré d'illustres alliances, et c'est de nos jours chose très-commune dans l'ancienne comme dans la nouvelle noblesse ; nous nous bornerons à un seul exemple, quant à cette dernière... Un pauvre diable d'oratorien, le citoyen Lecomte, donnant à Bordeaux des leçons de grammaire

d'Artois, dont les enfans furent élevés dans ce château. M. de Boigne annonça l'intention de se fixer définitivement en France ; c'était en 1803 ; il désirait, avec passion, être distingué par le premier consul Bonaparte, et faisait les démarches les plus actives pour en obtenir, dans l'armée française, un rang et un grade proportionnés à ceux qu'il avait occupés dans les armées indiennes : le général de Boigne se rendit aux Tuileries, un jour de grande revue, en uniforme d'officier général, couvert d'or et de diamans, le chapeau surmonté d'un énorme panache de plumes d'autruche parsemées de pierreries. Bonaparte riait peu en public ; il rit beaucoup dans cette réception, et poussa l'*injustice* au point

pour vivre, mais ami particulier du Fouché de 1793, et par conséquent jacobin excellent, se fit agioteur dans la bande noire, et acheta, sans avoir le premier sou, le magnifique château de Sceaux-Penthièvre ; il le démolit de fond en comble, paya le prix de la propriété nationale avec la vente des plombs et des matériaux de l'édifice royal, fit combler les bassins et les canaux qui faisaient de cette résidence l'un des plus beaux lieux de France, abattit ce parc de 700 arpens, planté par Le Nôtre, où la duchesse du Maine avait noué tant d'intrigues galantes et politiques, chassa les Dryades et les Nymphes de ces lieux si chers à la nature et aux arts, de ces lieux tout pleins des vertus, de la piété et de la bienfaisance du duc de Penthièvre, et les convertit en ferme rurale. Indépendamment d'un grand bénéfice sur le mobilier vendu, le citoyen Lecomte se trouva propriétaire, pour rien, d'un immense et excellent domaine ! Il vivait avec une crapuleuse parcimonie, aussi laissa-t-il en mourant une grosse fortune. Mademoiselle Lecomte, fille unique, a épousé le fils du maréchal Mortier, duc de Trévise, l'une de nos belles gloires militaires, et, ce qui vaut encore mieux, l'une des plus honorables réputations de l'empire ; le duc de Trévise est un homme de haute probité, de grand sens et d'une profonde sagesse d'opinions et de conduite politiques, qualités plus rares et d'un plus grand prix que l'esprit et l'éloquence.

de regarder le général de Boigne comme un pauvre homme de guerre et comme un riche espion anglais ; le premier consul *s'oublia* même jusqu'à dire, le soir, à son cercle : « J'ai vu aujourd'hui le plus riche marchand « d'orviétan de l'Europe ; les boulevards n'ont rien à « lui comparer. » Le général aux plumes d'autruche ne tarda pas à quitter la France, et, à la suite de quelques voyages d'ostentation, dans lesquels sa fortune se dépita contre la gloire, il revint dans son pays natal, et résolut de vivre et de mourir à Chambéry.

Après les événemens de 1814, le roi de Sardaigne donna des lettres de noblesse et le titre de baron à M. le général de Boigne, qui les paya ce qu'elles valaient pour lui; mais il mérita ces distinctions, si tant est que ce soient des distinctions, par une foule d'établissemens d'utilité publique dont il dota la ville de Chambéry; il y vécut avec une grande ostentation, et reçut, jusqu'à la fin de ses jours, les hommages et les respects des autorités de ce duché, sans renoncer toutefois à aucun des despotismes, des goûts et des vices qu'il avait rapportés de l'Inde. C'était un homme prodigieusement vain, grossier, sans instruction, totalement étranger aux manières et aux usages de la bonne compagnie, mais doué d'une grande finesse, et possédant la souplesse d'un jésuite avec l'esprit de calcul d'un Anglais. Il jouissait de 18 à 19 cent mille francs de revenu. — Nous tenons de M. Le Borgne lui-même les principales particularités de sa vie, et nous nous sommes étendu sur son compte, parce que ce Savoyard montre à quel degré de fortune l'on peut arriver avec une très-grande activité, beaucoup d'esprit d'intrigue, une indifférence profonde dans le choix des moyens, beaucoup de vices et pas une seule vertu.

26. — Angleterre. — Windsor-Castle. — Mort du roi Georges iv, à la suite des plus cruelles souffrances et d'une longue agonie ; il était âgé de près de soixante-huit ans. — Son frère, le duc de Clarence, âgé de soixante-cinq ans, lui succède, sous le nom de Guillaume iv.

La jeunesse de ce prince fut en proie à la débauche et aux déréglemens de toute espèce ; il s'y livra dans son âge mûr ; il se fit gloire d'y persévérer dans sa vieillesse ! Héritier présomptif de la couronne, régent, roi, il viola tous ses devoirs d'époux, prostitua sans pudeur son caractère de prince, et étonna par la dégradation de ses mœurs ces hautes classes de la société, où la dégradation de mœurs est presque un privilége du rang et de l'opulence..... Lorsque Louis xv le *bien-aimé* mourut, J.-J. Rousseau, qui se croyait détesté du genre humain, dit : « La mort du roi est un grand malheur pour moi, parce que je vais être désormais l'homme le plus haï de France. » Lorsque Georges iv eut fermé les yeux, un lord d'Angleterre, connu par sa profonde immoralité, parodia Rousseau en disant : « Par cette mort, me voilà l'homme le plus méprisé des trois royaumes. »

Le prince de Galles, chef du gouvernement sous le titre de régent, devenu monarque sous le nom de Georges iv, ne renonça pas aux turpitudes, aux dégradations, aux vices qui le rendaient depuis quarante ans l'objet du mépris public : la caducité elle-même ne put rien contre eux !..... Les dernières années de sa vie offraient une suite non interrompue d'orgies ; elles lui ôtaient le sentiment de son existence, et le vieillard ne le recouvrait, chaque matin, que par l'excès de la débauche et des boissons spiritueuses.

Ses démêlés avec la princesse de Galles représentent tout ce qu'il peut y avoir de vil, d'odieux, d'infâme dans la vie conjugale d'un prince. La barbarie de sa conduite envers le grand homme dont les événemens avaient remis la vie entre ses mains, cette barbarie flétrira la mémoire du régent et du roi d'Angleterre jusque dans les derniers siècles ; Napoléon y traînera son royal bourreau.

Georges IV eut, comme Louis XV, sa Dubarry ; mais la différence de régime dans les deux gouvernemens d'Angleterre et de France ne lui permit pas de disposer, selon son bon plaisir, des finances et des lois de l'État : la vieille maîtresse gouvernait le roi, mais les ministres gouvernaient le royaume.

Il est d'usage dans la politique anglaise que l'héritier présomptif du trône soit wigh ou libéral ; il devient tory ou absolu, en prenant le sceptre ; c'est que l'aristocratie est le principe de la constitution anglaise, et le roi n'est, en réalité, que le chef de cette aristocratie.

Le prince de Galles avait été, dans sa jeunesse, l'ami de Fox, de Sheridan, et de Burke, alors zélé champion de l'opposition ; il avait montré une haine constante contre les principes et la personne de Pitt. Le régent, le roi Georges IV, se sépara de ses anciens amis avec éclat, et épousa les principes de lord Liverpool, de lord Castlereagh, du duc de Wellington, cette mauvaise monnaie de Pitt ; il accepta, malgré lui, l'administration de M. Canning, qui lui fut imposé par l'opinion nationale, et ne cessa de témoigner son aversion pour ce ministre et pour ses principes.

L'on peut dire de Georges IV, que s'il assista aux événemens qui marquèrent d'une manière si inespérée et si heureuse pour l'Angleterre les années 1814 et 1815, il n'eut personnellement aucune participation à ces événemens, mais qu'il en eut une très-grande au despotisme, à la barbarie et aux excès ministériels qui signalèrent son gouvernement depuis 1815 jusqu'en 1821 ; si lord Castlereagh supporta l'indignation publique, Georges IV l'avait méritée beaucoup plus que son premier ministre.

27. — Saint-Cloud. — Ordre du jour.

« Le roi a mis l'épée à la main pour défiler à la tête
« du 2ᵉ régiment d'infanterie de la garde. C'est à la fois
« un acte de courtoisie envers la reine de Naples, et un
« insigne honneur pour l'armée. Conservons avec or-
« gueil et reconnaissance le souvenir de ce fait. *Vive*
« *le roi!* — Le lieutenant-colonel commandant le régi-
« ment, *signé* Guingret. »

Voilà de la bonne et ancienne chevalerie : la reine de Naples aura été particulièrement flattée d'une si haute distinction, et la France doit y trouver un gage assuré de l'héroïsme avec lequel Charles X défendrait la dignité et la sûreté du trône si elles étaient compromises : c'est l'épée à la main que ce monarque marcherait à la tête de son armée, à l'exemple de Henri IV, de glorieuse et populaire mémoire; quel Français en doutera désormais? (V. 27, 28 et 29 juillet.)

27. — Le comte Feutrier, évêque de Beauvais, ancien ministre des affaires ecclésiastiques et de l'instruction publique, meurt subitement dans la nuit du 26 au 27. Il était âgé de quarante-cinq ans.

L'on accuse les jésuites de cette mort, quoique aucune présomption fondée ne s'élève contre eux; mais les révérends pères ne pardonnaient pas à l'évêque les ordonnances sur les séminaires, les colléges, les écoles ecclésiastiques, en un mot, les diverses mesures que le ministre avait proposées au roi : c'en est assez pour que le public impute aux jésuites un crime de plus.

M. Feutrier était d'un caractère doux et conciliant; une physionomie agréable et des manières aimables, séduisantes, l'avaient fait rechercher dans la société, et même à la cour, ou il avait obtenu de grands succès. Il n'était point dépourvu de connaissances administratives, de talens oratoires ; mais il n'avait pas cette force d'esprit, cette fermeté d'âme sans lesquelles l'homme d'État ne saurait résister à ses ennemis, ni même à ses amis ; l'évêque ne voulait mécontenter personne, se faisait *tout à tous;* il est mort à la peine, se reprochant d'un côté ce qu'il avait fait, et de l'autre de n'avoir pas osé faire plus.

M. Feutrier ne possédait pas mal de cette hypocrisie dont on a de tout temps fait un reproche à certaines classes de la société, mais elle était chez lui tout-à-fait insinuante et bénigne ; nul prêtre ne fut moins intolérant et ne se montra même plus accommodant que le curé de la Madeleine et l'évêque de Beauvais ; il donna, dans ces deux emplois ecclésiastiques, de nombreuses preuves de sa piété, de sa charité, de son zèle apostolique. Considéré comme homme d'État, M. Feutrier a montré qu'il ne connaissait ni les hommes, ni les choses ; ses rapports ministériels étaient des espèces d'homélies politiques ; il cherchait tout bonnement à abuser les jésuites, qui l'avaient promu au ministère des cultes, et à tromper les constitutionnels, auprès desquels il protestait de son dévouement aux libertés nationales ; il n'a trompé que lui-même : il est tombé, il est mort victime des attaques auxquelles il s'est trouvé en butte de la part de tous les partis qui lui avaient également retiré leur confiance. Il était jésuite, mais ne voulait le paraître et même l'être que le moins possible, afin d'arriver doucement à ses fins. M. Feutrier avait beaucoup du caractère du fameux père Lachaise.

5 Juillet. — Côte d'Afrique. — Prise d'Alger par l'armée française.

La nouvelle de cet important succès parviendra le 9 à Paris, et le journal officiel du 10 l'annoncera, par suite de la dépêche télégraphique du préfet maritime de Toulon au ministre de la marine et des colonies, en date du 9.

On trouve, dans cette place et dans le port, sept cent vingt pièces de canon de bronze, huit cent cinquante pièces de canon en fonte, douze bâtimens de guerre, les arsenaux de la guerre et de la marine approvisionnés d'armes, de poudres et de munitions de guerre... Ces divers objets présentent une valeur de seize à dix-huit millions de francs.

La prise d'Alger excite une certaine joie dans la capitale; les édifices publics et plusieurs maisons particulières sont illuminés: l'honneur français semble, à cette heure, avoir retrouvé ses droits, et l'opinion serait unanime pour en remercier les officiers et les soldats qui ont si bien mérité de la patrie dans cette expédition, si elle avait été entreprise dans un but purement national, et par un ministère moins suspect d'en vouloir tourner les résultats contre les libertés publiques.

Le rapport du commandant en chef, comte de Bourmont, au président du conseil des ministres, daté de la *Casauba* (résidence du dey), le 5 juillet, trois heures après midi (*Moniteur*, 13 juillet), contient les détails relatifs à la prise d'Alger; quelque exagérés que soient en général les rapports ou bulletins envoyés par le commandant en chef, l'on ne peut que rendre justice à l'activité de ses dispositions et à l'intrépidité avec laquelle l'armée sous ses ordres les a exécutées. M. de Bourmont avait très-bien senti la nécessité d'en imposer au dey, et de ne pas perdre un moment pour enlever le fort de l'Empereur, dont l'occupation devait décider de la reddition de la ville; canonné le 4, au point du jour, ce château, détruit en partie par l'artillerie française, fut évacué par l'ennemi et sauta dans la matinée du 5 ; dès-lors toute résistance sérieuse devint impossible au dey ; il capitula et remit la Casauba, livrant aux Français le trésor amassé depuis plusieurs siècles par ses prédécesseurs à la régence..... On évaluait à des sommes vraiment fabuleuses les pierreries, les matières d'or et d'argent enfouies à la Casauba ; des personnes que leur séjour et leur position dans les régences barbaresques avaient mises à même de connaître (disaient-elles) les richesses du trésor d'Alger, les portaient à 200, 250 et même à 300 millions ; c'était exagérer énormément les choses : nous croyons approcher de la vérité en disant que les Français ont trouvé, à la Casauba, de 75 à 80 millions en argent monnayé, lingots d'or et d'argent ou pierres précieuses ; les trois quarts environ de cette somme ont été officiellement déclarés, et il est permis de croire, malgré les démentis *officiels* publiés à cet égard, que le surplus a été mis de côté au moment de la prise de possession, ou soustrait dans les premiers jours de l'occupation, nonobstant *l'extrême régularité* des procès-verbaux d'inventaire... Les lingots qui étaient à la monnaie furent volés !

Le dey s'embarquera le 10 à bord de la frégate la *Jeanne d'Arc*, relâchera le 11 à Mahon, y fera une quarantaine de dix jours, et arrivera le 3 août à Naples. Il emmènera avec lui sa famille, quelques femmes de son harem, et une suite de cent vingt personnes des deux sexes ; il emporte une quantité assez considérable de pierreries, et son trésor particulier, évalué à 12 millions de francs... La plupart des femmes de son harem ont perdu leurs pierreries dans les vols et pillages particuliers qui ont eu lieu dans les premiers momens de l'occupation ; pillages qu'on peut évaluer à environ deux millions de francs, et dont les Juifs ont exclusivement profité. — Nous tenons ces renseignemens d'un officier qui est resté presque constamment, du 5 au 10, auprès du dey, et qui a présidé à son embarquement.

Le dey n'a su profiter d'aucun des avantages de sa position ; il a laissé les troupes françaises à peu près maitresses de s'établir autour du fort de l'Empereur, n'a pas fait pour le protéger de sortie ou d'attaque vigoureuse, et a décélé dans toute sa conduite une faiblesse de caractère et une irrésolution qui ont entraîné sa ruine ; il craignait, il est vrai, que sa soldatesque ne se portât contre lui aux plus violens excès pour empêcher la destruction de la ville ! En nous exprimant ainsi, nous sommes loin de vouloir rien ôter à la gloire dont se sont couverts les généraux, les officiers et les soldats français ; le commandant en chef, comte de Bourmont, a saisi avec habileté toutes les circonstances militaires qui pouvaient déterminer le succès de son expédition ; il a été parfaitement secondé par les généraux placés sous ses ordres, notamment par les généraux Valazé, Lahitte et Berthezène ; les généraux Clouet, Hachard, etc., ont fait preuve de courage et de zèle. Le commandant en chef des forces navales, le vice-amiral Duperré, a constamment tenu la mer et la côte aux ordres de l'armée de terre ; il a vivement canonné Alger, mais hors de portée, et par conséquent sans occasioner le moindre dommage à la ville ; un seul boulet y est tombé, sur le fort des Anglais : les Turcs, assis sur le rivage, fumaient tranquillement leur pipe, et riaient de cette canonnade inoffensive. La marine et l'amiral ont secondé de tout leur zèle les opérations de l'armée de terre : cependant il y aura, de la part de l'armée de terre (ainsi que nous l'avons dit), des plaintes contre la marine et contre l'amiral. Quant aux soldats et aux marins français, ils ont été ce qu'ils seront toujours, braves, intrépides et dévoués quand il s'agira de l'honneur et de la gloire de la patrie.

D'après des renseignemens puisés à des sources authentiques, l'expédition aurait coûté environ dix mille hommes. L'on évalue à trois mille cinq cents le nombre des hommes atteints par le feu de l'ennemi, et sur ce nombre, les deux tiers sont morts sur le champ de bataille ou dans les hôpitaux. L'armée a compté, depuis le débarquement jusqu'à la prise d'Alger, près de six mille malades, dont la moitié sont morts; la plupart de ceux qui ont échappé aux fièvres et à l'influence du climat ont été mis hors de service..... L'occupation d'Alger coûtera à l'armée un bien plus grand nombre de malades.

Sous le rapport pécuniaire, l'expédition a coûté à l'État environ 50 millions de francs; elle a produit environ 80 millions en valeurs de toute nature envoyées en France. Le bénéfice net de la prise d'Alger peut donc être porté à 30 millions de francs environ; mais ce bénéfice a été absorbé par les dépenses qu'a nécessitées la première année de l'occupation : ces dépenses seront encore plus considérables dans la seconde année, et la France n'aura encore rien retiré, ou presque rien, en 1833, de cette conquête coloniale.

Nous avons dit (2 mars), page 86, que l'on aurait pu éviter la guerre d'Alger, dans laquelle les premiers torts étaient évidemment du côté de la France; les détails suivans, et ils étaient depuis long-temps connus du public, viennent à l'appui de notre opinion : «... Voici le premier acte d'un drame dont le dénouement fut si fatal au vieux pacha. Nous allons rapporter les propres paroles de Hussein, qui ont été recueillies par nous et qui nous ont été confirmées par deux personnes dignes de foi. » — « Deval, nous dit le dey, s'était bien mis dans mon esprit. Il était adroit, insinuant; je ne me défiais

point de lui. Il était gai et me plaisait pour cela ; je crus
à la sincérité de son affection pour moi. Il devint très-
familier, parce que je le traitais en ami ; et j'ai su depuis par quelques-uns de mes officiers qu'on disait
généralement au sérail qu'une pareille intimité avec un
homme de son espèce ne pouvait manquer d'avoir une
mauvaise conclusion. Vers la fin du ramadhan, Deval,
que je commençais à aimer moins, parce qu'il me parlait
souvent mal de son souverain et que je pouvais craindre
qu'il ne lui parlât mal aussi de moi, Deval vint me
faire la visite officielle d'usage. Je me plaignis à lui de
n'avoir pas réponse à quatre lettres écrites par moi au
roi de France ; il me répondit (le croiriez-vous?) : « Le
« roi a bien autre chose à faire que d'écrire à un homme
« comme toi ! » Cette réponse grossière me surprit.
L'amitié ne donne pas le droit d'être impoli. J'étais un
vieillard qu'on devait respecter, et puis j'étais dey ! Je
fis observer à Deval qu'il s'oubliait étrangement. Il
continua à me tenir des propos durs et messéans ; je
voulus lui imposer silence, il persista. « Sortez, malheureux ! » Deval ne bougea pas ; il me brava en res-
tant, et ce fut au point que, hors de moi, je lui don-
nai en signe de mépris de mon chasse-mouches au
visage. Voici l'exacte vérité. Il existe beaucoup de témoins de cette scène qui pourront vous dire jusqu'à
quel point je fus provoqué, et ce qu'il me fallut de
patience pour supporter toutes les invectives de ce consul, qui déshonorait ainsi le pays qu'il représentait... »

Ces détails sont précieux pour l'histoire ; ils appartiennent à M. Charles Langlois, chef de bataillon au
corps royal d'état-major, artiste d'un grand mérite, auquel l'on doit les beaux panoramas de Navarin et d'Alger : le témoignage d'un homme aussi honorable fait
autorité, relativement au sujet politique dont il est

ici question; M. Langlois aurait même pu dire que dans la visite officielle devenue le prétexte de la guerre d'Alger, le consul français Deval parlait comme représentant du pape, dont il était également consul à Alger, et que l'outrage dont se plaignait Charles x était fait au souverain pontife et non au roi de France.

Quoi qu'il en soit de cette dernière particularité, l'incident du chasse-mouches, ou plutôt l'insolence de M. Deval, a coûté à Hussein le détrônement et l'exil. Mais il fallait (répétons-le) aux hommes de l'ancien régime et du despotisme une seconde guerre d'Espagne, une armée dévouée et victorieuse pour détruire en France les libertés publiques; ils ont saisi une conjoncture peu importante en elle-même et en ont fait une affaire nationale : le dey a payé pour le consul!
— Hussein-Pacha n'était pas dépourvu de vertus et de qualités administratives; c'était un prince pieux, juste et modéré dans l'exercice du despotisme oriental, qui est la loi des régences barbaresques. « Avant Hussein-Pacha (dit M. Langlois), les finances, comme presque toutes les autres parties de l'administration, étaient en désordre; il y mit une grande régularité... Hussein-Pacha avait un tel esprit d'ordre, qu'il ne se couchait jamais sans avoir réglé ses dépenses domestiques et celles du gouvernement, et sans avoir payé tout ce qu'il devait aux fournisseurs de sa maison... Il gouverna les Algériens avec plus d'habileté et de douceur qu'ils ne l'avaient jamais été. Son nom est resté en vénération chez les Maures et les Juifs, comme chez les Turcs de la régence. »

11. — Paris. — Il est chanté, à l'église de Nôtre-Dame, un *Te Deum* solennel en action de grâces de la prise d'Alger; l'église est décorée avec une pompe royale ; le mobilier de la couronne y a été transporté, à

11 JUILLET 1830.

grands frais, des bâtimens des Menus-Plaisirs..... — A
peine les chants du *Te Deum* auront-ils cessé de se
faire entendre, ce mobilier royal, ces décors, ces banquettes et les voitures de la couronne qui l'ont transporté à Notre-Dame, serviront à élever des barricades,
à détrôner Charles x !!!

Le roi se rend à l'église métropolitaine en grande
pompe ; le cortége est composé de douze carrosses attelés de huit chevaux : la garde royale et tous les régimens
de ligne en garnison à Paris forment la haie sur son
passage..... Dans quinze jours, Charles x sera chassé
du trône !!!

L'archevêque de Paris (Quélen) complimente le roi
à la porte de l'église ; il dit : « Sire, que de grâces en
« une seule ! quel sujet plus digne de notre reconnais-
« sance, aussi bien que de notre admiration, que celui
« qui amène aujourd'hui Votre Majesté dans le temple
« de Dieu et au pied des autels de Marie ! » — « La
« France vengée, apprenant encore une fois qu'elle peut
« se reposer sur vous de sa gloire comme de son bon-
« heur.....; l'humanité triomphant de la barbarie ; la
« croix victorieuse du croissant ; les *déserts* de l'Afrique
« *retentissant* des hymnes de la foi..... Fils de saint
« Louis, quel motif plus légitime de *consolation* et de
« joie pour votre cœur noble et généreux ; et pour *nous*,
« vos sujets *fidèles*, quelle juste cause d'allégresse et
« de transports ! » — « Ainsi, le Tout-Puissant *aide*
« au roi très-chrétien, qui réclame son assistance ! *Sa*
« *main est avec vous*, Sire ; que votre grande âme
« *s'affermisse de plus en plus*; votre confiance dans
« le divin secours et dans la protection de Marie, mère
« de Dieu, ne sera pas vaine. Puisse Votre Majesté en
« recevoir *bientôt* une nouvelle récompense ! *Puisse*
« *t-elle bientôt venir encore remercier le Seigneur*

« *d'autres merveilles non moins douces et non moins*
« *éclatantes!* »

L'académicien et ultramontain prélat de Paris fait visiblement allusion aux projets contre-révolutionnaires qui se trament à Saint-Cloud : on croit voir qu'il est initié aux ordonnances du 25 juillet (V. cette date). Cette allusion sera fatale à l'archevêque, qui n'apparaîtra plus au peuple que comme un ennemi contre lequel tout sera permis.

Le roi répond au pieux et vertueux archevêque de Paris : son discours est une oraison, un acte de foi. — En apprenant la prise d'Alger, un personnage connu dit ces propres paroles : « Charles x est perdu : il va croire que
« tout lui est désormais permis et facile, qu'il peut tout
« tenter et exécuter sans danger ; il voudra détruire la
« Charte ; et, avant la fin du mois, Charles x sera dé-
« trôné et le pavillon tricolore flottera aux Tuileries. »
Nous pourrions fournir un authentique témoignage de cette *prévision;* mais nous croyons convenable de taire le nom de la personne qui a dit ces paroles prophétiques et le nom des personnes qui les ont entendues.....

23.—Angleterre.—Londres.—Clôture du parlement britannique, faite par le roi Guillaume iv en personne.

Sa Majesté prononce un discours où elle dit : « En me trouvant ici avec vous pour la première fois, je désire vous renouveler en personne mes sincères remercimens pour les assurances de sympathie véritable et d'attachement affectionné que vous m'avez données à l'occasion de la mort de mon frère, et de mon avénement au trône de mes ancêtres. » — « Je monte sur ce trône avec un sentiment profond des devoirs sacrés qui me sont imposés, avec une ferme confiance dans l'affec-

tion de mes sujets, dans l'appui et la coopération du parlement, et en adressant au Tout-Puissant d'humbles et ferventes prières pour qu'il daigne favoriser mes efforts pour rendre heureux un peuple libre et fidèle »...
« Vous pouvez compter sur mon administration prudente et économe des subsides que vous avez placés à ma disposition, et sur ma bonne volonté de concourir à toutes les diminutions des charges publiques qu'on pourra effectuer, en ayant égard à la dignité de la couronne, à la conservation de la foi nationale et des intérêts permanens du pays ».... « Vous avez aboli les incapacités civiles qui affectaient des classes nombreuses et importantes de mon peuple. » — « Tout en déclarant, dans cette occasion solennelle, que mon intention fixe est de maintenir de tout mon pouvoir la religion protestante réformée, établie par la loi, *permettez-moi* en même temps d'exprimer ma ferme espérance de voir oublier les animosités qui ont *prévalu* par suite de distinctions religieuses, et que la décision du parlement à l'égard de ces distinctions ayant été prononcée irrévocablement, mes fidèles sujets s'uniront avec moi pour avancer le grand but de la législature, et fortifier cet esprit de concorde domestique et de paix qui constitue la plus sûre base de notre force nationale et de notre bonheur. » — Ce discours est sans couleur; il laisse douter si le nouveau roi pressent que la *réforme* et d'autres changemens encore signaleront son règne.

Le parlement britannique est prorogé au 10 août.

24. — Angleterre. — Londres. — Proclamation royale qui dissout le parlement.

Nota. Le 2 novembre (V. cette date), le roi Guillaume IV fera, en personne, l'ouverture du nouveau parlement.

25 JUILLET. — QUATRE ORDONNANCES du roi : La première, qui détruit la liberté de la presse; la seconde, qui prononce la dissolution de la chambre des députés des départemens; la troisième, qui change la loi des élections; la quatrième, qui convoque la réunion de nouveaux colléges électoraux... Une cinquième et une sixième ordonnance touchant les personnes.

Les quatre premières ordonnances de ce jour pouvaient se réduire à une seule, ainsi conçue : *Charles x, par la grâce de Dieu, roi de France et de Navarre, à tous ceux qui ces présentes verront, salut :*

Au risque de cesser de régner, nous et notre postérité, nous retirons aux Français la Charte qui leur a été octroyée en 1814, *et voulons désormais les gouverner suivant notre royale et souveraine volonté.*

Le rapport qui précède ces ordonnances, et sur lequel se fonde le roi pour les lancer contre la France, est d'un machiavélisme, d'une duplicité, d'une impéritie et d'une impudence à peine croyables; c'est une véritable philippique contre la liberté de la presse et contre toute espèce de liberté nationale. Ce rapport est le tableau vrai du délire qui a précédé la mort de la restauration : il appartient à l'histoire, et nous sommes tenu de consigner, dans nos annales, un document de si haute importance.

RAPPORT AU ROI :

« Sire, vos ministres seraient peu dignes de la confiance dont Votre Majesté les honore, s'ils tardaient plus long-temps à placer sous vos yeux un aperçu de notre situation intérieure, et à signaler à votre haute sagesse les dangers de la presse périodique.

« A aucune époque, depuis quinze années, cette situation ne s'était présentée sous un aspect plus grave et plus affligeant. Malgré une prospérité matérielle dont nos annales n'avaient jamais offert d'exemple, des signes de désorganisation et des symptômes d'anarchie se manifestent sur presque tous les points du royaume.

« Les causes successives qui ont concouru à affaiblir les ressorts du gouvernement monarchique tendent aujourd'hui à en altérer et à en changer la nature : déchue de sa force morale, l'autorité, soit dans la capitale, soit dans les *provinces*, ne lutte plus qu'avec désavantage contre les factions ; des doctrines pernicieuses et subversives, hautement professées, se répandent et se propagent dans toutes les classes de la population ; des inquiétudes trop généralement accréditées agitent les esprits et tourmentent la société. De toutes parts on demande au présent des gages de sécurité pour l'avenir.

« Une malveillance active, ardente, infatigable, travaille à ruiner tous les fondemens de l'ordre et à ravir à la France le *bonheur* dont elle jouit sous le sceptre de ses rois. Habile à exploiter tous les mécontentemens et à soulever toutes les haines, elle fomente, parmi les peuples, un esprit de défiance et d'hostilité envers le pouvoir, et cherche à semer partout des germes de troubles et de guerre civile.

« Et déjà, Sire, des événemens récens ont prouvé que les passions politiques, contenues jusqu'ici dans les sommités de la société, commencent à en pénétrer les profondeurs et à émouvoir les masses populaires. Ils ont prouvé aussi que ces masses ne s'ébranleraient pas toujours sans danger pour ceux-là même qui s'efforcent de les arracher au repos.

« Une multitude de faits, recueillis dans le cours des opérations électorales, confirment ces données, et nous offriraient le présage trop certain de nouvelles commotions, s'il n'était au *pouvoir* de Votre Majesté d'en détourner le malheur.

« Partout aussi, si l'on observe avec attention, existe un besoin d'ordre, de force et de permanence, et les agitations qui y semblent le plus contraires n'en sont en réalité que l'expression et le témoignage.

« Il faut bien le reconnaître; ces agitations, qui ne peuvent s'accroître sans de grands périls, sont presque exclusivement produites et excitées par la *liberté de la presse*. Une loi sur les élections, non moins féconde en désordres, a sans doute concouru à les entretenir ; mais ce serait nier l'évidence que de ne pas voir dans les *journaux* le principal foyer d'une corruption dont les progrès sont chaque jour plus sensibles, et la première source des calamités qui menacent le royaume.

« L'expérience, Sire, parle plus hautement que les théories. Des hommes éclairés sans doute, et dont la bonne foi d'ailleurs n'est pas suspecte, entraînés par l'exemple mal compris d'un peuple voisin, ont pu croire que les avantages de la presse périodique en balanceraient les inconvéniens, et que ses excès se neutraliseraient par des excès contraires. Il n'en a pas été ainsi, l'épreuve est décisive, et la question est maintenant jugée dans la conscience publique.

« A toutes les époques, en effet, la presse périodique n'a été, et il est *dans sa nature* de n'être qu'un instrument de désordre et de sédition.

« Que de preuves nombreuses et irrécusables à apporter à l'appui de cette vérité! C'est par l'action violente et non interrompue de la presse que s'expliquent les variations trop subites, trop fréquentes de notre politique intérieure. Elle n'a pas permis qu'il s'établît en France un système régulier et stable de gouvernement, ni qu'on s'occupât avec quelque suite d'introduire dans toutes les branches de l'administration publique les améliorations dont elles sont susceptibles. Tous les ministères depuis 1814, quoique formés sous des influences diverses et soumis à des directions opposées, ont été en butte aux mêmes traits, aux mêmes attaques et au même déchaînement de passions. Les sacrifices de tout genre, les *concessions* du pouvoir, les alliances de partis, rien n'a pu les soustraire à cette commune destinée.

« Ce rapprochement seul, si fertile en réflexions, suffirait pour assigner à la presse son véritable, son invariable caractère. Elle s'applique, par des efforts soutenus, persévérans, répétés chaque jour, à relâcher tous les liens d'obéissance et de subordination, à user les ressorts de l'autorité publique, à la rabaisser, à l'avilir dans l'opinion des peuples, et à lui créer partout des embarras et des résistances.

« Son art consiste, non pas à substituer à une trop facile *soumission d'esprit* une sage liberté d'examen, mais à réduire en problèmes les vérités les plus positives; non pas à provoquer sur les questions politiques une controverse franche et utile, mais à les présenter sous un faux jour et à les résoudre par des sophismes.

« La presse a jeté ainsi le désordre dans les intelligences les plus droites, ébranlé les convictions les plus fermes, et produit, au milieu de la société, une confusion de principes qui se prête aux tentatives les plus funestes. C'est par l'anarchie dans les doctrines qu'elle prélude à l'anarchie dans l'État.

« Il est digne de remarque, Sire, que la presse périodique n'a pas même rempli sa plus essentielle condition, celle de la *publicité*. Ce qui est étrange, mais ce qui est vrai à dire, c'est qu'il n'y a pas de publicité en

France, en prenant ce mot dans sa juste et rigoureuse acception. Dans l'état des choses, les faits, quand ils ne sont pas entièrement supposés, ne parviennent à la connaissance de plusieurs millions de lecteurs que tronqués, défigurés, mutilés de la manière la plus odieuse. Un épais nuage, élevé par les journaux, dérobe la vérité et intercepte en quelque sorte la lumière entre le gouvernement et les peuples. Les rois vos prédécesseurs, Sire, ont toujours aimé à se *communiquer* à leurs sujets; c'est une satisfaction dont la presse n'a pas voulu que Votre Majesté pût jouir.

« Une licence qui a franchi toutes les bornes n'a respecté, en effet, même dans les occasions les plus solennelles, ni les *volontés expresses du roi*, ni les paroles descendues du haut du trône. Les unes ont été méconnues et dénaturées; les autres ont été l'objet de perfides commentaires ou d'amères dérisions. C'est ainsi que le dernier acte de la puissance royale, la proclamation, a été discrédité dans le public avant même d'être connu des électeurs.

« Ce n'est pas tout; la presse ne tend pas moins qu'à subjuguer la souveraineté et à envahir les pouvoirs de l'État. Organe prétendu de l'opinion publique, elle aspire à diriger les débats des deux chambres, et il est incontestable qu'elle y apporte le poids d'une influence non moins fâcheuse que décisive. Cette domination a pris, surtout depuis deux ou trois ans, dans la chambre des députés, un caractère manifeste d'oppression et de tyrannie. On a vu, dans cet intervalle de temps, les journaux poursuivre de leurs insultes et de leurs outrages les membres dont le vote leur paraissait incertain ou suspect. Trop souvent, Sire, la liberté des délibérations dans cette chambre a succombé sous les coups redoublés de la presse.

« On ne peut qualifier en termes moins sévères la

conduite des journaux de l'opposition dans des circonstances plus récentes. Après avoir eux-mêmes provoqué une adresse attentatoire aux prérogatives du trône, ils n'ont pas craint d'ériger en principe la réélection des 221 députés dont elle est l'ouvrage. Et cependant Votre Majesté avait repoussé cette adresse comme offensante; elle avait porté un blâme public sur le refus de concours qui y était exprimé; elle avait annoncé sa résolution *immuable* de défendre les droits de sa couronne si ouvertement compromis. Les feuilles périodiques n'en ont tenu compte; elles ont pris, au contraire, à tâche de renouveler, de perpétuer et d'aggraver l'offense. Votre Majesté décidera si cette attaque téméraire doit rester plus long-temps *impunie*.

« Mais de tous les excès de la presse, le plus grave peut-être nous reste à signaler. Dès les premiers temps de cette expédition dont la gloire jette un éclat si pur et si durable sur la noble couronne de France, la presse en a critiqué avec une violence inouïe les causes, les moyens, les préparatifs, les chances de succès. Insensible à l'honneur national, il n'a pas dépendu d'elle que notre pavillon ne restât flétri des insultes d'un barbare. Indifférente aux grands intérêts de l'humanité, il n'a pas dépendu d'elle que l'Europe ne restât asservie à un esclavage cruel et à des tributs honteux.

« Ce n'était point assez : par une trahison que nos lois auraient pu atteindre, la presse s'est attachée à publier tous les secrets de l'armement, à porter à la connaissance de l'étranger l'état de nos forces, le dénombrement de nos troupes, celui de nos vaisseaux, l'indication des points de station, les moyens à employer pour dompter l'inconstance des vents et pour aborder la côte. Tout, jusqu'au lieu du débarquement, a été divulgué, comme pour ménager à l'ennemi une défense plus assurée ; et, chose sans exemple chez un peuple civilisé, la presse, par de fausses alarmes sur les périls à courir, n'a pas craint de jeter le découragement dans l'armée ; et signalant à sa haine le chef même de l'entreprise, elle a, pour ainsi dire, excité les soldats à lever contre lui l'étendard de la révolte, ou à déserter leurs drapeaux. Voilà ce qu'ont osé faire les organes d'un *parti* qui se prétend *national!*

« Ce qu'il ose faire chaque jour dans l'intérieur du royaume ne va pas moins qu'à disperser les élémens de la paix publique, à dissoudre les liens de la société, et, qu'on ne s'y méprenne point, à faire trembler le sol sous nos pas. Ne craignons pas de révéler ici toute l'étendue de nos maux pour pouvoir mieux apprécier toute l'étendue de nos ressources. Une diffamation systématique, organisée en grand, et dirigée avec une persévérance sans égale, va atteindre, ou de près ou de loin, jusqu'au plus humble des agens du pouvoir. Nul de vos sujets, Sire, n'est à l'abri d'un outrage, s'il reçoit de son souverain la moindre marque de confiance ou de satisfaction. Un vaste réseau, étendu sur la France, enveloppe tous les fonctionnaires publics ; constitués en état permanent de prévention, ils semblent en quelque sorte retranchés de la société civile ; on n'épargne que ceux dont la fidélité chancelle ; on ne loue que ceux dont la fidélité succombe ; les autres sont notés par la faction pour être plus tard, sans doute, immolés aux vengeances populaires.

« La presse périodique n'a pas mis moins d'ardeur à poursuivre de ses traits envenimés la religion et le prêtre. Elle veut, elle voudra toujours déraciner, dans le cœur des peuples, jusqu'au dernier germe des sentimens religieux. Sire, ne doutez pas qu'elle n'y parvienne en attaquant les fondemens de la foi, en altérant les sources de la morale publique, et en prodiguant à pleines mains la dérision et le mépris aux ministres des autels.

« Nulle force, il faut l'avouer, n'est capable de résister à un dissolvant aussi énergique que la presse. A toutes les époques où elle s'est dégagée de ses entraves, elle a fait irruption, invasion dans l'État. On ne peut qu'être singulièrement frappé de la similitude de ses effets depuis quinze ans, malgré la diversité des circonstances, et malgré le changement des hommes qui ont occupé la scène politique. Sa destinée est, en un mot, de recommencer la révolution, dont elle proclame hautement *les principes*. Placée et replacée à plusieurs intervalles sous le joug de la censure, elle n'a autant de fois ressaisi la liberté que pour reprendre son ouvrage interrompu. Afin de le continuer avec plus de succès, elle a trouvé un actif auxiliaire dans la presse départementale, qui, mettant aux prises les jalousies et les haines locales, semant l'effroi dans l'âme des hommes timides, harcelant l'autorité par d'interminables tracasseries, a exercé une influence presque décisive sur les élections.

« Ces derniers effets, Sire, sont passagers; mais des effets plus durables se font remarquer dans les mœurs et dans le caractère de la nation. Une polémique ardente, mensongère et passionnée, école de scandale et de licence, y produit des changemens graves et des altérations profondes; elle donne une fausse direction aux esprits, les remplit de préventions et de préjugés, les détourne des études sérieuses, nuit ainsi au progrès des arts et des sciences, excite parmi nous une fermentation toujours croissante, entretient, jusque dans le sein des familles, de funestes dissensions, et pourrait par degrés nous ramener à la barbarie.

« Contre tant de maux enfantés par la presse périodique, la loi et la justice sont également réduites à confesser leur impuissance.

« Il serait superflu de rechercher les causes qui ont atténué la répression, et en ont fait insensiblement une arme inutile dans la main du pouvoir. Il nous suffit d'interroger l'expérience et de constater l'état présent des choses.

« Les mœurs judiciaires se prêtent difficilement à une répression efficace. Cette vérité d'observation avait, depuis long-temps, frappé de bons esprits; elle a acquis nouvellement un caractère plus marqué d'évidence. Pour satisfaire aux besoins qui l'ont fait instituer, la répression aurait dû être *prompte et forte :* elle est restée lente, faible et à peu près nulle. Lorsqu'elle intervient, le dommage est commis : loin de le réparer, la punition y ajoute le scandale du débat.

« La poursuite juridique se lasse, la presse séditieuse ne se lasse jamais. L'une s'arrête, parce qu'il y a *trop à sévir;* l'autre multiplie ses forces en multipliant ses délits.

« Dans des circonstances diverses, la poursuite a eu ses périodes d'activité ou de relâchement. Mais zèle ou tiédeur de la part du *ministère public*, qu'importe à la presse ? Elle cherche dans le redoublement de ses excès la garantie de leur impunité.

« L'insuffisance, ou plutôt l'inutilité des précautions établies dans les lois en vigueur, est démontrée par les faits. Ce qui est également démontré par les faits, c'est que la sûreté publique est compromise par la licence de la presse. Il est temps, il est plus que temps d'en arrêter les ravages.

« Entendez, Sire, ce cri prolongé *d'indignation et d'effroi* qui part de tous les points de votre royaume. Les hommes paisibles, les gens de bien, les amis de l'ordre, élèvent vers Votre Majesté des mains suppliantes. Tous lui demandent de les préserver du retour des calamités dont leurs pères ou eux-mêmes eurent tant à gémir. Ces alarmes sont trop réelles pour n'être pas écoutées, ces vœux sont trop légitimes pour n'être pas accueillis.

« Il n'est qu'un seul moyen d'y satisfaire, c'est de *rentrer* dans la Charte. Si les termes de l'article 8 sont ambigus, son esprit est manifeste. Il est certain que la Charte n'a pas concédé la *liberté des journaux et des écrits périodiques*. Le droit de publier ses opinions personnelles n'implique sûrement pas le droit de publier, par voie d'entreprise, les opinions d'autrui. L'un est l'usage d'une faculté que la loi a pu laisser libre ou soumettre à des restrictions ; l'autre est une spéculation d'industrie qui, comme les autres et plus que les autres, suppose la surveillance de l'autorité publique.

« Les intentions de la Charte, à ce sujet, sont exactement expliquées dans la loi du 21 octobre 1814, qui en est en quelque sorte l'appendice ; on peut d'autant moins en douter, que cette loi fut présentée aux chambres le 5 juillet, c'est-à-dire un mois après la promulgation de la Charte. En 1819, à l'époque même où un système contraire prévalut dans les chambres, il y fut hautement proclamé que la presse périodique n'était point régie par la disposition de l'article 8. Cette vérité est d'ailleurs attestée par les lois mêmes qui ont imposé aux journaux la condition d'un cautionnement.

« Maintenant, Sire, il ne reste plus qu'à se demander comment doit s'opérer ce retour à la Charte et à la loi du 21 octobre 1814. La gravité des conjonctures présentes a résolu cette question.

« Il ne faut pas s'abuser. Nous ne sommes plus dans les conditions ordinaires du gouvernement représentatif. Les principes sur lesquels il a été établi n'ont pu demeurer intacts au milieu des vicissitudes politiques. Une démocratie turbulente, qui a pénétré jusque dans nos lois, tend à se substituer au pouvoir légitime. Elle dispose de la majorité des élections par le moyen de ses journaux et le concours d'affiliations nombreuses. Elle a paralysé, autant qu'il dépendait d'elle, l'exercice régulier de la plus essentielle prérogative de la couronne, celle de dissoudre la chambre élective. Par cela même, la constitution de l'État est ébranlée : Votre Majesté seule conserve la force de la rasseoir et de la raffermir sur ses bases.

« Le *droit*, comme le devoir, d'en assurer le maintien est l'attribut inséparable *de la souveraineté*. Nul gouvernement sur la terre ne resterait debout, s'il n'avait le droit de pourvoir à sa sûreté. Ce pouvoir est préexistant aux lois, parce qu'il est dans la nature des choses. Ce sont là, Sire, des maximes qui ont pour elles la sanction du temps, et l'aveu de tous les publicistes de l'Europe.

« Mais ces maximes ont une autre sanction plus positive encore, celle de la Charte elle-même. L'article 14 a investi Votre Majesté d'un pouvoir suffisant, non sans doute pour changer nos institutions, mais pour les consolider et les rendre plus immuables.

« D'impérieuses nécessités ne permettent plus de différer l'exercice de ce pouvoir suprême. Le moment est venu de recourir à des mesures qui rentrent dans *l'esprit* de la Charte, mais qui sont *en dehors de l'ordre légal*, dont toutes les ressources ont été inutilement épuisées.

« Ces mesures, Sire, vos ministres, *qui doivent en assurer le succès*, n'hésitent pas à vous les proposer, convaincus qu'ils sont que force restera à justice.

« Nous sommes avec le plus profond respect,

« Sire,

« De Votre Majesté

« Les très-humbles et très-fidèles sujets. .

« *Le président du conseil des ministres*,

« Prince de Polignac.

« *Le garde-des-sceaux de France, ministre de la*
« *justice,* Chantelauze.

« *Le ministre secrétaire d'Etat de la marine et*
« *des colonies,* Baron d'Haussez.

« *Le ministre secrétaire d'Etat de l'intérieur,*
« Comte de Peyronnet.

« *Le ministre secrétaire d'Etat des finances,*
« Montbel.

« *Le ministre secrétaire d'Etat des affaires ec-*
« *clésiastiques et de l'instruction publique,*
« Comte de Guernon-Ranville.

« *Le ministre secrétaire d'Etat des travaux pu-*
« *blics,* Baron Capelle. »

Toutes réflexions sur ce rapport infernal seraient inutiles ; il n'est personne qui n'y voie un amas de tous les mensonges, de toutes les fraudes, de tous les sophismes que peuvent enfanter l'hypocrisie, l'intolérance, le despotisme et le jésuitisme réunis au nom du *droit divin !!!*

Première ordonnance. — « Sur le rapport de notre conseil des ministres, nous avons ordonné et ordonnons ce qui suit :

Article 1er. La liberté de la presse est suspendue.

Art. 2. Les dispositions des articles 1er, 2 et 9 du titre 1er de la loi du 21 octobre 1814 (V. cette date) sont remises en vigueur.

En conséquence, nul journal et écrit périodique ou semi-périodique, établi ou à établir, sans distinction des matières qui y sont traitées, ne pourra paraître, soit à Paris, soit dans les départemens, qu'en vertu de l'autorisation qu'en auront obtenue de nous, séparément, les auteurs et l'imprimeur.

Cette autorisation devra être renouvelée tous les trois mois.

Elle pourra être révoquée.

Art. 3. L'autorisation pourra être provisoirement accordée et provisoirement retirée par les préfets aux journaux et ouvrages périodiques ou semi-périodiques publiés ou à publier dans les départemens.

Art. 4. Les journaux et écrits publiés en contravention à l'article 2, seront immédiatement saisis.

Les presses et caractères qui auront servi à leur impression seront placés dans un dépôt public et sous scellés, ou mis hors de service.

Art. 5. Nul écrit au-dessous de vingt feuilles d'impression ne pourra paraître qu'avec l'autorisation de notre ministre secrétaire d'État de l'intérieur, à Paris, et des préfets dans les départemens.

Tout écrit de plus de vingt feuilles d'impression qui ne constituera pas un même corps d'ouvrage sera également soumis à la nécessité de l'autorisation.

Les écrits publiés *sans autorisation* seront immédiatement saisis.

Les presses et caractères qui auront servi à leur impression seront placés dans un dépôt public et sous scellés, ou mis hors de service.

Art. 6. Les mémoires sur procès et les mémoires des sociétés savantes ou littéraires sont soumis à l'*autorisation préalable*, s'ils traitent en tout ou en partie de matières politiques, cas auquel les mesures prescrites par l'article 5 leur seront applicables.

Art. 7. Toute disposition contraire aux présentes restera sans effet.

Art. 8. L'exécution de la présente ordonnance aura

lieu en conformité de l'article 4 de l'ordonnance du 27 novembre 1816 et de ce qui est prescrit par celle du 18 janvier 1817. (V. ces dates.)

Art. 9. Nos ministres secrétaires d'État sont chargés de l'exécution des présentes.

Donné en notre château de Saint-Cloud le 25 juillet de l'an de grâce 1830 et de notre règne le sixième. *Signé* Charles. »

Cette ordonnance est *contre-signée* par *le président du conseil des ministres*, prince de Polignac; par *le garde-des-sceaux*, *ministre secrétaire d'État de la justice*, Chantelauze; par *le ministre secrétaire d'État de la marine et des colonies*, baron d'Haussez; par *le ministre secrétaire d'État des finances*, Montbel; par *le ministre secrétaire d'État des affaires ecclésiastiques et de l'instruction publique*, comte de Guernon-Ranville; par *le ministre secrétaire d'État des travaux publics*, baron Capelle; par *le ministre secrétaire d'État de l'intérieur*, comte de Peyronnet.

Deuxième ordonnance. — « Vu l'article 50 de la Charte constitutionnelle, étant informé des manœuvres qui ont été pratiquées sur plusieurs points de notre royaume, pour tromper et égarer les électeurs pendant les dernières opérations des colléges électoraux;

Notre conseil entendu;

Nous avons ordonné et ordonnons:

Art. 1er. — La chambre des députés des départemens est dissoute.

Art. 2. Notre ministre secrétaire d'État de l'intérieur est chargé de l'exécution de la présente ordonnance. »

Cette ordonnance est contre-signée, *Peyronnet*.

Troisième ordonnance. — « Ayant résolu de prévenir le retour des manœuvres qui ont exercé une influence pernicieuse sur les dernières opérations des colléges électoraux ;

Voulant, en conséquence, réformer, selon les principes de la Charte constitutionnelle, les règles d'élection dont l'expérience a fait sentir les inconvéniens ;

Nous avons reconnu la nécessité d'user du droit qui nous *appartient*, de pourvoir, par des actes *émanés de nous*, à la sûreté de l'État et à la répression de toute entreprise attentatoire à la *dignité* de notre couronne.

A ces causes,

Notre conseil entendu,

Nous avons ordonné et ordonnons :

Article 1er. — Conformément aux articles 15, 36 et 50 de la Charte constitutionnelle, la chambre des députés ne se composera que de députés de département.

Art. 2. Le cens électoral et le cens d'éligibilité se composeront exclusivement des sommes pour lesquelles l'électeur et l'éligible seront inscrits personnellement, en qualité de propriétaire ou d'usufruitier, aux rôles de l'imposition foncière et de l'imposition personnelle et mobilière.

Art. 3. Chaque département aura le nombre de députés qui lui est attribué par l'article 36 de la Charte constitutionnelle.

Art. 4. Les députés seront élus et la chambre sera renouvelée dans la forme et pour le temps fixé par l'article 37 de la Charte constitutionnelle.

Art. 5. Les colléges électoraux se diviseront en colléges d'arrondissement et colléges de département.

Sont toutefois exceptés les colléges électoraux des départemens auxquels il n'est attribué qu'un seul député.

Art. 6. Les colléges électoraux d'arrondissement se

composeront de tous les électeurs dont le domicile politique sera établi dans l'arrondissement.

Les colléges électoraux de département se composeront du quart le plus imposé des électeurs du département.

Art. 7. La circonscription actuelle des colléges électoraux d'arrondissement est maintenue.

Art. 8. Chaque collége électoral d'arrondissement élira un nombre de candidats égal au nombre des députés de département.

Art. 9. Le collége d'arrondissement se divisera en autant de sections qu'il devra nommer de candidats.

Cette division s'opérera proportionnellement au nombre des sections et au nombre total des électeurs du collége, en ayant égard, autant qu'il sera possible, aux convenances des localités et du voisinage.

Art. 10. Les sections du collége électoral d'arrondissement pourront être assemblées dans des lieux différens.

Art. 11. Chaque section du collége électoral d'arrondissement élira un candidat et procèdera séparément.

Art. 12. Les présidens des sections du collége électoral d'arrondissement seront nommés par les préfets, parmi les électeurs de l'arrondissement.

Art. 13. Le collége de département élira les députés.

La moitié des députés du département devra être choisie dans la liste générale des candidats proposés par les colléges d'arrondissement.

Néanmoins, si le nombre des députés du département est impair, le partage se fera sans réduction du droit réservé au collége du département.

Art. 14. Dans le cas ou par l'effet d'omissions, de nominations nulles ou de doubles nominations, la liste des candidats proposés par les colléges d'arrondissement serait incomplète, si cette liste est réduite au-dessous de la moitié du nombre exigé, le collége de département pourra élire un député de plus hors de la liste ; si la liste est réduite au-dessous du quart, le collége de département pourra élire hors de la liste la totalité des députés de département.

Art. 15. Les préfets, les sous-préfets et les officiers-généraux commandant les divisions militaires et les départemens, ne pourront être élus dans les départemens où ils exercent leurs fonctions.

Art. 16. La liste des électeurs sera arrêtée par le préfet en conseil de préfecture. Elle sera affichée *cinq jours* avant la réunion des colléges.

Art. 17. Les réclamations sur la faculté de voter, auxquelles il n'aura pas été fait droit par les préfets, seront jugées par la chambre des députés en même temps qu'elle statuera sur la validité des opérations des colléges.

Art. 18. Dans les colléges électoraux de département, les deux électeurs les plus âgés et les deux électeurs les plus imposés, rempliront les fonctions de scrutateurs.

La même disposition sera observée dans les sections de colléges d'arrondissement, composées de plus de cinquante électeurs.

Dans les autres sections de collége, les fonctions de scrutateurs seront remplies par le plus âgé et par le plus imposé des électeurs.

Le secrétaire sera nommé dans le collége et dans les sections de collége par le *président* et les scrutateurs.

Art. 19. Nul ne sera admis dans le collége ou section de collége s'il n'est inscrit sur la liste des électeurs qui en doivent faire partie. Cette liste sera remise au président, et restera affichée dans le lieu des séances du collége pendant la durée de ses opérations.

Art. 20. Toute discussion et toute délibération quelconques seront interdites dans le sein des colléges électoraux.

Art. 21. La police du collége appartient au président. Aucune force armée ne pourra, sans sa demande, être placée auprès du lieu des séances. Les commandans militaires seront tenus d'obtempérer à ses réquisitions.

Art. 22. Les nominations seront faites dans les colléges et sections de collége à la majorité absolue des votes exprimés.

Néanmoins, si les nominations ne sont pas terminées après deux tours de scrutin, le bureau arrêtera la liste des personnes qui auront obtenu le plus de suffrages au deuxième tour. Elle contiendra un nombre de noms double de celui des nominations qui resteront à faire. Au troisième tour, les suffrages ne pourront être donnés qu'aux personnes inscrites sur cette liste, et la nomination sera faite à la majorité relative.

Art. 23. Les électeurs voteront par bulletin de liste. Chaque bulletin contiendra autant de noms qu'il y aura de nominations à faire.

Art. 24. Les électeurs écriront leurs votes sur le bureau, ou *l'y feront écrire* par l'un des scrutateurs.

Art. 25. Le nom, la qualification et le domicile de chaque électeur qui déposera son bulletin, seront inscrits par le secrétaire sur une liste destinée à constater le nombre des votans.

Art. 26. Chaque scrutin restera ouvert pendant six heures et sera dépouillé séance tenante.

Art. 27. Il sera dressé un procès-verbal pour chaque séance. Ce procès-verbal sera signé par tous les membres du bureau.

Art. 28. Conformément à l'article 46 de la Charte constitutionnelle, aucun amendement ne pourra être fait à une loi, dans la chambre, s'il n'a été proposé ou consenti par nous, et s'il n'a été renvoyé et discuté dans les bureaux.

Art. 29. Toutes les dispositions contraires à la présente ordonnance resteront sans effet.

Art. 30. Nos ministres secrétaires d'État sont chargés de l'exécution de la présente ordonnance. »

Cette ordonnance est *contre-signée* par MM. Polignac, Chantelauze, d'Haussez, Peyronnet, Montbel, Guernon-Ranville, Capelle.

Quatrième ordonnance. — « Art. 1er. Les colléges électoraux se réuniront, savoir : les colléges électoraux d'arrondissement, le 6 septembre prochain ; et les colléges électoraux de département, le 13 du même mois.

Art. 2. La chambre des pairs et la chambre des députés des départemens sont convoquées pour le 28 du mois de septembre prochain... »

Cette ordonnance est *contre-signée* par *le ministre secrétaire d'État de l'intérieur*, comte de Peyronnet.

Cinquième ordonnance. — « Le sieur *Delaveau*, conseiller d'État en service extraordinaire, est nommé conseiller d'État en service ordinaire. — Les sieurs comte *de Vaublanc*, baron *Dudon*, ministre d'État; marquis *de Forbin-des-Issarts*, baron *de Frenilly*, *Franchet Desperey*, vicomte *de Castelbajac*, *Syrieys-Mairinhac*, conseillers d'État en service extraordinaire, sont autorisés à *assister* et *participer* aux délibérations de notre conseil d'État. — Les sieurs *Cornet-d'Incourt*, conseiller d'État honoraire, et baron *de Vitrolles*, maître des requêtes, sont nommés conseillers d'État en service extraordinaire avec autorisation d'*assister* et de *participer* aux délibérations de notre conseil d'État. — Les sieurs *de Formont* et vicomte *de Conny*, maîtres des requêtes, sont nommés conseillers d'État, avec autorisation d'*assister* et de *participer* aux délibérations de notre conseil d'État. — Les sieurs vicomte *de Cursay*, maître des requêtes, préfet du département de la Gironde, et marquis *de Villeneuve* *, préfet de la Corrèze, sont nommés conseillers d'État en service extraordinaire. — Les sieurs baron *de Chaulieu*, préfet du département de la Loire, et *Méry de Contades*,

---

* La vérité et la justice nous font un devoir de réparer l'erreur commise (*Histoire de France*, etc., tom. 1ᵉʳ, pag. 34 ; tom. VIII, pag. 298 à 300), relativement à la famille et à la personne de ce préfet ; erreur causée par l'extrême précipitation avec laquelle fut imprimée, en 1826, cette histoire. Des preuves irrécusables, mises sous nos yeux, nous autorisent à affirmer que la famille Villeneuve, établie en *Languedoc*, et dite du *Croisillat*, est d'une noblesse qui ne le cède en antiquité à aucune famille de France. Nous avons lu, dans les archives du royaume, la déclaration suivante, y déposée par M. Chérin. — « C'est une chose digne de
« remarque que cette ancienne et illustre race, si recommandable
« depuis près de neuf siècles par son attachement inviolable au
« service de ses souverains et par son patriotisme, n'a jamais pris
« part aux factions qui ont si fréquemment troublé le royaume
« et surtout la province du Languedoc ; et que, sans cesse armée
« pour la gloire de ses maîtres et de la nation française, elle a
« perdu pendant ces guerres la majeure partie de ses posses-
« sions, sans que sa fidélité puisse en être ébranlée... » — Nous avons lu l'*Histoire de la maison de Villeneuve en Languedoc*, écrite en 1786, par M. Pavillet, premier commis de M. Chérin, et imprimée depuis ; elle commence ainsi : « La maison de Ville-
« neuve en Languedoc est la plus ancienne de toutes celles qui
« portent ce nom. » Ce savant auteur démontre par pièces authentiques et incontestables, il prouve jusqu'à la dernière évidence, que *les Villeneuve de Provence, bien plus jeunes que ceux de Languedoc, sont une branche issue de ces derniers :* seulement, les Villeneuve de Provence ont eu plus d'illustrations de cour, et ont été revêtus de plus de charges ou emplois publics que ceux de Languedoc. Peu importe ou non le plus ou le moins de *gentilhommerie* des familles ; ce sont, aujourd'hui, badineries, discussions frivoles, et presque moqueries ; mais enfin il faut rendre à chacun, même en fait de vanités

sont nommés maîtres des requêtes en service extraordinaire. » *Contre-signé* Chantelauze.

Sixième ordonnance.—« Le sieur *Bergasse*, ancien député aux états-généraux, est nommé conseiller d'État honoraire. » *Contre-signé*, Chantelauze.

Les ordonnances du 25 juillet sont de deux natures :

nobiliaires, la justice qui lui est due. L'ouvrage de M. Pavillet est, d'ailleurs, très-curieux comme histoire d'antiquités méridionales.

Après avoir restitué à la famille *Villeneuve du Croisillat* la place héraldique qui lui appartient, (grand bien lui fasse!) nous devons rendre au préfet de la Corrèze une justice bien autrement importante.

Trop confiant dans la loyauté de la personne qui lui avait transmis des renseignemens sur la conduite politique du marquis de Villeneuve, l'abbé de Montgaillard avait ajouté dans ses notes manuscrites sur l'*Histoire de France*, etc., les passages qu'il est de notre devoir de rectifier.—Ce préfet fut, effectivement, dénoncé dans les cent jours au ministre Carnot, qui tint à son égard une noble conduite ; le vertueux ministre reconnut, sans doute, au premier coup d'œil la malveillance et la calomnie ; il savait, mieux que personne, que *dénonciation n'est pas preuve, et n'est presque toujours que calomnie* : nous avons entendu M. Carnot prononcer ces belles paroles, dont les troubles civils démontrent la profonde justesse. Voici des faits personnels au préfet de la Corrèze, faits dont la preuve authentique nous a été fournie.....

Le marquis de Villeneuve fut le premier fonctionnaire public qui attaqua, en 1813, dans le haut Languedoc, le pouvoir de l'empereur Napoléon : membre du conseil général de la Haute-Garonne, il proclama par un acte officiel « l'*inhibition de* payer l'impôt non voté ; » il écrivit au préfet de Toulouse : « Je suis las, monsieur, de voir mon pays labouré en tous sens par des gendarmes et par des huissiers qui enlèvent au peuple le dernier homme et le dernier écu. » Cet acte, on n'a pas besoin de le dire, fut rétribué par une proscription immédiate. — Il fut le dernier préfet qui résista, à la rentrée de Napoléon en France (20 mars 1815); et jusqu'au dernier salon de la préfecture, à Tarbes, il maintint ce chef-lieu de département jusqu'au 11 avril, lorsque, depuis trois semaines, l'empe-

celles (les quatre premières) qui renversent la Charte et établissent le despotisme pur et net de la couronne ; celles (les deux dernières) qui intronisent quelques individus ultra-contre-révolutionnaires. Celles-ci, quoique très-significatives, n'ont dans la circonstance qu'un intérêt fort secondaire ; l'on ne peut, néanmoins, les passer sous si-

reur régnait à Paris, et lorsque ses ordres partaient pour conduire à Vincennes le préfet des Hautes-Pyrénées...S'il s'était fortement opposé au régime impérial des cent jours, il ne mit pas moins d'énergie à réprimer l'anarchie féodale-royale après le grand désastre de Waterloo : investi, au mois de juillet 1815, d'extrêmes pouvoirs sur tout le midi du royaume, le marquis de Villeneuve fit cesser toute arrestation illégale, *sauva la vie au maréchal Soult* (duc de Dalmatie) détenu à Mende (Lozère), et à M. Boyer-Fonfrède pris à Toulouse ; *il traça au maréchal Brune une route de sûreté*, et fit tous ses efforts pour le détourner de prendre celle d'Avignon ; en sa qualité de haut fonctionnaire délégué par la couronne, il ne négligea rien pour mettre le roi de France en mesure de ne pas subir la loi des étrangers dont les chefs, le duc de Wellington et le comte Pozzo di Borgo, provoquèrent sa disgrâce... Enfin, il se montra à Bourges (Cher), en 1816, sincère modérateur des lois d'exception, et fut, dans ces temps déplorables, l'un des trois ou quatre préfets qui, seuls, n'exercèrent sur personne le *droit* dictatorial de retenir les opposans en captivité ; il fut également inflexible aux séductions de M. Decazes et aux velléités de M. de Villèle ; toujours aussi ferme dans l'ordre politique qu'attentif, occupé, actif et paternel dans l'administration matérielle dont il était chargé. M. de Montlosier lui écrivait : « Comment, après une telle conduite, vous ont-« ils enfoui pendant huit ans, et conséquemment étouffé à Gué-« ret et à Tulle?... » Le chancelier Dambray questionnant aussi le marquis de Villeneuve dans l'expression de la même surprise, ce dernier lui écrivit : « Je pourrais renvoyer la réponse à « tel ou tel ministre que je connais à fond, de qui je n'ai pas dis-« simulé la présomptueuse ignorance, et dont la sombre et silen-« cieuse envie a trop rapetissé les âmes, les faits, et notre *triste* « *avenir*... » Des pièces irréfragables ne laissent aucun doute sur l'honorable impression que ce fonctionnaire a laissée dans sa

lence, parce qu'elles annoncent d'avance que tous les fonctionnaires militaires, civils, ecclésiastiques, seront mis, avant peu, en harmonie complète avec l'esprit et le texte des quatre ordonnances qui ont pour but de constituer le despotisme et les priviléges de l'ancien régime sur l'entière ruine des droits et des libertés de la nation.

Voilà la série des actes, du vertige et des erreurs qui composent le programme si témérairement, si follement contre-révolutionnaire du 25 juillet; ces actes présentent un ensemble achevé de violations de loi et de provocations directes à la nation.

La publication des six ordonnances cause, de prime abord, une stupeur générale dans Paris; en lisant le *Moniteur* du lundi, 26, l'on peut à peine en croire ses

---

courte administration du midi et dans ses cinq préfectures. — Il va disparaître (30 juillet) de la scène politique, c'est le moment de lui rendre la justice qu'il mérite; ce devoir est d'autant plus impérieux qu'il avait été représenté, dans l'*Histoire de France, etc.*, d'une manière toute différente : mais, répétons-le, l'auteur de cet ouvrage avait été induit en erreur par sa loyauté même; il avait cru aux renseignemens donnés par une personne qui paraissait mériter toute confiance, et nous n'avions pas vu les *épreuves*, qui furent soumises à des personnes étrangères à cet ouvrage... Nous rétablirons, en temps et lieu, des faits inexacts avancés relativement à d'autres personnages dans l'*Histoire de France*, etc.

Le marquis de Villeneuve est un royaliste d'ancien régime, de féodalité, de droit divin; c'est une raison de plus pour que sa conduite comme homme public soit mise dans son véritable jour. Il est auteur d'un *Précis sur l'histoire de la monarchie française*, etc., ouvrage estimé, et qui annonce de grandes connaissances historiques.

Cette note pourra paraître déplacée, et même malencontreuse, au milieu des immenses intérêts politiques dont il s'agit : mais, la justice avant tout! Nous n'aurons plus, d'ailleurs, l'occasion de parler du haut fonctionnaire qui en est l'objet.

yeux ; tant d'insolence et de tyrannie étonne dans le premier moment, et révolte ensuite les esprits ; l'irritation la plus vive est bientôt dans tous les cœurs. — Arrêtons-nous un moment sur une situation politique dont nos quarante années de révolution n'ont pas encore offert d'exemple.

Les élections avaient produit une grande majorité patriote ; une chambre libérale devait se rassembler le 3 août ; le ministère Polignac allait nécessairement disparaître ; la volonté *immuable** de Charles x devait céder devant la volonté nationale, devant la loi parlementaire, devant la raison d'État, devant l'intérêt bien entendu de la dynastie ! Ainsi pensaient, disaient et croyaient tous les gens ayant de la raison, du jugement, toutes les personnes douées de quelque expérience, de quelque sagesse, tous les individus possédant un gros bon sens... Eh bien ! rien de tout cela n'a lieu ; et ce qui a lieu, c'est un coup de tête et un coup de main, véritables actes de folie royale ; c'est un *coup d'État* enfin qui a été prévu et signalé comme devant être l'arrêt de mort du monarque et de sa famille !... Quel profond sujet de réflexions pour les rois qui veulent arriver au despotisme *net*, au mépris de leurs sermens et des droits imprescriptibles des peuples !!! — Paris, et la France tout entière avec lui, croyaient enfin toucher au terme de la lutte que venait d'engager, au nom d'un roi fanatique et sans esprit, un ministère vendu à l'église et à l'aristocratie : les électeurs avaient triomphé de toutes les influences, de toutes les intrigues du pouvoir, et la France était dans la pleine confiance que le ministère du

---

* Le dévot Charles x, en proclamant sa volonté *immuable*, commettait une impiété ; car il ne devait pas ignorer que, d'après le catéchisme, *l'immuabilité est un des attributs exclusifs de Dieu*. Les rois du droit divin croient participer de la Divinité...

8 août 1829, et ses dignes appendices des 17 et 18 novembre, même année, et du 19 mai 1830, allaient s'écrouler à la voix de la représentation nationale. Non! périssent la France et le trône, plutôt que l'ancien régime et les priviléges, ont dit les hommes et le roi de Coblentz; nous ne reculerons pas, même sur le cratère du volcan!!! Charles x veut trancher du Louis xiv entrant, un fouet à la main, au parlement de Paris, du Bonaparte chevauchant, avec ses généraux-séides, à l'orangerie de Saint-Cloud; mais les paladins et les ministres de Charles x ne sont ni de leur siècle, ni de leur pays; ils le flattent, le trompent sur l'opinion publique, sur son propre courage, et croient lui inspirer leur audace aussi facilement que leur machiavélisme. Ainsi, le fils dégénéré, le *Laridon* de Henri iv, un livre d'heures, un jeu de cartes, ou un fusil de chasse à la main, croit avoir raison, sans courir le moindre danger, de trente-deux millions d'hommes, et les enchaîner aux pieds des jésuites et des privilégiés du despotisme royal!!! Paris, à la vue même des ordonnances, ne pouvait se persuader qu'un semblable délire pût être chose sérieuse, froidement méditée, et dont l'exécution allait être poursuivie par le fer et le feu; Paris ne pouvait croire à un second Charles ix, plus insensé que le premier; Paris était tombé dans la stupeur: mais les mesures qu'adoptent, dans la journée du 26, les autorités administratives et les autorités militaires, découvrent enfin l'horrible vérité; Paris passe dans un instant de la consternation à l'exaspération la plus vive, et bientôt il n'y aura plus qu'un cri contre le despotisme de la couronne: l'exaspération se communiquera dans toute la France, avec la rapidité de la flamme électrique, à mesure que la nouvelle des ordonnances parviendra dans les départemens... Paris n'est pas la France, diront les partisans du droit divin, les ennemis des libertés cons-

titutionnelles ! Non, sans doute, Paris n'est pas la France; mais cette immense capitale est le cœur qui distribue le sang dans toutes les artères du royaume. Les hommes du privilége et des abus se déchainent contre l'excessive influence que Paris exerce sur les provinces; mais cette influence est dans la nature même des choses : la révolution française a été faite, consommée à Paris ! Cette capitale est d'ailleurs le foyer des lumières, le vrai et seul pays de société, de vie intellectuelle, et ces produits de la civilisation y sont en une telle masse, que tout homme qui a le sentiment de sa dignité et qui possède des idées tant soit peu généreuses, préfère mourir à Paris plutôt que de vivre dans nos provinces, même les plus éclairées. Telles sont les grandes causes de l'influence que Paris exerce, depuis quarante ans, sur la France : aussi, que le mouvement s'arrête dans la capitale, le corps politique est, au même instant, paralysé du centre à la circonférence du royaume !

Il ne faut donc pas s'étonner de l'agitation qui se manifeste dans les départemens au moment où ils ont connaissance des ordonnances du 25 : cette agitation éclate à Nantes, à Rouen, à Bordeaux, à Dijon et dans la plupart des villes du premier et du second ordre : les deux particularités suivantes donneront une idée de l'effet qu'y produit le *coup d'État*..... A Bordeaux, le peuple se porte en tumulte à l'hôtel de la préfecture, en brise les portes, jette les meubles par les fenêtres, et force le préfet (M. de Curzay) à sortir de l'hôtel; ce chef de l'administration départementale, harcelé dans sa fuite, est saisi, dépouillé de ses vêtemens, blessé à la tête et au bas-ventre, meurtri de coups, et va perdre la vie, si quelques citoyens généreux ne se sacrifient en quelque sorte eux-mêmes pour l'arracher à la fureur populaire. M. de Curzay est l'un des plus zélés sectateurs du pouvoir absolu et de l'ancien régime, mais les mauvais traitemens qui ont failli lui coûter la vie n'en sont pas moins inexcusables, et il faut déplorer, comme un grand crime contre les lois, cet excès de fureur auquel le peuple de Bordeaux se porte contre son premier magistrat. Que de sujets de réflexions dans cet événement ! Il éclate dans *la ville du 12 mars*, dans la cité qui arbora la première, 1814, le drapeau des Bourbons, dans la cité où madame la duchesse d'Angoulême, ou madame la duchesse de Berry ont reçu tant et de si éclatans témoignages de respect, d'amour, de dévouement ; et, près de cette même cité, cette même duchesse de Berry, encore quelques mois, sera retenue captive et humiliée!!!

Que de siècles se sont donc écoulés en France depuis 1814, et que d'années depuis les onze mois de l'avénement de M. de Polignac au pouvoir !... Madame la Dauphine en fait la cruelle expérience et peut se convaincre, personnellement, de l'exaspération que les ordonnances du 25 excitent dans toutes les populations des départemens qu'elle traverse dans sa fuite : la princesse s'est rendue, selon son habitude, aux eaux de Vichy (Allier), et se trouve à Dijon (Côte-d'Or) au moment où les ordonnances viennent d'y paraître ; elle est accueillie au spectacle par les cris : *à bas les ordonnances ! à bas les ministres ! vive la liberté !* elle se voit réduite à quitter la salle de spectacle et presque immédiatement la ville ; le lendemain, elle est exposée, à Tonnerre (Yonne), aux outrages du peuple, et ce n'est pas sans les plus vives craintes qu'elle parvient à s'évader. M. le sous-préfet la conduit, par les derrières de son hôtel, à une certaine distance où est stationnée la modeste chaise de poste qu'il y a fait arriver. Madame la Dauphine s'est trouvée dans la nécessité de laisser ses propres voitures à Tonnerre et d'en sortir, habillée en femme de chambre, accompagnée d'un seul de ses gentilshommes (le comte de Faucigny-Lucinge), déguisé en laquais ; elle parvient, de la sorte, à gagner, saine et sauve, la résidence de Saint-Cloud, où elle ne trouvera plus qu'un roi détrôné, une cour qui fuit en toute hâte, et de nobles soutiens du trône qui s'évadent et se dispersent dans tous les sens pour mettre à couvert la fidélité et le dévouement inviolables dont ils font profession en faveur du roi et de la famille royale.

Déjà, l'on peut juger combien les ordonnances du 25 doivent causer de calamités ; le peuple de Paris va se soulever contre l'autorité royale, et l'insurrection sera portée sur l'aile des vents dans tous les départemens du royaume.

26 JUILLET. — La capitale se réveille dans l'ignorance des actes de la veille ; elle croit pouvoir passer encore ce jour dans l'attente ; elle ne croit pas encore aux menaces du pouvoir, tant ces menaces lui paraissent folles : mais le *Moniteur* paraît et contient la foudre !... La physionomie de la capitale devient étonnée, sombre et menaçante ; les ordonnances de la veille sont bientôt colportées dans les rues et affichées avec profusion dans tous les lieux publics. L'on se regarde avec une sorte d'effroi, l'on se parle des yeux, chacun s'interroge d'indignation, et tous les allans et venans ont l'air de dire : Qu'allons-nous devenir, qu'allons-nous faire ?

Les ordonnances ne se contentent pas d'attenter à la représentation nationale, elles frappent de mort la presse périodique, regardée, par le peuple lui-même, comme le rempart des droits, des intérêts, des libertés de la nation ; si la presse allait garder le silence dans cette conjoncture décisive, tout serait donc perdu....... Mais les gérans et rédacteurs des journaux de l'opposition sont fidèles à leur noble mission : ils se réunissent et prennent la résolution de résister aux actes arbitraires du 25. *Le Constitutionnel* a, de son chef, indiqué une réunion chez M. Dupin aîné, avocat de ce journal ; les gérans et rédacteurs des feuilles périodiques, dont on trouvera plus bas les noms, se rendent à cette réunion, assistés de MM. Barthe, Mérilhou, Odilon-Barrot, jurisconsultes distingués par leur attachement à la liberté constitutionnelle qu'ils ont, ainsi que M. Dupin, défendue jusqu'à ce jour avec une fermeté et un talent dignes des plus grands éloges. La réunion a pour but de se concerter sur les moyens de résistance active qu'exige la situation désespérée où va se trouver la presse périodique : M. Dupin ne voit, dit-il, que la loi, et ne saurait en conséquence prendre sur lui d'indiquer, d'autoriser par une consultation ces moyens de résistance ; il déclare qu'un tel objet est du domaine de la politique, « et que s'il a bien voulu ouvrir son cabinet à une con-« sultation purement de droit, il ne l'aurait point ou-« vert à une consultation politique. » Pressé par les objections du rédacteur en chef du *Courrier des électeurs* et du *Journal de Paris*, interpellé en sa qualité de membre de la chambre des députés des départemens, M. Dupin répond : « *Je ne suis pas député.* » Car ce fameux avocat, renfermé dans le cercle de la *légalité*, craint également de se compromettre, et comme avocat et comme député ; il se renferme opiniâtrément dans un silence dont sa double position lui fait sans doute un devoir, puisqu'il y persiste malgré les observations des consultans.

Nous ne blâmons ni ne louons les tergiversations ou la prudence de M. Dupin aîné ; nous rapportons des faits : l'importance politique, ou parlementaire, dont sera environné, après les journées de juillet, le nom de cet avocat, ne permet pas de les passer sous silence......

Mais la presse périodique est exposée à une imminente

ruine ; les gérans et rédacteurs de journaux n'ont plus recours qu'à leur énergie, à leur patriotisme ; ils se rendent dans les bureaux du *National* *, y rédigent et y signent la protestation suivante : elle appartient à l'histoire, et les noms des signataires de ce grand acte de résistance légale aux actes arbitraires du gouvernement du roi méritent d'être transmis à nos neveux.

Protestation : « On a souvent annoncé depuis six mois que les lois seraient violées, qu'un coup d'État serait frappé. Le bon sens public se refusait à le croire. Le ministère repoussait cette supposition comme une calomnie. Cependant le *Moniteur* a publié enfin ces mémorables ordonnances qui sont la plus éclatante violation des lois. Le régime légal est donc interrompu ; celui de la force est commencé.

« Dans la situation où nous sommes placés, l'obéissance cesse d'être un devoir. Les citoyens appelés les premiers à obéir sont les écrivains des journaux ; ils doivent donner les premiers l'exemple de la résistance à l'autorité, qui s'est dépouillée du caractère de la loi.

« Les raisons sur lesquelles ils s'appuient, sont telles qu'il suffit de les énoncer.

« Les matières que règlent les ordonnances publiées aujourd'hui sont de celles sur lesquelles l'autorité royale ne peut, d'après la Charte, prononcer toute seule. La Charte (article 8) dit que les Français, en matière de presse, sont tenus de se conformer aux *lois* ; elle ne dit pas aux ordonnances. La Charte (article 35) dit que l'organisation des colléges électoraux sera réglée par les *lois* ; elle ne dit pas par les ordonnances.

« La couronne avait elle-même, jusqu'ici, reconnu

---

* « Les *Débats* ne furent pas représentés dans cette réunion, « ni dans aucune autre. » (*Document pour l'Hist. de France*, etc.)

ces articles ; elle n'avait point songé à s'armer contre eux, soit d'un *prétendu* pouvoir constituant, soit du pouvoir *faussement* attribué à l'article 14.

« Toutes les fois, en effet, que des circonstances *prétendues* graves lui ont paru exiger une modification, soit au régime de la presse, soit au régime électoral, elle a eu recours aux deux chambres. Lorsqu'il a fallu modifier la Charte pour établir la septennalité et le renouvellement intégral, elle a eu recours, non à elle-même, comme auteur de cette Charte, mais aux chambres.

« La royauté a donc reconnu, pratiqué elle-même ces articles 8 et 35, et ne s'est point arrogé, à leur égard, ni une autorité *constituante*, ni une autorité *dictatoriale* qui n'existent nulle part.

« Les tribunaux, qui ont droit d'interprétation, ont solennellement reconnu ces mêmes principes. La Cour royale de Paris, et plusieurs autres, ont condamné les publicateurs de l'*Association bretonne* comme auteurs *d'outrages envers le gouvernement* : elle a considéré comme un outrage la *supposition* que le gouvernement pût employer l'autorité des *ordonnances*, là où l'autorité de la *loi* peut seule être admise.

« Ainsi le texte formel de la Charte, la pratique suivie jusqu'ici par la couronne, les décisions des tribunaux, établissent qu'en matière de presse et d'organisation électorale, les *lois*, c'est-à-dire *le roi* et *les chambres*, peuvent seuls statuer.

« Aujourd'hui donc le gouvernement a violé la légalité. Nous sommes dispensés d'obéir. Nous essayons de publier nos feuilles, sans demander l'autorisation qui nous est imposée. Nous ferons nos efforts pour qu'aujourd'hui, au moins, elles puissent arriver à toute la France.

« Voilà ce que notre devoir de *citoyens* nous impose, et nous le remplirons.

« Nous n'avons pas à tracer ses devoirs à la chambre illégalement dissoute; mais nous pouvons la supplier, au nom de la France, de s'appuyer sur son droit évident, et de résister autant qu'il sera en elle à la violation des lois. Ce droit est aussi certain que celui sur lequel nous nous appuyons. La Charte dit, article 50, que le roi peut dissoudre la chambre des députés; mais il faut pour cela qu'elle ait été réunie, constituée en chambre; qu'elle ait soutenu enfin un système capable de provoquer sa dissolution. Mais avant la réunion, la constitution de la chambre, il n'y a que des élections faites. Or, nulle part la Charte ne dit que le roi peut casser les élections. Les ordonnances publiées aujourd'hui ne font que casser des élections; elles sont donc illégales, car elles font une chose que la Charte n'autorise pas.

« Les députés élus, convoqués pour le 3 août, sont donc bien et dûment élus et convoqués. Leur droit est le même aujourd'hui qu'hier. La France les supplie de ne pas l'oublier. Tant qu'ils pourront faire prévaloir ce droit, ils le doivent.

« Le gouvernement a perdu aujourd'hui le caractère de légalité qui commande l'obéissance. Nous lui résisterons pour ce qui nous concerne : c'est à la France à juger jusqu'où doit s'étendre sa propre résistance. »

Ont signé les gérans et rédacteurs des journaux dont les noms suivent :

Le Courrier français. — *Châtelain* et *Lapelouze*, gérans... Isidore *Guyet*, *Avenel*, Alexis de *Jussieu*, *Dupont*, avocat, *Moussette*, rédacteurs.

Le National. — *Gauja*, gérant... *Carrel*, *Thiers*, *Mignet*, *Chambolle*, *Peisse*, Albert *Stapfer*, *Dubochet*, *Rohé*, rédacteurs.

Le Globe. — *Leroux*, gérant... *Guisard*, B. *Dejean*, Charles *Rémusat*, rédacteurs.

Le Temps. — *Coste*, gérant... *Senty, Haussman, Buzoni, Barbaroux, Dussard, Chalas, Baude, Billard*, rédacteurs.

La Tribune des départemens. — Charles-Auguste *Fabre*, rédacteur en chef... *Ader*, rédacteur.

Le Journal du Commerce. — *Bert*, gérant... *Larréguy*, rédacteur.

Le Constitutionnel. — Évariste *Dumoulin, Cauchoix-Lemaire, Année*, rédacteurs.

La Révolution. — *Levasseur, Plagniol, Fazy*, rédacteurs.

Le Figaro. — *Bohain* et *Roqueplan.*
Le Journal de Paris. — Léon *Pillet*, gérant.
Le Sylphe. — *Vaillant*, gérant.

Les gérans ou rédacteurs du *Journal des Débats**, de *la Gazette***, de la *Quotidienne, du Messager des Chambres, du Corsaire, du Moniteur*, n'ont pas signé la protestation : bien au contraire, ils ont fait leurs soumissions aux ordonnances et sollicité, à la préfecture de police, l'autorisation nécessaire pour la publication de leurs feuilles.—*Le Constitutionnel**** a pris aussi le parti de la soumission, et il va solliciter à la préfecture de police l'autorisation exigée par les ordonnances ; mais le

---

* Ce journal faisait de l'opposition ; mais ses propriétaires ont fait le voyage sentimental de Gand ; et, comme l'a dit Napoléon, « Ce qui est blanc reste blanc ; » il aurait pu ajouter que ce qui est blanc est fort sujet à se salir.

** La *Gazette* ne poussait qu'à demi au coup d'État, parce que ce n'était pas à son héros, à son hercule politique, M. de Villèle, qu'était confiée la tâche de renverser la Charte.

*** Les propriétaires du *Constitutionnel* se disent patriotes ; quelques-uns étaient députés et comptaient dans l'opposition ; cependant le journal se *soumet* aux ordonnances ! Nous ne présumons pas que la crainte de compromettre les immenses produits

caractère et le patriotisme de ses trois rédacteurs, *signataires* de la protestation, l'emportent, et le journal est forcé d'entrer dans les rangs de l'opposition.

La France sera redevable à la presse périodique de l'affranchissement de la tyrannie ministérielle qui l'opprime depuis 1814, et la presse devra, en très-grande partie, au *National* et au *Courrier Français* le patriotique élan qui va se communiquer en un clin-d'œil à l'immense population de la capitale... Le préfet de police, *Mangin*, a pris un arrêté portant défense à toute feuille périodique de paraître, sans avoir obtenu auparavant l'autorisation exigée par les ordonnances du 25 : en conséquence, M. Selligue refuse d'imprimer le *Journal du Commerce* : les propriétaires de cette feuille l'assignent, en référé, devant le tribunal de première instance; M. Debelleyme, président, rend la décision suivante : « Attendu que l'ordonnance du roi, du 25 juillet, relative à la presse périodique, n'a pas été promulguée selon les formalités prescrites par l'article 4 de l'ordonnance du 27 novembre 1816, et par l'article 1er de l'ordonnance du 18 janvier 1817; — « que d'ailleurs il est juste d'accorder aux journaux existans les délais nécessaires pour user du bénéfice de l'article 2 de ladite ordonnance, et qu'une interruption dans la publication porterait préjudice; — « ordonnons que le sieur Selligue procèdera à la composition et à l'impression du *Journal du Commerce*, qui doit paraître demain, ce qui sera

que donne cette feuille, soit entrée dans la pensée de ces messieurs, qui feraient, nous en sommes persuadé, de plus grands sacrifices à la patrie : ils auront cru, sans doute, qu'en conservant *leur chose*, ils pourraient être encore utiles à la *chose publique*. Honneur, pourtant, trois fois honneur aux trois rédacteurs protestans, Évariste *Dumoulin, Cauchois-Lemaire, Année !!!* Ils méritent la reconnaissance de la patrie.

exécuté par provision, comme ordonnance de référé sur minute, et avant l'enregistrement et dépôt au greffe. » *Signé* Debelleyme.

Gloire au digne magistrat qui ne craint pas d'ordonner l'observation des lois! Que M. Debelleyme *persévère* dans cette noble conduite, et la France honorera son nom.

D'autres magistrats ne craindront pas encore de faire respecter les lois.—Anticipons sur le temps pour rester dans les mêmes faits, et disons qu'un jugement rendu le 28, par le tribunal de commerce, à une heure après midi, cassera l'ordonnance du 25 relative à la suspension de la presse et en assurera la liberté; ce jugement, véritable coup d'État contre le despotisme royal, fait parfaitement connaître la situation des choses à une époque d'où vont dépendre les futures destinées de la France.

L'imprimeur Gaultier-Laguionie a reçu du préfet de police, *Mangin*, l'injonction d'exécuter l'ordonnance du 25; il refuse d'imprimer *le Courrier français;* MM. Châtelain et Lapelouze le traduisent devant le tribunal de commerce, qui rend le jugement suivant : « Considérant... que les conventions légalement formées doivent recevoir leur effet... que *l'ordonnance* du 25 de ce mois, *contraire à la Charte, ne saurait être obligatoire* ni pour la personne sacrée et inviolable du roi, ni pour les citoyens aux droits desquels elle porte atteinte; considérant au surplus qu'aux termes même de la Charte, les ordonnances ne peuvent être faites que pour l'*exécution et la conservation des lois*, et que l'ordonnance précitée aurait au contraire pour effet la *violation des dispositions de la loi du 28 juillet* 1828; par ces motifs, le tribunal ordonne que les conventions d'entre les parties recevront leur effet; condamne en conséquence et *par corps* Gaultier-Laguionie à imprimer le journal le *Courrier Français*, et ce, dans les vingt-quatre heures, pour tout délai; sinon, et faute par lui, etc... ordonne l'*exécution provisoire*, sur la minute des présentes, et nonobstant appel, etc. »

Les magistrats qui rendent ce jugement ont des droits à la reconnaissance nationale, leurs noms méritent d'être conservés à l'histoire : MM. *Ganneron*, président; *Lemoine-Tacherat*, *Gisquet*, *Lafond*, *Truelle*, juges.— Que ces magistrats *conservent* toujours de si généreux sentimens, et leurs noms resteront en honneur!

Combien la magistrature serait honorée, respectée, si ses membres, à l'exemple de M. Debelleyme, de M. Ganneron, etc., étaient pénétrés de la sainteté de leurs fonctions et les remplissaient avec cette fermeté, avec cette intégrité, dont les l'Hôpital, les Molé, les Harlay, etc., ont laissé de si grands exemples! Le jugement du tribunal de commerce donne une force immense à l'opinion publique, elle déborde de toutes parts, et rend générale, unanime, la résistance armée au despotisme contre-révolutionnaire des princes de Coblentz.

Une révolution, plus étonnante peut-être que celle de 1789, va briser en éclats le trône de la restauration relevé par l'étranger; la presse l'aura préparée pendant quinze ans, elle en assurera le triomphe. L'opinion est la reine du monde, a dit, il y a vingt siècles, le philosophe de Chéronée : les révolutions de 1789 et de 1830 prouvent la vérité de cette sentence de Plutarque.

Ici commence un nouvel ordre de choses; *la restauration* est traduite au tribunal de la nation, et le peuple français va prononcer le jugement.

Avant de tracer le récit des événemens qui ont eu lieu dans les journées des 26, 27, 28 et 29, nous ferons les observations suivantes, que l'extrême importance du sujet nous impose le devoir de présenter à nos lecteurs.

Vérité, impartialité, justice, tels ont été nos guides

dans la publication de l'*Histoire de France*, etc., et dans les 1er et 2e volumes de la *Suite* de cette histoire, publiés en 1829; nous suivons fidèlement ces guides..... Nous ne connaissons ni factions, ni partis, ni individus, lorsqu'il s'agit de la vérité historique; nous aimons et nous voulons la liberté constitutionnelle et l'ordre légal : nous avons dit, et nous continuerons à dire la vérité, sans acception de personnes ou de doctrines, et sans nous écarter du respect que tout homme honnête doit à son gouvernement, à ses concitoyens, et se doit à lui-même.

Nous nous abstiendrons, en conséquence, de tout jugement, de toutes réflexions sur les faits et les personnages de la révolution de 1830 ; ils parleront eux-mêmes : nous citerons, nous raconterons ; le lecteur jugera. Étranger aux passions politiques qui fermentent plus que jamais dans le sein du corps social, nous nous garderons bien de les fomenter, de les irriter en blâmant ou en louant la conduite et les actes de l'autorité ; il serait mauvais citoyen, l'écrivain qui fournirait aux factions de nouveaux alimens de discorde et de trouble! Les événemens qui changent le sort des dynasties royales et la destinée des États ne sont pas d'ailleurs de ces choses sur lesquelles un esprit sensé et un cœur droit puissent se permettre de prononcer au moment même où elles viennent de se produire : il faut de graves méditations, et, par conséquent, un certain laps de temps pour apprécier une révolution, quelque nécessaire qu'elle puisse être ; on s'exposerait, en outre, à être injuste envers elle, surtout envers les personnages qui l'ont secondée ou combattue, en se hasardant à les juger avant que les esprits se soient rassis, et que les opinions se soient fixées ; le pouvoir absolu et la liberté constitutionnelle sortent à peine du champ de bataille où ils se sont disputé la possession de la France : ce n'est pas le lendemain d'un combat qu'on peut écrire l'histoire d'une campagne!

Il est aussi loin de notre pensée d'insulter aux vaincus que de flatter les vainqueurs; mais nous dirons les lâchetés et les crimes politiques comme nous dirons les actes héroïques et les vertus civiques.

Partisan sincère et constant de la liberté, de la gloire et du bonheur de notre patrie, nous n'avons vu que la France dans le travail historique, livré au public, il y a six ans (sous le nom de feu notre frère), pendant le règne de Charles x; nous ne voyons qu'elle dans les pages que nous traçons sous le règne de Louis-Philippe 1er; elles sont exemptes de tout esprit de dénigrement ou de flatterie, et l'on se méprendrait étrangement sur notre caractère, si l'on nous supposait l'intention de flétrir la dynastie tombée du trône par la volonté du peuple, ou de faire la cour à la dynastie que le peuple a élevée sur le pavois national. L'*histoire* les jugera toutes les deux en dernier ressort, quand les temps seront venus! Nous sommes simple annotateur ou annaliste; nous présentons aux historiens futurs quelques matériaux dont ils pourront faire usage, s'ils y trouvent, comme nous le pensons, vérité et utilité. Nous rapporterons ce que nous avons vu, ce que des personnes dignes de foi nous ont appris, ce que de nobles et irrécusables témoignages nous ont certifié, ce que des écrits, publiés peu de jours après la révolution populaire, ont publiquement affirmé, sans avoir été démentis jusqu'à ce jour : nous éviterons, le plus qu'il nous sera possible, les personnalités, même les indications trop précises lorsqu'elles ne seront pas absolument nécessaires à l'éclaircissement de faits importans. Nous pouvons assurer, sans nous mentir à nous-mêmes, que ces nouveaux articles chronologiques sont, comme tous ceux que nous avons publiés jusqu'à ce jour, écrits de conscience, dans un entier dévouement à notre pays, dans une entière abnégation de tout intérêt, de tout sentiment personnel. Nous citerons les écrivains qui ont publié, depuis le 30 juillet 1830 jusqu'en décembre 1832, des notices historiques sur la révolution de la grande semaine, après nous être assuré, autant qu'il aura été possible, de l'exactitude de leurs récits, et faisant abstraction de leurs opinions politiques. Ceux de nos lecteurs qui trouveraient trop de modération ou de réserve dans nos pages doivent juger que le premier devoir de tout homme probe et ami de son pays est de calmer les esprits, de donner aux lois l'appui de son faible talent; ceux qui verraient au contraire dans ces pages des calomnies ou des outrages contre une immense infortune, accuseraient mal à propos l'auteur : la *restauration* s'est amplement chargée de le justifier.

Nous obéissons, en traçant ces notes, à des considérations de premier ordre, à notre amour pour la patrie, la liberté et les lois. Disons-le encore : vérité, impartialité, justice, telle a été et telle sera toujours notre devise.

Le mécontentement, l'irritation contre tous les actes de l'autorité royale depuis 1814 avaient passé de la capitale dans les provinces, et acquis, d'année en année, une plus profonde intensité; on peut dire, avec la plus rigoureuse exactitude, que la désaffection avait gagné toutes les classes de la société. Depuis la nomination de M. de Polignac à la présidence du conseil des ministres, cette désaffection était devenue encore plus prononcée : la déloyauté et le bigotisme du monarque et de sa famille inspiraient un mépris général : le remaniement du ministère Polignac, 19 mai, acheva d'exaspérer la capitale du royaume, cette *géante* cité, dont le grand autocrate de Russie, Pierre 1er, avait dit, cent ans auparavant, lorsque Paris était à peine arrivé à l'âge viril :

« *Je plains d'avance le souverain qui se brouillerait*
« *avec elle.* »

Les conseillers de Charles x ont dirigé les affaires de l'État avec tant de perfidie, et en même temps avec une si grande ineptie, qu'ils forcent enfin la nation à vaincre ou à périr ; après les ordonnances du 25 juillet, il n'y a pas de milieu : obéissance passive et despotisme russe, ou résistance armée et révolution. Dans cette affreuse alternative, Paris a recours, et malgré lui (il faut le dire), au plus saint, au plus terrible des devoirs, à l'insurrection.

Le peuple se lève, la patrie et la liberté sont sauvées.

Les journalistes viennent de sonner le tocsin ; leur réunion, présidée par l'un des membres les plus distingués de la chambre des députés, et la protestation qui en est le résultat, impriment une vive impulsion à l'esprit public : ce député est M. Alexandre de *Laborde*. La lutte doit être terrible, le succès est plus que douteux, la défaite presque certaine, et de la défaite à l'échafaud il n'y aura qu'un pas, un instant. M. de Laborde n'hésite point ; le premier entre tous ses collègues présens à Paris, le premier entre tous les fonctionnaires civils ou militaires, il monte à la brèche et brave la mort, au cri de *vive la liberté!* Une députation de l'École de Droit vient offrir aux conjurés (ils le sont déjà), le dévouement des *jeunes barbares* de M. de Châteaubriand ! M. de Laborde enflamme leur courage, et leur indique les dispositions à prendre :
« Allez dire à vos camarades que vous nous avez trouvés
« au poste du danger, de l'honneur ; la patrie et la li-
« berté sont ici avec nous : réunissez-vous en aussi grand
« nombre que vous le pourrez, ce soir, à dix heures ;
« nous vous ferons connaître les résolutions et les me-
« sures qui auront été arrêtées ; réunissez-vous prompte-
« ment, armez-vous, et nous courrons à la victoire. »

Ainsi parle et se conduit M. de Laborde; c'est la plus noble action d'une vie qui offre plusieurs belles actions, et il faudra que le député de la Seine commette bien des fautes envers la liberté et la patrie pour qu'elles oublient le dévouement dont il fait preuve le 26 juillet et les jours suivans... Son domicile est ouvert à l'insurrection ; il y convoque pour sept heures du soir les députés présens dans la capitale, quatorze se rendent à l'invitation : ce sont MM. *Audry-Puyraveau, Bavoux, Bérard, Bernard, Casimir Périer, Daunou, Lefebvre, Marschal, Mauguin, Odier, Persil, Schonen, Vassal, Villemain.*

M. de Laborde prend la parole et raconte à ses quatorze collègues ce qui s'est passé dans la réunion des journalistes ; il expose avec cette véhémence qui appartient au patriotisme indigné contre la tyrannie l'état révolutionnaire des esprits et des choses ; il propose de faire, au nom des représentans du peuple, une énergique protestation contre des ordonnances qui attentent directement aux libertés publiques et aux droits de la représentation nationale, « *cette portion essentielle de la puissance législative* » (dit la Charte) : M. Villemain est invité à rédiger la protestation. — M. Bavoux fait la proposition que les députés présens à Paris se constituent, sans perte de temps, *en assemblée nationale.* Il dit : «..... Mandataires du peuple, nous avons à soute-
« nir ses droits et notre honneur. Aujourd'hui, comme
« il y a quarante ans, il s'agit encore d'*un jeu de*
« *paume*.....* » M. Daunou dit : «..... Nous n'avons
« plus la voie libre de la tribune ; mais il nous reste
« l'*appel au peuple !* Nous serions traîtres à la patrie,
« si nous négligions ce moyen, le seul efficace désor-

---

* *Document pour l'Histoire de France*, etc., par Armand Marast, 1831, chez Rouanet, libraire-éditeur.

« mais. » M. Schonen dit : «..... C'est vrai ! nous som-
« mes députés, et nous devons nous montrer fermes
« dans nos principes. Il faut crier *aux armes !* si c'est
« nécessaire..... » Dans ce moment entre M. Casimir
Périer ; le député jouit encore de cette réputation de
patriotisme et de libéralité politique que sa constante
opposition au ministère Villèle lui a méritée ; son silence
sous les deux ministères Martignac et Polignac fut, sans
doute, une faute comme il fut un malheur pour la cause
constitutionnelle ; mais ce silence ne lui est pas encore imputé à défection des intérêts nationaux ! Manuel, Foy,
Girardin, morts trop tôt ; d'Argenson, Dupont (de l'Eure),
Benjamin Constant, Labbey-Pompières, etc., ne les
ont pas défendus avec plus d'énergie, avec plus de
constance : depuis deux ans, il s'est abstenu de paraître
à la tribune nationale ; mais il peut, il doit, il va certainement se ressaisir de son ancienne popularité : le nom
de M. Casimir Périer est encore une puissance ; il l'of-
frira, il le consacrera, on n'en doute pas, à la liberté
expirante sous les ordonnances du 25 ! Ce député possède l'estime et la confiance de la nation ; il doit être
ambitieux d'obtenir la récompense des grands citoyens ;
cette gloire *civique*, le plus noble prix du dévouement
au pays ! L'élévation de son esprit est généralement reconnue ; il s'est créé lui-même, et son éducation politique n'a rien coûté à la liberté, à la patrie. Quelle heureuse influence peut donc exercer M. Casimir Périer sur
les événemens qui se préparent !

Nous abordons ici une position bien délicate, nous
l'envisagerons sous toutes ses faces.

Que le monarque de Coblentz et les hommes de l'ancien régime aient senti l'importance, qu'ils aient même
exprimé le désir de rallier à leur cause un personnage aussi
distingué dans l'opposition parlementaire, rien de plus

vraisemblable! mais que l'illustre citoyen se soit laissé prendre sciemment à ces apparences de faveur, et séduire par ces complimens de cour dont les princes se montrent toujours prodigues envers les personnes qui peuvent servir leurs desseins, c'est ce dont nous n'accuserons pas M. Casimir Périer, à moins que des preuves positives, des faits constans, ne viennent à l'appui d'une semblable imputation; quinze années de sa vie publique semblent déposer, au contraire, en faveur de son patriotisme. M. Casimir Périer se sera approché de la cour sans méfiance, peut-être sans soupçon des desseins qu'on y trame dans l'ombre : ces paroles chevaleresques qui ont l'air de tomber si naturellement de la bouche du monarque; cet accent de bonhomie et de loyauté dont il a contracté l'heureuse habitude; ces manières affables qui séduisent, même lorsqu'elles ne trompent pas; la sagesse et l'expérience que l'on croit ne pouvoir refuser, sans injustice, à un prince vieilli dans l'exil et les infortunes royales; enfin, ce prestige de grandeur qui environne les trônes, toutes ces considérations réunies ont pu faire naître chez M. Casimir Périer le désir d'entrer dans les conseils d'un roi qui a fait les plus solennelles protestations d'attachement à la Charte constitutionnelle : mais de cette noble ambition au projet de sacrifier, pour la satisfaire, les libertés publiques au pouvoir absolu, il y a toute la distance qui sépare la vertu et le crime, et il faut des preuves aussi claires que le jour pour imputer à M. Casimir Périer de si lâches desseins... Au reste, que la calomnie ait poursuivi sa personne et poursuive encore sa mémoire, l'on ne doit pas s'en étonner; il subit le sort réservé à tous les personnages qui ont exercé une grande influence dans les affaires publiques; ces personnages n'ont de justice à attendre que de l'histoire, elle les absout ou les condamne d'après leurs œuvres.

M. Casimir Périer veut sincèrement la Charte; il en connaît les imperfections, mais il est persuadé aussi que le pouvoir royal sentira la nécessité d'accorder enfin au pays les institutions qu'il réclame, si l'opposition parlementaire se prononce fortement, sans sortir toutefois de la ligne et des formes constitutionnelles : ne pourrait-on pas attribuer à cette erreur de l'ancien député de l'opposition la conduite qu'il suivra dans les journées de 1830? Le grand principe de M. Casimir Périer est *la légalité;* c'est chez lui une idée fixe, hors de laquelle il ne voit que révolutions et anarchie. Il ne craint pas d'exprimer hautement sa désapprobation des mesures proposées par ses collègues; il s'écrie : « Qu'allez-vous faire? procla-
« mer l'insurrection, crier aux armes, vous déclarer
« assemblée nationale... gardez-vous-en bien!... la cham-
« bre des députés est dissoute; il n'y a plus de *députés...*
« la couronne a usé *légalement* de sa prérogative... vous
« n'avez plus aucun droit, aucun titre; vous ne pouvez
« plus, sous aucun rapport, vous prononcer contre les
« actes du gouvernement du roi... Depuis l'apparition
« du *Moniteur*, il n'y a plus de députés, que diable!...
« Autoriser l'insurrection ! mais ce serait de votre part
« un acte de délire; si l'insurrection éclate, elle sera
« comprimée, vaincue, anéantie... L'on a beau invoquer
« l'opinion publique, que peut-elle contre la force maté-
« rielle, contre la force armée?... Attendons les événe-
« mens, ils nous indiqueront la conduite qu'il convient
« de suivre... Songez bien que toutes les conspirations
« tramées depuis quinze années ont été fatales à la li-
« berté, au pays; attendons : le roi, éclairé sur les
« dangers que peut courir la paix publique, peut se
« déterminer à retirer les ordonnances; nous devons
« donc nous abstenir de prendre l'initiative sur les évé-

« nemens, nous devons rejeter toute résolution qui ten-
« drait à imposer des conditions à la couronne ; encore
« une fois, ne hasardons rien, et espérons que Charles x
« entrera dans de meilleures voies que celles où ses con-
« seillers l'ont engagé... c'est au roi à juger de ce qu'il
« convient de faire dans les circonstances critiques où se
« trouve la chose publique... évitons toute manifestation,
« toute scission qui ne pourraient qu'entraîner de grands
« maux pour le pays... Nous ne sommes plus dépu-
« tés ;... *je déclare, quant à moi, que je crois la
« chambre* BEL ET BIEN DISSOUTE... En nous suppo-
« sant, d'ailleurs, le caractère légal dont l'ordonnance
« de dissolution nous a dessaisis, nous ne pourrions
« délibérer et prendre une détermination quelconque,
« sans consulter ceux de nos collègues qui se trou-
« vent à Paris... Eh bien! messieurs, je m'engage à
« les convoquer chez moi, demain matin de très-bonne
« heure...»

Tel est le résumé des opinions professées par M. Casimir Périer dans la réunion de députés ; il professera les mêmes opinions dans les réunions qui auront lieu chez MM. Puyraveau, Laffitte, etc. : nous nous exprimons ainsi, d'après l'irrécusable témoignage de l'un des assistans, et nous rapportons les paroles de M. Casimir Périer aussi textuellement que notre mémoire les a conservées. M. Labbey de Pompières, qui nous honorait de son attachement, de sa confiance, a bien voulu nous donner des notes sur les journées de juillet : elles nous guideront, en grande partie, parce que nous avons l'intime conviction de leur parfaite exactitude : nous indiquerons les renseignemens consignés dans plusieurs écrits * publiés lorsque ces événemens étaient encore pré-

---

* *Histoire de la révolution de* 1830, *et des nouvelles barrica-*

sens à tous les esprits, lorsqu'on les touchait encore du doigt. Si les faits qu'ils rapportent, si les détails fournis par plusieurs feuilles périodiques en possession de la confiance publique n'ont pas été démentis jusqu'à ce jour,

des, etc., par F. Rossignol et J. Pharaon.— *Histoire de la mémorable semaine de juillet* 1830, 2ᵉ édition. — *Evénemens de Paris des 26, 27, 28 et 29 juillet* 1830, par plusieurs témoins oculaires, 7ᵉ édition, chez Audot, libraire. — *Coup d'œil sur les derniers événemens de Paris*, nouvelle édition revue et corrigée, chez Jules Renouard, libraire, rue de Tournon. — *Notre Histoire*, par J. Bousquet, en deux livraisons; la première, chez Bohaire, libraire; la deuxième, 1832, chez Paulin, libraire. — *Lafayette et la Révolution de* 1830, *histoire des choses et des hommes de juillet*, par B. Sarrans jeune; ouvrage infiniment curieux par les renseignemens dont il abonde. — *Document pour l'histoire de France, ou Conduite des députés*, etc., par M. Armand Marast; précis d'une haute importance et plus substantiel que beaucoup de gros livres. — *Des patriotes, des libéraux et des doctrinaires*, par J.-N. Poubelle, etc., etc. etc. Nous avons consulté les journaux de toutes opinions, les feuilles les plus hostiles aux trois journées, comme les feuilles les plus prononcées en leur faveur : nous avons recherché la vérité dans leurs assertions, dans leurs aveux, même dans leur silence; en un mot, nous avons eu recours à tous les moyens d'instruction dont il nous a été possible de disposer.

Après avoir compulsé tous ces écrits, quelles que fussent les opinions politiques de leurs auteurs, ne recherchant que les faits, sans acception de personnes ou d'opinions politiques; après avoir scrupuleusement examiné les différentes versions, nous avons admis celles qui présentaient unanimité d'affirmation ou majorité incontestable, nous avons rejeté celles qui nous ont paru apocryphes ou entachées d'esprit de parti : nous avons ensuite soumis les faits généralement reconnus comme authentiques, au témoignage de plusieurs députés, de plusieurs particuliers, dignes de foi, témoins oculaires ou auriculaires des journées populaires (26, 27, 28, 29, etc.) et des discussions politiques auxquelles ces terribles et mémorables journées ont donné lieu. Si nous commettons quelques erreurs, ce

l'on peut tenir pour vrais ces détails et ces faits : en les comparant entre eux, en s'appuyant du témoignage de plusieurs députés consciencieux, témoins des événemens et des discussions relatives à ces événemens, nous serons simple historien, sans prétendre, nous le répétons, incriminer ou justifier les choses ou les personnages : chacun sera ici pour ses actes et ses paroles : nous les rendrons avec toute la vérité qu'il nous aura été possible d'obtenir : nous nous étendrons sur les démarches, les discussions, les pourparlers des membres de la chambre des députés, présens à Paris, au moment de la publication des ordonnances du 25, parce que ces actes ont plus ou moins imprimé leur direction à la révolution de juillet et à ses conséquences, parce que ces actes ont décidé des libertés nationales et du sort de la patrie..... L'on ne doit pas traiter légèrement une telle révolution : les destinées des peuples, le sort des princes en dépendent!!!

L'on ne saurait le taire : dans cette grande circonstance, la conduite de M. Casimir Périer ne répondit pas à l'idée que l'on conservait de la pureté de son patriotisme, de l'énergie de son caractère ; l'on improuva généralement sa conduite : et comment s'en étonner, lorsqu'on le voit prendre le lendemain, 27, à la pointe du jour, la détermination de prévenir les membres de la chambre des députés (auxquels il avait adressé, pendant la nuit, des lettres de convocation) que la réunion indiquée chez lui, pour dix heures, n'aurait pas lieu!

---

ne sera pas du moins sans avoir épuisé tous les moyens d'investigation qui pouvaient nous conduire à la vérité, et nous serons toujours prêt à réparer ces erreurs, lorsqu'on nous aura donné les preuves des assertions contraires.

PREMIÈRE VICTIME
(27 Juillet 1830)

RÉVOLUTION.

27 JUILLET. — L'agitation et l'inquiétude s'étaient manifestées la veille dans tous les lieux publics, la bourse avait été orageuse, et les fonds publics étaient tombés de près de quatre francs..... Des groupes nombreux d'étudians et d'ouvriers, surtout d'ouvriers imprimeurs, s'étaient formés dans la soirée au Palais-Royal ; ils faisaient entendre des cris de : *Vive la Charte! vive la liberté! à bas les ministres !* des pelotons de gendarmerie avaient dissipé ces groupes avec peine, mais sans effusion de sang.

Des groupes beaucoup plus nombreux ont lieu aujourd'hui, dès huit heures du matin, au Palais-Royal, dans la rue Saint-Honoré, sur la place Vendôme ; l'on y remarque des ouvriers de toutes les professions, presque tous les ouvriers attachés à l'imprimerie et à la librairie, un grand nombre d'étudians des écoles de Droit et de Médecine. Ces rassemblemens tumultueux sont sans armes, mais leur attitude est menaçante ; toutes les physionomies portent l'empreinte d'une colère ardente : on y lit la ferme résolution de résister, à tout prix, à un gouvernement déjà proscrit dans l'opinion publique. Les cris de *vive la liberté! à bas Charles* x ! se font entendre : l'orage gronde ; la foudre n'éclate pas encore...... Le préfet de police, *Mangin*, a donné l'ordre de fermer les bureaux des journaux patriotes qui ne se soumettront pas à l'ordonnance du 25, et d'apposer les scellés sur leurs presses ; les gérans ou rédacteurs de ces feuilles refusent d'ouvrir leurs portes aux commissaires, aux agens de police : *le National* et *le Temps* opposent une forte résistance, les portes de leurs bureaux sont enfoncées, les presses sont brisées *; le peuple se porte en tumulte autour des établissemens de ces feuilles, il fait éclater la plus vive indignation : bientôt l'exaltation populaire est à son comble ; le sang français va couler, et les conseillers de Charles x, *le père du peuple,* donneront l'ordre de le répandre !!!.,. La garde royale et la troupe de ligne fondent, de la place du Carrousel, sur les quartiers du Palais-Royal, de la Bourse, de la place Vendôme, et principalement sur le boulevard des Capucines où est situé l'hôtel des affaires étrangères, résidence du président du conseil des ministres : elles se répandent dans les rues qui aboutissent aux places, aux centres des rassemblemens que nous venons de désigner : les premières attaques ont lieu de la part des troupes; nous l'affirmons, d'après le témoignage de plusieurs citoyens connus par leur loyauté, et qui ont été témoins de ces premiers actes d'hostilité..., La garde royale et la gendarmerie sabrent tout ce qui se trouve sur leurs pas. Une femme tombe d'un coup de feu dans la rue Saint-Honoré, vis-à-vis la rue Croix-des-Petits-Champs : « Un garçon boulanger, les bras et les jambes

---

* « On sent tout ce que des scènes de ce genre, dans chaque quartier, devaient ajouter à l'agitation générale. Il n'a pas tenu à M. Mangin qu'elle ne fût encore plus grande. Dans cette matinée, déjà féconde en événemens, plus de soixante députés, connus par l'énergie de leur caractère, devaient être arrêtés... M. Mangin avait fait venir M. Foucault, colonel de la gendarmerie, et lui avait dit qu'il fallait se transporter à leur domicile et les enlever... ». (*Histoire de la révolution de 1830,* etc.). Le nombre des députés à arrêter n'était pas de soixante, mais de quarante-un; nous en avons vu la liste, que nous croyons inutile de publier. *Le Courrier Français* (31 juillet) va plus loin que les auteurs de l'*Histoire de la révolution*; il dit : « M. Foucault approuve la mesure, mais demande un ordre écrit; M. *Mangin* « a la lâcheté de le refuser. »

nus, homme d'une stature colossale et d'une force herculéenne, saisit aussitôt le cadavre, et, le tenant au-dessus de sa tête, le transporte jusqu'à la place des Victoires, en criant *vengeance*! Là, après l'avoir étendu à terre devant lui, et au pied de la statue de Louis XIV, il harangue la multitude dont il était entouré, avec une énergie qui faisait vibrer toutes les âmes. Puis, ramassant le cadavre, il l'emporte vers le corps-de-garde de la Banque qui est tout près de la place des Victoires ; et, à peine arrivé devant les soldats rassemblés sur la porte, il leur lance ce cadavre tout sanglant à la tête, en disant : « Tenez, voilà comme vos camarades arrangent nos femmes!..... En ferez-vous autant? » — (Tel est le récit de M. Darmaing, rédacteur en chef de la *Gazette des Tribunaux*, publié par l'auteur des *Événemens de Paris*, etc.)

A l'aspect de ce cadavre, vingt mille voix ont répété le cri *vengeance!* Mais cette population sans chef, sans guides, est encore sans armes; des pierres, des bâtons, voilà les seuls moyens dont elle peut disposer contre une force militaire qui vomit un feu terrible de mousqueterie et de mitraille : les abords du Palais-Royal, la rue Sainte-Anne, la rue Vivienne, la place de la Bourse, sont bientôt jonchés de cadavres. Le peuple se disperse, la rage dans le cœur ; mais à peine les troupes royales se sont-elles repliées sur leurs quartiers, que la résistance s'organise sur tous les points de la rive droite de la Seine ; les faubourgs Saint-Antoine, Saint-Martin, Saint-Denis, se soulèvent comme les flots d'une mer irritée ; l'on brise les réverbères, des pierres sont amoncelées dans les rues, le corps-de-garde de la Bourse est incendié, plusieurs corps-de-garde sont forcés et désarmés sur les boulevards, depuis la place de la Bastille jusqu'aux abords du faubourg Montmartre : de tous côtés l'on se prépare au combat pour le lendemain......

Il est nuit ! Paris est obscur et désert ; le silence règne dans les quartiers les plus populeux : quel silence ! Il est interrompu, de temps à autre, par les cris de *guerre*, *vengeance, guerre à mort*, qui se font entendre au coin des rues où le sang des citoyens a ruisselé : retirés dans leurs maisons, ils y préparent les fusils, les pistolets, les sabres, les piques, toutes les armes enfin qu'ils ont pu se procurer..... Nous avons vu les nuits du 13 et du 14 juillet 1789; nous avons vu les nuits du 28 et du 29 juillet 1830 : quarante et une années avaient passé entre elles !..... 1830 fut plus solennel, plus sombre, plus sanglant, plus terrible que 1789, mais sans cruautés, sans crimes : ce ne sont plus des esclaves brisant leurs chaînes qui vont combattre, ce sont des *hommes* qui veulent rester libres.

Le peuple fait son devoir; que font ses mandataires? que fait la cour?

Tout marche à la cour comme dans les temps les plus paisibles : Charles x a été chasser la veille à Fontainebleau ; il donne des ordres pour une chasse à Rambouillet. Rien n'est dérangé dans les habitudes du monarque, rien n'est omis dans l'étiquette du palais : les ministres sont à Paris, ils se persuadent que le mécontentement excité par les ordonnances est l'affaire de quelques instans ; fermentation *de passage*, dit l'un d'eux, et il ajoute : « Les rassemblemens seront facilement dis-
« sipés par quelques brigades de gendarmerie, par quel-
« ques charges de cavalerie..... » Dès le 25, il avait été résolu, en conseil des ministres, de donner au duc de Raguse (maréchal Marmont) le commandement de la première division militaire, qui comprend plusieurs départemens, et particulièrement celui de la Seine (Paris); le duc de Raguse a sollicité ce commandement, qui met dans ses mains une force considérable ; il reçoit dans la

matinée du 27 l'ordre d'en prendre de suite la direction. — Les troupes, de toutes armes, qui composent la garnison de Paris, présentent un effectif d'environ dix-huit mille hommes, en y comprenant les bataillons casernés à Courbevoie, à Ruel, à Saint-Denis. Plusieurs régimens sont, en outre, placés à de petites distances de la capitale; ils peuvent y arriver en deux marches, si on juge leur présence nécessaire :..... le château, ou plutôt la forteresse de Vincennes renferme un immense matériel d'artillerie et de munitions de guerre..... « Les débats du procès des ministres ont démontré que le pouvoir avait pressenti le soulèvement et fait ses dispositions pour l'étouffer. » (*Nota :* seulement il n'avait pas pensé que le soulèvement que devaient exciter les ordonnances deviendrait une *insurrection nationale.*) «Indépendamment des cours prévôtales, dont l'établissement devait compléter le système de contre-révolution, et dont l'organisation était arrêtée, l'autorité militaire s'était préparée d'avance à repousser la force par la force. Dès le 20 juillet, le duc de Raguse, alors de service comme major-général de la garde, avait transmis aux divers chefs de corps un ordre *confidentiel* tel qu'on n'en donne guère qu'en présence de l'ennemi, ou dans les circonstances les plus critiques. Cet ordre indique les divers lieux où, en cas d'alerte, ces troupes doivent se rendre, etc., etc. (*Lafayette et la révolution de* 1830, etc.)

Le maréchal Marmont arrive sur les onze heures à Paris; à deux heures, les premières charges de gendarmerie ont eu lieu, et toutes les dispositions militaires sont prises pour *faire rentrer promptement le peuple dans le devoir :* car l'on ne se doute pas à Saint-Cloud que la résistance aux ordonnances du 25 puisse devenir chose sérieuse; les habitués de *l'œil-de-bœuf* plaisantent avec leur grâce ordinaire sur cette *mutinerie,* sur ces *rassemblemens de canaille*, que la présence du maréchal suffira pour dissiper. Nous disons ces choses, parce que nous les avons sues d'une manière certaine.

Que faisaient, pendant ce temps, les mandataires du peuple ?

Les députés, réunis le matin chez M. A. de Laborde, se sont donné rendez-vous chez M. Casimir Périer, à deux heures : M. de Lafayette, M. Laffitte, sont encore absens ; le premier est à sa terre de Lagrange (Seine-et-Marne), le second est à 40 lieues de Paris (dans la Mayenne) ; des courriers leur ont été expédiés ; ces deux grands citoyens seront, dans la journée, au poste du danger, de l'honneur.

La nouvelle de la réunion Casimir Périer s'est répandue avec rapidité ; environ trois cents jeunes gens des Écoles de droit et de médecine, parmi lesquels se trouvent quelques élèves de l'École polytechnique, accourent dans la rue Neuve-du-Luxembourg, où est situé l'hôtel de M. Casimir Périer ; ils brûlent de connaître les résolutions qu'arrêtera cette réunion sur laquelle se fondent tant d'espérances : deux détachemens de cavalerie, et trois brigades de gendarmerie débouchent par les extrémités de la rue et chargent, au grand galop, le rassemblement ; pris entre deux feux, les jeunes gens qui le composent cherchent un asile dans les maisons : trois d'entre eux sont blessés devant l'hôtel de M. Casimir Périer, le sang rejaillit sur la porte cochère ; ils frappent à coups redoublés : LA PORTE NE S'OUVRE PAS ! — Vingt-trois jeunes gens, plus ou moins grièvement blessés, sont transportés à l'hôtel du ministère des affaires étrangères.....

L'hôtel de M. Casimir *s'ouvre* pour les députés qui justifient de leur titre. La présidence de ce simulacre de chambre est conférée à M. Labbey de Pompières, comme doyen d'âge.

Voici la liste des membres présens chez M. Casimir Périer, telle que M. Labbey de Pompières a bien voulu nous la communiquer : — MM. *Audry-de-Puyraveau, Baillot, Bavoux, Bérard, Bertin-de-Vaux, Chardel, Delessert, Dupin* (aîné), *Dupin* (Charles), *Duchaffaut, Gérard, Guizot, Labbey-Pompières, Laborde, Lefèvre, Lobau, Louis, Marschall, Mathieu-Dumas, Mauguin, Méchin, Milleret, Odier, Périer* (Casimir), *Périer* (Camille), *Persil, Saint-Aignan* (Auguste), *Salverte, Schonen, Sébastiani, Vassal, Villemain, Voisin-de-Gartempe* : total, 33.

M. Dupin prend la parole, il dit : « Nous n'avons, messieurs, aucun titre, aucun droit; *nous ne sommes pas députés* : la Charte donne en toute occasion au roi, et textuellement, le droit de dissoudre la chambre : elle ne fait aucune distinction ni d'avant ni d'après convocation des députés nommés. Ce droit de la puissance royale n'a pas de limites. Or, sans entrer dans la discussion des autres ordonnances, en supposant même leur illégalité *démontrée*, on ne peut soutenir du moins que celle de la *dissolution* ne soit parfaitement *légale*, et ce fait seul nous ôte notre qualité de *députés*... » (*Document pour l'Histoire de France*, etc., par Marast.) — « La dissolution prononcée par l'ordonnance du 25 est par conséquent de la plus incontestable légalité : d'après cette ordonnance, les individus élus par les colléges électoraux ne sauraient invoquer le titre de *députés*; ils ne peuvent donc agir en cette *qualité;* ils ne sont plus que de *simples citoyens*. Nous ne pouvons ni *délibérer*, ni nous *réunir légalement*... » (Rapporté d'après le témoignage de M. Labbey de Pompières.)

M. Mauguin combat avec feu l'opinion de M. Dupin : « La *légalité!* s'écrie-t-il; le pouvoir l'a violée; est-ce donc pour nous seuls qu'elle serait obligatoire?...

Il ne s'agit plus de discuter sur le point légal, il s'agit « de la vie ou de la mort, de la liberté ou de la servitude, « du régime constitutionnel ou du régime espagnol. » — La conduite que nous devons suivre est tracée par le seul fait des ordonnances... » (*Document pour l'Hist.*, etc.)

La réunion est partagée entre deux opinions parfaitement tranchées : — L'une se fonde sur la constitutionnalité de l'ordonnance de dissolution et la nécessité de ne point sortir de l'ordre *légal* ; elle veut prévenir, à tout prix, le bouleversement de l'ordre de choses existant, la chute de la famille régnante : elle craint, il faut le croire, l'anarchie plus que le despotisme ; elle propose d'adresser au roi de respectueuses remontrances pour lui demander le retrait des ordonnances du 25. — L'autre soutient que Charles x ayant violé la Charte, a perdu le droit de dissoudre la chambre ; que la qualité de député survit par conséquent à l'ordonnance de dissolution, et que le salut de la patrie commande la résistance à l'oppression, et une *résistance armée*, seule ressource qui reste au peuple.

MM. Sébastiani, Casimir Périer, et huit ou dix députés se prononcent en faveur de l'opinion de M. Dupin : MM. Laborde, Audry-de-Puyraveau, Milleret, Persil, Labbey-Pompières, Bérard et quinze ou vingt autres députés embrassent l'opinion de M. Mauguin. — Après de longues et orageuses discussions, les députés de la rue Neuve-du-Luxembourg déclarent, sur la proposition de MM. Casimir Périer, Dupin, Sébastiani, Bertin-de-Vaux et Villemain : « Qu'il devient « *opportun* d'écrire à Charles x, à l'effet de *supplier* « S. M. de vouloir bien retirer les ordonnances du 25, « et de changer le ministère. » — Les débats sont interrompus par un incident qui doit, ce semble, leur donner une direction plus prononcée. L'on annonce une

RÉUNION BÉRARD.
(27 Juillet 1830)

députation des électeurs de la ville de Paris. Sera-t-elle reçue, sera-t-elle refusée?... M. Casimir Périer s'écrie : « Re-
« marquez dans quelle position on nous place ! Si nous
« recevons la députation, on le *saura* aux Tuileries, on
« s'en *irritera* peut-être, et qui sait les mesures qu'on
« arrêtera *contre nous*. Si la députation n'est pas re-
« çue, elle se *plaindra*, elle pourra se répandre au
« milieu du peuple, et, dans l'état d'exaspération où
« sont les têtes, qui peut répondre...? Messieurs, ceci
« est une *surprise* fort désagréable... » (*Document*, etc.)
MM. Dupin, Sébastiani, Gérard, etc., s'opposent avec
force à la réception de la députation ; mais la majorité
l'emporte, elle est introduite : MM. Boulay (de la
Meurthe) et Mérilhou en font partie ; ils exposent « que
tous les liens qui attachaient la France au trône des
Bourbons sont brisés ; que la nation ne doit plus, ne
peut plus en appeler qu'à l'insurrection contre une
autorité qui a foulé aux pieds toutes les lois, et que
le peuple compte sur le patriotisme et le courage de
ses représentans. Un silence absolu succède à cette
déclaration, et la députation se retire dans une pièce
voisine, pour laisser aux députés la faculté de délibérer en toute liberté. Sur ces entrefaites, une nouvelle
députation, composée de jeunes gens, demande à être
admise. M. Périer court à elle, et l'adjure de ne point
persister dans une démarche qu'il considère comme
étant de la plus haute importance ; il représente à ces
jeunes gens la folie de leurs efforts contre les mesures de
répression que le gouvernement n'aura pas assurément
manqué de prendre ; il les exhorte à rentrer dans la
légalité et à ne pas chercher *dans la rue* une victoire
qu'ils n'y trouveraient point. Les jeunes gens, bien
décidés à ne plus compter que sur l'énergie du peuple,
se retirent, et M. Périer va rejoindre ses collègues. »

(*Lafayette et la révolution de* 1830, etc., par Sarrans jeune.) *

Il est nécessaire de préciser les dispositions des esprits au moment de l'insurrection, et de s'étendre, en conséquence, sur les démarches des membres de la chambre des députés présens à Paris. La majorité de ces membres s'opposait formellement à tout mouvement insurrectionnel; loin de le favoriser, elle l'a comprimé autant et aussi long-temps qu'elle l'a pu. Mais dès l'instant où la victoire du peuple a été prononcée et n'a plus présenté d'autre danger que celui de la gloire, les députés les plus timides, les plus circonspects, qui ne se croyaient pas *députés*, ces mêmes hommes qui craignaient de se réunir, de discuter, de prendre une

---

* M. Persil s'est hautement prononcé en faveur du mouvement populaire : questionné par les jeunes gens qui attendaient à la porte de l'hôtel de M. Casimir Périer le résultat des délibérations de la réunion, il leur a répondu... « Croyez-vous que ce... Du-
« pin a soutenu mordicus que nous n'étions plus députés...
« Aussi tous ces gens-là sont-ils sans énergie. — Mais qu'a-t-on
« décidé ? — Eh mon dieu ! rien ; qu'on se réunirait en secret. »
— « Les jeunes gens ensemble. Allons, il paraît que Persil va
« bien. »

« M. Périer. Ce n'est pas tout, messieurs, que de vouloir
« une révolution, il faut la pouvoir, il faut la faire. Ces gens-là
« sont forts; ils ont du canon. Et qu'est-ce que vous avez, vous
« autres ? Vos gants et vos chapeaux. Il est donc tout-à-fait *im-*
« *prudent* de rien faire qui nous jette en dehors de la *légalité*...
« Toutes ces émeutes, tous ces rassemblemens sont de la *fo-*
« *lie*..... Dans tous les cas, messieurs, je crois que nous de-
« vons *cacher* le lieu de nos réunions ; c'est une occasion de ras-
« semblemens et une cause de malheurs. Ma maison est trop
« près de deux ministères : je vous prierai donc d'en choisir
« une autre ; car vous sentez... » — « M. Sébastiani. Oh ! oui,
« surtout si les affaires deviennent plus graves, il ne faut pas... »
(*Document pour l'Histoire de France*, etc.)

détermination quelconque, se sont mis à la tête des vainqueurs, et alors ils se sont constitués, comme *députés!* Ils voulaient, sans doute, prévenir de grands malheurs, qu'ils envisageaient comme inévitables. Un grand esprit l'a dit il y a quarante ans : « Tout le monde sait « comment une révolution commence, personne ne sait « comment elle finit. » — Après avoir long-temps discuté sur le plus ou le moins de péril qu'il pourrait y avoir à se prononcer dans une conjoncture si critique, les députés réunis chez M. Casimir Périer finissent par délibérer « qu'il serait opportun et patriotique d'écrire une lettre à Charles x, etc., » (ainsi qu'on l'a vu plus haut). « Cet avis, ouvert par MM. Bertin-de-Vaux, Dupin, Sébastiani, Périer et Villemain, prévaut sans néanmoins amener aucun résultat. On se sépare sans avoir rien fait, rien tenté pour ce peuple héroïque dont le sang coulait déjà par torrens dans les rues de Paris. Je me trompe, on fit quelque chose : on se donna rendez-vous pour le lendemain à midi, chez M. Audry de Puyraveau, qui, sur le refus de M. Périer d'ouvrir une seconde fois son hôtel aux députés réunis, s'empressa de leur offrir sa maison, en les assurant qu'ils y seraient sous la sauvegarde du peuple. » (*Lafayette et la révolution de* 1830, etc.) Nous citerons souvent cet ouvrage, relativement aux journées de juillet, parce que les détails qu'il donne sont presque toujours exacts ; M. Labbey de Pompières a bien voulu nous communiquer à cet égard des renseignemens précis ; ils sont, en très-grande partie, conformes aux récits publiés par M. Sarrans[*].

---

[*] Nous citerons, par la même raison, l'écrit de M. Marast : son *Document pour servir à l'histoire de France* contient plusieurs renseignemens dont M. Labbey de Pompières et d'autres députés non moins recommandables nous ont attesté l'exactitude. Lorsque M. Marast se prononce avec tant d'énergie contre la

Jusqu'à cet instant, l'insurrection nationale marche et grandit d'elle-même, par la seule impulsion de l'esprit public; elle n'a point d'autre encouragement, d'autre soutien : les mandataires de la nation, les représentans du peuple, sont effrayés de cette insurrection, tant les conséquences leur en paraissent menaçantes, terribles : ils paralysent, autant qu'il peut dépendre d'eux, tous les moyens d'attaque ou de défense auxquels le peuple a recours ; mais l'opinion nationale l'emporte malgré eux, et bientôt elle entraînera les individus les plus opposés à tout mouvement révolutionnaire. Il ne faut plus qu'un chef et un drapeau. Les voilà ! M. de Lafayette arrive à Paris dans la soirée du 27 ; aussitôt « il fait offrir aux patriotes insurgés l'appui de son nom et de sa personne. »

28 JUILLET. — Au point du jour, la population entière de la capitale se met en mouvement; les faubourgs Saint-Antoine et Saint-Marceau descendent sur l'Hôtel-de-Ville et le Pont-Neuf : déjà le drapeau tricolore est arboré sur les tours de Notre-Dame *; le tocsin sonne, des barricades s'élèvent dans les principales rues, aux débouchés des ponts, aux abords des grandes places : les armuriers ont livré les armes blanches qu'ils possèdent : la poudre et le plomb ont été enlevés chez tous les marchands ;

conduite de la dynastie déchue, cet écrivain parle en toute connaissance de cause : il était, dit-on, avant la révolution de 1830, secrétaire de M. l'évêque d'*Hermopolis*, Frayssinous, ce qui ne l'aurait pas, du reste, empêché de se montrer, en juillet, bon Français et ardent patriote.

* Le premier drapeau tricolore déployé dans Paris fut arboré sur le monument funéraire consacré au duc de Berry, emplacement de l'ancienne salle de l'Opéra, rue de Richelieu, vis-à-vis la Bibliothèque royale : le drapeau tricolore sur la tombe royale... quel présage pour le trône !!!

les boutiques sont fermées, les ateliers sont déserts : Paris est à tout le monde et n'appartient à personne ! Il existe une chambre des pairs, et le premier devoir de ses membres est de défendre le trône ; loin de convoquer les pairs présens à Paris, le chancelier, marquis de *Pastoret*, se cache, prend la fuite, et plus tard il donnera sa démission. Aucun pair ne se montre dans les trois journées ; MM. d'Argout et Sémonville sont les seuls membres de cette chambre qui se rappellent que le trône existe encore; ils prennent sur eux la défense du malheureux Charles x, et font les démarches les plus actives pour sauver l'autorité, ou la couronne du roi ; c'est leur devoir, ils le remplissent..... Les députés présens à Paris se sont, du moins, réunis et présentent un simulacre de chambre législative ; mais ceux de MM. les pairs qui se trouvent dans leurs hôtels à Paris, ou dans leurs châteaux aux portes de la capitale, n'ont garde de se réunir, de se montrer au peuple, d'affronter le danger ; ils évitent même de se rendre à Saint-Cloud et d'y environner la personne du roi !!! Les pairs, « *défenseurs héréditaires du trône et de la Charte* » (ils l'ont dit naguère au monarque *assis* sur son trône, V. 9 mars), verront tomber ce trône sans faire le moindre effort, la moindre démonstration pour le soutenir : ou sont donc le mérite, l'honneur, l'illustration des membres de la chambre des pairs, si, dans les conjonctures critiques où se trouvent le monarque et la monarchie, ils abandonnent l'un et l'autre et les laissent à la merci des événemens ? Le premier corps constitutionnel de l'État se manque ainsi à lui-même, et l'on ne doit plus s'étonner que la nation lui retire toute estime, toute confiance. — L'autorité administrative s'est abandonnée elle-même : le préfet de la Seine, Chabrol, a *déserté* l'Hôtel-de-Ville ; le préfet de police, Mangin, *fuit* de la préfecture : les dépositaires du pouvoir n'osent déjà plus se montrer.—Lâches les magistrats, lâches les fonctionnaires publics, qui ne pensent qu'à leur sûreté personnelle!!!... Le temps où les magistrats présentaient leur poitrine au peuple et mouraient sur leur siége, ce temps n'est plus! Pas un homme en France qui imitât aujourd'hui l'héroïque conduite de Boissy-d'Anglas à la convention nationale (V. *Histoire de France*, etc., t. 4, 20-28 mai, pag. 332 et suiv.). Un tel héroisme, qui n'est pourtant qu'un devoir, serait presque tourné en dérision par les hauts personnages de l'État..... Les ministres eux-mêmes se tiennent renfermés à l'hôtel des Affaires Étrangères, où une force imposante les protége : à peine osent-ils en sortir, y rentrer : M. de Polignac et M. de Montbel n'ont pu y arriver qu'à travers une grêle de pierre et aux cris de *à bas les ministres! mort aux ministres!* — Les hauts fonctionnaires de l'État, les royalistes les plus exaltés, ces hommes si braves, si dévoués au jour des *ordonnances*, il n'y a pas encore trente-six heures, les séides du pouvoir absolu, les jésuites, les premiers serviteurs de la couronne, se sont tapis dans le fond de leur domicile ou s'éloignent en toute hâte de Paris : ne calomnions pas cependant leur prudence, apprécions au contraire le soin avec lequel ils s'occupent de leur propre salut : ces Curtius de la restauration se conservent pour soutenir une autre fois le trône.....! Lorsqu'il aura été broyé, mis en poudre par la foudre populaire, la capitale les reverra sains et saufs ; et même, après la catastrophe royale, ces messieurs seront plus dévoués, plus purs et meilleurs royalistes qu'ils ne l'étaient auparavant.

En attendant que ces royalistes se sacrifient pour sauver la couronne, et peut-être les jours de Charles X et de sa famille, les enseignes, les tableaux, les armoiries, tous les signes de l'autorité royale sont abattus, mutilés; ils disparaissent en un clin d'œil dans tous les quartiers qui ne sont pas occupés par les troupes du despotisme : les effigies de Charles x sont accrochées aux réverbères, traînées dans les ruisseaux, livrées aux flammes..... Les rues sont encombrées de matériaux, de voitures renversées, de pièces de bois; de toutes parts l'on court aux armes, et la capitale présente, dans ses douze arrondissemens, l'aspect d'une foule de camps où se font à la hâte tous les préparatifs des combats. Les élèves de l'École Polytechnique, de l'École de Droit, de l'École de Médecine, des officiers, des soldats de la vieille armée, de cette armée si indignement traitée par la restauration, donnent l'exemple du dévouement à la patrie et à la liberté ; ils se mêlent dans les rangs du peuple, mettent une sorte d'ordre dans ses mouvemens, et le conduisent vers les points dont il est essentiel de s'emparer avant que les troupes royales ne viennent s'y établir; le feu sacré du patriotisme, l'amour de la liberté vivent encore dans les rangs inférieurs de la vieille armée; des *brigands* de la Loire, comme disaient en 1795 les gens de l'émigration ; dans les rangs supérieurs de cette armée, on ne trouve, à quelques exceptions près, que des courtisans dorés, des esclaves titrés, des grands seigneurs de commande ou des patriotes de bourse ; les restes de ce haut régime impérial ne présentent pas un seul grand caractère, un seul homme d'État; des *bourgeois-gentilshommes* et quelques tronçons d'épées à demi-rouillées, voilà tout!!! Pas un seul maréchal qui aille se ranger, à Saint-Cloud, auprès de Charles x; les hauts dignitaires de l'armée l'abandonneront comme ils abandonnèrent Napoléon à Fontainebleau. Conserver leurs grades, leurs titres *nobiliaires*, leurs pensions, leurs cordons et leur fortune, tel est le patriotisme du plus grand nombre d'entre eux : en conséquence, ils *atten-*

dront les événemens, et se garderont bien, dans les trois journées, de se prononcer pour ou contre la nation, pour ou contre le trône! Mais aussi, quel dévouement national et royal ils feront éclater après la victoire du peuple, et comme ils seront patriotes et constitutionnels! Ce sera merveille.

La scission entre la nation et le trône est maintenant complète, éclatante; à peine reste-t-il quelque espoir d'accommodement, quelques moyens de conciliation; mais la rupture sera définitive, si le gouvernement perd une heure, un moment, pour calmer l'indignation publique, en donnant à l'opinion nationale les satisfactions qu'elle exige..... Le peuple est toujours sans généraux, sans direction militaire; tout soutien législatif et tout appui administratif lui sont encore refusés : mais il ne se manque pas à lui-même; son courage lui reste tout entier, et il se dévoue au salut de la liberté.

Le combat s'engage dès les premières heures du jour dans tous les quartiers de la capitale. L'Hôtel-de-Ville devient le théâtre de la lutte la plus sanglante; la place de Grève et les rues adjacentes sont jonchées de cadavres; près de quinze cents personnes sont tuées ou blessées sur ce champ de bataille : enfin, l'Hôtel-de-Ville, pris et repris plusieurs fois, restera, à la chute du jour, au pouvoir du peuple.

L'on se bat avec acharnement dans les faubourgs Saint-Antoine, Saint-Denis, Saint-Martin. La caserne de gendarmerie située dans ce dernier quartier, est enlevée et livrée aux flammes, tant l'exaspération populaire est prononcée contre ce corps militaire; il s'est conduit, en effet, depuis les premiers symptômes de l'insurrection, avec une barbarie sans exemple [*] : le peu-

---

[*] « Sur le quai Pelletier, un gendarme ou plutôt un tigre, sans

ple fait main basse sur les gendarmes qui tombent entre ses mains, et ces sbires de la police paieraient tous de leur tête l'exécrable dévouement dont ils ont fait preuve en faveur du despotisme, si le sentiment d'humanité n'était passé de la cour dans le cœur du peuple, qu'elle traite cependant de *canaille*.

Pendant tout le cours de la journée du 28, les engagemens les plus meurtriers ont lieu à la place du Châtelet, sur le quai Pelletier, sur le quai des Orfèvres, aux abords du Pont-Neuf, de l'Institut, du Louvre, et sur tous les points qui aboutissent au Palais-Royal. Si le peuple n'a pas obtenu des avantages décisifs, il a du moins opposé une résistance si héroïquement soutenue, que le soleil du lendemain doit éclairer son triomphe : tour à tour victorieux et vaincus, mais fermement résolus à combattre jusqu'à la mort, le peuple et les élèves des écoles ont successivement débusqué la garde royale et la garde suisse de la plupart des postes importans qu'elles occupaient ; à la fin du jour, les troupes royales se voient réduites à la nécessité de battre en retraite, et ce n'est pas encore sans beaucoup de difficulté qu'elles parviendront à se replier sur le Louvre et les Tuileries ; elles éprouveront, dans ce mouvement, une perte de près de cinq cents hommes tués ou blessés.

Une ordonnance du roi déclare Paris en état de siége : quel moyen de conciliation ! cette ordonnance ne fera qu'ajouter à l'exaspération, au courage du peuple !!!

pitié pour le sexe et la position intéressante d'une femme enceinte de six mois, venait de lui ouvrir le ventre avec son sabre, trouvant ainsi le moyen de commettre deux crimes à la fois; il fut à l'instant même mis en pièces après une assez grande résistance.» (*Histoire de la révolution de* 1830, etc., par F. Rossignol et J. Pharaon.) Voilà les gendarmes d'élite, de chasse, de police, de Charles x !

Il serait impossible de rapporter tous les actes de dévouement et d'héroïsme qui signalèrent dans cette journée la classe du peuple, la masse ouvrière, la jeunesse des écoles : en aucun temps, chez aucune nation, on ne vit un patriotisme aussi intrépide, un sacrifice de la vie aussi sublime ; le trait suivant montre à quelle pureté, à quelle hauteur de gloire s'élevaient l'honneur et le patriotisme du peuple.— Pendant les sanglans combats de l'Hôtel-de-Ville, « une troupe de braves vient, par les quais de l'Archevêché, au secours de ceux de la Grève ; mais ils sont arrêtés, à l'entrée du nouveau pont suspendu, par le feu de l'ennemi. Alors on voit sortir impétueusement des rangs un jeune homme de dix-sept ans, portant un étendard tricolore ; il court, s'élance, et va planter sur le milieu du pont ce signe de ralliement, à la vue de ceux qui le défendaient : « Mes amis, dit-il aux siens, souvenez-« vous de moi, je me nomme d'Arcole ; » il tombe au même moment, criblé de balles ; il meurt... Mais son nom va devenir immortel, et déjà on a donné au pont que son exemple fit enlever à l'ennemi, le nom de *pont d'Arcole*, en mémoire de ce courageux dévouement. » — « On se rappelle qu'à une époque célèbre, un jeune héros, qui depuis a fait la gloire de la France, traversa en Italie, au milieu des balles et de la mitraille, le pont d'Arcole, tenant aussi le drapeau qu'après quinze ans nous revoyons avec orgueil déployer sur nos édifices ses nobles couleurs. » (*Histoire de la révolution de* 1830, etc.)... Par ce noble rapprochement, MM. Rossignol et Pharaon ont honoré la mémoire de d'Arcole d'une manière digne d'elle ; gloire immortelle au héros adolescent du 28 juillet ! Les deux fables de Mutius Scævola et de Curtius, dont on fait tant de bruit dans les écoles, sont moins sublimes que les cinq dernières minutes de la vie du jeune d'Arcole.

L'impartialité historique nous fait un devoir d'observer que, dans la journée du 28, il n'y avait pas encore de garde nationale; plusieurs individus ayant fait partie de ce noble corps civique, si brutalement licencié par le visir toulousain, Villèle, prirent les armes dès la première journée et secondèrent la cause populaire; mais ces citoyens combattirent individuellement le 28 : dans la journée du 29, plusieurs compagnies de garde nationale se formeront et paraîtront en uniforme sur les champs de bataille; mais cette garde ne sera organisée en corps qu'immédiatement après la victoire.

Dans cette belle journée du 28, le peuple a fait son devoir; qu'ont fait ses mandataires? Nous sommes forcé de répéter cette question.

Vingt-un membres de la chambre des députés se réunissent à midi au domicile de M. Audry de Puyraveau, d'après la résolution prise la veille chez M. Casimir Périer (V. 27); douze membres manquent au rendez-vous... Voici la liste des membres présents, elle nous a été communiquée par l'un d'eux : MM. *Audry de Puyraveau, Bavoux, Chardel, Daunou, Dupin* (Charles), *Gérard, Guizot, Labbey de Pompières,* Alexandre *Laborde, Lafayette, Laffitte, Mouton* comte *Lobau, Louis, Marschal, Mauguin, Odier, Périer* (Casimir), *Schonen, Sébastiani, Vassal, Villemain.* MM. Lafayette et Laffitte sont arrivés des premiers au rendez-vous.

Laissons parler ici les écrivains qui, d'après l'opinion générale, ont rendu avec le plus de fidélité les débats survenus dans les réunions Casimir Périer, Audry de Puyraveau, Bérard et Laffitte. — Nous ne préjugeons rien; nous citons ce qui a été dit, écrit et publié sans avoir été, que nous sachions, démenti, désavoué jusqu'au moment actuel.

M. Mauguin prend la parole. «C'est l'homme du danger, c'est l'orateur de la révolution; la nature « (de son talent) » l'a fait tribun. Il trace à grands traits un effrayant tableau de la situation de Paris; il dit l'attentat de la cour, la colère du peuple, ses combats, ses succès, ses revers, ses craintes, ses espérances. Écoutez, s'écrie-t-il avec enthousiasme, *écoutez* le bruit du canon et *le râle des mourans; ils viennent jusqu'à vous :* c'est un grand peuple qui fait une révolution que vous devez diriger; il n'est plus permis d'hésiter; notre place, messieurs, est entre les bataillons populaires et les phalanges du despotisme; gardez-vous de perdre du temps, la garde royale n'en perd pas. Encore une fois c'est une révolution qui nous appelle. » — « A ce mot de *révolution*, plusieurs députés se lèvent et menacent de se retirer à l'instant même; ils protestent contre tout acte qui sortirait de la *légalité;*... il ne s'agit ici que de sauver l'ordre *légal...* il ne s'agit pas de prendre parti pour ou contre le peuple, mais de nous constituer *médiateurs*, d'arrêter le mouvement populaire, et de convaincre le roi qu'il a été trompé par ses ministres. — Une voix connue des amis de la liberté se fait entendre, c'est celle de Lafayette... J'avoue, dit-il en souriant, que je comprends mal la légalité avec le *Moniteur* d'avant-hier et la fusillade qui dure depuis deux jours. Puis, reprenant le ton calme et solennel qui convenait à la gravité de la situation, il déclara que c'était bien d'une révolution qu'il s'agissait, et proposa la création immédiate d'un gouvernement provisoire; idée qui fut adoptée plus tard, mais qui était encore trop tranchante « (trop décisive) » et trop patriotique pour ne point paraître au moins prématurée à bon nombre de ses collègues. » (*Lafayette et la révolution de* 1830, etc.)

Le seul mot de *révolution* glaçait d'effroi la majorité des membres de la réunion; l'on ne saurait, jusqu'à un certain point, les en blâmer ; une révolution est un grand mal, lors même qu'elle peut produire un grand bien ; car il est impossible aux hommes les plus politiques d'en prévoir les conséquences, et aux hommes les mieux intentionnés de les prévenir. Sans doute les députés *modérés* (pour nous servir d'une expression très-modérée) de la réunion Puyraveau s'imaginent de bonne foi qu'à la vue des événemens qui viennent d'éclater dans *sa bonne ville* de Paris, Charles x sera ramené à l'observation des lois, que l'on obtiendra facilement de *son amour pour le peuple* les concessions nécessaires au salut, au maintien de la liberté constitutionnelle, et que les voies *légales* doivent suffire pour parvenir à ce résultat : mais ces *modérés* s'abusaient complètement ; ils n'avaient qu'à jeter les yeux sur les résolutions et les actes politiques de Charles x depuis 1814, et principalement depuis le 8 août 1829, pour se convaincre de son *immuable* volonté de substituer le droit divin au droit constitutionnel : au point où les choses étaient parvenues depuis quarante-huit heures, il n'était plus possible de faire vivre ensemble le despotisme et la liberté, d'espérer que le trône se réconcilierait sincèrement avec la nation. Déjà les cris de : *A bas Charles* x ! *Plus de Bourbons !* retentissaient dans plusieurs quartiers de la capitale ; c'était bien aux cris de *vive la liberté ! vive la* Charte ! que le peuple versait son sang à l'Hôtel-de-Ville, sur les boulevards ; mais ce mot, la Charte, voulait dire clairement : *A bas la restauration !* c'est-à-dire, plus de priviléges, plus de jésuites ! la liberté de la presse, la liberté des élections !... Charles x n'eût jamais fait sincèrement de pareilles *concessions* au vœu national ; disons plus, le monarque ne le pouvait pas dans la situation où il se trouvait acculé depuis le 9 août

1829 : un ruisseau de sang le séparait aujourd'hui du peuple, et il aurait eu à craindre toutes les fureurs des hommes de Coblentz et de l'ancien régime ! le poignard de Jacques Clément eût peut-être frappé son cœur : ces hommes venaient de faire le *va-tout* de leur royauté !

L'on peut maintenant se figurer l'extrême embarras de la plupart des signataires de l'adresse des 221, adresse dont ils n'avaient pas senti ou calculé la portée révolutionnaire (ainsi que nous l'avons dit plus haut), et sur laquelle ils reviendraient aujourd'hui s'ils l'osaient. Que ces députés, constitutionnels et patriotes au fond, nous en sommes convaincu, mais encore plus timides ou circonspects, n'osent rien prendre sur eux dans une conjoncture aussi critique, aussi décisive que celle des ordonnances du 25 ; qu'ils se bercent de l'espoir que le monarque rentrera dans l'observation de la loi fondamentale ; allons plus loin : que ces députés se flattent d'obtenir de Charles x les concessions réclamées par l'opinion nationale, et qu'ils croient, sinon à la bonne foi, du moins à la prudence, au bon sens et à l'intérêt personnel du roi ; qu'en *négociant* avec le pouvoir, avec un pouvoir qui doit naturellement être effrayé de la situation où le place l'insurrection armée du 27, ces députés se bercent encore de l'espoir de prévenir une grande catastrophe, et peut-être la chute du trône, rien n'est plus aisé à concevoir, et telle a dû être, nous le croyons du moins, la pensée des députés *médiateurs ;* leurs tergiversations plus ou moins prononcées, leurs refus de se joindre au peuple, leurs efforts pour faire tomber de ses mains ou pour émousser les armes qui vont renverser le trône, en un mot, toute leur conduite *législative* pendant les trois journées s'expliquerait de cette manière : mais ils ne pouvaient pas commettre une plus grande erreur politique et suivre une marche plus dangereuse, plus antinationale : c'était méconnaître la nature des hommes et la puissance des faits déjà accomplis. — Dans les grandes commotions civiles, il faut se prononcer pour ou contre ; invoquer sans cesse la légalité lorsque le gouvernement du roi la mettait en pièces était un mauvais moyen de calmer les esprits et de rétablir la tranquillité, si violemment troublée. Nous n'accuserons pas les intentions des députés qui voulaient à toute force négocier avec l'autorité royale; arrêter l'effusion du sang était, nous en sommes persuadé, leur pensée dominante, et nous ne leur ferons pas l'injure de douter de leur patriotisme : d'ailleurs, leur conservation personnelle devait les porter à se ranger du côté de la liberté; ils avaient à craindre la victoire du despotisme, elle aurait été épouvantable, eux-mêmes en seraient devenus les victimes! Mais ils redoutent encore plus la victoire du peuple ; elle doit, selon eux, conduire à la république, et la république de la convention nationale est toujours présente à leur esprit. Quoi qu'il en soit, et sans entendre justifier ou blâmer les opinions émises dans la journée du 28, lorsque le succès de la sanglante lutte est encore incertain; sans prétendre juger, ni même suspecter les intentions de la plupart des députés qui se sont formés en réunion, nous ne saurions nous dispenser de rendre à chacun la justice qui lui revient, et par conséquent de citer ses paroles aussi exactement qu'il nous sera possible de le faire d'après les renseignemens les plus exacts, d'après les témoignages les plus positifs. La vérité l'ordonne, l'histoire l'exige impérieusement, et la révolution de 1830, plus extraordinaire (il faut le répéter) dans la célérité de sa marche, dans l'importance de ses effets, dans l'impulsion et la direction qu'elle va imprimer pour long-temps à l'esprit national ; cette révolution, plus imposante que la révolution de 1789, veut être connue dans tous ses détails.

Reprenons la suite des discussions qui ont lieu dans la réunion Audry de Puyraveau.

MM. Casimir Périer, Sébastiani, Charles Dupin (M. Dupin aîné se fait remarquer par son absence), Villemain, Bertin-de-Vaux, Méchin, Guizot, Gérard, s'opposent à tout projet de résistance, désapprouvent fortement toute participation quelconque au mouvement populaire. M. Guizot propose d'adresser au roi, d'abord, une lettre pour lui faire connaître la véritable situation des choses, ensuite une protestation ; il en lit le projet ; elle est adoptée, mais on en diffère la publication.

« Quelques députés, comme MM. Daunou, Lafayette, Mauguin, Audry de Puyraveau, A. Delaborde, trouvent ce projet trop pâle ; ils croient qu'il ne remplira pas le but qu'on se propose..... Il faut bien remarquer, messieurs (dit M. Laffitte), que l'exigence du peuple s'accroit à mesure qu'il verse son sang. Hier, cette protestation aurait suffi, aujourd'hui je ne sais si on ne la trouvera pas insuffisante. — Il importe peu comment on la trouve (dit M. Sébastiani), pourvu que nous ne sortions pas de la *légalité*. — Messieurs, dit M. Casimir Périer, une chose qui me semble plus pressante que toutes les autres, c'est d'arrêter l'effusion du sang ; car, enfin, si l'on veut faire des représentations, *traiter*, *négocier*, il faut au moins pouvoir être écouté..... et vous voyez que Paris est déjà comme un camp. C'est Marmont qui commande la place ; ne pourrions-nous donc obtenir de lui une *trêve*, en attendant que nous puissions porter au roi nos *doléances* *? Je propose

---

* On lit dans *Lafayette et la Révolution de* 1830, etc., par B. Sarrans jeune : — « Il est dans mon impartialité d'ajouter ici « que M. Périer avait déjà proposé en confidence d'offrir quelques « millions à Marmont pour l'attirer dans la cause du peuple ; il « insista même pour que M. Laffitte, qui avait eu des rapports

qu'une commission de cinq membres soit envoyée au maréchal de la part des députés présens à Paris. » (*Document pour l'Histoire de France*, etc.)

La proposition est adoptée. MM. Casimir Périer, Laffitte, Mauguin, le général Mouton (comte de Lobau) et le général Gérard sont nommés membres de la commission qui doit se rendre auprès du transfuge de 1814 : la mesure dilatoire, *expectante*, qui vient d'être prise (M. Sébastiani a dit : « *Il faut voir les événemens* »), ne doit et ne peut avoir aucun résultat : le duc de Raguse a des ordres précis, impératifs, inflexibles, « de tenir, de réunir ses forces sur le Carrousel et sur la place de Louis xv, d'agir avec des masses, de ne *transiger* en aucun cas ». Nous l'affirmons parce que nous en avons eu la preuve; le duc de Raguse ne se vendra pas, quelque cupide qu'il soit; il ne prendra pas sur lui de contrevenir aux ordres de Charles x, et l'inepte et opiniâtre prince de Polignac ne voudra modifier en rien la barbarie de ces ordres. — Nous entrons dans des détails, quelquefois minutieux, pour montrer comment des favoris, des courtisans, laissent tomber les couronnes par terre !

— « Lafayette, visiblement indigné de tous ces délais, lorsque le sang des citoyens coulait autour de lui, déclara à ses collègues que son nom se trouvait déjà placé par la confiance du peuple, et avec son aveu, à la tête de l'insurrection ; qu'il désirait ardemment que sa détermination obtînt leur assentiment, mais que, quoi qu'il advînt, il se considérait comme engagé d'honneur à établir

« d'intérêts avec le duc de Raguse, se chargeât de cette négocia
« tion. » — M. Périer s'abusait ; le duc de Raguse aime beaucoup
l'argent, mais il est encore plus ambitieux qu'intéressé : la dictature dont il est investi flatte son orgueil, et des trésors seront
sa récompense.

le lendemain son quartier-général à Paris. » — « Ainsi finit cette première séance ; elle eut pour tout résultat une proclamation sans énergie, sans couleur, et qui devait être publiée le *lendemain*. Il était deux heures ; on s'ajourna à quatre chez M. Bérard. » (*Lafayette et la révolution de* 1830, etc.)

A quatre heures, quinze députés étaient réunis chez M. Bérard ; en voici la liste, telle que le journal *la Tribune* l'a publiée sans réclamation quelconque de la part des députés, présens ou absens : MM. *Audry de Puyraveau, Bavoux, Bérard, Duchaffaut, Gérard, A. de Laborde, Lafayette, Laffitte, Mouton* comte *Lobau, Marschal, Mauguin, Périer (Casimir), Sébastiani, Vassal, Villemain*... MM. Labbey de Pompières et Mathieu Dumas n'avaient pu franchir les barricades. — « A ce moment, l'Hôtel-de-Ville avait été repris par les troupes, mais il était encore disputé de nouveau : sur d'autres points, nous avions été battus ; la défiance, la crainte, faisaient naître le découragement chez les uns, chez les autres la colère et le désespoir. Les inquiétudes étaient vives, la bataille considérée comme perdue..... aussi la réunion des députés fut-elle beaucoup moins nombreuse. » (*Document pour l'histoire*, etc.).

La majorité des députés présens à Paris se prononçait ouvertement en faveur de Charles x ; l'on remarquait parmi ses plus chauds partisans MM. Casimir Périer, Sébastiani et Gérard : le premier se repliait en tous sens pour amener les choses à un accommodement : ..... il fut plusieurs fois dans la journée du 28 (et même dans celle du 29) chez son notaire, M. Casimir Noel, rue de la Paix ; il parlait aux troupes patriotes, aux troupes royales, et faisait les plus grands efforts pour les engager à poser les armes, pour amener la cessation des hostilités ; le 29, il sera aperçu sur le chemin de

Saint-Cloud (il cachera chez lui M. d'Haussez, il fera conduire à son hôtel les voitures et les chevaux de M. de Polignac; à son retour de Saint-Cloud, dans la soirée du 29, il ira à l'hôtel du ministère des affaires étrangères et emportera les papiers que M. de Polignac a laissés dans son secrétaire dont le prince lui a remis la clef). Nous rapportons ces dernières particularités, parce que la preuve positive de leur exactitude nous a été acquise...

« Dès le jeudi, il (M. Casimir Périer) s'était mis en relation avec la cour; il négociait visiblement pour elle. L'homme qui servait d'intermédiaire (je veux le nommer, car toute feinte est désormais inutile), c'était M. *Girardin*, le grand-veneur; plusieurs messages furent échangés tout le jeudi soir, toute la journée du vendredi, et une partie de celle du samedi. » (*Document pour l'Histoire de France.*)

Les quinze députés de la réunion Bérard pérorent et discutent à perte de vue, et sans rien conclure. Écoutons les récits de cette conférence, ils n'ont pas été démentis : ici, la tâche d'historien devient plus pénible. Nous avons à retracer des scènes qu'il faudrait peut-être effacer de nos annales parlementaires; mais l'instruction de l'avenir les réclame : notre plume fera son devoir. — « Dans le court intervalle de temps qui s'était écoulé entre la première et la seconde réunion des députés, dans la journée du 28, l'état des affaires avait changé de face. Les patriotes avaient été battus sur plusieurs points; l'Hôtel-de-Ville (successivement occupé par les troupes du peuple et les troupes royales) était resté, en définitive, au pouvoir des troupes royales, auxquelles de braves citoyens le disputaient de nouveau; mais le découragement commençait à s'emparer des combattans, l'énergie s'épuisait faute de direction,

l'inquiétude était à son comble, et la défaite du peuple généralement considérée comme inévitable... La commission envoyée auprès du duc de Raguse fit connaître à l'assemblée l'insolente réponse de ce séide, qui exigeait la soumission du peuple comme préliminaire de toute négociation. Cette réponse souleva d'indignation l'âme des députés fidèles à la patrie, mais elle glaça d'effroi le plus grand nombre de ces messieurs qui, en face des malheurs de la France, ne s'occupaient plus que des moyens d'échapper personnellement aux conséquences de l'ordonnance qui déclarait Paris en état de siége.... »
(*Lafayette et la révolution de* 1830, etc.)

Ceux des députés qui se prononçaient pour la *légalité*, contre le mouvement populaire, n'avaient rien de plus à cœur que de quitter la réunion ; mais la porte cochère de la maison où elle se tenait avait été fermée à double tour, et un groupe de jeunes gens et d'hommes du peuple la gardait en dehors : il n'y avait pas moyen de *s'esquiver*...

Nous avons promis de dire la vérité, nous la disons. La plupart des assertions importantes avancées sur les événemens politiques et militaires des trois journées, par les deux écrivains que nous citons le plus fréquemment, nous ont été confirmées par des députés dont le témoignage est une autorité, et notamment par M. Labbey de Pompières; nous les tenons donc, jusqu'à preuves contraires, pour irrécusables.

Nous nous arrêterons particulièrement sur la conduite suivie, en juillet 1830, par M. Casimir Périer, parce que l'importance des fonctions qui lui seront dévolues et confiées, à la suite de cette révolution, est du plus haut intérêt politique.

M. Casimir Périer était bien incontestablement patriote, et même *libéral*, dans l'acception que l'on attribue politiquement à cette dénomination. Il aimait la liberté ; l'indépendance formait le trait dominant de son caractère. Il avait acquis une très-grande fortune *, et son opulence le jetait dans les rangs de l'aristocratie pour laquelle il avait d'ailleurs un penchant très-décidé. Il en est d'ordinaire ainsi chez presque tous les individus que la richesse vient placer aux sommités de l'ordre social ; peu d'hommes résistent alors à l'ambition de se faire grands seigneurs, et dans une telle situation, il faut une bien grande philosophie, et une philosophie de *longue-main*, comme le dit Montaigne, pour éviter la cour : malheureusement, l'on ne peut guère devenir grand sei-

---

* Le père de M. Casimir Périer avait amassé une grande fortune : il la devait à son travail, à son industrie et à une très-grande exactitude en affaires ; il avait épousé une demoiselle Teisseire, fille du fameux distillateur de ratafia de ce nom. Il mourut pendant le régime impérial, laissant dix enfans et six millions. Ce banquier était patriote, bon Français ; il favorisa de tout son pouvoir, et dans l'intérêt de la liberté, de l'ordre et des lois, la révolution du 18 brumaire (9 et 10 novembre 1799). Voici une anecdote peu connue : à l'époque où le général Bonaparte travaillait à renverser le directoire exécutif, il fallait de l'argent et tout de suite ; le citoyen Talleyrand ne pouvait être, pécuniairement, d'aucun secours ; cet ex-évêque était sans fortune et sans crédit ; le citoyen Fouché, ministre de la police, avait promis tous les fonds dont il lui serait possible de disposer dans son ministère, mais il ne pouvait les livrer avant le 19 ; il fallait assurer, et sur-le-champ, la partie militaire de la conjuration, car tout dépend, en pareil cas, des sous-officiers et des soldats : il n'y avait plus un moment à perdre. Dans cette perplexité, un ami du général Bonaparte s'adresse à M. Périer, banquier, associé avec M. Sabathier ; le premier consent à prêter 250,000 francs, et se rend caution envers le second d'une pareille somme, que M. Sabathier se détermine enfin à avancer : avec ce demi-million, Bonaparte est mis à même de marcher sur Saint-Cloud ! M. Périer peut donc être considéré comme l'homme qui a rendu, le 17 brumaire, le pro-

gneur, aller à la cour, et rester en même temps homme indépendant, homme de la nation... La métamorphose politique de M. Casimir Périer frappa tout le monde; ce fut surtout depuis la visite de Charles x aux *mines d'Anzin*, où il fut reçu splendidement par M. Casimir Périer, que celui-ci cessa de se montrer hostile au pouvoir et *se tut* dans la chambre des députés! Croyons néanmoins, pour l'honneur de la mémoire de l'ancien membre de l'opposition, qu'il aura pu se persuader, en allant aux Tuileries, où il reçoit l'accueil le plus gracieux, que Charles x professait de bonne foi la liberté constitutionnelle *octroyée* aux Français par la

---

mier et le plus important service à Bonaparte; service d'autant plus remarquable que M. Périer ne prêtait pas facilement son argent et était d'une avarice sordide; il s'était décidé à ce prêt par esprit de patriotisme, espérant que le conquérant de l'Italie et de l'Égypte ferait cesser l'anarchie et rétablirait l'ordre public en France..... Fouché délivra le 19 une somme de 900,000 francs, et les fournisseurs auxquels on s'était adressé inutilement le 17 et le 18 prêtèrent 2,300,000 francs *le lendemain* du succès de Bonaparte; avec ces ressources, ne s'élevant pas en totalité à quatre millions, le vainqueur du 18 brumaire obtint et consolida le succès de la révolution, et se saisit, pour son propre et privé compte, du gouvernement de l'État : mais M. Périer lui avait fourni les premiers moyens pour exécuter l'entreprise de Saint-Cloud.

M. Casimir Périer jouit, selon l'opinion générale, de sept à huit cent mille francs de rente; il doit cette opulence à un travail de trente années, à une industrie et à des lumières étendues en fait de commerce et de banque, à des spéculations manufacturières qui ont contribué à l'accroissement de l'industrie nationale, et aussi, dit-on, à de ces prêts sur consignations et avec garanties qui ne laissent aucune chance de perte..... La famille Périer est originaire du Bourdoisan, la partie la plus pauvre et la plus montueuse du département de l'Isère; elle est de classe plébéienne.

frauduleuse Charte de Louis XVIII ; s'il en était ainsi, M. Casimir Périer se serait trompé lui-même : mais il aura pu croire, encore, le 27, surtout le 28, que l'opinion publique, manifestée d'une manière si formidable depuis l'apparition des ordonnances, ferait sentir au monarque la nécessité d'entrer promptement dans une meilleure voie que celle où ses mauvais conseillers l'avaient *de plus en plus engagé* (disait M. Périer) depuis le 8 août 1829. Nous n'entendons pas faire ici l'apologie du député qui, après avoir si puissamment contribué à la chute du ministère Villèle, s'était absorbé de lui-même sous les ministères Martignac et Polignac ; mais, pour être juste, il faut apprécier sa conduite politique d'après les considérations ci-dessus. Il nous serait facile de donner des preuves positives de l'attachement que l'ancien chef de l'opposition conservait aux libertés nationales, lors même que les apparences les plus fortes semblaient déposer contre lui. Nous avons été à même de juger de son patriotisme, avant comme après la révolution de juillet : mais les conjonctures furent alors si rapides, si violentes, tellement hors de toute prévision, qu'elles se trouvèrent plus fortes que lui ; elles trompèrent tous ses *calculs :* M. Casimir Périer n'a favorisé en aucune manière la révolution de juillet, il s'y est opposé, il l'a entravée, combattue, autant qu'il était en son pouvoir : mais, dès la première heure de ce grand mouvement national, il n'a vu que la république, les confiscations, la terreur, les proscriptions, et il a tremblé pour la royauté, pour son pays et pour lui-même : nous croyons avoir expliqué M. Casimir Périer... Chez lui le courage physique ne répondait pas, d'ailleurs, au caractère moral !

Nous avons dit que les *députés* (si toutefois l'on peut leur donner ce caractère légal, lorsque la plupart se le refusaient eux-mêmes) étaient réunis à quatre heures

chez M. Bérard, où furent exprimées les mêmes craintes, les mêmes faiblesses que dans la réunion de midi : « l'abattement était sur tous les visages. Deux journalistes, MM. Audra et Barbaroux, apportent la protestation imprimée; ils avaient pris sur eux de faire disparaître les expressions de dévouement au roi qui mitraillait le peuple...... » Ils dirent : «..... La jeunesse vous défen-
« dra, elle mourra pour vous. Mais, de grâce, prenez
« un parti.....'Le temps presse, chaque instant de re-
« tard est une source d'affreux malheurs! Ah! messieurs,
« venez au secours de la patrie; ne la laissez pas ainsi
« échevelée et sanglante, vous qu'elle honore, vous
« qu'elle aime..... Songez à l'affreuse responsabilité d'un
« tel abandon. » — M. Villemain dit : « Nous sommes ici trop peu pour signer cette protestation, et Charles X, dès qu'il le pourrait, n'hésiterait pas à faire tomber nos têtes..... Mais au moins il faudrait attendre trois ou quatre jours pour qu'il y ait plus de députés présens à Paris...... » (*Document pour l'Histoire de France*, etc.) — « Ce fut en vain que M. Bérard présenta la plume à M. Casimir Périer pour l'engager à signer la protestation; celui-ci fit trois pas en arrière et répondit avec effroi : « Vous voulez donc faire tomber ma tête?... — Non, monsieur; mais, dans tous les cas, j'expose la mienne avec la vôtre. » M. Casimir Périer n'en persista pas moins dans son refus, malgré cet encouragement. — Au surplus, la protestation n'était pas encore publique, que le trône de Charles X était déjà renversé. » (*Des patriotes, des libéraux*, etc., par Poubelle.).....—M. Sébastiani, M. Bertin-de-Vaux, M. le général Gérard, sortent de l'appartement; sur les reproches qui lui sont adressés, M. Sébastiani dit : « Chacun doit savoir ce qu'il a à faire; que chacun songe à son salut comme il l'entendra; je crois

que personne n'a le droit de se mêler de ma conduite. »
(*Document,* etc.)

M. Guizot, après s'être inutilement efforcé de concilier les opinions et de rallier les partis, propose d'ajouter aux noms des membres présens ceux des députés dont on connaissait l'opinion énergiquement libérale : cette proposition excite de vifs débats : M. Laffitte y met fin en disant : « Adoptons ce parti ; si nous sommes vaincus, ils nous démentiront et prouveront que *nous étions seulement* huit ; si nous sommes vainqueurs, soyez tranquilles, il y aura émulation pour avoir signé..... » — « Sur 430 députés, on ne peut en trouver que 61. » (*Document pour l'Histoire de France*, etc.)

MM. Dupin aîné, Sébastiani, Gérard, ne signèrent pas la protestation ; M. Casimir Périer fit plus que s'abstenir, comme on l'a vu plus haut : « le même soir il se rendit au bureau du *Moniteur*, et défendit expressément qu'on mît sa signature au bas de la proclamation « (publiée par la commission établie à l'Hôtel-de-Ville), » commençant par ces mots : Charles X a cessé de régner. » (V. 30 et 31 juillet.)

Rien ne fut décidé, comme on voit, dans la réunion Bérard. « Les députés convinrent cependant de se trouver ensemble le soir, à huit heures, » chez M. Audry de Puyraveau.

« Déjà, depuis le matin, ce député, plein de patriotisme et de courage (M. Audry de Puyraveau), avait fait écrire dans ses bureaux plusieurs placards où il nommait le général Lafayette commandant en chef de toutes les forces militaires, M. de Laborde, chef d'état-major, et lui-même premier aide-de-camp. » (*Document*, etc.)

Aucun député n'osait encore se mettre à la tête de l'insurrection ; M. Lafayette avait offert en vain de se dévouer pour la cause publique! M. Sébastiani, vivement pressé de prendre les armes, « fit la réponse la « moins digne d'un homme de guerre * » ; sa conduite, jusqu'à la fin des trois journées, ne se démentit pas un instant : « Nous ne devons rien faire qui puisse rompre les négociations, car nous *négocions*, messieurs ; nous ne jouons ici qu'un rôle de *médiateurs;* nous devons donc attendre et nous *abstenir*. — En cette qualité, nous ne pouvons sortir des voies *légales;* et c'est bien pire encore si vous dites que vous conservez la qualité de *députés...* »

« M. Mauguin s'écrie avec l'accent du plus vif patrio-« tisme : « Je déclare que pour moi je conspire comme « conspire le peuple!!! »

« L'on vient en ce moment annoncer aux députés que le drapeau tricolore est arboré sur l'Hôtel-de-Ville. «Il faut prendre la cocarde tricolore dès demain, » s'écrient aussitôt MM. Bavoux, Chardel, A. Laborde, Lafayette,

---

* Nous tenons d'un député présent à la réunion Audry de Puyraveau la particularité suivante :

M. *** interpella vivement M. Sébastiani et le pressa de prendre les armes, de se joindre au peuple ; le général répondit : « Vous en parlez bien à votre aise, monsieur; vous n'êtes pas mi-« litaire, et vous n'avez pas de conseil de guerre à craindre ; « quant à moi, je ne me soucie pas de passer devant une commis-« sion militaire. »

Rien de plus naturel que la réponse de M. Sébastiani : ce général, né dans la classe plébéienne, issu d'une famille pauvre, a créé son nom par de beaux services militaires, par l'énergie et le talent avec lesquels il a souvent défendu la cause de la liberté constitutionnelle. M. Sébastiani a acquis une grande fortune ; il s'est allié à des familles de l'ancienne cour de Versailles; M. Sébastiani ne veut pas compromettre aujourd'hui son grade, sa fortune et la position sociale dont il jouit. M. Sébastiani est à la fois grand seigneur de l'ancien et du nouveau régime, et la cour est pour lui la nation.

Laffitte, Mauguin; il faut nous constituer à l'Hôtel-de-Ville. » — M. Sébastiani se levant avec précipitation : « Y pensez-vous, messieurs? délibérer sur un changement de couleurs! ne pas reconnaitre celles du gouvernement, mais c'est aggraver notre position. Je déclare que si la discussion continuait sur de pareilles matières, je me retirerais sur-le-champ. » (*Document*, etc.) MM. Méchin * et Gérard sont de l'avis de M. Sébastiani, et annoncent la même détermination : ils se retirent... Plus tard, le premier usage qu'il fit (M. Gérard) de son commandement, ce fut d'envoyer le lieutenant-général Roguet dans toutes les casernes pour dire aux colonels de conserver et faire garder la cocarde blanche jusqu'à ce qu'ils eussent reçu de nouveaux ordres. » (*Document pour l'Histoire de France*, etc.)

Ici va commencer la participation active du général Lafayette au mouvement populaire : « J'ai entendu, dit-il, avec surprise et douleur, le langage de M. Sébastiani. Dans les conjonctures où nous sommes, il est de notre honneur et de notre dignité de concourir avec tous nos concitoyens à la conquête de la liberté. Depuis deux jours ils exposent leur vie devant des balles et du canon; et nous, nous marchandons même pour donner des ordres. Messieurs, je suis venu au milieu de vous pour vous prier de m'assigner un poste; je m'y transporterai de suite, *dès ce soir* même!... Demain, relevons glorieusement notre drapeau tricolore, ou mourons avec nos braves concitoyens... » Telles sont les paroles du vétéran de la liberté, du citoyen des Deux-Mondes! A

---

* M. Méchin se trouvait depuis quelque temps dans une situation fâcheuse; ses affaires personnelles étaient fort embarrassées : M. Laffitte vint généreusement à son secours et empêcha, dit-on, les poursuites de ses créanciers.

l'âge de soixante-treize ans, M. de Lafayette offre son cœur et son bras à la liberté constitutionnelle, comme il les lui avait offerts à l'âge de dix-neuf ans.

Les assertions énoncées sur les réunions des députés et les événemens des trois journées n'ayant été démenties jusqu'à ce jour par aucune des parties intéressées, nous continuerons à citer les deux écrivains qui ont publié ces assertions : « On appelle en ce moment M. le général Gérard. C'étaient des citoyens qui arrivaient de l'Hôtel-de-Ville. Ils y avaient passé la nuit. — « Général, nous venions pour vous parler, à « vous ou au général Lafayette. On nous a dit que « celui-ci n'était pas encore ici. » — *Le général*. « Mais « il va venir... si vous voulez l'attendre. — Oh! non, « général, nous pouvons aussi bien vous le dire. L'Hô- « tel-de-Ville est nettoyé maintenant ; il y vient beau- « coup de monde qui demande : Où est donc le gou- « vernement provisoire ? Et jusqu'à ce moment nous « avons dit : On ne passe pas, bien entendu parce « qu'il n'y a personne... mais nous venions vous prier d'y « venir pour donner des ordres, faire porter du secours ; « l'affaire n'est pas encore finie, mon général. » — *Le général*. « Je ne suis pas du gouvernement provisoire, et je ne sais pourquoi on a répandu ce bruit[*]. Au

---

[*] M. de Choiseul tint une conduite entièrement opposée : les patriotes, réunis à l'Hôtel-de-Ville, avaient répandu le bruit de la formation d'un gouvernement provisoire, et avaient publié que M. de Choiseul en faisait partie ; c'était le désigner aux poignards du despotisme royal... Il eût été difficile aux amis de la liberté d'emprunter un nom plus illustre, un nom plus digne d'une conjoncture aussi grande, d'un si beau danger. L'histoire réclame la lettre que M. de Choiseul adressa à ses concitoyens, et qu'il fit afficher le 1er août. — « *A MM. les habitans de la ville de Pa-* « *ris*. Mes chers concitoyens, une proclamation, signée des gé-

reste, pour me mettre à la tête du peuple, je n'en ferai rien sans mes collègues. Voyez le général Lafayette... » — « Cependant, le général Lafayette arriva ; et, tendant la main à ceux qui étaient venus : « Mes « amis (leur dit-il), je ne demande pas mieux que de re-« commencer aujourd'hui ce que j'ai fait en 1789. « Votre courage ne m'étonne pas, mais me touche et « m'anime. Je vais en dire deux mots à mes collè-« gues, et je suis à vous. » — « Il fut décidé entre les députés que le général Lafayette aurait le commandement de toutes les forces militaires, et M. le général Gérard, celui des opérations actives. On nomma ensuite une commission municipale chargée de veiller

« néraux *Lafayette, Gérard* et *duc de Choiseul*, sous le titre de
« membres du gouvernement provisoire, et *ayant accepté cette*
« *fonction*, fut affichée le 28 juillet, et jours suivans, sur tous
« les murs de Paris. — Le résultat était alors incertain ; la lutte
« commençait, un danger imminent existait pour les signataires :
« dans le cas où l'armée royale eût triomphé, notre supplice eût
« suivi sa victoire. — Mon nom avait sans doute paru utile; mon
« aveu ne me fut pas même demandé. Je n'étais rien, je ne com-
« mandais rien ; le seul péril était pour moi : je gardai le silence.
« J'aurais cru être un lâche de dire la vérité, puisqu'il ne s'agis-
« sait que de ma tête, et je me félicitai de ce que la bienveillance
« dont la garde nationale parisienne et mes concitoyens m'hono-
« rent avait paru de quelque utilité. —Maintenant que la victoire
« n'est plus incertaine, il est de ma conscience de déclarer que
« jamais je n'ai fait partie du gouvernement provisoire, que jamais
« la proposition ne m'en fut faite. J'ai accepté en silence tous les
« dangers, à l'heure du combat ; je dois hommage à la vérité à
« l'heure de la victoire. — *Signé*, le duc de Choiseul, pair de
« France, ancien colonel de la 1re légion, et major-général de la
« garde nationale parisienne. »

C'est pour le coup que Montaigne aurait dit, avec sa profonde raison : « Voilà une *belle et solide pièce d'archives* pour une « famille !! »

aux affaires générales. Elle se composa de MM. Mauguin, Laffitte, de Schonen, Audry de Puyraveau, Lobau et Casimir Périer. » (*Document pour l'histoire*, etc.)

Ce fut d'après l'énergique insistance de M. Mauguin, que les députés réunis chez M. Laffitte se décidèrent, de lassitude, à délibérer sur la formation d'un gouvernement provisoire : « Enfin, Lafayette arriva, et, sur son offre d'accepter le commandement de toutes les forces militaires, la délibération fut emportée. Je dois dire que le général Gérard déclara aussitôt que, dès ce moment, il ne demandait pas mieux que de servir sous les ordres de Lafayette ; il fut convenu que la direction des opérations actives lui serait immédiatement confiée. » (*Lafayette et la révolution de* 1830, etc.)

A cette heure, le général Lafayette peut être considéré comme le maître de la force militaire et, par suite nécessaire, des conséquences de la révolution politique dont le succès devient de plus en plus assuré, M. Laffitte peut être considéré, d'autre part, comme le directeur civil de cette révolution. M. Laffitte dit : « Quoique nous ne soyons plus que CINQ, nous pourrions prendre, à la rigueur, une détermination personnelle, mais nous aurions l'air de nous séparer de nos collègues... Demain matin,... ou plutôt ce matin, à six heures, chez moi. » ... (*Document*, etc.).

M. Laffitte se dévoue corps et bien à la cause nationale : il lui sacrifie sa fortune[*] ; il déploie dans ces conjonctures terribles un patriotisme, un courage, un caractère égale-

---

[*] M. Laffitte s'empressera de donner, plus tard, une somme de 600,000 francs, pour venir au secours des victimes des trois journées et à celui de leurs familles : cette munificence patriotique de M. Laffitte est d'autant plus remarquable, que ses affaires étaient, à cette époque, dans un grand état de décadence et de souffrance ; on le disait ruiné, et réduit à présenter son bilan.

ment honorables : son hôtel reste ouvert toute la nuit ; il y distribue des armes, des cartouches, de l'argent, afin de multiplier tous les moyens de défense ; son domicile est devenu celui du peuple, la révolution y établit son quartier-général : « c'était un spectacle inouï que celui de ces somptueux appartemens encombrés de richesses, de ces tables couvertes d'argenterie, de cette caisse à millions, de cette foule sans cesse renouvelée, d'inconnus, d'ouvriers, de soldats, de riches, de pauvres, circulant autour de tout cela le jour, la nuit, et dans un moment où la société paraissait en dissolution, sans qu'un écu, une cuillère à café, fussent soustraits par des hommes que protégeait l'impunité la plus assurée. Souvent sans veste et sans souliers, harassés de fatigue, émus de colère, les soldats de la liberté demandaient des cartouches, des ordres, des chefs, quelquefois un morceau de pain ; mais ils ne voyaient ni l'or, ni les objets précieux qui, jetés pêle-mêle, sollicitaient de toute part leur héroïque pauvreté. Encore une fois, le peuple, le vrai peuple, celui des barricades, ne fut jamais si beau. » (*Lafayette et la révolution de* 1830, etc.)

Nous devançons quelquefois l'ordre des événemens, nous en intervertissons le récit ; mais la nature du sujet en fait elle-même une nécessité.

Écoutons encore M. Sarrans ; il y a dans son ouvrage de belles pages, des pages toutes françaises : «.... Lafayette, honoré de la confiance du peuple et de l'approbation de ses collègues, se mit en marche pour l'Hôtel-de-Ville. Cette marche, moitié triomphale, moitié guerrière, présenta un des plus grands spectacles qui se puissent offrir à l'admiration des hommes. Qu'on se figure une foule immense de citoyens armés ou sans armes, portant dans leurs bras le vétéran de la liberté ; les cris confus de *vive la nation ! vive Lafayette !* se

mêlant au bruit de mille combats partiels qui se livraient encore, aux barricades, dans les rues, dans les maisons ; qu'on se représente les acclamations d'un peuple qui, abandonné trois jours à lui-même, voit apparaître un généralissime qui lui rappelle cinquante ans de combats soutenus pour la liberté ; qu'on imagine cinq cent mille hommes, femmes ou enfans, bordant les rues ou suspendus aux croisées, sur les toits, agitant leurs mouchoirs et faisant retentir la capitale de cris de bonheur et d'espérance ; qu'on se figure tout cela, et l'on n'aura encore qu'une imparfaite idée du délire populaire qui salua le passage de Lafayette. — « Au moment où le cortége, avançant lentement au milieu de ces masses épaisses, arriva dans la rue aux Fers, un nuage de rubans tricolores couvrit tout le groupe au milieu duquel se trouvait Lafayette. Le général se hâta d'arborer les trois couleurs, que prirent aussi toutes les personnes qui purent obtenir une part quelconque de ce patriotique cadeau. A la Grève, le peuple fit hommage à Lafayette de quelques blessés qu'il pressa sur son cœur. Enfin, parvenu à l'Hôtel-de-Ville où il fut reçu par le général Dubourg qui s'y était établi avant lui, et par le colonel Zimmer, qui déjà y avait organisé un service d'état-major, son premier soin fut de déployer le drapeau tricolore sur la tour de cet antique édifice, et de faire couvrir les murs de la capitale de la proclamation suivante : « Mes chers concitoyens et braves camarades,
« la confiance du peuple de Paris m'appelle encore une
« fois au commandement de la force publique. J'ai ac-
« cepté avec dévouement et avec joie les pouvoirs qui
« me sont confiés, et, de même qu'en 1789, je me sens
« fort de l'approbation de mes honorables collègues,
« aujourd'hui réunis à Paris. Je ne ferai point de pro-
« fession de foi : mes sentimens sont connus. La con-

« duite de la population parisienne dans ces derniers
« jours d'épreuve, me rend plus que jamais fier d'être
« à sa tête. — La liberté triomphera, ou nous périrons
« ensemble. — Vive la liberté ! vive la patrie !
« *Signé* : Lafayette. »

« Quel pittoresque tableau que celui de ce nouveau quartier-général de la liberté ! que de grands souvenirs venaient s'y marier à des souvenirs plus grands encore ! Ces salles immenses pleines d'une foule de citoyens de toutes les classes et de tous les âges; ces combattans enivrés par la victoire, et si beaux de leurs blessures; ces tentures fleurdelisées mises froidement en lambeaux; le buste de Louis XVIII renversé, celui de Charles X réduit en poudre; ces soldats citoyens accourant de tous côtés annoncer la défaite des ennemis de la liberté, de l'enlèvement du Louvre, des Tuileries, de la caserne de Babylone; apportant les drapeaux et trainant les canons qu'ils ont arrachés aux soldats de Charles X ; des ordres dictés à la hâte et expédiés dans toutes les directions, pour que les royalistes fussent suivis, harcelés dans leurs retraites; ces gardes aux bras nus; toute l'École Polytechnique sous les armes; des postes s'établissant sur tous les points ; la place de Grève se couvrant de caissons et de débris; ailleurs, des mains pieuses creusant déjà la tombe des héros de la liberté; enfin, cet amalgame d'une émeute populaire et d'une bataille réelle contre des troupes et des généraux aguerris, se résolvant en une multitude d'attaques de poste et de succès partiels : tout cela vivifié, animé par le sentiment d'un grand triomphe, présentait un spectacle que la plume seule d'un Tacite ou d'un Salluste serait digne de retracer..... » (*Lafayette et la révolution de 1830, etc.*)

Le génie de la liberté enfante des prodiges : oui, la

génération nouvelle donnera à la France un Salluste, un Tacite, un Montesquieu, comme elle donnera à la patrie des Hoche, des Desaix, des Kléber : la terre de France n'est-elle pas celle des grands écrivains, aussi bien que celle des grands capitaines? La nouvelle génération a sauvé la liberté en 1830, elle accomplira les hautes destinées qui l'attendent..... Honneur à la jeunesse !

Quoi qu'en puisse dire M. l'abbé de Pradt, le cortége et l'enthousiasme spontanés du 29 juillet 1830 valent un peu mieux que le cortége et l'enthousiasme achetés du 31 mars 1814..... (V. *Suite*, etc., t. III, 14 avril 1830.)

Désormais, il faut vaincre ou périr ! toutes les propositions d'accommodement ont été rejetées avec opiniâtreté, avec indignation : des ordres ont été donnés pour l'arrestation de plusieurs députés, et ils doivent être remis à une commission militaire, c'est-à-dire fusillés !...

« On a trouvé dans les papiers des ministres déchus, une ordonnance portant établissement d'une cour martiale, dont les arrêts auraient été exécutés dans l'heure de la prononciation; elle n'aurait prononcé que la peine de mort. La liste des quarante-cinq accusés était dressée. Les rédacteurs des journaux signataires de la protestation auraient été exécutés les premiers. » (*Courrier Français*, 5 août 1830.) Ce journal était bien informé.....

Le duc de Raguse (Marmont) prépare pour le lendemain tous ses moyens d'attaque; il a reçu l'ordre d'agir avec des masses ; il concentre ses troupes et prend les dispositions nécessaires pour les maintenir dans le devoir ; il leur témoigne dans un ordre du jour la satisfaction du roi pour la conduite qu'elles ont tenue, et leur annonce que Sa Majesté leur accorde, en signe de cette satisfaction, un mois et demi de solde*. (Le minis-

---

* Voici cet ordre du jour, trouvé au château des Tuileries :

tre des finances, Baron-Montbel, fait extraire en conséquence, du Trésor public, une somme de 420,000 fr. pour acquitter cette gratification !) L'on met en œuvre tous les moyens de séduction pour entretenir, pour exciter au plus haut point le dévouement des troupes de la garde et de la ligne ; *de puissans renforts vont venir à leur secours :* en effet, l'on a expédié par le télégraphe des ordres pour faire arriver à marches forcées les

« Garde royale. — État-major général. *Ordre du jour.* Le roi a chargé M. le maréchal duc de Raguse de témoigner aux troupes de la garde et de la ligne sa satisfaction de leur bonne conduite pendant ces deux dernières journées. Sa Majesté n'attendait pas moins du zèle et du dévouement de ses braves troupes, et leur accorde, en témoignage de sa satisfaction, un mois et demi de solde : MM. les chefs de corps feront leurs états de solde, et pourront les présenter demain » (*Nota.* Et demain il n'y aura plus d'état-major général, de garde royale, de roi de France !) « à l'état-major de la garde, où cette gratification leur sera payée. Paris, le 28 juillet 1830. Pour le major général de service et par ses ordres, *l'aide-major général de service,* signé, *marquis de Choiseul.* »

Cet ordre du jour, qui devait être celui du 29, prouve évidemment qu'on était, à Saint-Cloud, dans l'*immuable* volonté de pousser ce jour-là les choses aux dernières extrémités ; il ne serait donc pas étonnant qu'on eût trouvé à Saint-Cloud, après la fuite du roi, dans un coin de son cabinet, le document suivant, que divers journaux ont publié. Nous nous sommes long-temps consulté avant de nous résoudre à citer ce petit *memorandum*, dont plusieurs personnes dignes de foi nous ont cependant attesté l'authenticité ; quelque absurde qu'il soit, nous pensons qu'il n'a pas été tracé par le roi, et si nous le rapportons, c'est pour montrer à quel point l'opinion publique était prononcée contre Charles X, puisqu'elle donnait pleine créance à une semblable atrocité :
« Marmont sera nommé connétable de France, avec un traitement de 500 mille francs ; je paierai toutes ses dettes. » — « Polignac sera créé prince du sang. » — « Peyronnet sera duc et chancelier de France. » — « Guernon, Capelle, Chantelauze

troupes des camps de Saint-Omer et de Lunéville, les régimens qui se trouvent à vingt, trente lieues de la capitale : la journée du 29 doit décider de son sort.

Avant de quitter cette belle journée du 28, nous devons achever de rendre à chacun la justice qui lui appartient.

Des écrivains, des publicistes, des hommes de lettres distingués, Cauchois-Lemaire, Année, Mignet, Évariste

« et Montbel, ducs et pairs. » — « Les deux régimens suisses de
« la garde prendront le titre de royal Charles x. » — « Le 3ᵉ re-
« cevra un an de solde ; les officiers, sous-officiers et soldats rece-
« vront tous une médaille particulière; il prendra le titre de
« royal Dauphin. » — « Versailles, Laon, Nantes, Lyon, Stras-
« bourg, seront mis en état de siége. Des cours prévôtales seront
« établies dans tous les chefs-lieux des départemens ; elles juge-
« ront sans délai tous les mauvais Français. » — « Les Vendéens
« marcheront sur Paris. Je la renverserai, s'il le faut, cette ville où
« le sang de mon frère crie encore vengeance. » — « Tous les Pa-
« risiens qui se sont battus contre mes troupes, le 28, seront fu-
« sillés sur la place de Louis xv. » — « N'oublions pas de recom-
« mander à Marmont de n'agir plus que par des masses, si de-
« main, 29, il devait encore y avoir une attaque... » Que Charles x
eût ordonné à Marmont de mettre, *s'il le fallait*, Paris à feu et à
sang pour étouffer l'insurrection, rien n'est plus vraisemblable ;
les intentions du monarque ne sauraient, à cet égard, être révo-
quées en doute; mais qu'il se soit tracé à lui-même, par écrit, le
28, à minuit, la ligne de conduite ci-dessus, nous ne le croyons
pas; on doit l'avouer, un roi est bien malheureux et il faut qu'il
soit descendu bien bas dans l'opinion publique, pour qu'elle
croie à de semblables *memorandum!* — L'on a trouvé, du reste,
à Saint-Cloud et aux Tuileries, des papiers secrets d'une haute
importance ; ils ont été soustraits à la curiosité publique; un personnage exerçant d'éminentes fonctions nous l'a certifié : au surplus, l'on sait que les Bourbons de Coblentz ont l'habitude d'oublier dans leurs appartemens, lorsqu'ils prennent la fuite, les
pièces les plus essentielles et jusqu'à leurs porte-feuilles : c'est ce
qu'ils ont fait à Verdun, en 1792; à Paris, en mars 1815, etc.

Dumoulin, Armand Reynaud, Chatelain, Thiers, Carrel, Sarrans, Bert, et quelques autres, rendirent de grands services à la liberté constitutionnelle, et la patrie leur doit ses remercîmens pour le courage avec lequel ils dirigèrent l'opinion publique dès l'apparition au *Moniteur* des ordonnances du 25. Ces écrivains, ces hommes de lettres, firent preuve d'un noble patriotisme, et hasardèrent leurs têtes en faveur de la cause nationale. — M. Carrel se distinguera d'une manière particulière ; ce citoyen déploiera le plus noble caractère et rendra les plus éminens services à la cause nationale : à sa voix, les braves de la Seine-Inférieure, du Loiret, de Seine-et-Oise, de Seine-et-Marne, etc., accourront au secours de la population parisienne ! — M. Évariste Dumoulin s'empresse de créer des ressources en faveur de la liberté et de l'ordre public, dans la journée du 28 ; il décide le général Dubourg (officier-général en retraite) à se mettre à la tête des braves qui viennent de déployer le drapeau tricolore : « Il devenait urgent (ont très-bien dit les auteurs de l'*Histoire de la révolution de* 1830, etc.) de pourvoir le plus tôt possible au remplacement d'un ordre de choses qui allait se dissoudre ; on pouvait craindre pour le peuple lui-même et pour son bonheur, que l'enivrement de la victoire ne le poussât au-delà des bornes, et ne lui fît perdre à la fois le fruit et l'honneur d'un succès qui paraissait assuré. Il pouvait, privé de chefs » (*Nota.* Et d'après la désertion des différentes autorités administratives) « se livrer à des violences condamnables, et détruire en un instant l'intérêt qui s'attache à un grand peuple se levant tout entier, comme un seul homme, pour reconquérir son indépendance. » L'on peut apprécier, d'après des considérations aussi justes, l'importance des services rendus, le 28, à la chose publique, par le général et l'homme de lettres *.

La proclamation suivante est publiée ; nous la rapportons à cause des heureux résultats qu'elle produisit : « Concitoyens ! vous m'avez, par une universelle acclamation, élu pour votre général ; je serai digne du choix de la noble garde nationale de Paris : nous combattons pour nos lois et la liberté. Concitoyens, le triomphe est certain. — Je vous engage à respecter les ordres des chefs qui vont vous être donnés, et à leur obéir. — Des troupes de ligne se sont déjà rendues ; des troupes de la garde sont prêtes à se rendre. Les traîtres qui ont excité la guerre civile, et qui croyaient faire massacrer impunément le peuple, seront bientôt forcés à rendre compte devant les tribunaux de la violation des lois et de leurs complots sanguinaires. — Au quartier-général, place de la Bourse, où est le rendez-vous. Paris, 28 juillet 1830. *Signé*, le général Dubourg...... » Le général marche au combat, accompagné de M. Évariste Dumoulin, qui

---

* Les services du général Dubourg ne sauraient être révoqués en doute ; le général Lafayette les consacrera de son noble témoignage ; on lira dans un de ses ordres du jour : « Le général commandant en chef doit à M. le général Dubourg la justice de dire que, dans le moment du danger, il répondit avec dévouement à l'appel d'un bon nombre de patriotes ; qu'il donna dans ces mémorables journées des ordres conformes aux généreux élans du peuple et au maintien de l'ordre public, et que je le trouvai établi à l'Hôtel-de-Ville, où il m'exprima le plaisir de m'y voir porté par la confiance de mes concitoyens. *Signé*, Lafayette. (Hôtel-de-Ville, 1er août 1830.) » — Le général Dubourg avait remis le commandement à M. de Lafayette, au moment où le grand citoyen s'était présenté à l'Hôtel-de-Ville... Nous rapporterons plus bas les paroles qu'il adressa, dit-on, à S. A. R. monseigneur le duc d'Orléans, lors de l'arrivée de ce prince à l'Hôtel-de-Ville ; paroles très-inconvenantes, si elles furent telles que plusieurs feuilles publiques les ont rapportées.

prouve dans cette journée que son épée est aussi brave, aussi bonne que sa plume.

La proclamation du général Dubourg annonce que « des troupes de ligne se sont déjà rendues. » Les troupes de ligne ne se *rendirent* point, mais elles refusèrent de tirer sur le peuple : les troupes de ligne gardèrent, en général, une sorte de neutralité*; c'est un fait d'une grande importance, et qui doit être attribué aux progrès de l'*esprit constitutionnel* qui s'était infiltré jusque dans l'armée et jusque dans la garde royale : celle-ci (ne craignons pas de le dire, car c'est la vérité), à part les régimens *suisses*, s'est battue plus pour se défendre, que pour vaincre au profit d'une cause qu'elle savait injuste..... Lorsqu'on voit, dans les trois journées de juillet, les troupes de ligne refuser de concourir à la destruction des libertés nationales, les promoteurs d'actes arbitraires et anti-constitutionnels doivent, avant tout, réfléchir sérieusement et peser les conséquences qui en résulteront infailliblement, tôt ou tard, pour eux et pour l'autorité royale!!!

NUIT du 28 au 29. — Quelle nuit!...... « Jamais le ciel ne fut si beau ; jamais peuple ne fut si grand! c'est un reflet de la nuit de Pharsale qui anime ce sombre et magnifique tableau. Tout veille dans la grande cité, tout s'agite, tout s'arme ou travaille aux barricades ; et cependant, le vaste silence qui couvre Paris n'est interrompu

---

* Le 53ᵉ régiment d'infanterie de ligne fut le premier qui se rangea du côté du peuple, qui arbora les couleurs nationales; il eut l'honneur de garder l'hôtel de M. Laffitte, ce quartier-général de la révolution (hôtel qui, malheureusement, servit aussi de quartier-général à une foule de hauts intrigans que l'histoire dévoilera un jour!), où se décidaient la déchéance de Charles x et les destinées de la liberté constitutionnelle : honneur aux braves *citoyens* du 53ᵉ régiment de ligne!

que par le bruit sourd du pavé qu'on arrache ; les gémissemens du blessé qu'un bras ami ramène sous le toit paternel, le *qui-vive* du soldat-citoyen, ou ce long : *sentinelle, prenez garde à vous!* que cent mille hommes debout pour la liberté se renvoient de quart d'heure en quart d'heure : non, le peuple ne fut jamais si grand..... Lafayette consacra cette nuit solennelle à l'inspection des barricades, que l'instinct et la prescience du peuple avaient établies sur tous les points menacés, etc..... »
(*Lafayette et la révolution de* 1830, etc.)

29 JUILLET. — La journée du 28 avait donné aux citoyens une attitude, une énergie et une force également imposantes : la journée du 29 présentera un spectacle vraiment sublime ; nous ne saurions mieux faire que de citer la narration pleine de vérité, de patriotisme et de talent, que M. Sarrans en a publiée.

« A la pointe du jour, le peuple et les troupes royales avaient, de part et d'autre, recommencé les hostilités avec acharnement...... Une multitude de combats partiels avaient recommencé avec l'aurore ; et, à l'exception de l'Hôtel-de-Ville, des avenues de la place de Grève, et des boulevards Saint-Denis et Saint-Martin, d'où l'ennemi avait été repoussé la veille, on se battait de nouveau sur tous les points qui avaient été le théâtre de la lutte pendant la journée du 28. Là, autour des barricades, dans les rues, dans les maisons, sur les péristyles des églises, partout s'était reproduite avec profusion cette foule d'actes d'héroïsme, de magnanimité et de mépris de la vie, qui avaient déjà fait des journées précédentes la plus belle époque qui ait jamais ennobli l'espèce humaine, la plus glorieuse dont puissent se parer la liberté et la philosophie. Où trouver un burin pour retracer avec quelque vérité, ou, seulement, pour rendre croyable cette multitude de traits sublimes dont un seul suffirait pour immortaliser un siècle, et qui, aujourd'hui, passent inaperçus dans la masse des hauts faits qui les absorbe et ne laisse voir en relief qu'une population radieuse, comme un seul homme, de courage et de vertu? Ici, ce sont des barricades s'élevant par enchantement derrière les soldats qui attaquent la barricade qui les arrête ; là, ce sont des femmes lançant par les fenêtres, des pavés, des meubles, des tisons embrasés, au mépris des balles qui viennent les frapper à côté du berceau de leurs fils ; des enfans qui agitent le drapeau tricolore au milieu de la mitraille, ou qui, se précipitant dans les escadrons ennemis, vont poignarder le cheval du cuirassier qu'ils ne peuvent atteindre ; j'en ai vu, se glissant sous les pieds des chevaux, aller chercher, de la pointe d'un fleuret, le défaut de la cuirasse de l'ennemi, et tuer de la sorte un de ces soldats bardés de fer dont le poids seul eût suffi pour les écraser ; j'en ai vu d'autres se cramponner à l'étrier d'un gendarme, et s'y faire hacher en s'efforçant de lui décharger un pistolet dans la poitrine. »—« Et à côté de ces miracles de courage, que d'actes de générosité et d'humanité! l'ennemi blessé ou prisonnier n'est plus un ennemi ; c'est un citoyen, un frère que le peuple confond avec ses défenseurs, et qu'il entoure d'une égale sollicitude. Qui jamais oubliera ces excellentes femmes du peuple, si empressées dans leurs maisons, au coin des rues, sous la mitraille, partout, à panser tour à tour, et l'ouvrier que la balle royale vient de mutiler, et le soldat qui a frappé ce frère ou cet ami! et puis, quand la fortune eut prononcé, quel touchant spectacle que celui de cette multitude de demeures particulières, d'églises, de théâtres, que la pitié citoyenne avait transformés en hôpitaux et en ambulances! Là, on voyait à chaque pas la moustache d'un Suisse blessé, entre deux lits de jeunes patriotes qui le traitaient en ami, et auquel les chirurgiens prodiguaient les mêmes secours. » — «Cependant, après quelques heures d'une lutte acharnée, toutes les probabilités de la victoire étaient pour le peuple. Déjà, plusieurs bataillons de ligne s'étaient détachés de l'armée royale ; la garde et les Suisses combattaient seuls avec ténacité ; mais, successivement débusqués des postes qu'ils occupaient la veille dans le centre de la capitale, ils se repliaient vers le Louvre et les Tuileries. D'un autre côté, dès le mercredi soir, les patriotes, qui se voyaient abandonnés par les députés dont ils avaient tant de fois cherché à réveiller le courage, avaient eu l'idée hardie de proclamer un gouvernement provisoire qu'ils avaient, *de leur autorité privée*, composé de MM. Lafayette, Gérard et Choiseul.....» (*Laf. et la révol. de* 1830, etc.)

Ce récit est beau ; il n'est pas de cœur français qui n'y applaudisse avec attendrissement, avec orgueil..... Nous allons entrer dans quelques détails sur cette journée, à jamais célèbre dans les annales de la liberté française, sur cette journée où LE PEUPLE FUT ROI.

Dès les premières heures du jour, une foule de citoyens marchent sur la caserne de Babylone, ayant à leur tête de jeunes héros de l'École Polytechnique et les braves officiers que le peuple a délivrés des prisons de l'Abbaye. La caserne est occupée par les Suisses ; ils opposent pendant quatre heures une courageuse résistance aux attaques dirigées contre eux en tous sens ; un grand nombre périssent, le reste abandonne la position et cherche son salut dans la fuite, au moment où la caserne va être livrée aux flammes. — L'on se ferait difficilement une idée de l'irritation, de la haine, qu'ont excitée les Suisses depuis la restauration de 1814 ; mais cette milice étrangère n'a que trop justifié, par sa conduite, l'aversion nationale dont elle est l'objet ! Dans les journées de juillet, elle fait trophée d'une barbarie dont le souvenir ne s'effacera jamais en France ; voici ce qu'on lit dans l'*Histoire de la révolution de* 1830, etc. : « Quant aux Suisses, ils ont montré un acharnement, une rage qui tenait moins encore de la nécessité de la défense que de la haine. On cite d'eux des traits qui font frémir ; ils ont surpassé ce que nous avons rapporté de plusieurs gendarmes, la honte de l'espèce humaine. » — « Les Suisses avaient fait des prisonniers et les obligeaient, sous peine de la vie, de leur fabriquer des cartouches ; à la prise du Louvre et des Tuileries, forcés de fuir, ils égorgèrent sans pitié ces malheureux, avant de céder la place aux vainqueurs ; on les trouva noyés dans leur sang..... »....... Malheureusement, il n'est pas permis de révoquer en doute une si lâche atrocité ; elle est attestée par plusieurs témoins oculaires dignes de foi : il est encore avéré que quelques pelotons de troupes royales ont fait usage, dans la dernière des trois journées, de balles de cuivre, de balles mâchées, de balles aplaties en forme de dés à jouer, et dont les coins étaient aiguisés à la lime : nous avons vu, nous-même, quatre de ces balles extraites de diverses blessures, et nous pourrions citer le chirurgien qui a soigné plusieurs blessés atteints par ces balles. Neuf sont morts !

Les auteurs de l'écrit intitulé : *Révolution de* 1830, etc., excusent en quelque manière la conduite des troupes royales, dans les moyens d'attaque dont elles se sont servies. « Sans doute, disent ces écrivains, ils ont manqué de munitions et de cartouches par l'imprévoyance des chefs et des ministres, et on peut croire qu'ils en ont fait avec tout ce qui se trouvait sous la main ; mais les carrelets aiguisés, les balles mâchées ne peuvent les absoudre « (*Nota* : ceci regarde particulièrement les troupes suisses) » d'un raffinement de vengeance et d'une cruauté froide et calculée. »

Empressons-nous de dire que ces horribles moyens n'ont pas été employés par les soldats des régimens de ligne : ces soldats sont Français, et M. Bonald ne dirait pas aujourd'hui : « Plût à Dieu que nous fussions aussi bons Français que les Suisses! »

Il est temps de rendre à la très-grande portion de la garde royale, composée de bataillons français, la justice qu'elle mérite : on lui a prodigué les injures et les malédictions, il ne faut pas s'en étonner; le sang des citoyens coulait alors à grands flots, et l'on en rendait responsables ces braves militaires ; toutes les passions politiques étaient en ébullition, et l'on accusait la garde royale des crimes ordonnés par les conseillers de la couronne : la vérité n'eût pas été entendue dans ce deuil profond de tant de familles que le fer du despotisme venait de décimer : mais lorsque les passions se sont calmées, tous les partis ont plaint, et bien plus qu'ils ne les ont blâmés, les soldats de la garde royale condamnés, dans les journées de juillet, à se battre contre leurs concitoyens : « La garde, pénétrée d'horreur pour le « métier infâme qu'on lui faisait faire, et effrayée de « voir ses mains souillées du sang des citoyens, pa- « raissait décidée à ne pas prendre part à un nouveau « combat. Des larmes coulaient des yeux de ces braves. « Qu'on nous tue, disaient-ils, notre devoir est de « mourir à notre poste; mais nous ne voulons plus « faire l'horrible métier auquel on nous condamne « depuis deux jours. » Plusieurs officiers envoyèrent leur démission, et manifestèrent un noble repentir... (*Histoire de la mémorable semaine*, etc.)

Nous serons vrais; si la garde royale a montré un grand acharnement, ce n'est pas sur les soldats (excepté les Suisses) de cette brave garde que doit retomber le sang versé dans la glorieuse mais terrible révolution de 1830 :

ce corps militaire, spécialement consacré à la défense du trône, se croyait obligé par devoir, par serment, par honneur, d'obéir aveuglément aux ordres de ses chefs* : les vrais coupables (et surtout le stupide Polignac), les grands criminels, sont les conseillers de la couronne; et après eux, le maréchal qui a brigué le commandement militaire de Paris, qui n'a pas eu la loyauté, la pudeur de se refuser au massacre de ses compatriotes, de faire oublier, en se démettant du commandement, la trahison dont il s'était souillé en 1814! Il avait devant les yeux la magnanime conduite de M. de Latour-du-Pin : mais qu'attendre de noble de la part du transfuge de 1814?... La garde royale a fait preuve de fidélité et de bravoure; et, encore une fois, ce n'est pas elle qu'il faut accuser d'avoir répandu le sang de la population parisienne; ce sont les chefs qui ont fait un si exécrable abus de cette bravoure, de cette fidélité. Nous taisons le nom de ces officiers supérieurs, de ces officiers généraux; puisse l'histoire les oublier!... Les officiers, les soldats de ce corps d'élite, étaient en général remplis d'honneur et de patriotisme; ils montraient, répétons-le, une grande répugnance à combattre contre leurs concitoyens; ils déploraient l'extrémité où on les réduisait de tourner leurs armes contre le peuple; l'on a vu plusieurs de ces braves témoigner publiquement, en face de leurs propres supérieurs, leur horreur *pour l'infâme métier auquel ils se*

---

* Plusieurs officiers de la garde, après avoir d'abord imprudemment cédé aux habitudes de l'obéissance passive, ont noblement protesté le lendemain, par l'envoi de leur démission, contre les atrocités des ordres infâmes qui leur avaient été adressés par M. de Polignac, et qu'il avait résumés en ces mots féroces et stupides : « Tirez où vous voudrez et où vous pourrez... » (*Courrier Français*, 1ᵉʳ août.)

Le fait rapporté par cette feuille périodique est exact.

trouvaient condamnés, ainsi que le dit avec tant de justice l'auteur de l'*Histoire de la mémorable semaine*, etc. Mais, il faut le répéter en l'honneur de cette brave garde royale, en l'honneur de la vérité : plusieurs officiers envoyèrent leur démission ; nous citerons particulièrement M. de Turgot et M. de Latour-du-Pin ; ce dernier, capitaine dans la garde royale, avait écrit *dès le 28*, au président du conseil, la lettre suivante : « Monseigneur, après une journée de massacres et de désastres, entreprise contre *toutes les lois divines et humaines*, et à laquelle je n'ai pris part que par un respect humain que je me reproche, ma conscience me défend impérieusement de servir un moment de plus. » — « J'ai donné dans ma vie d'assez nombreuses marques de dévouement au roi pour qu'il me soit permis, sans que mes intentions soient calomniées, de distinguer ce qui émane de lui, des atrocités qui se commettent en son nom. J'ai donc l'honneur de vous prier, monseigneur, de mettre sous les yeux de Sa Majesté ma démission de capitaine de sa garde. » — « J'ai l'honneur d'être, monseigneur, de votre excellence, le très-humble et très-obéissant serviteur. *Signé*, le comte Raoul de Latour-du-Pin. 28 juillet 1830. »

Elle est magnanime et généreuse, cette démission : voilà un titre plus glorieux que les plus vieux titres à parchemins! La lettre de M. de Latour-du-Pin mérite d'être placée à côté de celle du vicomte d'Orthe à Charles IX, roi de *la Saint-Barthélemy*... C'est du bel et bon honneur français, que celui de M. de Latour-du-Pin.

Dans plusieurs compagnies de régimens de ligne les soldats *fraternisent* avec le peuple ; ils refusent de tirer sur lui, ou tirent en l'air. Honneur à la troupe de ligne! « Les 5e, 50e et 53e régimens, et le 15e d'in-

fanterie légère étaient fort calmes et paraissaient fort
affectés des événemens. Ce dernier régiment n'avait pas
encore tiré le 28; lorsque le colonel, M. le baron *Per-
regault*, menacé par la gendarmerie d'être dénoncé,
commande le feu : trente hommes de la compagnie de
carabiniers du 1er bataillon ont été tués ou blessés... »
(*Histoire de la mémorable semaine*, etc.)

La victoire paraît vouloir décidément se prononcer
en faveur du peuple; il a déjà remporté sur les troupes royales des avantages signalés; mais le Louvre et
les Tuileries sont encore en leur pouvoir, et c'est de
la prise de ces deux châteaux que dépendent le sort
de la capitale, la fortune de la France.

Avant de reprendre la suite des opérations militaires, il est nécessaire de parler de la conduite suivie
par les députés présens à Paris.

Pendant que le peuple faisait ses derniers efforts
pour reconquérir sa liberté, la réunion annoncée la
veille chez M. Laffitte, entre dix et onze heures, avait
lieu. Trente-quatre députés s'y rendent; l'on voit *reparaître* MM. Sébastiani, Bertin-de-Vaux, Dupin (aîné),
Gérard, Villemain. — M. Laffitte expose avec chaleur la
situation de la chose publique et fait sentir la nécessité
de prendre la direction du mouvement; il est vivement secondé par M. Mauguin : «... La bravoure des
Parisiens nous a tracé notre devoir; il me semble donc
que nous devons au plus tôt organiser ce *gouvernement provisoire* que par un très-heureux mensonge »
(V. plus haut) « ils ont déjà proclamé depuis hier. »

Laissons ici parler l'auteur du *Document pour l'histoire*, etc., dont les assertions sur les événemens des
trois journées n'ont pas été contredites jusqu'à ce
jour : «... Il fut décidé entre les députés que le général Lafayette aurait le commandement de toutes les

forces militaires, et M. le général Gérard celui des opérations actives. On nomma ensuite une commission municipale chargée de veiller aux affaires générales. Elle se composa de MM. *Mauguin, Laffitte, de Schonen, Audry-de-Puyraveau, Lobau* et *Casimir Périer*... Un peu plus tard, la commission alla s'installer à l'Hôtel-de-Ville... » (*Document pour l'histoire*, etc.)

A cette heure, les députés se prononcent en majorité en faveur de la cause nationale; mais le Louvre et les Tuileries sont déjà tombés entre les mains du peuple, et rien ne peut plus lui résister !!!

Les deux châteaux, l'on pourrait dire les deux forteresses royales, ont été enlevés avec une intrépidité et un patriotisme qui tiennent du prodige : quelques détails suffiront pour donner une idée des difficultés que les troupes citoyennes ont dû surmonter pour obtenir enfin la victoire....

La position des troupes royales était formidable; concentrées au Palais-Royal, au Louvre, aux Tuileries, elles en occupaient tous les abords : les localités présentaient en outre de grands moyens de défense, et l'on doit s'étonner que la garde royale et les Suisses se soient laissé forcer, au bout de trois ou quatre heures, dans des positions fortifiées, en quelque sorte, d'elles-mêmes : mais à cette heure le courage du peuple ne connait plus d'obstacles!... Les troupes populaires qui se sont emparées de la caserne de Babylone et qui ont balayé devant elles tout ce qui restait de détachemens royaux dans le faubourg Saint-Germain, se sont jointes à celles qui marchaient sur le Louvre. Elles attaquent en même temps les postes de l'Institut, de la colonnade et de la rue du Coq, aux cris de : *Vive la liberté! à bas les Bourbons!* Le peuple se précipite de toutes parts sur les troupes royales :

«... Les citoyens, ayant à leur tête le jeune *Maduel*,

élève de l'École Polytechnique, attaquent le côté du Louvre qui fait face à la rue du Coq. » — C'est là qu'au premier rang, parmi les combattans, on vit le jeune *Boussange*, âgé de treize ans, qui se distingua par une valeur prématurée... Un seul homme, vêtu d'une blouse, eut l'audace de braver le feu des combattans, de s'avancer le pistolet au poing jusqu'à la portée de ceux qui défendaient la grille d'entrée : « Je vous somme, leur dit-il, d'ouvrir; » et la grille s'ouvrit au moment même où des gens du peuple, ayant escaladé en se faisant *la courte échelle* *, venaient ouvrir eux-mêmes une autre porte à leurs compagnons. Ce brave se nomme *Garaud;* il exerce la profession de sculpteur. — Alors ils pénètrent dans l'intérieur, poursuivent les Suisses, qui se réfugient aux Tuileries en laissant la terre jonchée de leurs morts... — Ce fut un jeune homme de seize ans, nommé Pierre-Charles *Petit-Père* **, qui le premier entra au Louvre et en ouvrit les portes au peuple... — Malgré la rapidité avec laquelle furent exécutées l'attaque et la prise du Louvre, durant ce peu de temps, les Suisses le défendirent avec tant d'acharnement, qu'ils firent un grand nombre de victimes dans les rangs du peuple...» (*Hist. de la révolut. de* 1830, etc.)

* Des enfans de 10 à 12 ans grimpent comme des écureuils le long de ces conduites en bois, faites en forme de caisses, destinées à recevoir et à mener des déblais et plâtres depuis le faîte du palais jusqu'à terre ; ces enfans parviennent sur la terrasse, y poignardent les Suisses et vont ouvrir les grilles.

** On lit dans l'ouvrage de M. Sarrans : « Auprès de lui (Char-
« les *Petit-Père*), un autre jeune homme de 18 ans, nommé
« Charles *Bourgeois*, serrurier, de Rocroy, département des Ar-
« dennes, monta sur la colonnade, armé de pistolets non char-
« gés (il manquait de poudre), pour y planter le drapeau trico-
« lore; cinq Suisses le poursuivirent, le blessèrent à coups de
« baïonnette, mais ne purent mettre fin à ses jours. »

Un volume ne suffirait pas pour mentionner les faits héroïques de cette journée, pour citer les noms de ces hommes du peuple qui firent éclater une audace et une intrépidité également sublimes; les auteurs de l'*Histoire de la mémorable semaine*, etc., des *Événemens de Paris*, etc., et de plusieurs autres écrits du temps, ont recueilli ces faits et les noms de ces héros populaires : la patrie en conservera le souvenir. Assez d'écrivains ou de flatteurs salariés parleront du *dévouement*, du *courage* que de grands personnages ont fait éclater dans les trois journées en faveur de la cause nationale, et diront, non pas ce que ces personnages ont fait, mais ce qu'ils n'ont pas fait dans cette immense conjoncture; c'est une raison de plus pour publier, pour célébrer les noms de ces citoyens pauvres, obscurs, tout-à-fait ignorés, qui ont sauvé la liberté, l'ordre et les lois.

« Vainqueur du Louvre, le peuple et ceux qui dirigeaient les mouvemens sentirent qu'il n'y avait pas un instant à perdre, et qu'il fallait profiter de l'ardeur que donne la victoire pour se porter sur le château des Tuileries, dernier refuge des défenseurs de la royauté de Charles x..... *Joubert*, portant le drapeau tricolore, marchait le premier à la tête de la colonne qui s'avançait au pas de charge vers l'arc de triomphe du Carrousel, sans faire la moindre attention aux balles qui tombaient autour de lui de toutes parts, et qui atteignaient tant de jeunes gens distingués, tant d'hommes intrépides : de ce nombre fut ce brave et malheureux *Farcy*, un des rédacteurs du *Globe*, auquel son ardeur et son intrépidité coûtèrent la vie. » (*Hist. de la révolution de* 1830, etc.)

La mort de M. *Farcy* fut un sujet d'affliction pour tous les cœurs généreux ; cette noble victime de la cause nationale a des droits aux hommages, à la reconnaissance de la patrie, et l'on ne saurait trop regretter le jeune littérateur qui promettait à la liberté, aux lois, à l'ordre public, un défenseur de mérite : c'était l'un des élèves les plus distingués de l'ancienne École normale ; il a laissé plusieurs compositions latines très-estimées..... Honneur à sa mémoire !

« La défense fut aussi opiniâtre, aussi acharnée que l'attaque : les troupes qui garnissaient cette importante position étaient assez nombreuses ; de plus, on avait mis une pièce de canon à l'embouchure de la rue de l'Échelle et de la petite rue Saint-Louis, et aux * différentes rues qui aboutissaient au château. On doit juger de l'effroyable carnage que fit l'artillerie ; la mousqueterie était également des plus meurtrières, et les troupes citoyennes perdirent beaucoup de monde..... — *Joubert*, avec *Thomas, Guignard, Picard* et *Gauja*, attacha le premier l'étendard tricolore sur le château des Tuileries, quand le peuple s'en fut rendu maître. On assure qu'en cherchant dans les greniers du château, on trouva le drapeau tricolore qui servait en 1815 et dans les années précédentes ; il était couvert de poussière, comme on le pense bien ; mais on secoua cette poussière, et on fit de nouveau flotter cet étendard sur la demeure des rois. » (*Ibidem.*)

Il n'y aurait, dans cette dernière particularité, rien de bien surprenant : le grand-référendaire de la chambre des pairs, M. Huguet de Sémonville, saura retrouver en temps et lieu les drapeaux enlevés à Marengo, à Austerlitz, à Jéna, à Friedland, à Wagram, qui ornaient la salle des séances de cette chambre ! Le 29 juillet *secouera* aussi cette noble poussière !!!

---

* Les ouvrages auxquels nous empruntons ces citations sont souvent obscurs ; ils ont été écrits avec précipitation ; mais leurs auteurs sont exacts dans les faits principaux : c'est l'essentiel.

Le combat qui fit tomber le château des Tuileries au pouvoir du peuple, fut des plus sanglans ; il dura près de deux heures. Attaquées, poursuivies de toutes parts, la garde royale et la garde suisse se replièrent dans le plus grand désordre sur les Champs-Élysées, qu'elles ne tardèrent pas à évacuer pour aller couvrir le bois de Boulogne, le pont de Sèvres et Saint-Cloud.

Il fallait encore déloger ou exterminer les compagnies de la garde royale, de la garde suisse, qui occupaient le Palais-Royal ; elles avaient pris poste dans les maisons de la rue de Rohan et de la rue de Richelieu les plus à proximité de la rue Saint-Honoré : établies dans l'édifice de la Comédie-Française, elles faisaient, des croisées et des balcons, des balustrades du Palais-Royal et du Théâtre-Français, un feu des plus meurtriers, tirant sur les femmes, les enfans, sur tout ce qui paraissait aux fenêtres ou dans les rues. «... Un combat vif, soutenu, acharné, dura près de trois heures ; quatre fois il fut interrompu ; quatre fois, le peuple exhorta les soldats à se rendre, en leur promettant qu'on ne leur ferait aucun mal et qu'on ne se livrerait à aucune vengeance ; mais les soldats n'osaient s'y fier, et ils osaient d'autant moins compter sur la clémence du peuple, que cette nouvelle et plus terrible action ne s'était *engagée que par eux*, et qu'on avait crié à la *trahison*. Enfin, le feu ne cessa de leur part que quand ils n'eurent plus de cartouches : alors le peuple en arrêta un grand nombre ; une partie périt misérablement, le reste trouva son salut dans la fuite. Quant à ceux qui furent arrêtés, on leur fit retourner leurs habits en signe du changement d'opinion qu'on espérait en eux ; on les promena comme en triomphe sur la place... On les enferma au corps-de-garde, et ils furent relâchés pendant la nuit. » (*Histoire de la révolution de 1830, etc.*)

Les troupes royales étaient enfin chassées de toutes leurs positions ; Paris appartint entièrement au peuple le 29 à cinq heures du soir. — Gloire et reconnaissance éternelles au peuple de Paris, à l'École Polytechnique, aux Écoles de Droit et de Médecine ; ce peuple, ces Écoles ont compté presque autant de héros que d'individus.

De quelles tyrannies, de quelles calamités l'héroïsme de la jeunesse et l'invincible bravoure du peuple n'ont-ils pas préservé la France? Paris peut maintenant être surnommé, à juste titre, la métropole de l'honneur et de la gloire ; le peuple a effacé en juillet 1830 la double ignominie de mars 1814 et de juillet 1815!!! Ainsi que nous l'avons dit (dans le *Discours préliminaire* de la *Suite* de l'*Histoire de France*, tome 1er), l'élan imprimé à la France par la révolution du 29 juillet est plus fort, plus national encore que celui de 1789, et l'esprit public ne fait point fausse route... L'étranger ne souillerait plus impunément le sol français, la terre sacrée. Le 29 juillet vient de réhabiliter l'honneur national!

Cette immortelle journée a été celle du peuple : car le peuple a presque seul combattu en faveur de la liberté constitutionnelle, de la cause nationale; aucun des maréchaux, des généraux de l'empire ou de la restauration n'est venu à son secours ; les capitalistes, les hommes à argent, les principaux négocians *, les classes moyennes, ont assisté à cette mémorable lutte sans y prendre part ; les autorités constituées ont déserté leurs postes, les au-

---

* Il est juste de dire que beaucoup de chefs d'ateliers et de grandes manufactures donnèrent, dès le 27, congé à leurs ouvriers et leur fournirent des moyens de subsistance afin qu'ils pussent se livrer sans inquiétude à la défense de la cause nationale.

torités législatives ne se sont prononcées qu'après la victoire ; elle appartient donc presque tout entière au peuple, aux Écoles, et à cette héroïque jeunesse que Paris renferme dans son sein. Que la France doit être fière, orgueilleuse de la génération nouvelle!... Il faut encore parler du 29 juillet.

Dans cette journée du 29, qui décide du sort de Charles x et de celui de sa famille, le château des Tuileries, tombeau de la royauté, en est encore le séjour, et le trône dont on a précipité le roi parjure ne reste pas sans locataire : on y place un CADAVRE!... Peu de jours auparavant Charles x a reçu sur ce même trône, sur ces mêmes fleurs de lis, les hommages des chambres législatives et des autorités constituées, les félicitations de la cour, de l'armée, du clergé, de la magistrature, sur la gloire et la prospérité de son règne, sur la splendeur de sa couronne, sur la stabilité de sa dynastie : un cadavre presse aujourd'hui cette pourpre royale, et y répand sa sanie! Ce terrible exemple de la vicissitude des grandeurs, des vanités, des catastrophes royales, sera-t-il perdu pour les princes? Le trône du droit divin, du pouvoir absolu, disparaissant à la voix du peuple; ce trône, transformé en catafalque triomphal, plus resplendissant que jamais, couvert tout à coup de drapeaux tricolores; ces décorations nationales servant de premier linceul à l'une des victimes ignorées de l'assassinat royal : quel avertissement aux rois qui ne veulent pas être de leur siècle, de leur nation, de leur peuple... Ministres du Très-Haut, efforcez-vous désormais de prouver aux peuples que la royauté est une religion, le roi un délégué de Dieu, le trône un autel; ils vous répondront : 29 JUILLET!!! Et malheureusement, que voit-on en France depuis quarante années? une royauté : grade amovible; un trône : échafaud, prison ou tombeau ; des possesseurs du trône : en fuite, en exil, ou dans les cachots. Conseillers des couronnes, faites après cela du droit divin, de la monarchie de Louis xiv, du despotisme à la Napoléon ! En vérité, les princes sont bien à plaindre ; mais que les ministres qui les égarent dans les périlleuses voies de l'arbitraire sont coupables !

Le nom du cadavre-roi qui a *occupé*, le 29 juillet, le trône des Bourbons, n'ira pas à l'histoire ; était-ce un élève de l'École Polytechnique, un fils de famille ? Non, c'était un homme de la dernière classe du peuple, de cette classe où un grand homme peut vivre et mourir inaperçu, de cette classe où il peut s'ignorer lui-même, à moins qu'une révolution ne vienne lui révéler et nous apprendre la grandeur de son âme ? l'histoire ne saura pas son nom. Depuis deux ans, aucune indication précise n'a été donnée sur ce roi de la mort, sur ce monarque de la victoire nationale, sur l'individu dont les restes sanglans, tout parés de trophées populaires et ensevelis dans les drapeaux des trois journées, ont rempli pendant cinq heures le trône des Bourbons..... Ce cadavre sera déposé dans la fosse commune !

La prise du château donne lieu à quelques désordres ; ils sont bientôt réprimés ; le peuple fait lui-même justice de quelques brigands, de quelques échappés de la police ou des bagnes, qui cherchent à enlever des objets précieux. Les grandes éruptions populaires ne sauraient éclater sans que l'écume de la société remonte et bouillonne à sa surface : mais, s'il faut s'étonner de quelque chose, dans cette foule d'événemens extraordinaires, si rapides, si pleins de choses, c'est du petit nombre de vols exécutés pendant ou à la suite de l'immense bouleversement ! Le château est parcouru, visité, fouillé jusque dans ses réduits les plus obscurs, et aucun dégât tant soit peu considérable n'est commis ; la chapelle est respectée ; point de profanation, point de scandale ; les vases d'or dont Charles x a enrichi ses oratoires, sont transportés au palais de la Bourse ; tous les objets d'art sont également respectés. Seulement, le tableau du sacre et le portrait en pied de Charles x sont mis en pièces, ainsi que le portrait du duc de Raguse (Marmont), qui souille depuis 1814 la salle des maréchaux : c'est justice ! — On trouve dans l'appartement du roi un missel et quelques livres de piété : il n'a pas d'autres livres ; dans celui de M. le Dauphin, une collection d'almanachs depuis le 16° siècle : c'est dans ces almanachs qu'il a appris l'histoire, la politique et même la guerre !!! Le cabinet de madame la Dauphine est rempli de journaux, de brochures sur les affaires politiques, de mémoires et de plans de contre-révolution plus anti-nationaux, plus extravagans les uns que les autres : cette princesse n'a pas peu contribué à éloigner la nation des Bourbons de Coblentz ; dédaigneuse de la gloire nationale, altière, vindicative, repoussant toute espèce de popularité, sans esprit, sans instruction, dépourvue, non des vertus, mais des qualités aimables et des grâces de son sexe, madame la Dauphine a trouvé le rare secret de ne plaire à personne et de mécontenter tout le monde ; elle a oublié qu'elle était Française, elle a provoqué de sanglantes réactions : cette fois cependant elle n'est pas du complot de la cour contre la nation ; elle l'a ignoré..... Les meubles de ses appartemens sont brisés et jetés par ces fenêtres d'ou les soldats royaux ont fait feu sur les femmes, sur les enfans qui passaient à leur portée. — On trouve dans les appartemens de *Madame*, duchesse de Berry, une grande quantité d'objets d'arts, et des curiosités précieuses ; ils attestent les goûts frivoles, légers et de luxe qui caractérisent la duchesse de Berry. Malheureuse princesse, qui jouera plus tard avec les événemens de 1830, comme les enfans gâtés et ignorans jouent avec les armes les plus meurtrières ! Elle croira qu'un changement de dynastie n'est qu'un changement de modes ; elle achèvera de creuser de ses propres mains le tombeau de sa famille, et sa famille descendra encore plus déconsidérée dans le tombeau royal.

Revenons à cette *canaille*, à cette population insultée, méprisée, et dont les courtisans se jouent, dans les temps calmes, avec tant d'insolence ! Le peuple, maître de leur château, de leurs trésors, et presque de leurs personnes, le peuple-roi déploie dans ces circonstances, où il peut disposer de la couronne de France, un désintéressement sans exemple ; il fait preuve d'une probité, disons mieux, il se distingue des hautes classes de la société par une délicatesse de conduite qui ne peut être comparée qu'au patriotisme et à l'intrépidité qui ont signalé son action militaire dans les trois journées ! Des ouvriers, à peine couverts de lambeaux, rapportent à l'Hôtel-de-Ville des bijoux, des écrins d'un très-grand prix, des porte-feuilles renfermant des sommes considérables, des cassettes d'or, l'argenterie et le vermeil trouvés épars sur des tables..... « Soyez tranquille, nous « avons changé de gouvernement, mais nous n'avons « pas changé de conscience, » répond un homme de la dernière classe du peuple à un officier qui lui recommande d'empêcher qu'on n'enlève quelque chose du château des Tuileries..... « A la grille du côté du bord de l'eau, un ouvrier, dans un costume qui annonçait une grande pénurie, armé de son fusil dont il paraissait avoir fait un généreux usage, la tête couverte d'un chapeau d'officier-général, qui lui donnait un air d'autorité, fouillait tous les individus qui sortaient du jardin pour s'assurer s'ils n'emportaient rien, et il a châtié sévèrement un autre ouvrier qui avait voulu emporter une petite tasse de porcelaine. » — « Aux portes du château des Tuileries, un homme, qui avait vu dérober quelques objets, se crée, de sa propre autorité, général, compose une garde, pose des sentinelles avec ordre de fouiller quiconque sort. L'ordre s'exécute, et tout homme surpris emportant des objets enlevés est vertement corrigé et forcé de rendre ce qu'il a pris..... » (*Evénemens de Paris*, etc.)

Nous citons ces particularités, parce qu'elles attestent la noble *police* que le peuple exerça pendant les trois journées, et notamment le 29; la valeur des objets volés dans les trois journées (et qui n'ont pas été retrouvés) ne s'élève pas au-dessus de 200 mille francs ! c'est moins que les vols commis à Paris, dans les temps ordinaires, un jour portant l'autre : nous l'affirmons d'après des renseignemens positifs.

« Le nommé Bourgeois, commis dans une maison de commerce, a porté à l'Hôtel-de-Ville une cassette en or massif d'un travail exquis, et qui se trouvait dans la chambre du roi..... » — « La plupart des objets précieux en or, argent ou vermeil, furent déposés soit à la Bourse, soit à l'Hôtel-de-Ville. M. *Guillard*, officier de l'ancienne armée, et qui a dans ces mémorables journées rendu de grands services à la cause de la liberté et à l'ordre public [*], nous a montré un procès-verbal dressé

---

[*] M. le chevalier Guillard (nommé dans les cent jours adjoint aux commissaires des guerres) s'empressa, dès le 27 juillet, de faire cause commune avec le peuple; il rendit, particulièrement le 29, de signalés services à l'ordre public, en faisant respecter les personnes et les propriétés; il inventoria les poudres et l'argenterie sauvées des Tuileries; ce dernier objet était d'une valeur de plus d'un demi-million; il conduisit à l'état-major du général Roguet une centaine de prisonniers; il prit le commande-

par lui à la Bourse, et contenant le détail des objets d'or et d'argent qui avaient été restitués, ou volontairement déposés. Le poids total de ces objets pouvait monter à

ment du poste de la mairie du deuxième arrondissement avec une quarantaine de citoyens, et y resta sans désemparer, pendant 72 heures, du 29 juillet au 2 août. On lui amena le cardinal Latil, dont la calèche contenait une somme de près de 800 mille francs en or; il fit conduire à l'état-major le *pauvre* cardinal qui avait été arrêté à Vaugirard, emportant dans sa voiture des vases sacrés, des ciboires et ornemens de grand prix. — Les concitoyens de M. Guillard le récompensèrent de sa belle conduite, en le nommant d'abord lieutenant, ensuite capitaine de la garde nationale de la 2ᵉ légion : dans toutes les émeutes qui ont eu lieu à Paris, ce capitaine s'est montré l'un des plus zélés défenseurs du trône de Louis-Philippe Iᵉʳ; il a fait preuve de courage dans toutes les circonstances critiques. — Nous entrons dans quelques détails sur cet officier de la vieille armée, parce que sa conduite retrace celle de presque tous les officiers de cette noble armée, si brutalement traitée, si indignement licenciée par les Bourbons de Coblentz! M. Guillard, entré au service naval à l'âge de 17 ans, fait prisonnier en 1806, à la suite d'un combat brillant, sur la gabarre *la Salamandre*, retenu pendant cinq ans prisonnier en Angleterre, enlève en 1811 un bateau charbonnier dans les eaux de la Tamise et le conduit à Dunkerque; attaché au ministère de la guerre, bureau des ingénieurs géographes, il fait avec distinction les campagnes de Russie, de Saxe, de Champagne et de Waterloo; dans le grand désastre national de 1815, il contribue puissamment à sauver les équipages du maréchal, duc de Dalmatie, major général de la grande armée ; ce sont les seuls équipages sauvés, et c'est dans une de ces calèches que l'empereur Napoléon fait son retour de Charleroi à Paris... M. Guillard n'a pas encore été réintégré dans son grade, fruit des plus nobles services, tant la vérité à la justice éprouvent, quelquefois, de difficultés pour parvenir jusqu'à l'autorité suprême! Ce n'est pas sous le règne du roi national, du roi juste, de Louis-Philippe Iᵉʳ, qu'un brave officier de cette armée doit craindre d'être désormais oublié! mais dans les plus petites choses, comme dans les plus grandes, c'est presque toujours le cas de dire : *Ah! si le roi savait!* »

1,200 livres......» (*Histoire de la révolution de* 1830, etc.., par MM. Rossignol et Pharaon, etc.)

On lit dans le *Courrier Français* les traits suivans, dont le maire du 7ᵉ arrondissement lui adresse copie officielle : « Le citoyen Charles *Gauthier*, apprenti ouvrier, demeurant rue Sainte-Avoye, n° 58, s'est battu aux Tuileries avec le plus grand courage. Vainqueur, il est parvenu un des premiers dans les appartemens. Il a trouvé sous des fauteuils, des bijoux, des bracelets d'une grande valeur, et s'est empressé de les remettre aussitôt à la mairie du 7ᵉ arrondissement. Une aussi belle action ne veut aucun commentaire. » — « Stéphanie *Pillaud*, ouvrière, a également déposé une robe brodée d'un grand prix. Le nommé *Lévi Abraham*, Israélite, demeurant rue des Vieilles-Étuves Saint-Martin, n° 9, au premier bruit du canon, s'élance sans armes pour se battre, saisit l'arme d'un lancier, entre le cinquième dans le Louvre, et, après avoir combattu long-temps, rapporte un morceau du drapeau des Suisses. Ce brave homme, avant de retourner à ses travaux, a voulu déposer sa lance à la mairie du 7ᵉ arrondissement. Là, des secours lui ayant été offerts, il les a d'abord refusés, en disant qu'il ne s'était pas battu pour avoir de l'argent. Pressé d'accepter 10 francs, il a enfin consenti à les prendre en disant : Puisque vous voulez absolument que je les accepte, je les prends, mais à condition que je vous les remettrai à l'instant, à vous-même, pour que vous en disposiez en faveur des orphelins..... »

Nous nous honorons de placer, dans nos pages, de si belles actions ; il faudrait plaindre les hommes qui trouveraient de semblables détails, futiles, déplacés, indignes de l'histoire ; quoi donc ! l'histoire ne doit-elle pas justice au pauvre comme au riche, à la classe du peuple comme à celle des hauts fonctionnaires de l'État ? Ah ! combien ces hommes qui affectent un superbe dédain pour les ouvriers, les artisans, les industriels ; combien ces hommes, si chatouilleux sur les *convenances;* combien tous ces patriotes de comptoir et ces grands seigneurs d'antichambres ministérielles célèbreraient les actions qui ont illustré, dans les trois journées, le peuple de Paris, si elles avaient été faites par des personnes appartenant aux hautes classes de la société ? Écrivains de toutes les opinions, de tous les partis, estimez et honorez le peuple si vous voulez qu'il se rende lui-même estimable et honorable. Lui accorder justice, ce n'est pas le flatter ; le peuple n'a pas de courtisans, il n'a point de pensions à donner!

« Un jeune ouvrier a rapporté à l'Hôtel-de-Ville des bijoux d'or trouvés aux Tuileries, et n'a voulu accepter qu'*un récépissé*..... A la Bourse, deux hommes de la classe ouvrière étaient préposés à la garde des Suisses, ainsi que des gardes royaux faits prisonniers, et auxquels on avait accordé généreusement la vie. *Nous n'avons pas mangé depuis douze heures,* disent ces deux ouvriers ; aussitôt M. Darmaing, rédacteur en chef de la *Gazette des Tribunaux*, qui se trouvait là, leur présente une pièce de 5 francs en leur disant : « Mes amis, allez
« manger, je prends votre place, et j'y resterai jusqu'à
« votre retour. » Ils semblent hésiter : « Prenez donc,
« ajoute le rédacteur ; dans un moment comme celui-ci,
« celui qui en a donne à celui qui n'en a pas. » Les ouvriers acceptent alors, reviennent un quart d'heure après, et rapportent 55 sous qu'ils rendent à leur remplaçant, en le remerciant. » — « Au coin de la rue Montmartre et des boulevards, de modestes artisans, conduits par un de leurs camarades (exténués de fatigue et de faim), se trouvant vis-à-vis la boutique d'un marchand de vin, se sont détachés pour y entrer ; mais bientôt, à la voix de leur chef, ils sont revenus dans le rang : aujourd'hui,

leur a-t-il dit, *pas d'eau-de-vie, pas même de vin sans eau, au corps-de-garde les ivrognes !* et tous ces braves gens de s'écrier : Il a raison ; et de continuer leur route, prêts à recommencer la lutte, même à jeun ; prêts à affronter la mort sans autre stimulant que le généreux, que l'ardent amour du pays et de la liberté. » (*Evénemens de Paris*, etc.) — « Jeudi, 29, à deux heures, un groupe d'hommes du peuple qui venaient de combattre se reposaient au coin d'une rue, épuisés de chaleur et de soif. « Voici du vin, leur crièrent les habitans des maisons voisines. — Non, répondirent-ils, gardez votre vin, il nous enivrerait, et alors on pourrait nous pousser aux excès, nous faire piller des maisons ; donnez-nous de l'eau sucrée. Parmi les braves qui, dans la journée du 29, se sont distingués à la fusillade du boulevard Saint-Denis et de Bonne-Nouvelle, se trouvait un ouvrier charpentier qui, en deux heures de temps, a tué quatorze gardes royaux. Une balle qu'il a reçue au genou gauche l'a forcé de suspendre ce qu'il appelait son service. Comme on le transportait chez lui, et que quelques personnes voulaient lui donner de l'argent et le recevoir chez elles pour le soigner : « C'est inutile, a-t-il répondu, chacun pour soi. » (*Courrier Français.*)

Tant pis pour ceux qui trouveraient ces détails bas, ignobles, indignes de l'histoire : nous écrivons pour les cœurs français.

C'est avec ce désintéressement, cette sobriété, ce courage également sublimes, que le peuple de Paris s'est conduit pendant les trois journées. (La chaleur était accablante, le thermomètre de Réaumur marquait 28 et jusqu'à 29 degrés ; la nuit, il se maintenait à 20.) Couverts de poussière, ruisselans de sueur, les hommes du peuple refusaient, en général, le vin, les liqueurs spiritueuses que leurs concitoyens s'empressaient de leur offrir ; ils n'acceptaient que de l'eau rougie ! le courage, l'héroïsme dont ils firent preuve n'était pas emprunté, il venait tout entier de leur âme.

Le peuple se conduisit partout avec le même patriotisme et le même désintéressement : « Pendant le siége du Louvre et des Tuileries, une colonne de constitutionnels se porta sur l'Archevêché pour l'occuper militairement : quelle fut la surprise des assaillans de trouver dans les appartemens d'un homme chargé de prêcher une religion de paix et de charité, un baril de poudre et des poignards fraîchement aiguisés ! A cette vue, on se précipite sur les meubles ; tout est brisé, mutilé, jeté par les fenêtres, et la rivière entraîne dans son cours les débris du somptueux mobilier de monseigneur, ses livres, papiers et ornemens..... etc. Tous les vases précieux sont mis à l'écart et portés à l'Hôtel-de-Ville : les matelas, les draps, le linge, tout ce qui peut servir aux blessés est remis à l'Hôtel-Dieu. On remarque qu'aucun crucifix ne fut outragé, et, à cette occasion, on raconte ce qui suit : — « Dans une pièce de l'appartement, dans l'oratoire de monseigneur, sans doute, les constitutionnels trouvèrent un crucifix, d'une seule pièce d'ivoire, habilement travaillé, et reposant dans un cadre doré, sur un drap de velours noir. A sa vue, ils s'arrêtèrent en s'écriant : Respect au bon Dieu ! et d'un mouvement spontané, ils présentèrent les armes. Après ce salut militaire et religieux, ils descendirent avec soin cette sculpture, et la portèrent à l'Hôtel-Dieu, en disant aux bonnes sœurs qui y soignent les malades, qu'elle ne pouvait pas être en des mains plus respectables que les leurs. En sortant de l'Archevêché, des masses armées se portèrent à Montrouge et brisèrent de même le mobilier qu'elles y trouvèrent. Les effets précieux furent mis entre les mains et sous la garde du maire de cette commune. » (*Histoire de la mémorable semaine*, etc.) — Nous dirons, en passant, que les jésuites de Montrouge, et les nombreux jésuites ou novices d'Issy, désertèrent en toute hâte leurs repaires, prirent toutes sortes de travestissemens, et se réfugièrent dans les communes éloignées de Paris, chez de zélés partisans de leurs doctrines.

Le récit que nous avons cité est exact dans tous ses points ; les renseignemens pris à cet égard en confirment la véracité : mais l'auteur de *l'Histoire de la mémorable semaine*, etc., a ignoré ou omis les faits suivans. A l'approche de la force armée, il fut tiré sur elle plusieurs coups de pistolet des fenêtres de l'Archevêché ; on y trouva des livres obscènes, et même des instrumens de débauche (l'archevêque ignorait sans doute leur existence) ; des papiers importans furent saisis, notamment plusieurs lettres adressées à l'archevêque par un haut personnage : ces lettres, tombées entre les mains d'un ouvrier qui ne savait pas lire, furent remises à un avocat ; ce dernier en fit pour son compte l'objet d'une lucrative spéculation ; les lettres ont été rendues à la personne dont elles compromettaient gravement le caractère..... La nature des objets trouvés à l'Archevêché fit sensation dans l'opinion publique, malgré l'importance des événemens qui absorbaient alors l'attention générale, malgré la désolation et le deuil où tant de familles étaient plongées.

L'on ne saurait préciser avec une exactitude rigoureuse le nombre des morts et des blessés dans les trois journées : les détails officiels fournis à ce sujet par la loi qui décernera des récompenses aux veuves, aux orphelins de juillet, aux blessés dont les actes héroïques seront signalés à l'admiration et à la reconnaissance publiques ; ces détails, quelques soins que l'autorité y ait apportés, ne fourniront pas le véritable chiffre. Beaucoup de familles se sont abstenues de faire connaitre leurs pertes, soit par crainte, soit à raison de leurs opinions politiques : les pertes de la garde royale et des troupes de ligne ont été atténuées, déguisées par des motifs qu'il est inutile d'indiquer..... Nous avons cherché à nous procurer tous les renseignemens possibles, tant auprès des autorités chargées de l'état civil, qu'auprès de plusieurs des chirurgiens qui ont prodigué leurs soins aux blessés : d'après les relevés les plus exacts qu'il nous a été possible d'obtenir, nous croyons que la perte éprouvée par le peuple, les 27, 28 et 29, a été de treize à quatorze cents individus tués, et de cinq mille trois cents à cinq mille cinq cents individus blessés ; dans ce dernier nombre, plus de quatre cents sont morts dans les deux mois suivans. — Du côté des troupes royales, l'on peut évaluer, sans craindre de commettre d'erreur tant soit peu considérable, les individus tués à huit cents environ, et les blessés à plus de douze cents. — Le total des victimes de juillet serait donc de deux mille à deux mille deux cents individus tués, et d'environ six mille sept cents blessés.

Les soins les plus empressés sont donnés à tous les blessés, amis ou ennemis, de quelque opinion qu'ils soient. On leur prodigue, de toutes parts, les soulagemens et les consolations qu'exige leur état. Toutes les classes de la société s'honorent de prendre part à une bienfaisance véritablement nationale. Beaucoup de personnes distinguées par leur rang et par leur fortune reçoivent et gardent chez elles un ou deux blessés : le corps des médecins et celui des chirurgiens, corps célèbres par l'étendue de leur science théorique et pratique[*], s'illus-

[*] Pendant le long règne de l'épidémie qui désolera quelques

trent encore dans cette circonstance par un dévouement et un zèle infatigables; ils se consacrent au soulagement des victimes de la cause constitutionnelle; plusieurs médecins et chirurgiens établissent des ambulances et des hôpitaux dans leurs propres domiciles : ils passent les nuits dans les grands hospices de la capitale, et y prodiguent tous les secours de leur art aux individus mutilés, hachés par le fer ou le feu. Il est beau, il est glorieux pour le nom français, de voir le premier corps médical et le premier corps chirurgical de l'Europe se consulter, s'absorber eux-mêmes dans leurs fonctions, et acquitter de toute leur science, de toute leur activité, la dette de la patrie, de la liberté!

Si les blessés de juillet sont l'objet du respect, de la reconnaissance publique, une consécration de gloire et

mois plus tard la ville de Paris et les départemens environnans, les médecins montreront un grand courage, un noble désintéressement et un dévouement sans exemple. Entièrement occupés à soulager les malades, ils oublieront ces rivalités d'amour-propre et de réputation, dont les plus beaux caractères ne sont pas toujours exempts, pour se communiquer loyalement leurs lumières et former un corps de doctrines sur le terrible fléau du *choléra*..... Chaque jour, le corps médical de Paris fait faire de nouveaux progrès à l'art de guérir, et enrichit de nouveaux bienfaits l'humanité souffrante. Nous avons dit (*Histoire de France*, etc., tome IX, pages 67, 70, 72 et suiv., 81, 88) que M. le docteur François, célèbre dans le traitement des épidémies, avait enrichi la médecine d'un médicament précieux, la *thridace*, qui remplace avec avantage l'opium : ce médecin vient de lui donner un autre médicament, la *kahinça*, qui est le meilleur remède connu jusqu'ici pour le traitement de l'hydropisie. Disons, en l'honneur de M. François, qu'au moment où le *choléra* cessait ses ravages à Paris, cet habile et sage médecin, doué d'une rare philanthropie, était occupé à faire des essais sur la vertu médicatrice du *huaco* (plante équinoxiale) dans le traitement du choléra.

de regrets nationaux, des soins pieux et des honneurs funéraires sont réservés aux héros qui ont succombé dans la lutte de la liberté contre le despotisme! Le peuple de Paris se montre digne de la victoire qu'il vient de remporter; il ne perd pas un moment pour rendre aux nobles victimes de la patrie les derniers devoirs que l'homme doit à ses semblables. Le peuple quitte le champ de bataille et court se précipiter aux pieds de la religion ! Écoutons l'auteur de l'*Histoire de la révolution de 1830*, etc. : « Une idée religieuse trouva place dans ces cœurs altérés de vengeance, et ne respirant que le carnage. On désira rendre à ces dépouilles mortelles les derniers devoirs; en conséquence, un prêtre de Saint-Germain-l'Auxerrois, M. *Paravey*, fut mandé ; il vint, il consentit sans peine à bénir un terrain attenant à la colonnade du Louvre, où furent déposés les restes de ces braves citoyens qui ont trouvé la mort dans cette attaque. La place où gisent ces victimes du plus héroïque dévouement n'est indiquée que par une croix de bois sur laquelle on lit cette modeste et sublime inscription : Aux citoyens morts pour la patrie. » — « La cérémonie de l'inhumation se fit avec le plus religieux silence ; les prières prononcées par le digne ecclésiastique furent écoutées avec le plus profond recueillement. Quel tableau ! un peuple armé, vainqueur, encore entouré de ses ennemis, encore tout dégouttant de carnage, découvrant son front, pliant le genou à la voix du prêtre invoquant le dieu des miséricordes et des armées en faveur des martyrs de la liberté !..... »

Honneur à M. Paravey! voilà le bon chrétien, le véritable ministre de Dieu.

« Les corps de plusieurs martyrs de la liberté ont été enterrés au milieu du marché des Innocens » (au bas de cette fontaine, chef-d'œuvre de Goujon) ; « le terrain qui couvre leurs restes précieux est jonché d'une infinité de couronnes d'immortelles ; un tronc est placé pour recevoir les offrandes destinées aux secours de leurs veuves et de leurs enfans. Il en est de même dans les autres lieux où des citoyens morts dans les journées des 27, 28 et 29 sont enterrés. » (*Événemens de Paris*, etc.)

Pendant plusieurs jours, les habitans de la capitale se rendent en masses à ces glorieuses tombes, et y déposent leur offrande : un profond recueillement, un vif sentiment de douleur est empreint sur toutes les physionomies ; c'est un spectacle bien touchant, que celui de toute une population qui rend un dernier et religieux hommage aux victimes de la gloire nationale : voilà le Panthéon du peuple ! La pierre, le marbre, l'airain, sont dévorés par le temps, mais le temps ne peut rien contre l'histoire ; aussi long-temps que la race humaine subsistera, Tacite, Fénelon, Montesquieu, Voltaire, vivront dans la mémoire des générations qui perpétuent le corps social ; elles vivront donc aussi long-temps que lui, ces actions des nobles serviteurs de l'humanité, de la liberté, de la patrie, que l'histoire transmettra à nos neveux ! Les statues des rois tombent en poussière, ou sont brisées en éclats, et une croix de bois posée sur des tombes patriotiques, la plus simple *inscription*, assure l'immortalité aux noms que l'histoire consacre. (*Nota*. La commission municipale aura de nobles pensées ; elle ordonnera une narration officielle de tous les traits d'héroïsme et d'humanité qui ont illustré les journées de juillet. — Voyez 4 août.)

Cette inscription funéraire : Cornélie, mère des Gracques, se lit depuis deux mille ans sur la tombe de l'illustre Romaine, quoique cette tombe ait été réduite en poussière ! Conservons historiquement, consacrons religieusement l'inscription tracée sur les tombes de la place du Louvre; il y aurait ingratitude nationale à oublier un si bel honneur patriotique ; il y aurait impiété, sacrilége, à déplacer de si glorieux ossemens : c'est surtout en face des palais des rois que de tels souvenirs, que de tels avertissemens doivent subsister, disons davantage, doivent être honorés : l'on a vu, pendant dix années, sur un des balcons du vieux Louvre, celui de l'appartement de Charles IX, cette inscription : « C'est de cette fenêtre que Charles IX, le « jour de la Saint-Barthélemy (24 août 1572), tirait « avec une arquebuse sur ses sujets de la religion ré- « formée; ses courtisans *chargeaient* l'arquebuse..... » Si Charles X eût lu cette inscription, peut-être le roi de Coblentz eût-il reculé, le 27 juillet 1830, devant la voix, devant la justice du peuple. Mais laissons le peuple se reposer de sa victoire et pleurer sur les tombeaux, pour jeter un coup d'œil sur la conduite de Charles X et de son gouvernement. Depuis le 27 jusqu'à la dernière heure du 29, depuis le premier coup de fusil jusqu'au dernier, quelle est sa volonté, son attitude? L'insurrection la plus formidable éclate dans Paris, et le monarque joue tranquillement au wisck, et il ordonne gaîment une partie de chasse : Charles X déclare Paris en état de siége ; la garde royale, la gendarmerie et les Suisses égorgent la population; des femmes, des vieillards, des enfans, sont massacrés, et le monarque reste paisiblement, royalement, à Saint-Cloud, et il se livre à ses occupations, c'est-à-dire à son bigotisme, à ses futilités, à ses désœuvremens ordinaires : il ne se montre pas à ses fidèles, à ses braves troupes ; l'épée royale ne sort pas de son fourreau ! et cependant Charles X n'a pas même besoin de mettre l'épée à la main, il ne s'agit que de révoquer les ordonnances du 25 : on l'en supplie le 27, il est encore temps le 28; et s'il consent à annuler ses ordonnances liberticides, à renvoyer ses ministres anti-nationaux, le roi de Coblentz reste sur le trône de France. Mais il se refuse à tous les conseils de la sagesse, de la raison, du plus simple bon sens; ma volonté est *immuable*, répète-t-il à tout propos.... Oui, elle est immuable, ta volonté, roi déchu, corroborée qu'elle est de faiblesse, d'incapacité, de superstition, de despotisme!!! — Il fait ordonner l'arrestation de députés, d'écrivains dévoués à la liberté, chers à la patrie; il donne ordre à son généralissime Marmont, au double traître de 1814 (il fut traître à Paris et à Essonne), de mettre, le 29, Paris à feu et à sang, tant il est persuadé que ses troupes sont assez fortes pour écraser *la révolte :* malheureusement, l'on ne peut plus révoquer en doute les intentions de Charles x, l'ensemble de sa conduite pendant les trois journées a dévoilé ses plus secrètes intentions.

Après les révélations faites depuis la victoire du peuple, comment douter que les ministres de Charles x ne l'entretinssent dans son erreur*? M. de Peyronnet n'a-

---

* Du fond de son exil, M. *Baron-Montbel* publiera un exposé de sa conduite, relativement aux ordonnances du 25 et aux journées de juillet; il jettera un grand jour sur la catastrophe royale, et démentira toutes les allégations des ministres de Charles x dans le procès qu'ils subiront à la chambre des pairs : l'écrit de M. de Montbel est le meilleur ouvrage à consulter sur cette immense révolution. — M. de Polignac publiera, dans sa captivité, une *justification* de sa conduite politique et ministérielle; il inculpera la conduite du maréchal duc de Raguse dans les trois journées : le maréchal publiera (sous la rubrique de Vienne, en Autriche, où il s'est réfugié, ainsi que M. de Montbel) une lettre sanglante contre le prince de Polignac; et il résultera de ces récriminations respectives que, dans le parti royal, tout a été mauvaise foi, despotisme, ineptie et barbarie : roi, ministres et général!

t-il pas dit, dès les premiers symptômes du mouvement national : « Un caporal et quatre hommes, cela suffit « pour mettre Paris à la raison, » et n'est-il pas resté tranquillement à l'hôtel de l'intérieur, comme dans les temps ordinaires ? Ce même ministre ne s'est-il pas écrié, en voyant plus tard défiler des pièces de canon : « Voilà « les précepteurs du peuple ! » N'a-t-il pas prononcé, le 28 au soir, ces mots : « *Charger* et *sabrer ?* » M. de Polignac n'a-t-il pas refusé opiniâtrément, sottement, d'entendre à aucune proposition d'accommodement ? n'a-t-il pas rejeté avec dédain toutes les mesures conciliatoires ? En communiquant à plusieurs officiers supérieurs de la garde les ordres du roi, n'a-t-il pas prononcé ces mots frappés de barbarie et de stupidité : « Tirez où « vous voudrez et où vous pourrez ? » N'a-t-il pas écrit le 28 au duc de Raguse : « Vous feriez bien, je crois, « monsieur le maréchal, de faire dire à M. de Saint-« Chamans que le roi donnera de l'argent aux ouvriers « qui ont faim, *si ils* quittent les révoltés, *et qu'il* le « fasse crier partout, *et que* d'un autre côté un conseil « de guerre doit juger les coupables. *Signé* Polignac. » Les six ministres (dont quatre n'étaient, au reste, que des commis revêtus d'un titre pompeux), les six ministres à la suite de M. de Polignac n'ont-ils pas passé la nuit du 28 au 29, et une partie de la matinée du 29, jusqu'au moment de l'attaque (c'est-à-dire tout le temps où il n'y a pas eu danger pour eux) [*], dans les caves du château, sauf de furtives excursions à Saint-Cloud

---

[*] Les ministres ont quitté les Tuileries le jeudi, 29, à dix heures et un quart du matin, escortés par les lanciers de la garde, et se dirigeant (à l'exception de M. d'Haussez) sur la résidence royale de Saint-Cloud, sans avoir mis en sûreté les papiers les plus importans de leur ministère : ils n'ont cherché qu'à sauver leurs personnes.

pour y chercher de nouveaux ordres? N'ont-ils pas persisté jusqu'à la dernière heure à commander le massacre, l'extermination des citoyens? N'ont-ils pas gorgé d'or et d'eau-de-vie, en les laissant manquer de pain, les troupes royales qui se dévouaient pour la défense du trône? n'ont-ils pas excité ces braves troupes à ne faire aucun quartier aux vaincus?

Nous ne dirions pas ces choses, si les ministres n'étaient qu'accusés, s'ils étaient devant la justice du pays; mais ils ont été condamnés, un jugement solennel a consacré leurs crimes. Après les faits que nous venons de rapporter, et que l'on ne pourrait nier sans nier l'évidence, comment soutenir, comment supposer même que la résolution de Charles x ne fût pas de se ressaisir, *à tout prix*, de son droit divin, de son despotisme légal?

Et qu'on ne dise pas que le roi et le Dauphin ignoraient l'état des choses dans les journées des 27, 28 et 29; qu'on ne dise point que les ministres aient tenu le roi dans cette ignorance, surpris à ce point sa religion, et ordonné, à son insu, les massacres de juillet: Charles x avait-il oublié les massacres de la rue Saint-Denis, novembre 1827? M. de Villèle demeura pendant trois nuits auprès de son lit, et le ministre informait, d'heure en heure, le roi de la situation de la capitale... Charles x ignorait-il l'adresse de la chambre des députés, de ces 221 mandataires de la nation que les conseillers de la couronne vouèrent, dans leurs homicides journaux, aux outrages et aux vengeances des hommes de Coblentz? Les conseillers de la couronne ne faisaient-ils pas rédiger, sous leur dictée, ces journaux *apostoliques* que Charles x lisait exclusivement? Ces journaux, égouts de la littérature et sentines du jésuitisme, ne sonnaient-ils pas chaque jour la petite cloche de la Saint-Barthélemy? Charles x ne

connaissait-il point les ordonnances du 25 juillet, qui violaient tous ses sermens et détruisaient la Charte? Charles x ne déclarait-il pas jusqu'aux derniers instans de son règne, que sa volonté était immuable? Enfin, les sept ministres n'étaient-ils pas de son choix et de son affection? n'avaient-ils pas sa pensée et toute sa volonté?... Disons-le sans détour : les ministres du 9 août 1829 et du 19 mai 1830 n'ont fait qu'exécuter les ordres de Charles x, en lui prêtant leurs conseils, leurs suffrages et leur appui. Le roi, ses ministres, ses courtisans, se croyaient tous à Coblentz, et les Français n'étaient, à leurs yeux, même depuis 1814, que des rebelles. — Si l'on veut jeter les yeux sur ce que nous avons dit de cette cour des Tuileries, dans l'*introduction* et la *conclusion* de l'*Histoire de France de l'abbé de Montgaillard*, l'on verra qu'en exprimant aujourd'hui notre façon de penser sur les événemens de juillet, nous avons été fidèle à nos opinions de trente ans, et conséquent dans nos observations politiques »... « En tout état de choses, s'ap-
« puyer sur les priviléges et l'aristocratie de cour, et
« mettre de côté ou en seconde ligne la nation, c'est-à-
« dire les classes moyennes de la société, c'est s'exposer
« à périr... » — « Le débris de l'ancienne cour est le ver
« rongeur de la France nouvelle, le défaut le plus sen-
« sible de son ordre social et celui qui la menace le plus
« dans son avenir. » (*Histoire de France*, etc.) La conduite de Charles x et de ses courtisans n'a malheureusement que trop justifié nos observations.

Il est douloureux de ne pouvoir le taire ; quelle impéritie, quelle obstination et quelle faiblesse de la part de ce monarque, de la part de monseigneur le Dauphin? Dans ces journées qui vont décider de la couronne et du sort de son auguste père, de son propre sort, monseigneur le Dauphin n'a pas fait montre d'un seul sentiment tant soit peu honorable : la garde royale attend sa présence, à défaut de celle du roi, et il évite jusqu'au facile honneur d'arriver à Paris, de paraitre devant ces troupes qui se sacrifient pour la défense du trône. Dans la sanglante journée du 28, ce prince se livre à des soins tellement minutieux *, que nous rougissons, comme Français, de ne pouvoir les passer sous silence ; mais nous tiendrons notre promesse, nous serons vrais ; nous ne tairons rien de ce que nous avons vu, entendu ou su d'une manière positive, déclarant de nouveau que, si nous commettions une erreur, nous nous empresserions de la réparer aussitôt qu'on aurait bien voulu nous la faire connaître.

Quant au généralissime Marmont, tout perdu de dettes et de réputation, il suit les ordres qui lui sont transmis. Ce séïde du despotisme les a exécutés (dit-on) à regret, et même avec une répugnance marquée dans la troisième journée ; c'est qu'il jugeait alors sa position comme à peu près désespérée : le maréchal avait mal dirigé et employé ses ressources militaires, ce qui ne doit pas surprendre, car Marmont est l'un des plus mauvais

---

* Monseigneur le Dauphin crut s'apercevoir, le 28, que le baromètre placé dans son cabinet était dérangé ; il écrit à ce sujet à M. Arago, et charge une estafette de porter au célèbre académicien le billet et le baromètre ; le courrier a reçu l'ordre de faire trèsgrande diligence, et, pour plus de sûreté, le prince lui a dit : « Vous prendrez la plaine de Grenelle, afin d'éviter la barrière « des Bons-Hommes et celle de l'Étoile : on s'y bat, et vous ne « pourriez pas passer : tenez la plaine de Grenelle. » M. Arago renvoya le courrier et le baromètre, en assurant le prince qu'il n'y avait rien de dérangé dans l'instrument : monseigneur le Dauphin fut alors content et tranquille. — Nous rapportons cette anecdote d'après le témoignage de M. Labbey de Pompières et de M***, membres de la chambre des députés, qui nous en ont assuré l'authenticité.

ou des plus malheureux généraux de l'empire *; il a été presque toujours battu ou pris en défaut par l'ennemi ! Dans les journées de juillet, il veut servir à la fois la cour et se ménager quelques moyens de salut auprès de la nation, si la victoire se prononce en faveur de la cause populaire ; il fait trop ou trop peu : après l'évacuation forcée du Louvre et des Tuileries, il se trouve encore dans une position qui lui laisse de grands avantages ; car il lui devient facile de s'établir à une certaine distance de Paris, d'y appeler à lui tous les corps disséminés, et d'attendre, à cheval sur la Seine, les renforts mandés en toute hâte par la cour : les troupes parisiennes y eussent très-vraisemblablement regardé à deux fois avant d'aller affronter l'armée royale en rase campagne, à cinq ou six lieues des barrières ; l'on eût négocié et vraisemblablement transigé..... Mais il fallait aussi, pour bloquer en quelque sorte la capitale, avoir avec soi des princes qui voulussent *guerroyer*, qui consentissent à payer de leur personne, et ni le roi ni monseigneur le Dauphin n'é-

---

* Le général est, dans le cabinet, l'un des meilleurs tacticiens de l'Europe ; nul homme de guerre ne raisonne mieux et ne parle avec plus de science sur l'art militaire : mais arrivé sur le terrain, il prend presque toujours de mauvaises positions, et, soit qu'il perde la tête (quoique très-brave assurément de sa personne), soit que l'amour-propre l'aveugle, il compromet presque toujours les corps placés sous son commandement... C'est en outre un homme très-vain ; en toutes circonstances il veut faire le grand seigneur : il était servi, à l'armée, en vaisselle plate, se parait avec beaucoup de recherche, et tenait infiniment au luxe de la toilette. Croira-t-on qu'un de ses fourgons était chargé en entier de bottes et de bouteilles de cirage ? ce qui fit dire à Wellington dans la guerre d'Espagne : « Ce ne sont plus les géné-
« raux de la république ; nous les aurons en faisant contre eux
« la guerre comme ils la faisaient contre nous en 1793 et 1794. »
Wellington avait raison ; il combattait des généraux *persés*.

taient de cette humeur. — Certainement le maréchal Marmont n'a pas trahi Charles x en 1830, comme il trahit Napoléon en 1814; la cour l'accusera néanmoins de trahison envers la légitimité; M. le Dauphin lui demandera son épée, en lui disant : « Eh bien! vous nous « avez traité comme l'autre; » il essaiera de la briser entre ses mains, et le sang du prince, héritier de la couronne de France, coulera pour la première fois : il se sera blessé lui-même *!

29-30. — Charles x n'a pas voulu combattre; il va négocier, ou, pour mieux dire, intriguer : mais déjà Charles x n'est plus roi, le peuple l'a déposé; le *petit-fils* d'Henri IV va bientôt se déposer lui-même!

MM. d'Argout et Sémonville, membres de la chambre des pairs, ont fait tous leurs efforts, dès le matin du 29, pour prévenir la ruine du monarque, pour l'éclairer sur la situation des choses; ils se sont rendus à Saint-Cloud, non sans difficulté et sans danger, espérant encore réconcilier Charles x avec le peuple; mais les cadavres des

---

* « Au moment où M. le duc de Raguse est venu rendre compte de l'abominable mission dont il s'était chargé, M. le duc d'Angoulême était à cheval à la tête de quelques troupes. A peine écouta-t-il le récit du maréchal, et lui dit avec hauteur : Savez-vous à qui vous parlez? — Au Dauphin, répliqua le duc de Raguse. — Le roi m'a nommé généralissime, repartit le prince. — Je l'ignorais, répondit le maréchal, mais je n'en suis pas surpris. — Eh bien! ajouta le Dauphin, je vous déclare, en cette qualité, que l'échec qu'on vient d'essuyer n'est dû qu'à vous, et que vous êtes un traître. Puis, se tournant vers un garde-du-corps, il lui ordonna de recevoir l'épée du maréchal. Le prince la prit ensuite et chercha à la briser de ses deux mains sur le pommeau de la selle de son cheval. Enfin, il ordonna au duc de Raguse d'aller tenir les arrêts. Le maréchal se retira... »
(*Courrier Français*, 2 août.)

citoyens égorgés par les troupes royales encombrent les rues, ils parlent, Charles x est détrôné... MM. d'Argout et Sémonville ne perdent pas, néanmoins, tout espoir de réconciliation ou de transaction; ils se rendent, ainsi que M. de Vitrolles, auprès de la réunion Laffitte, et auprès de la commission de l'Hôtel-de-Ville, pour *traiter* au nom de Charles x..... *Il est trop tard*, leur répond Lafayette. « Les commissaires royaux allaient se retirer, lorsque M. de Sémonville s'étant adressé itérativement à M. de Lafayette, celui-ci lui demanda si les Bourbons avaient pris la cocarde tricolore ; et sur sa réponse que c'était *une grande affaire*, le général répliqua que pour peu que cela leur coûtât, ils pouvaient s'en dispenser ; car il était déjà trop tard : *tout était fini*..... MM. d'Argout, Sémonville, Vitrolles, espèrent être plus heureux auprès des députés réunis chez M. Laffitte ; ils y renouvellent leurs instances pour rétablir l'autorité royale dans l'état où elle se trouvait placée avant les fatales ordonnances, avant la violation de la Charte ; ils plaident, avec chaleur, la cause de Charles x et de sa famille. M. Audry-Puyraveau s'écrie : « Le peuple a fait entendre toute la journée « ce cri : *A bas les Bourbons !* Nous n'avons pas autre « chose à vous dire..... » Il est trop tard, ajoute M. Mauguin. — M. d'Argout dit : « Je viens, messieurs, au nom du roi Charles x, vous faire connaître qu'il s'est empressé de retirer les ordonnances qui ont causé tout le désordre dont Paris vient d'être le témoin. Il a également changé le ministère, et il en a choisi les membres parmi les hommes les plus agréables à l'opinion publique. — Je pense, messieurs, que vous voudrez bien user de votre influence sur la population, pour faire cesser tous les troubles et rétablir les choses dans l'état où la violation de la Charte les avait laissées. — Je vous prie, messieurs, de vouloir bien me faire une réponse.

— J'ai l'honneur de vous prévenir que je suis obligé de la rapporter à Charles x. » M. d'Argout voit toujours dans Charles x le roi de France : ce pair de France est fidèle au serment qu'il lui a prêté. — M. Laffitte lui répond : « Nous avons fait hier, les premiers, toutes les démarches qui étaient dans notre devoir. — Hier, nous nous sommes présentés à l'état-major, pour demander qu'on fît cesser le feu ; nous n'avons obtenu aucune concession.— On a voulu vider la querelle par les armes..... La querelle est vidée. La victoire nous reste..... Les événemens de la journée ont changé la face de la question. Désormais, il n'y a plus de Charles x, roi de France ; il n'y a plus d'ordonnances en son nom ; et puisque vous êtes chargé, monsieur, de lui faire connaître notre réponse, elle se borne à un mot : Il n'est plus temps. » — M. d'Argout : « Cependant, messieurs, dans l'ordre constitutionnel, les fautes doivent être attribuées aux ministres. Le roi a pu être trompé..... » — (M. d'Argout a raison ; il excuse autant qu'il est en lui la conduite de Charles x, dont la prérogative et la personne sont irresponsables, aux termes de la Charte.) — M. Laffitte se tournant vers les autres députés : « Vous pensez, messieurs, qu'il est inutile que monsieur insiste?»—M. d'Argout se lève et se retire. » (*Document pour l'Histoire de France*, etc., par Armand Marrast.)

Il est impossible de mettre plus de politesse de salon en déposant un roi : mais, quelque infructueuses qu'aient été les démarches de MM. d'Argout et Sémonville, elles n'en sont pas moins remarquables ; les deux membres de la chambre des pairs ont fait ce que leur devoir leur ordonnait de faire.

MM. de Sémonville et d'Argout ont tout tenté pour sauver le trône de Charles x ; mais répétons-le, ce sont, avec M. de Mortemart, les seuls membres de la chambre des pairs qui aient prêté, du moins ostensiblement, dans les *journées de juillet*, appui et assistance à la couronne !!!

Les agens de Charles x fondaient de grandes espérances de *conciliation* sur le retrait des ordonnances..... Après la prise du château des Tuileries, après l'évacuation de Paris par les troupes royales, Charles x se croyait toujours sur son trône, sur ce trône qui venait d'être englouti dans le sang des citoyens ! L'ex-monarque de Coblentz *refusait* tout douze heures auparavant; il *cédait* tout après la prise du château des Tuileries : Charles x s'était empressé de rendre les ordonnances suivantes ; leur date est remarquable : 29 juillet *au soir*.

1re ordonnance. — « Sur le rapport de notre garde des sceaux, ministre secrétaire d'État au département de la justice, nous avons *ordonné* et *ordonnons* ce qui suit : Article 1er. Notre cousin, le duc de Mortemart, pair de France, notre ambassadeur à la cour de Russie, est nommé ministre secrétaire d'État au département des affaires étrangères, et président du conseil des ministres. — Art. 2. Notre garde des sceaux, ministre secrétaire d'État au département de la justice, est chargé de l'*exécution* de la présente ordonnance. *Signé* Charles. Par le roi : *le garde des sceaux de France*, *signé* de Chantelauze. » (*Nota* : c'est les pieds dans le sang que le collègue de MM. de Polignac et Peyronnet contre-signe l'ordonnance dite royale.) M. de Mortemart est installé premier ministre ; il va *fonctionner*, comme dit le peuple : jamais ministère n'aura été plus court et surtout plus innocent... Au reste, il faut rendre à M. le duc de Mortemart la justice qu'il mérite ; ce haut personnage a déployé, en toutes circonstances, un noble caractère, et sa loyauté n'a jamais été révoquée en doute : il a l'âme et l'esprit éminemment français ; mais que pouvait-il en faveur de cette royauté de Coblentz, tombée au fond de l'abîme ? M. de Mortemart a tenté tout ce qu'il lui était possible de tenter : son secrétaire, M. ***, publiera des révélations importantes et que quelques journaux feront connaître ; M. de Mortemart ne démentira pas les faits, seulement il déclarera n'avoir pas participé à la publication... M. de Mortemart a droit à l'estime, au respect de tous les gens de bien.

2ᵉ ordonnance. — « ..... Sur le rapport de notre président du conseil des ministres, etc..... Art. 1ᵉʳ. Le sieur Casimir Périer, membre de la chambre des députés, est nommé ministre secrétaire d'État au département des finances.—Art. 2, etc. *Signé* Charles. Par le roi : *contre-signé* le duc de Mortemart. »

3ᵉ ordonnance. — « Sur le rapport, etc... Art. 1ᵉʳ. Le lieutenant-général comte Gérard, membre de la chambre des députés, est nommé ministre secrétaire d'État au département de la guerre.—Art. 2, etc. *Signé* Charles. Par le roi : *contre-signé* le duc de Mortemart. »

4ᵉ ordonnance. — « Sur le rapport du président de notre conseil des ministres, nous, etc. : Art. 1ᵉʳ. Les ordonnances du 25 juillet, relatives à la suspension de la liberté de la presse, aux nouvelles élections, à la convocation des chambres et aux nominations faites dans notre conseil d'État, sont rapportées.—Art. 2. La session de la chambre des pairs et de la chambre des députés s'ouvrira le 3 août prochain. Donné au château de Saint-Cloud, le 29ᵉ jour de juillet de l'an de grâce 1830, et de notre règne le sixième. *Signé* Charles. Par le roi : *le président du conseil des ministres, signé* le duc de Mortemart. » Charles x croit, encore, être roi........ Il signera, avant de fuir de Saint-Cloud, une dernière ordonnance, portant « abolition de l'École Polytechnique. » C'est le plus bel éloge qu'on puisse faire de cette école célèbre à tant de titres !

On se berce toujours d'un fol espoir à la cour déchue ; l'on ne croit pas possible que de si bienveillantes ordonnances ne soient acceptées avec empressement, même avec reconnaissance, par les vainqueurs du despotisme : en conséquence, les négociateurs, les agens royaux se remuent en tous sens et foisonnent à Paris, à Saint-Cloud, auprès de quelques pairs qui se trouvent au Luxembourg, auprès de la réunion des députés, auprès de la commission municipale, installée à l'Hôtel-de-Ville.

M. Forbin-Janson, beau-frère de M. de Mortemart, arrive, de son côté, chez M. Laffitte; il annonce que *le nouveau président du conseil* n'a pu pénétrer dans Paris, et qu'il désire se rendre auprès de MM. les députés pour leur communiquer les intentions du roi ; il demande un sauf-conduit, afin de s'acquitter de sa mission. (M. de Mortemart se fera annoncer également à l'Hôtel-de-Ville, mais s'abstiendra d'y paraître, en ne cessant toutefois de négocier, sous main, en faveur de l'ex-roi.....) Les *négociateurs* vont et viennent de la résidence royale de Saint-Cloud à l'Hôtel-de-Ville national de Paris : le général Excelmans, qui a donné depuis quelque temps de grandes preuves de dévouement aux intérêts de la restauration, est aussi dans la voie des négociations : ce général est reconnu à son entrée dans la capitale, il court même quelques dangers..... M. Colin, dit *de Sussy*, porteur d'une lettre de M. de Mortemart, et d'un pli renfermant les ordonnances du 29 *au soir*, « trouva Lafayette entouré de ses officiers et d'une foule « de citoyens *. Nous n'avons pas à nous gêner (dit le

---

* La *figure* de M. de Sussy était piteuse; il avait l'attitude la

« général à M. Sussy), je suis ici avec mes amis, pour
« qui je n'ai pas de secrets; » et ouvrant le paquet dont
il lut le contenu à haute voix : « Eh bien, dit-il au peu-
« ple, que répondrons-nous ?—Plus de transactions !
« s'écria-t-on de toutes parts.—Vous l'entendez, reprit
« Lafayette....; IL EST TROP TARD...» (M. Sussy n'est
ni homme d'État, ni éloquent orateur : il eut beau
insister, prier, supplier, il n'obtint pas d'autre réponse).

« Quelque temps après, un parlementaire patriote,
envoyé auprès des régimens qui couvraient la cour, étant
revenu dire que le commandant des troupes royales au
pont de Saint-Cloud se plaignait de ce qu'on ne s'était
point expliqué depuis le rappel des ordonnances, et demandait une réponse catégorique, Lafayette le renvoya
sur-le-champ avec un billet conçu en ces termes : « On
« me demande une réponse explicite sur la situation de
« la famille royale depuis sa dernière agression contre les
« libertés publiques et la victoire de la population pa-
« risienne : je la donnerai franchement : c'est que toute
« conciliation est impossible, et que la famille royale a
« cessé de régner. *Signé* Lafayette. » (*Lafayette et la
révolution de* 1830, etc.; par Sarrans jeune.)

plus suppliante : nous tenons d'une personne présente à cet entretien, et placée près de M. de Lafayette, que le général, avant de
vouloir même prendre la dépêche de M. de Mortemart, dit à
M. Sussy : « Si le roi avait, il y a quelques jours, manifesté
« le moindre désir de vouloir diminuer les souffrances et les
« besoins de la nation, l'on pourrait recevoir ses ordonnances :
« ... au surplus, si le roi doute de notre victoire, nous sommes
« prêts à monter à cheval et à aller nous mesurer... Tout ce que
« vous pourrez dire est parfaitement inutile... Quant à M. de
« Mortemart, je le verrai avec plaisir, s'il veut se rendre ici;
« nous sommes parens; je l'estime personnellement; il est roya-
« liste, M. de Mortemart, et un peu plus que moi. »

Le sort de la branche aînée de la maison de Bourbon a dépendu, comme nous l'avons dit plus haut, de M. de Lafayette, quant au pouvoir militaire ; de M. Laffitte, quant à l'influence politique..... M. de Lafayette sera, pendant vingt-quatre heures, le maître de disposer de la chose publique comme il l'entendra.

Rétablissement de la garde nationale parisienne. — « La garde nationale parisienne est rétablie. »—« MM. les colonels et officiers sont invités à réorganiser immédiatement le service de la garde nationale ; MM. les sous-officiers et gardes nationaux doivent être prêts à se réunir au premier coup de tambour. » —« Provisoirement, ils sont invités à se réunir chez les officiers, sous-officiers de leurs anciennes compagnies, et à se faire inscrire sur les contrôles. »—« Il s'agit de faire régner le bon ordre ; et la commission municipale de la ville de Paris compte sur le zèle ordinaire de la garde nationale pour la liberté et l'ordre public. »—« MM. les colonels, ou, en leur absence, MM. les chefs de bataillon, sont priés de se rendre de suite à l'Hôtel-de-Ville pour y conférer sur les premières mesures à prendre dans l'intérêt du service. » Fait à l'Hôtel-de-Ville, ce 29 juillet 1830. *Signé* Lafayette. Pour copie conforme, *le colonel chef d'état-major*, *signé* Zimmer. »

Le rétablissement de la garde nationale était une mesure d'imminente urgence, M. de Lafayette l'ordonne : la réunion des députés qui, depuis trois jours, représente, en quelque façon, et si l'on veut, la puissance législative, demeure étrangère à cette mesure ; la commission municipale, nommée par la réunion des députés, et qui représente, en quelque manière, la puissance exécutive, y demeure également étrangère : M. de Lafayette fait pour ainsi dire acte de souveraineté, en ordonnant l'établissement d'une armée qui sera sous ses ordres.

Nous faisons cette observation pour montrer que ce général est, de fait, le chef de l'État au moment où toute autorité royale a cessé d'exister dans la capitale.

La RÉVOLUTION est opérée. — Voici le jugement porté, sur elle, par l'auteur de l'*Annuaire historique universel*: nous citons ce publiciste avec d'autant plus d'assurance, qu'il se distingue entre tous les écrivains historiques de notre époque par une indépendance de caractère et une sagesse d'opinion non moins remarquables que ses connaissances politiques et la rectitude de son jugement, qualités qui rendent ses ouvrages précieux pour l'histoire; la modération, l'impartialité et la véracité qui le caractérisent, suffiraient pour donner un grand poids à ses assertions : — « On n'a point entrepris d'en suivre les détails, de décrire des combats partiels qui se livrèrent dans toutes les rues ; c'eût été tenter l'impossible. On s'est contenté de peindre les masses de ce grand tableau ; l'esprit de parti, l'exaltation du triomphe, il faut le dire, ont grossi, exagéré, inventé même une multitude de faits obscurs ; mais, il est vrai, *les détracteurs de la révolution de juillet sont forcés d'en convenir*, que jamais le peuple, la dernière classe du peuple, qui a *presque seule* soutenu cette lutte meurtrière, n'a montré, dans aucune révolution et dans aucun pays, plus *de valeur dans le combat*, *plus de modération dans le désordre*, et de *générosité dans la victoire*. On a vu des malheureux déguenillés, noircis par la poudre et la fumée du combat, couverts de sueur par une chaleur de 28 degrés (Réaumur), haletans de soif, épuisés de fatigue et de faim, rejeter l'argent qu'on leur offrait, n'accepter que du vin trempé d'eau, ne demander que des armes et de la poudre, n'envier que le plaisir de retourner à la bataille; ils respectaient la *neutralité* des curieux; ils s'empressaient, au milieu du feu même, à relever les blessés, *ceux de l'ennemi* comme les leurs ; dès le 28 au soir, les hôpitaux en étaient encombrés ; le matin 29, il s'établissait des ambulances ; partout il se trouvait des chirurgiens pour panser les blessures, des femmes généreuses pour apporter du linge et des secours de toute espèce. Aucune de ces *barbaries*, si communes dans les soulèvemens populaires, *n'a souillé la victoire*, si ce n'est le massacre d'un petit nombre de soldats de la garde royale, trouvés les armes à la main dans les maisons de la rue Saint-Honoré, *d'où ils n'avaient cessé de tirer sur le peuple*, » (*Nota*. Ils avaient consenti à une suspension d'armes, et donné leur parole de cesser le feu ; ils manquèrent traîtreusement à leur parole!) « car la plupart furent épargnés et mis en liberté de rejoindre leurs camarades. Quelques gendarmes s'étaient cachés presque nus dans les caves de l'hôtel des Affaires étrangères ; ils furent heureusement sauvés par M. Casimir Périer de la vengeance des vainqueurs. Quant aux excès qu'on pouvait attendre dans l'absence de toute espèce d'autorité, résultats ordinaires de pareils événemens, il a été reconnu qu'on n'avait pris, les deux premiers jours, chez les armuriers et dans les casernes, que des armes et des munitions ; des *malfaiteurs échappés des prisons*, se sont, le troisième jour, mêlés aux combattans ; c'est à eux et à leurs complices, habiles à profiter de pareilles occasions, qu'on doit attribuer le pillage de l'Archevêché et celui des Tuileries, dont les caves furent vidées et le mobilier saccagé. Mais les monumens publics, les grands établissemens, les dépôts de la richesse et de la splendeur de l'État, le Trésor, la Banque, le Musée, les archives de l'administration, ont été respectés ; *le peuple*, à mesure qu'il en prenait possession, *y mettait des sentinelles*, qui firent leur devoir comme tout à l'heure les soldats de la garde royale, et ils ont été conservés intacts pour le gouvernement qui allait remplacer la royauté de Charles x. »

Nous avons souligné les traits les plus saillans de ce tableau, pour montrer avec quelle fidélité l'auteur de l'*Annuaire* rend justice au courage, au désintéressement et à la générosité du peuple dans les trois journées : le témoignage de cet écrivain est une autorité historique ; ce n'est que plus de deux ans après qu'il le rend public : à peine trouve-t-on quelques légères erreurs de détail dans sa narration.

30. — Pendant que le maréchal Marmont fait tous ses efforts pour rallier les troupes qui ont évacué Paris, pour les empêcher de se débander et de céder, enfin, à l'opinion nationale ; pendant que la cour emploie les menaces et les séductions de toute espèce pour s'assurer de leur fidélité, M. de Lafayette adresse à ces malheureux instrumens du despotisme royal la proclamation suivante : « Braves soldats, les habitans de Paris ne vous rendent pas responsables des ordres qui vous ont été donnés ; venez à nous, nous vous recevrons comme des frères ; venez vous ranger sous les ordres de ce brave général qui a versé son sang pour la défense du pays en tant de circonstances, le général Gérard. La cause de l'armée ne pouvait pas être long-temps séparée de la cause de la nation et de la liberté ; sa gloire n'est-elle pas notre plus cher patrimoine? Mais aussi, elle n'oubliera jamais que la défense de notre indépendance et de nos libertés est son premier devoir. Soyons donc amis, parce que nos intérêts et nos droits sont communs. Le général Lafayette déclare, au nom de toute la population de Paris, qu'elle ne conserve, à l'égard des militaires français, aucun sentiment de haine ni d'hostilité : elle est prête à fraterniser avec tous ceux d'entre eux qui reviendront

à la cause de la patrie et de la liberté ; et elle appelle de tous ses vœux le moment où les citoyens et les militaires, réunis sous le même drapeau, dans les mêmes sentimens, pourront enfin réaliser le bonheur et les glorieuses destinées de notre patrie. — Vive la France! — *Signé* le général Lafayette. »

Cette proclamation dissipe beaucoup de craintes, et produit d'heureux effets : des compagnies entières des régimens de ligne et des régimens de la garde royale viennent se ranger sous le drapeau national : elle fait grande sensation sur l'esprit des troupes qui se trouvent forcées d'obéir encore aux commandemens du maréchal Marmont, tant est sévère la surveillance exercée contre elles.

La publication suivante vient à l'appui de la proclamation de M. de Lafayette : « Soldats français ! nous ordonnons à toutes les troupes, garde royale et de ligne, de se rendre dans les quarante-huit heures au camp provisoire établi à Vaugirard. — Nous donnons notre parole d'honneur qu'il ne leur sera fait aucun mal, et que chaque militaire sera traité comme ami, comme frère, recevra ration et logement, en attendant nos ordres.

« *Pour le général en chef, signé* Gérard. — *Le général en second, signé* Pajol. »

Si ces deux généraux sont restés, aussi long-temps qu'ils l'ont pu, attachés à la cause royale, s'ils n'ont cessé de se prononcer en faveur de la *légalité*, dans les trois journées, on doit leur savoir gré du dévouement et de l'activité avec lesquels ils embrassent la cause nationale, aussitôt que la commission municipale est installée à l'Hôtel-de-Ville.

GOUVERNEMENT PROVISOIRE.

La commission municipale met son premier soin à rétablir l'action des lois pour assurer la tranquillité publique ; elle fait afficher la proclamation suivante : — « La cause de la liberté a triomphé pour jamais ; les citoyens de Paris l'ont reconquise par leur courage, comme leurs pères l'avaient fondée il y a quarante ans. Le détail des belles actions qui ont signalé la journée d'hier est en ce moment impossible ; aujourd'hui, on ne peut citer que quelques résultats. » — « Après une attaque fort chaude, les Tuileries sont tombées au pouvoir des citoyens ; elles n'ont point été pillées : le Louvre, les mairies, les casernes, la ville entière est occupée par la garde nationale. » — « Une commission municipale, chargée de veiller à tout ce qui concerne les intérêts de la capitale, siége à l'Hôtel-de-Ville. » — « Les députés se sont réunis plusieurs fois ; aujourd'hui même ils siégent à la salle ordinaire de leurs séances. » — « M. le baron Louis est nommé commissaire provisoire au ministère des finances : M. le comte Alexandre Delaborde est préfet provisoire de la Seine : M. Bavoux est préfet provisoire de police : M. Chardel est directeur général provisoire des postes. » — « Demain, la capitale sera organisée. » — « La commission municipale est composée de MM. Jacques Laffitte, Casimir Périer, comte de Lobau, de Schonen, Audry de Puyraveau, Mauguin. »

La commission municipale aux habitans de Paris. — « La commission municipale de Paris invite les bons citoyens à ouvrir leurs boutiques, leurs habitations, et à vaquer, comme à l'ordinaire, à leurs travaux... à illuminer le devant de leurs demeures, jusqu'au moment où les réverbères brisés auront été réparés. » — « Tous les citoyens sentiront le besoin de cette mesure, qui a déjà été prise dans la plupart des quartiers de Paris, et par le bon esprit de ses habitans... *Signé* de Schonen. »

— *La commission municipale* de Paris arrête : « Les officiers de l'ancienne armée sont invités à se présenter sur-le-champ dans leurs mairies respectives ; leur patriotisme est connu, et leur expérience pourra servir utilement le courage des citoyens... *Signé* Mauguin, de Schonen. »

— *Ordre du jour.* — « La défense de laisser sortir des barrières de Paris sans une permission a été jugée un instant nécessaire ; elle est levée par le présent ordre du jour. La circulation devient entièrement libre pour la sortie comme pour l'entrée. — Le général commandant en chef, *signé* Lafayette. »

— « Les compagnies de garde nationale continueront la formation si heureusement commencée. Un officier par légion sera envoyé sur-le-champ à l'Hôtel-de-Ville pour recevoir les ordres du commandant général. » — « Les différens corps armés recevront des ordres ou en demanderont au quartier général. » — « Il est expressément défendu, au nom du bon ordre et de la sûreté publique, de tirer des coups d'armes à feu pour tout autre objet que pour la défense rendue nécessaire par la plus odieuse agression contre la liberté et la paix publique. *Signé* Lafayette. »

30-31. — « Les hostilités avaient cessé ; mais on n'était pas sans inquiétude encore sur le succès de la révolution : la garde royale, les gardes-du-corps, les élèves de l'école de Saint-Cyr, quelques bataillons de ligne et des débris de la gendarmerie étaient réunis à Saint-Cloud, gardaient les têtes de pont, la route et les hauteurs. Les troupes du camp de Saint-Omer étaient en marche; vingt-cinq à trente mille hommes allaient être réunis. Aussi élevait-on des barricades sur toutes les avenues de la capitale par où l'on pouvait craindre une attaque, et continuait-on dans l'intérieur toutes les précautions de défense employées dans les trois journées... » (*Annuaire historique universel pour* 1830.)

La situation de Charles x est éminemment critique, néanmoins sa cause n'est pas tout-à-fait perdue; il conserve de nombreux partisans dans le haut clergé, dans les deux chambres législatives, dans les administrations, dans la magistrature; nous croyons utile d'anticiper, à cet égard, sur les dispositions du barreau de Paris: « Vendredi (30), alors même que Paris était délivré de la présence des agresseurs, alors que Saint-Cloud allait tomber au pouvoir des citoyens, la cour royale de Paris parlementait encore avec l'ancien roi, dont l'ombre lui faisait peur. MM. de Mortemart et Sémonville allèrent trouver M. Séguier, premier président » (V. 1er janvier) « pour le prier de convoquer la cour et l'engager à faire une démarche favorable à la cause royale. M. Séguier, qui en cas de résistance n'eût été secondé que par un très-petit nombre de ses collègues, consentit à convoquer les magistrats et fit lui-même le modèle de la lettre de convocation *au nom de sa majesté*. Lorsque les lettres furent faites, les garçons de la cour ne voulaient pas les porter dans la crainte d'être arrêtés dans leur marche par les patrouilles des citoyens. Cependant ils se décidèrent, et le lendemain samedi (31) la plupart des magistrats se réunirent pour rendre la justice *au nom de sa majesté, au peuple de sa ma-*

jesté. » — « La cour se réunit dans le désert ; aucun avocat, aucun avoué ne se rendit à cette audience. Cet abandon aurait dû servir de leçon à l'ancienne cour, et lui apprendre qu'elle n'existait plus. Cependant on sut dans le public que cette cour voulait à toute force ouvrir ses audiences et continuer ses fonctions. Aujourd'hui lundi (2 août), un grand nombre d'avocats et d'avoués se sont rendus sans costume dans le local de la première chambre, et M. Séguier a pu voir de nouveau qu'une partie de ses collègues ne convenaient pas plus au barreau, qu'ils ne conviennent au peuple : il a été obligé de lever immédiatement la séance. » (*Courrier Français* du 2 août.)

..... On lira, dans la même feuille, du 7 : « Une nouvelle convocation générale de l'ordre des avocats a eu lieu ce matin (vendredi 6) au palais. Ce corps a été appelé à délibérer définitivement sur la question de savoir s'il devait se présenter devant la magistrature dans son état actuel. Dans cette réunion, les avocats, au nombre d'environ trois cents, ont décidé la négative par un vote en quelque sorte unanime : à peine une vingtaine d'avocats ont-ils plaidé en faveur de la magistrature actuelle. » L'on voit, par ces citations, à quel point la magistrature était dévouée à l'ex-roi, et quel appui elle était décidée à lui prêter, s'il avait fait acte de virilité ou de résistance ! Il en était de même des administrations civiles et des autorités législatives.

L'ex-roi pouvait compter aussi sur l'appui des autorités militaires ; les généraux, les officiers supérieurs se seraient rangés de son parti, s'il eût fait seulement montre d'énergie, de bravoure : il pouvait disposer, dans trois fois vingt-quatre heures, d'environ trente mille hommes de troupes, marcher sur Paris, ou se diriger à la tête d'une armée vers la Vendée ; il coupait la

France en deux. Charles x fut prié, supplié de prendre au moins ce dernier parti : le comte de la Rochejacquelin, le marquis de Choiseul, le baron de Charette pressaient, dit-on, le monarque de se rendre sur la Loire... Mais les grands seigneurs, les courtisans qui lui restaient encore, le duc de Luxembourg en tête, ne voulaient pas *guerroyer*, et préféraient demander au gouvernement un *sauf-conduit!* Le cardinal de Retz a dit que les bourgeois parisiens n'aimaient pas à *se désheurer*; il est encore plus vrai de dire que les grands seigneurs de l'émigration, de la restauration, n'aiment pas à *combattre*.

Charles x est à bas du trône; cependant, il dépend encore de lui, sinon d'y remonter, au moins de disputer longtemps sa couronne; il a lui-même un noyau de forces redoutables; un prince tant soit peu guerrier, et qui aurait le sentiment de sa dignité, un tout autre roi de France et de Navarre que Charles x, un tout autre dauphin que monseigneur le duc d'Angoulême, rétabliraient leurs affaires ou ne succomberaient pas sans quelque gloire : mais, qu'attendre du comte d'Artois (Charles x) après les étonnantes preuves de faiblesse et de pusillanimité dont ce prince a donné le spectacle pendant un demi-siècle : au siége de Gibraltar, 1781 ; au camp de Nimègue, 1794 ; à l'île Dieu, 1795 ; à Paris, mars 1815 ? Il y met le dernier sceau en 1830 ? — Qu'attendre de monseigneur le Dauphin, après sa conduite de 1815, sur la Drôme *?

---

* Dans l'échauffourée du Midi, 1815, monseigneur le duc d'Angoulême, arrivé sur les bords de l'Isère, y trouve, contre son attente, des pelotons à cocarde tricolore; ils tirent quelques coups de canon sur l'escorte du prince qui tourne bride aussitôt et fuit à toute course de cheval; sa vélocité fut telle qu'il arriva tête nue à Valence, son chapeau étant tombé dans la fuite...

Les agens du roi et du Dauphin *négocient :* voilà le dernier espoir, l'ancre de miséricorde de la restauration de 1814 ; mais les députés présens à Paris prononceront sous vingt-quatre heures, et la plupart malgré eux, la *déchéance* du roi de Coblentz ; ils déclareront le trône *vacant :* c'est déclarer le monarque *déchu.*

Les itératives négociations des agens de Charles x avaient été (nous l'avons dit) repoussées avec dédain, le 30, aussi bien que le 29, par la réunion Laffitte, par le général en chef (M. de Lafayette), par la commission municipale ; mais il n'en devenait que plus urgent de prendre une détermination sur la forme de gouvernement à donner à la France. L'on a vu du 27 au 29 au soir à quel point les *députés* prétendant ne plus l'être craignaient de se compromettre personnellement ; combien ils hésitaient pour adopter une résolution conforme aux circonstances où se trouvait la chose publique...

« Dès le vendredi (30), de très-bonne heure, quelques intimes (de la société de M. Laffitte), tels que MM. Thiers,

---

Fait prisonnier, et balancé sur le pont de la Drôme par quatre soldats qui disaient : « Le jetterons-nous dans la rivière, oui ou non ? » M. le duc d'Angoulême, pleurant à chaudes larmes, leur demande la vie... Un maréchal-des-logis de chasseurs à cheval, qui se trouvait à côté du général Gilly, avait déjà la pointe de son sabre dirigée sur la poitrine du duc et allait le percer de part en part, lorsque le général Gilly, auquel le prince s'était rendu prisonnier, n'eut que le temps de relever le sabre du maréchal-des-logis et de sauver la vie au prince. La tête de Gilly fut *mise à prix* après le désastre de Waterloo ; ce général demeura long-temps caché dans les Cévennes ; le duc d'Angoulême refusa de s'intéresser en sa faveur, et ce ne fut que bien long-temps après les cent jours que l'autorité laissa tranquille le brave de l'ancienne armée.

Nous ne parlerons plus de monseigneur le Dauphin ; ce prétendu héros du Trocadero n'est qu'un crétin royal.

Larréguy et Mignet, s'étaient rendus chez lui pour s'y concerter... C'est là qu'avant même d'avoir interrogé la volonté des députés, on rédigea une proclamation qui appelait le duc d'Orléans à la lieutenance-générale; là aussi furent arrêtés les moyens les plus propres à faire entrer les journaux les plus influens dans cette combinaison... » (*Lafayette et la révolution de* 1830, etc.) L'auteur de cet ouvrage publie, à cet égard, des détails dont l'exactitude ne nous est pas assez avérée pour que nous puissions nous permettre d'en faire mention. Le résultat de cette réunion Laffitte, le 30 au matin, est ce qui importe essentiellement à l'histoire ; ce résultat va être obtenu, il mettra promptement terme à l'anxiété publique, et fera cesser les intrigues des divers partis qui s'agitent, en tous sens, pour exploiter à leur profit la victoire des trois journées. Afin de juger ces partis, ainsi que la difficulté des circonstances politiques, nous citerons l'écrivain qui les a résumées avec non moins de justesse que de prudence; après avoir parlé en peu de mots des démarches de M. le duc de Mortemart, qui était allé s'établir au Luxembourg, l'auteur de l'*Annuaire historique universel pour* 1830 rend le compte suivant de ce qui eut lieu dans la réunion des députés et d'autres citoyens distingués qui se tenait chez M. Laffitte; il dit : — « Les plus modérés ou les plus timides inclinaient à penser que la commission avait été trop prompte à rejeter les offres ou communications envoyées de Saint-Cloud. Ils étaient d'avis qu'on revînt à Charles x, en exigeant des garanties contre une violation nouvelle de la Charte ; d'autres, qu'on lui demandât une abdication en faveur du Dauphin ou du duc de Bordeaux, en donnant un conseil de régence à celui-ci. La république avait des partisans, surtout dans les écoles et dans les classes inférieures du peuple. Mais les souvenirs de 93, du comité de salut public et du directoire, effrayaient presque tout le monde. Un membre (on assure que ce fut M. Laffitte) mit en avant l'idée d'appeler au trône le duc d'Orléans, comme le seul moyen d'éviter une troisième restauration odieuse au peuple, ou la république et l'anarchie, qu'une pareille révolution devait amener. On observera que nous ne rapportons ces détails d'une discussion si délicate que d'après des révélations de parti faites dans l'intention d'incriminer ou de recommander les personnes dont on a cité les opinions. Il nous suffit d'ajouter que la mission de M. de Mortemart fut bientôt perdue dans la précipitation des événemens. » — « Enfin, après quelques hésitations, il fut convenu qu'on proposerait la lieutenance-générale du royaume au duc d'Orléans ; qu'on lui demanderait de rendre à la France la cocarde et le drapeau tricolores, et que les députés se réuniraient à une heure dans la salle ordinaire des séances pour y prendre une résolution à cet égard, et lui donner un caractère sinon légal, du moins plus authentique. » — « A l'instant même, deux membres de la réunion (MM. Dupin ainé et Persil) se rendirent à pied à Neuilly, résidence ordinaire du prince et de sa famille pendant l'été. Ils le trouvèrent fort inquiet des événemens. Dans le voisinage, ou à si peu de distance de Saint-Cloud, il n'avait eu aucune communication avec la cour ; et l'histoire doit dire qu'il ne céda qu'avec une répugnance marquée aux offres qu'on lui portait. » — « De retour à Paris, les commissaires se rendirent à la chambre des députés, où M. Dupin ainé * fit, en comité secret, le rapport de sa mission et des dispositions du prince. L'honorable

---

* « M. Dupin était depuis douze ans avocat et membre du con-
« seil de la maison d'Orléans. » (*Annuaire historique*, etc.)

membre termina par la proposition formelle que, dans la soirée même et sans désemparer, la question du gouvernement fût décidée, et la lieutenance-générale du royaume déférée au duc d'Orléans. La délibération fut courte ; le résultat en était connu d'avance ; il ne s'agissait que de lui donner une forme légale, de rédiger un message, et de nommer une députation pour la porter à S. A. R. Le message fut rédigé, la députation désignée ; et le général Sébastiani... en fut le président. Quelques instans après, des placards furent imprimés au bureau du *National*, et affichés dans tout Paris, proclamant la nécessité d'appeler le duc d'Orléans à la direction des affaires, pour éviter la guerre civile et assurer les libertés publiques. »

L'on voit, par cette citation, avec quelle sagesse et quelle réserve, mais en même temps avec quelle justice *, l'auteur de l'*Annuaire*, etc., a abordé la grande question de la lieutenance-générale du royaume ; son récit est conforme à la vérité, il atteste la répugnance témoignée par le duc d'Orléans relativement à l'acceptation des hautes fonctions qui lui étaient offertes ; madame la duchesse d'Orléans ne montra pas, de son côté, une répugnance moins extrême : ces augustes époux, uniquement renfermés dans leur intérieur, y

---

* L'on craignait, de la part des vainqueurs de juillet qui se trouvaient encore maîtres du sort de la capitale et de la forme du gouvernement, une opposition prononcée à la nomination de S. A. R. le duc d'Orléans à la lieutenance-générale du royaume. — C'eût été sans doute un grand malheur que le rejet de cette proposition : mais M. Larréguy, de Bayonne, ami de M. Barbe, l'un des héros de juillet, fit plus que ne pouvait faire, le 30 au soir, M. Laffitte ; il réussit à persuader M. Barbe de la nécessité et des avantages de la mesure proposée, et ce dernier parvint à décider la société *Aide-toi, le ciel t'aidera*, qui se prononça en faveur de la nomination du duc d'Orléans.

donnaient l'exemple de toutes les vertus domestiques, vertus si rares chez les princes ! Étrangers en quelque sorte aux affaires publiques, il fallait toute la puissance d'une révolution dans l'État pour les forcer à sortir d'une situation qui était pour eux la félicité même : le salut de la patrie en a ordonné le sacrifice, l'auguste famille l'a fait.

Les députés présens à Paris se sont empressés d'offrir à M. le duc d'Orléans la lieutenance générale du royaume : résolution d'autant plus remarquable, que les membres les plus influens à cet égard sont précisément ceux qui ont manifesté le 26, le 27, le 28, et même le 29, jusqu'au moment où la victoire a été *décidée*, une constante opposition à toute espèce de changement dans l'ordre de choses existant avant les ordonnances du 25 : les mêmes individus qui se refusaient à eux-mêmes le caractère de *député*, qui soutenaient avec tant de *légalité* qu'ils n'étaient que simples citoyens, qu'ils n'avaient, par conséquent, aucun droit, aucun titre *législatifs*, disposent comme députés, comme législateurs, du gouvernement du royaume ! Nous ne les blâmons pas, nous les remercions au contraire, et nous tenons pour *légitimes*, et par conséquent *légales*, leurs délibérations des 30 et 31 juillet, malgré l'incapacité politique dont ils ne cessaient de se dire frappés dans les réunions Laborde, Casimir Périer, Audry de Puyraveau, Bérard, etc. Certainement, M. Dupin aîné raisonne et agit plus politiquement aujourd'hui que dans les trois journées, et il en est de même de MM. Gérard, Sébastiani, etc.

La délibération des députés a eu des résultats si importans, si décisifs, qu'on ne saurait regarder comme inutiles les particularités relatives à cette délibération. On lit dans *Lafayette et la révolution de* 1830, etc. : «... A l'ouverture de cette mémorable séance, les avis paraissaient encore plus partagés que jamais ; tous les systèmes, moins la république, y retrouvèrent des partisans : on y parla tour à tour du duc d'Orléans, du duc de Bordeaux, du duc d'Angoulême, et même de Charles x ; qui, chose incroyable ! y réunissaient encore l'évidente majorité des volontés. C'est dans ce moment décisif qu'on entendit M. Sébastiani s'écrier, en parlant du drapeau tricolore arboré à l'Hôtel-de-Ville : « *Il n'y a de national aujourd'hui que le drapeau blanc.* » C'est aussi dans cette circonstance que M. de Sussy, repoussé de l'Hôtel-de-Ville, vint présenter à la chambre le retrait des ordonnances et la formation du nouveau ministère, insistant, mais fort inutilement, comme on l'imagine, auprès de M. Laffitte, pour que celui-ci transmît ces nominations aux titulaires auxquels elles étaient destinées. » — « L'objet principal de cette réunion était d'arrêter la déclaration qui devait appeler le duc d'Orléans à la lieutenance-générale du royaume. Une commission avait été chargée de présenter un rapport à la chambre sur cette importante mesure, et elle s'était adjoint quelques membres de la chambre des pairs ; M. le duc de Broglie en faisait partie. Une vive discussion s'éleva dans cette commission mixte sur le principe d'après lequel le trône devait être déclaré *vacant ;* les pairs et quelques députés insistaient sur la nécessité absolue de prendre pour base exclusive l'abdication de Charles x et du duc d'Angoulême. » — « Cependant, une vive agitation se manifestait au dehors et au dedans de la législature. On parlait de nouvelles machinations ourdies dans l'ombre, pour faire ajourner la décision de la chambre ; on affirmait qu'un personnage considérable, récemment élevé par Charles x à la présidence du conseil des ministres, avait été rencontré sur la route de Saint-Cloud ; et, en effet, ce rapport avait été confirmé à l'Hôtel-de-Ville par divers patriotes, sur la déposition desquels un mandat d'arrêt fut décerné contre M. Casimir Périer. Quoi qu'il en soit de la vérité de ce fait, l'inquiétude était générale, lorsque le président de la chambre, M. Laffitte, instruit de ce qui se passait dans la commission, et cédant à l'impatience qui éclatait de tous côtés, envoya un secrétaire pour l'inviter à se rendre sur-le-champ au sein de la réunion, et la prévenir que si elle différait plus long-temps, les députés allaient délibérer sans l'entendre. Cette mesure, habile et hardie, mit un terme aux instances des légitimistes et à l'incertitude des peureux. La proclamation fut arrêtée telle qu'elle parut dans le *Moniteur* du lendemain. » — « M. de Mortemart, auquel on avait donné rendez-vous à la chambre, ne s'y rendit pas. Cependant les esprits parlementaires étaient encore si enclins au carlisme, qu'il est permis de croire que la présence de ce diplomate eût pu encore entraîner la majorité dans une détermination qui alors eût perdu sans retour la chambre ou la révolution. Quoi qu'il en soit, l'adresse des députés appelant le duc d'Orléans à la lieutenance-générale du royaume fut signée,... etc. »

Pendant que les députés délibéraient sur les destinées de la royauté et de la nation, la commission municipale adressait aux habitans de Paris la proclamation suivante :

« Habitans de Paris ! Charles X a cessé de régner sur la France ! Ne pouvant oublier l'*origine* de son autorité, il s'est toujours considéré comme l'ennemi de notre patrie et de ses libertés, qu'il ne pouvait comprendre. Après avoir sourdement attaqué nos institutions par tout ce que l'hypocrisie et la fraude lui prêtaient de moyens, lorsqu'il s'est cru assez fort pour les détruire ouvertement, il avait résolu de les noyer dans le sang des Français : grâce à votre héroïsme, les crimes de son pouvoir sont finis ». — « Quelques instans ont suffi pour anéantir ce gouvernement corrompu, qui n'avait été qu'une conspiration permanente contre la liberté et la prospérité de la France. La nation seule est debout, parée de ces couleurs nationales qu'elle a conquises au prix de son sang ; elle veut un gouvernement et des lois dignes d'elle. » — « Quel peuple au monde mérita mieux la liberté ! Dans le combat, vous avez été des héros ; la victoire a fait connaître en vous ces sentimens de modération et d'humanité qui attestent à un si haut degré les progrès de notre civilisation ; vainqueurs et livrés à vous-mêmes, sans police et sans magistrats, vos vertus ont tenu lieu de toute organisation ; jamais les droits de chacun n'ont été plus religieusement respectés. » — « Habitans de Paris, nous sommes fiers d'être vos frères : en acceptant des circonstances un mandat grave et difficile, votre commission municipale a voulu s'associer à votre dévouement et à vos efforts ; ses membres éprouvent le besoin de vous exprimer l'admiration et la reconnaissance de la patrie. » — « Leurs sentimens, leurs principes, sont les vôtres : au lieu d'un pouvoir imposé par les armes étrangères, vous aurez un gouvernement qui vous devra son origine : les vertus sont dans toutes les classes ; toutes les classes ont les mêmes droits ; ces droits sont assurés. » — « *Vive la France ! vive le peuple de Paris ! vive la liberté ! Signés*, Lobau, Audry-de-Puyraveau, Mauguin, de Schonen. Pour ampliation, *le secrétaire de la commission municipale*, Odilon Barrot. »

Cette proclamation prononce définitivement sur le sort de Charles x et de sa famille ; « on y avait mis la signature de M. Casimir Périer, qui se trouvait alors à la réunion des députés ; mais il la fit retirer, parce que certaines expressions de cet acte lui paraissaient dépasser les pouvoirs de la commission ; ce qui donna lieu à des conjectures plus ou moins justes sur sa conduite dans les trois journées ». (*Annuaire*, etc.) — Nous sommes entrés plus haut (V. 28 juillet) dans les détails de cette conduite.

L'importance des actes législatifs, de gouvernement et d'administration, nous fait un devoir de les rapporter en leur entier ; ces actes font connaître la nature et apprécier les résultats de la révolution opérée dans les trois journées.

Nomination de commissaires provisoires aux divers départemens de l'administration publique. — « La commission municipale, etc., nomme commissaires provisoires : au département de la justice, M. *Dupont* (de l'Eure) ; au département des finances, M. le baron *Louis* ; au département de la guerre, M. le général *Gérard* ; au département de la marine, M. de *Rigny* ; au département des affaires étrangères, M. *Bignon* ; à l'instruction publique, M. *Guizot* ; intérieur et travaux publics, M. le duc de *Broglie*. Paris, à l'Hôtel-de-Ville, le 31 juillet 1830. *Signés*, Lobau, Audry-de-Puyraveau, Mauguin, de Schonen. »

Création d'une garde nationale mobile. — Le général Lafayette et la commission municipale de Paris arrêtent : « Article 1er. Il est créé une garde nationale mobile ; elle sera composée de vingt régimens, et pourra être employée hors de Paris à la défense de la patrie. — Art. 2. Tous les citoyens en état de porter les armes sont invités à s'y faire inscrire ; à cet effet, ils se transporteront sur-le-champ à leurs mairies respectives, où des listes leur seront ouvertes. — Art. 3. La garde nationale mobile recevra une solde qui sera ultérieurement fixée pour les officiers et sous-officiers ; pour les soldats, elle sera de trente sous par jour. La solde durera jusqu'au licenciement et quinze jours après ; le licenciement aura lieu aussitôt que cette force ne sera plus nécessaire. —Art. 4. La garde nationale mobile est mise sous les ordres du général Gérard, qui a déjà le commandement des troupes de ligne ; il fera tout ce qui est nécessaire pour la formation et l'organisation ; il s'adjoindra à cet effet tel nombre d'officiers qui lui paraîtra convenable. Les listes des mairies et le bureau de la garde nationale siégeant à l'Hôtel-de-Ville sont mis à sa disposition. — Hôtel-de-Ville, ce 31 juillet 1830. »— «*Signé*, Lafayette, *Les membres de la commission, signés*, Lobau, Audry-de-Puyraveau, Mauguin, Casimir Périer. Pour ampliation, *l'un des secrétaires de la commission, signé* Aylies. »

Il avait été résolu d'ordonner immédiatement la formation et la levée de trois cents bataillons de gardes nationales, et la résolution prise à cet égard avait été envoyée de suite à l'impression, afin que la publication n'éprouvât aucun retard : peu de temps après, un commissaire eut ordre de se rendre à l'imprimerie, de faire cesser le travail et de s'assurer qu'aucune copie de la résolution n'était sortie des ateliers et n'avait été communiquée à qui que ce soit à l'extérieur : on craignit, sans doute, d'inquiéter la France et surtout l'étranger...... Quant à l'arrêté de la commission pour la création de vingt régimens de garde nationale mobile, il sera rapporté, par arrêté de la commission municipale, le 8 août.

Les députés des départemens, réunis à Paris, nomment une commission chargée de porter au duc d'Orléans la résolution qu'ils viennent de prendre ; elle se rend (30) au Palais-Royal, à huit heures du soir ; le prince est à Neuilly ; la commission lui écrit pour l'informer de la mission qui lui est donnée.

M. le duc d'Orléans se rend à Paris, où il arrive à

pied, à onze heures du soir; il fait prévenir la commission, le lendemain (31), dès huit heures du matin, qu'il est prêt à la recevoir; elle est admise en sa présence à neuf heures. MM. Bérard, Delessert (Benjamin), Duchaffaut, Mathieu-Dumas, Gallot, Sébastiani, composent la députation..... On lit dans l'écrit intitulé : *Document pour l'Histoire de France*, etc., par M. Armand Marrast :... M. Laffitte se présente à la tête de ses collègues, et, après avoir lu sa harangue, il dit à voix basse : ... « Monseigneur, ce que je tiens à ma main est « bien beau. C'est une couronne ! Cependant, ne regar- « dez pas à mes pieds (sa jambe était à moitié nue) ; je « ne vous dirai pas que c'est un sans-culotte qui vous « l'offre : mais cela pourtant y ressemble un peu... » Nous ignorons si M. Laffitte s'est exprimé dans les termes rapportés par l'auteur du *Document*, etc.; mais s'il en était ainsi, M. Laffitte aurait parlé avec une simplicité, une franchise et une loyauté qu'il serait impossible de ne pas transmettre à l'histoire.

Le *Courrier français* dira (1er août) : « La chambre « s'est rendue au Palais-Royal. » — Après le discours de M. Laffitte, le duc d'Orléans, ému de cette démarche, dit : « Donnez-moi, je vous prie, votre discours, ce « sera la plus belle pièce de mes archives. » Puis, répondant aux sentimens qu'on venait de lui exprimer, il a ajouté : « Je suis on ne peut plus touché du haut té- « moignage d'estime et de confiance que vous venez de « m'accorder, tout en déplorant les circonstances dou- « loureuses auxquelles je le dois ! »

M. le duc d'Orléans se sacrifie, dans ces circonstances, au bien public ; les députés le pressent d'accepter la lieutenance-générale du royaume ; il s'y résigne et se dévoue au salut de la patrie... M. Bérard a pris la parole, et exposé à S. A. R. les motifs puissans d'intérêt général qui lui font une loi d'accepter la lieutenance-générale du royaume. « M. Sébastiani ouvre l'avis contraire ; et, par des motifs puisés dans le respect dû à la légitimité, dans l'état précaire des choses, et dans la possibilité du retour de la famille royale, il soutint que le duc d'Orléans devait décliner, sans hésiter, l'offre qui lui était faite. M. Benjamin Delessert, adoptant l'opinion de M. Bérard, dont il reproduisit les argumens avec plus d'insistance et de supplication, adjura le prince de sauver la France de l'anarchie et de la guerre civile qui la menaçaient, et sa propre maison de la ruine imminente dont son refus ne manquerait point de donner le signal. Jamais M. Delessert n'avait parlé avec autant de conviction et d'entrainement... » (*Lafayette et la révolution de* 1830, etc.)

Au bout d'une heure, environ, S. A. R. annonce aux membres de la députation qu'elle accepte la lieutenance-générale du royaume. (Cette heure s'est, dit-on, passée en conférence avec le prince de Talleyrand, depuis longtemps déjà le conseiller le plus intime de S. A. R., et qui conservera sous le nouveau règne une influence toute-puissante. Puisse cet homme *néfaste*, qui apparait toujours à la surface dans toutes les révolutions, qui a présidé, depuis 1789, à l'élévation, puis au renversement de tous nos gouvernemens, ne pas devenir également *fatal* à celui que la France va se donner, et qui semble devoir porter en lui-même tant d'élémens d'une longue existence ! C'est le vœu le plus sincère, le plus ardent de tous les bons Français, qui voient dans le duc d'Orléans le sauveur de la liberté, de l'ordre et des lois..... (Nous avons dit de M. de Talleyrand (*Histoire de France*, etc., tome v, 4 sept. 1797) : « Publiciste
« accommodant et disert, aussi versé dans les ingénieuses
« subtilités de la diplomatie que familier avec les im-

« menses détours de la politique intérieure, il de-
« vient, etc. » Ce haut fonctionnaire justifiera nos
observations par la conduite politique qu'il suivra jusqu'au dernier terme de sa caducité. Nommé, par Louis-Philippe, roi des Français, ambassadeur près la cour de Londres, M. de Talleyrand déploiera toutes les ressources de son ondoyante diplomatie pour unir dans de communs intérêts les cabinets des Tuileries et de Saint-James, espérant conserver la paix générale en Europe par l'alliance des deux couronnes ; ses *négociations* seront aussi utiles qu'agréables au cabinet britannique, s'il est vrai (comme on l'assure) que le roi d'Angleterre ait honoré, en dernier lieu, M. de Talleyrand d'une pension annuelle de 5 mille livres sterling (125,000 fr.). Une telle faveur royale est remarquable dans la situation où se trouve l'Angleterre. (Nous renvoyons nos lecteurs à l'ouvrage publié par M. de Montbel, et à l'écrit fort curieux publié par le secrétaire de M. de Mortemart, qui présentent l'un et l'autre des faits précieux pour l'histoire...)

M. le duc d'Orléans vient de renoncer à la plus belle, à la plus heureuse existence de prince qu'ait jamais possédée aucun membre de famille royale ; il y renonce, ayant le sentiment profond de ce qu'il perd, et se décide à accepter la couronne ; car la lieutenance-générale la porte dans son sein.

On lit dans l'ouvrage intitulé : *Lafayette et la révolution de* 1830, etc... « Dès le mercredi, à huit heu-
« res du matin, M. Laffitte, qui n'était arrivé que depuis
« quelques heures, envoya chercher le secrétaire de la
« duchesse d'Orléans, M. Oudart, qu'il chargea d'aller
« à Neuilly prévenir le prince de la réunion de dé-
« putés qui devait avoir lieu à midi, chez M. Audry-
« de-Puyraveau, et supplier S. A. R. de *bien pren-*

« *dre garde aux filets de Saint-Cloud.* » Si ce fait était vrai, la France aurait une obligation de plus à M. Laffitte, qui aurait parfaitement jugé à quel point la conservation du prince importait au salut de la patrie.

Plusieurs journaux diront que S. A. R. avait reçu, dans sa résidence de Neuilly, un message de la part d'une personne qui joue un rôle très-important dans les trois journées, message portant ces mots : « Un trône ou un passe-port. » Nous ignorons si le fait est vrai ; mais, en le supposant tel, l'acceptation du prince n'en serait pas moins un grand bienfait pour la patrie! Sans nous inquiéter du plus ou moins de vraisemblance de ce propos, *un trône ou un passe-port*, redisons, parce que c'est une importante vérité, que le prince a témoigné une répugnance des plus marquées pour sortir de l'honorable, et si haute, et si paisible position que lui assuraient également son rang et sa fortune, qui était selon les vœux de son cœur, et dont il abdiquait le calme et le bonheur pour des soins, des difficultés et des tourmens qui seraient sans compensations, malgré tout l'éclat d'une couronne, si les intérêts et le salut du pays ne réclamaient pas le sacrifice de sa vie. Car, dans l'état où se trouvaient les affaires, le 30 et le 31 juillet, qui peut dire ce qui serait advenu, à Paris et bientôt dans toute la France, si le prince eût refusé de prendre en main les rênes du gouvernement? La cause impériale étant sans aucune chance probable, malgré quelques cris de *vive Napoléon II* proférés pendant le combat, nul doute que la république n'eût été proclamée, et la guerre civile devenait la conséquence nécessaire d'un tel changement dans l'ordre politique ; car la république n'est ni dans les mœurs, ni dans les vœux, elle n'est pas même dans les intérêts de la très-grande majorité des Français ; le mot seul de *république* épouvante, tant la convention nationale et le directoire sont encore près de nous, et tant l'empire et la restauration ont pris soin de montrer le régime de 93 comme le seul avenir possible de la France, si leur despotisme était jamais renversé! Il faut encore le dire : la proclamation de la république eût provoqué, selon toutes les apparences, de violens déchiremens dans l'intérieur, et entraîné peut-être la guerre étrangère; c'est d'après des considérations d'une gravité aussi extrême que doit être pesée, appréciée l'acceptation de M. le duc d'Orléans; il assurera, on l'espère généralement, les libertés du pays, l'ordre public et le règne des lois constitutionnelles : ce prince devra tout à la souveraineté nationale, répudiera la souveraineté du droit divin, et la monarchie pourra devenir, avec lui, qui fut républicain, la meilleure des républiques, ainsi que le promettra bientôt en son nom le général Lafayette.

Un journal dévoué à la liberté constitutionnelle et à l'ordre public dira avec une grande sagesse : « ..... Ce gouvernement populaire est-il possible? Dans quelles formes, dans quelles limites de temps l'organiser, et, en attendant, que deviendrons-nous?... La première nécessité est donc une autorité qui inspire la confiance, qui rallie les opinions éparses, qui impose à l'Europe, qui prévienne les déchiremens. Cette autorité, elle est trouvée. Le duc d'Orléans, prince éclairé, populaire, pur de tout complot contre l'indépendance ou la liberté de son pays, a pris sous un titre temporaire la direction suprême du gouvernement; c'est un bienfait pour la France, c'est le seul moyen peut-être de consolider notre glorieuse révolution... » — « Le duc d'Orléans, acceptant la lieutenance-générale, arborant les couleurs nationales, se souvenant qu'il est aussi enfant de la révolution, offre des gages aux amis de l'ordre comme aux amis de la liberté. C'est avec lui que nous pouvons sortir sans trouble et sans malheurs d'une crise où la nation a surpassé en quelques heures tout ce que l'histoire a jamais offert de grand et de magnanime. » (*Courrier français.*)

La feuille que nous venons de citer rend justice au duc d'Orléans. En effet, ce prince a noblement porté les couleurs nationales; dès les premiers symptômes de la révolution de 1789, il s'est hautement prononcé en faveur des libertés publiques, et plus tard il les a courageusement défendues sur les champs de bataille. Ce prince ne prit jamais les armes contre sa patrie; dans les cent jours, il tint une conduite franchement nationale; il demeura vierge de tout sentiment hostile contre son pays; Napoléon a dit du duc d'Orléans : « Il a toujours eu l'âme française. »

Le duc d'Orléans a fait, toute sa vie, profession d'idées libérales, d'opinions constitutionnelles; aussi Louis XVIII avait-il ce prince et sa famille en aversion! Nous avons entendu le monarque de Blankembourg s'exprimer à son égard avec autant d'aigreur et d'acrimonie que de prévention et d'injustice.

Le lieutenant-général du royaume, ou, pour mieux dire, le roi qui va être *élu* par la révolution des trois journées, est appelé à gouverner un peuple libre; il va être placé sur le premier trône de l'univers, et ce trône *national* aura la France pour soutien. — Le duc d'Orléans veut certainement, et il ne peut pas ne pas vouloir la liberté, la gloire, la prospérité de la patrie : car, et indépendamment de l'élévation de ses sentimens, la sûreté de sa personne et de sa famille, la stabilité de sa couronne et de sa dynastie viennent, aujourd'hui, se lier indissolublement à la prospérité, à la gloire, à la liberté de la nation française!!! Il est plus que temps, après quarante années de troubles, de convulsions, de révolutions politiques et civiles, que le trône et la nation soient fondés et reposent sur les bases d'une liberté vraie, constitutionnelle, et conforme aux besoins et à l'esprit du siècle : il faut enfin que les droits publics des Français ne restent pas plus long-temps en proie aux interprétations de cette perfide et jésuitique Charte octroyée par Louis XVIII, et continuée, puis violée et renversée par Charles X.

Louis-Philippe d'Orléans s'est montré excellent époux, excellent père, bon citoyen, sujet fidèle; la duchesse d'Orléans est le modèle de toutes les vertus de son sexe : leur famille, leur cour, leurs serviteurs, n'ont donné lieu à aucun de ces scandales que présentent si souvent les palais des princes; leurs enfans ont été élevés dans les colléges publics, avec les enfans des simples citoyens; les mœurs de cette famille royale, magnifique de jeunesse et de beauté, sont pures et toutes françaises ; ses fils se mêlent, comme de simples particuliers, avec les citoyens de toutes conditions..... La morale, la pudeur, la décence publique, n'ont jamais eu à se plaindre d'une seule des actions de Louis-Philippe; ce prince possède les vertus privées qui font l'honnête homme, et la première des vertus dans un roi, la justice; il est économe; il a fait preuve d'une habileté, d'un ordre et d'une surveillance admirables dans l'administration de ses domaines ; sa vie publique, comme sa vie privée, doit donc assurer qu'il gouvernera l'État avec justice, avec sagesse, et dans les véritables intérêts de la liberté constitutionnelle : *la chose publique* avant tout et exclusivement ; telle sera sa devise !... Le gouvernement de l'État est celui de la famille, exécuté en grand : une âme pure, le désir du bien, l'amour de la justice, un jugement droit et une volonté éclairée, telles sont les qualités qui font les bons rois, c'est-à-dire les rois véritablement grands.

Le lieutenant-général est populaire par sentiment, par caractère, par principes et par position ; il s'abandonne de cœur à toutes les idées de bien, à tous les projets d'amélioration qu'on lui soumet : tel est le prince que la révolution de juillet va élever sur le pavois national, et jamais prince ne sera arrivé au pouvoir royal sous de plus beaux, de plus heureux auspices.

On a reproché au duc d'Orléans de s'être réconcilié, en 1803, avec ses cousins de Coblentz, qu'il avait combattus sous le drapeau national, et d'avoir réarboré leurs couleurs : il était proscrit de la France, qui alors ne voulait plus de Bourbons, quels qu'ils fussent, et l'on doit dire qu'il n'est jamais entré dans aucune des trames anglo-bourbonniennes qui ont déchiré le sein de la patrie. Il s'est présenté aux cortès espagnoles, en 1812, pour servir leur cause contre les Français : la cause espagnole était celle de la liberté et de l'indépendance ; enfin, depuis sa rentrée en France, quelques tracasseries ont été suscitées aux acquéreurs des biens de son père, particulièrement à M. Julien, propriétaire du Théâtre-Français : ce sont œuvres de son conseil, où il se sera trouvé des gens, courtisans maladroits, ou gagnés pour dépopulariser le prince.

LIEUTENANCE-GÉNÉRALE.

Proclamation du lieutenant-général du royaume. — — « Habitans de Paris ! les députés de la France, en ce moment réunis à Paris, m'ont exprimé le désir que je me rendisse dans cette capitale pour y exercer les fonctions de lieutenant-général du royaume. » — « Je n'ai pas balancé à venir partager vos dangers, à venir me placer au milieu de votre héroïque population, et à faire tous mes efforts pour vous préserver des calamités de la guerre civile et de l'anarchie. » — « En rentrant dans la ville de Paris, je portais avec orgueil ces couleurs glorieuses que vous avez reprises, et que j'avais moi-même long-temps portées. » — « Les chambres vont se réunir ; elles aviseront aux moyens d'assurer le règne des lois, et le maintien des droits de la nation. » — « Une Charte sera désormais une vérité. » — « *Signé* Louis-Philippe D'Orléans. »

Cette proclamation ne porte point de date ; elle n'est contre-signée par aucun des commissaires provisoires des divers départemens de l'État.

On lira, dans le *Moniteur* du 3 août : « *Erratum*. C'est par erreur que la dernière phrase de la proclamation de S. A. R. Monseigneur le lieutenant-général du royaume a été imprimée (*Moniteur* du 2) en ces mots : « Une Charte sera désormais une vérité ». Cette phrase est ainsi conçue : « La Charte sera désormais une vérité. » — «... L'erreur était forte et méritait bien l'*Erratum* de la feuille officielle ; tant la différence entre *une* et *la*, appliquées au mot *Charte*, est immense.

Les membres de la députation envoyée à M. le duc d'Orléans ayant rendu compte à leurs collègues de l'acceptation, par ce prince, des fonctions de lieutenant-général du royaume, M. Laffitte, qui avait été invité à prendre le fauteuil de président, fait la proposition suivante : « ... Il importe d'examiner si, dans la situation où se trouve la capitale, il ne conviendrait pas qu'un acte *quelconque*, sous le titre d'adresse ou de proclamation, *émanât* de cette *réunion*, afin d'*apprendre* et d'*expliquer* à la capitale et à la France ce que les députés ont cru *devoir* faire dans l'intérêt de la chose publique, soit à Paris, soit dans les départemens. Nous avons tous été *surpris* par des événemens qu'il ne nous était pas donné de *prévoir*. Nous nous croyions sous l'empire de la Charte. Forts de l'opinion publique, *nous attendions le 3 août*. Vous le savez, nos lettres closes nous ont été remises en même temps que les ordonnances du 25. Ces ordonnances ont *détruit la Charte;* au règne des lois ont substitué la guerre civile. De là les catastrophes et les prodiges dont Paris a été le théâtre. Ne vous paraît-il pas *convenable* de *dire* à la France ce que vous avez cru *devoir* faire dans ces solennelles circonstances? Il ne s'agissait plus pour vous de *légalité;* vous n'aviez plus à remplir vos *devoirs* ordinaires de députés; il s'agissait de sauver la patrie, de sauver les propriétés publiques et privées. En *expliquant* votre conduite et vos actes, vous recueillerez les actions de grâce et les bénédictions publiques... »

La proposition de M. Laffitte est un document de la plus haute importance; elle *explique*, comme il le dit lui-même, la révolution des trois journées et ses conséquences: toutes les réflexions qu'on ferait à cet égard n'en diraient pas autant que cette proposition. — Elle est accueillie à l'unanimité: mais sa discussion donne lieu à quelques observations plus ou moins vives de la part de MM. Salverte, Corcelles, Labbey de Pompières, Benjamin Constant, etc., qui demandent des stipulations *expresses*, des garanties *préalables* en faveur des libertés nationales..... Il est décidé que les quatre députés, faisant les fonctions de secrétaires de la réunion (MM. Bérard, Villemain, Benjamin Constant et Guizot), rédigeront séance tenante un projet d'adresse au peuple français; M. Guizot fait lecture de ce projet qui est immédiatement mis aux voix et adopté sans discussion ni opposition; les députés réunis à Paris décident, en outre, que l'adresse sera communiquée au lieutenant-général du royaume, livrée de suite à l'impression, publiée, affichée et répandue par milliers d'exemplaires.

Voici ce document que nous croyons nécessaire de rapporter en son entier.

Adresse au peuple français par les députés des départemens réunis à Paris. — « Français ! la France est libre ; le pouvoir absolu levait son drapeau, l'héroïque population de Paris l'a abattu. Paris attaqué a fait triompher par les armes la cause sacrée qui venait de triompher en vain dans les élections. Un pouvoir usurpateur de nos droits, perturbateur de notre repos, menaçait à la fois la liberté et l'ordre : nous rentrons en possession de l'ordre et de la liberté. Plus de crainte pour les droits acquis, plus de barrières entre nous pour les droits qui nous manquent encore. » — « Un gouvernement qui, sans délai, nous garantisse ces biens est aujourd'hui le premier besoin de la patrie. Français ! ceux de vos députés qui se trouvent déjà à Paris se sont réunis ; et, en attendant l'intervention *régulière* des chambres (*Nota.* Ce mot est d'une grande portée), ils ont invité un Français qui n'a jamais combattu que pour la France, M. le duc d'Orléans, à exercer les fonctions de lieutenant-général du royaume. C'est à leurs yeux le plus sûr moyen d'accomplir promptement par la paix le succès de la plus légitime défense. » — « Le duc d'Orléans est dévoué à la cause nationale et constitutionnelle ; il en a toujours défendu les intérêts et professé les principes. Il respectera nos droits, car il tiendra de nous les siens. Nous, nous assurerons par des lois toutes les garanties nécessaires pour rendre la liberté forte et durable. » — « Le rétablissement de la garde nationale avec l'intervention des gardes nationaux dans le choix des officiers ; l'intervention des citoyens dans la formation des administrations départementales et municipales ; le jury pour les délits de la presse ; la responsabilité légalement organisée des ministres et des agens secondaires de l'adminis-

tration ; l'état des militaires légalement assuré ; la réélection des députés promus à des fonctions publiques. » — « Nous donnerons enfin à nos institutions, de concert avec le chef de l'État, le développement dont elles ont besoin. » — « Français, le duc d'Orléans lui-même a déjà parlé, et son langage est celui qui convient à un pays libre : « Les chambres vont se réunir, vous dit-il ; elles
« aviseront aux moyens d'assurer le règne des lois et le
« maintien des droits de la nation : la Charte sera désor-
« mais une vérité. » Étaient présens, Messieurs, etc.

La liste des députés signataires de l'adresse contient 88 noms ; le *Moniteur* (2 août) y en ajoutera 6, ce qui porte en totalité le nombre des signataires de l'adresse à 94. — Le *Moniteur* du 2 dira : « Il résulte des observations présentées aujourd'hui au sein de la réunion des députés que la formule : *étaient présens les députés dont les noms suivent*, employée hier en tête de la liste des noms placés au-dessous de la proclamation de MM. les députés, était destinée à exprimer la non unanimité sur la forme à donner à l'acte, et sur sa rédaction..... » L'on ne voit pas trop comment la formule : *étaient présens les députés dont les noms suivent*, apposée au bas d'une liste de députés signataires d'une proclamation, peut exprimer la *non unanimité* sur cet acte ; il était dans l'ordre, dans la règle, de donner à la suite des noms des signataires de la proclamation les noms des non signataires : l'on aurait alors su positivement de combien de membres se composait, en totalité, la réunion des députés, le 31 juillet. Est-ce là ce que la réunion des députés a voulu éviter ?

Cette adresse, a-t-on dit généralement, est d'une modération recherchée ; elle est pâle, et décolore les grands événemens qui sont encore palpitans de patriotisme et d'héroïsme...... Certainement, le parti vaincu dans les journées de juillet aurait mauvaise grâce à se plaindre des députés des départemens réunis à Paris ; le pouvoir *déchu*, lui-même, doit reconnaitre les ménagemens dont l'adresse use à son égard : il est impossible d'être plus circonspect, moins malveillant, en parlant du monarque dont le peuple a prononcé la déchéance ; mais, quelque peu hostile à Charles x que soit l'adresse des 94 députés signataires, qui invitent Mgr le duc d'Orléans à exercer les fonctions de lieutenant-général du royaume, le roi parjure n'en est pas moins précipité du trône par le peuple et par la commission municipale, dont la proclamation a produit la sensation la plus forte.

La proclamation de la commission municipale doit enlever à Charles x tout espoir de transaction avec la révolution des trois journées ; sa déchéance, ainsi que celle de sa famille, devient d'autant plus irrévocable, que le peuple l'a prononcée à l'Hôtel-de-Ville par l'organe de la commission municipale, et que les députés réunis à Paris *apprennent* et *expliquent* à la France ce qu'ils ont cru *devoir* faire dans l'intérêt de la chose publique : l'acceptation de la lieutenance-générale du royaume par le duc d'Orléans y met le dernier sceau.

Après avoir voté l'adresse au peuple, les députés se rendent, au nombre de 85, au Palais-Royal pour en donner communication au lieutenant-général ; le prince leur répond : «... Je déplore comme Français le
« mal fait au pays et le sang qui a été versé ; comme
« prince, je suis heureux de contribuer au bonheur
« de la nation. Messieurs, nous allons nous rendre à
« l'Hôtel-de-Ville. »

Le véritable pouvoir est à l'Hôtel-de-Ville et entre les mains de M. de Lafayette [*] qui représente, en quelque

---

[*] Le duc de Chartres, revenant de son régiment, pour joindre sa famille à Neuilly, avait été arrêté par le maire de Mont-

sorte, la volonté et la puissance nationales; toute la révolution des trois journées est en sa personne! Il dépend de lui, même après la nomination du lieutenant-général, de donner à la France la forme de gouvernement qui est, dit-on, dans ses principes, dans sa manière de voir ; il en est sollicité, pressé, à ce qu'on assure..... Tout lui est possible, même facile... La chambre des pairs n'a pas donné signe de vie dans les trois journées; la transmission héréditaire de la pairie est antipathique à la nation, et le peuple ne paraît pas même songer qu'il y ait encore une chambre des pairs ; oserait-elle élever la voix dans ces conjonctures? Les députés réunis à Paris sont sans force d'action, et la conduite de la plupart d'entre eux, pendant les trois journées, ne leur a pas concilié l'opinion publique. La commission municipale est aux ordres de M. de Lafayette ou sous son influence ; les vainqueurs de juillet voient en lui le soutien, l'incorruptible défenseur des libertés publiques : l'on peut juger, d'après cette situation des choses, combien M. de Lafayette, toujours dénué d'ambition personnelle, a été généreusement inspiré, à quel point il s'est montré ami et défenseur de l'ordre et de la chose publique, en prêtant au duc d'Orléans l'appui de son nom, de sa popularité, de sa force nationale : tout en admirant, en chérissant outre mesure les formes et les institutions du gouvernement des États-Unis, M. de Lafayette, à qui la présidence d'une nouvelle république française serait certainement dévolue, entoure de ses hommages, de ses respects, de ses vœux, le lieutenant-général du royaume;

rouge (banlieue de Paris), qui fit demander à M. le général Lafayette ce qu'il fallait faire de ce *prisonnier*. Le général répondit que le duc de Chartres était un citoyen comme un autre, et qu'on n'avait point le droit de le retenir : le prince fut mis en liberté. »
Lafayette et la révolution de 1830, etc.

il voit dans ce prince un grand citoyen, qui accepte la sublime mission de sauver son pays et la liberté : M. de Lafayette est encore en 1830 l'homme et le Français de 1789; il ne voit que le pays!!!

Tous ses sentimens appartiennent aujourd'hui, comme alors, à la patrie, à la liberté : le caractère de ce grand citoyen pourrait être plus fortement trempé, mais ses vues sont toujours nobles, généreuses, pures de tout intérêt particulier; il est de l'infiniment petit nombre d'hommes dont les principes, les intentions et les actes se trouvent toujours dans un parfait accord, et ne sauraient être suspectés, mal interprétés, tant ses vertus civiques éclatent au grand jour : malheureusement M. de Lafayette n'est pas un homme d'État; c'est, politiquement parlant, une *déclaration de droits*, un *drapeau;* rien de plus. Toute la vie publique de M. de Lafayette a prouvé qu'il est le meilleur, le plus grand citoyen dont la France puisse s'honorer, et aussi le plus débonnaire, le moins habile de tous les hommes politiques que la révolution française ait produits ou développés depuis plus de quarante ans.

Le lieutenant-général part du Palais-Royal pour aller à l'Hôtel-de-Ville; il est accompagné par les députés qui viennent de se rendre chez lui; la population se presse sur son passage; il est reçu, à la place de Grève, par le général Dubourg, qui lui adresse l'allocution suivante : « Prince, la nation vous voit avec amour, paré de ses couleurs, applaudir aux héroïques efforts qu'elle vient de faire, et accepter la haute mission de veiller au maintien de ses droits et de sa prospérité. Nous croyons aux promesses de votre altesse royale; nous y ajoutons d'autant plus de foi, que nous avons une pleine et entière confiance dans sa parole. La nation vient de conquérir sa liberté au prix de son sang; elle saurait la reconquérir encore si, à l'exemple d'odieux conseillers du pouvoir déchu, des hommes coupables tentaient de la lui ravir*. » — « Le prince a répondu avec la plus grande dignité : « Général, si vous me connaissiez mieux, vous sauriez que je n'ai pas besoin d'être engagé par la crainte à être fidèle à mes sermens ; je suis homme d'honneur, et quand je promets, je tiens à ma parole. » — « J'en ai, prince, la conviction profonde, dit le général Dubourg, et je n'ai pas eu d'autre intention que de l'exprimer à votre altesse royale ; » et, à l'instant même, le premier il s'écria : vive le duc d'Orléans ! » — « Vive d'Orléans, répétèrent aussitôt cent mille voix. » (*Histoire de la Rév. de* 1830, etc., par Rossignol et Pharaon, etc. Ce livre porte en titre : *Ouvrage présenté au roi.*)

M. de Lafayette reçoit le duc d'Orléans au perron de l'Hôtel-de-Ville : le prince et le général s'embrassent avec la plus touchante effusion de cœur ; les cris de *vive d'Orléans ! vive Lafayette !* éclatent de toutes parts. — Appuyé sur le bras de M. de Lafayette et sur celui de M. Laffitte, le lieutenant-général fend à grand'peine la foule qui encombre l'Hôtel-de-Ville,

---

* Une feuille publique (*la Tribune*) dira que le général Dubourg, s'avançant, plus tard, vers le duc d'Orléans lorsque ce prince était aux croisées de l'Hôtel-de-Ville, et lui montrant la place de Grève remplie d'hommes armés, environnée de barricades, couverte de canons et de débris, et dont les pavés sont encore teints du sang des trois journées, lui aurait adressé ces « paroles : « Monseigneur, vous connaissez nos besoins et nos « droits : si vous les oubliez, nous vous les rappellerons. » Ces paroles, hors de toute convenance, et même de toute décence, seraient inexcusables, quel qu'en pût être le motif.—Des feuilles publiques diront que le général Dubourg a fait proclamer, dans la soirée du 31, la république dans quatre différens quartiers de la capitale, et qu'il a été arrêté le lendemain à Clichy-la-Garenne, près Paris... Cet officier-général, dont les antécédens ne sont pas connus, disparaîtra de la scène politique.

et arrive enfin à la grande salle au bruit des acclamations populaires..... Un des députés qui ont suivi le duc d'Orléans prend des mains de M. Laffitte la proclamation (V. plus haut), et en fait à haute voix la lecture; le lieutenant-général y répond en peu de mots, et avec cette cordialité, ce patriotisme qu'il a manifestés en parlant à la commission chargée de lui porter la proclamation des députés : il s'avance, avec M. de Lafayette, aux croisées de l'Hôtel-de-Ville, et, un drapeau tricolore à la main, il salue plusieurs fois l'immense foule de spectateurs remplissant la place de Grève, et entassés aux fenêtres et jusque sur les toits des maisons; ce fut (dit-on) dans ce moment que le général Lafayette, montrant au peuple le duc d'Orléans dont il serrait affectueusement la main, aurait proféré ces paroles, tant de fois répétées depuis : « *Voilà la meilleure des républiques!* » A la sortie de l'Hôtel-de-Ville, le prince, suivi des députés qui l'y ont accompagné, environné de la population qu'il salue avec une affabilité et une expansion de sentimens nationaux sans exemple jusqu'à ce jour dans un chef de gouvernement, le prince arrive à son palais au milieu des acclamations des citoyens de toutes conditions, et aux chants mille et mille fois répétés de *la Marseillaise*.

Après une aussi solennelle consécration nationale des fonctions de la lieutenance-générale confiée au duc d'Orléans, Charles X était dépossédé de la couronne, en droit comme en fait; mais l'ex-roi avait encore à sa disposition des moyens de résistance et d'opposition qui ne laissaient pas que d'inspirer de vives craintes au gouvernement du lieutenant-général.

Les troupes royales, chassées de Paris, s'étaient repliées sur Saint-Cloud pour couvrir cette résidence royale; maîtresses du pont, elles s'établissent dans le parc inférieur et prennent position sur les hauteurs qui dominent le village ; mais il n'a été pris aucune mesure pour assurer, pour procurer même dans le premier moment les vivres nécessaires à cette masse de troupes qui s'élève à près de dix mille hommes ; on leur fait seulement connaître (par l'*ordre du jour*) la satisfaction que le roi éprouve de leur conduite, et on leur annonce qu'il a confié le commandement général à S. A. R. monseigneur le Dauphin. Les troupes royales manquent de pain ; elles se livrent à de grands désordres chez les boulangers, les cabaretiers, et même chez les particuliers..... Il n'y a plus d'autorités publiques ; Charles x lui-même n'a plus d'ordres à donner que dans l'enceinte de son palais ; il ne faut pas s'en étonner : n'a-t-on pas vu, à Paris, la plupart des membres des autorités civiles, administratives et judiciaires, fuir ou se cacher les 27, 28 et 29 ? Le premier président de la cour royale s'était réfugié, pendant ces trois journées, chez les sœurs hospitalières, et presque tous les chefs d'administration avaient déserté leurs postes * : ce qui se passe à Saint-Cloud est la conséquence de ce qui s'est passé à Paris. — Tout porte dans le château l'empreinte de la consternation ; cette cour si nombreuse, si brillante il n'y a pas huit jours, se disloque et s'éparpille d'heure en heure : les courtisans composent encore leur langage et leur contenance ; mais, en proie aux plus vives terreurs, ils ne songent qu'à leur sûreté personnelle dès l'instant où ils apprennent que le peuple des trois journées va se porter en masse sur la résidence royale ; alors disparaissent la fidélité, le respect, le cérémonial, l'éti-

---

* Un pair, très-grand seigneur de la restauration, a même poussé la prudence au point de faire *noircir* le marbre posé sur son hôtel, rue de l'Université : ce pair *cachait* jusqu'à son nom.

quette, et Charles x n'est plus qu'un homme comme un autre; son service personnel se décompose, le service même de la chapelle manque en partie; Dieu est laissé de côté par les prêtres, comme le roi par les royalistes; l'on fait ses malles, l'on court aux voitures, l'on se hâte de fuir... À peine reste-t-il à l'infortuné monarque quelques gentilshommes de service, quelques officiers généraux qui prennent soin de ses jours : honneur à ces serviteurs de la couronne; ils ont été fidèles à leur devoir, fidèles au malheur : honte et honte éternelle aux déserteurs et aux traîtres ! les rois du *droit divin*, les monarques du *pouvoir absolu* peuvent juger, par la défection que subit aujourd'hui Charles x, de la fidélité et du dévouement des *soutiens de l'autel et du trône!* Un trait suffira pour peindre ces royalistes *purs* : «... J'espère, mon cher,
« qu'il ne vous sera rien arrivé dans cette bagarre dont
« j'ai eu le plaisir de voir un joli échantillon de mon bal-
« con... Le troisième d'infanterie de la garde assassiné a
« perdu 1500 hommes... L'imbécile Charlot, son
« niais de fils, et la furie d'Angoulême se sont sauvés
« de Saint-Cloud ce matin (31) à quatre heures... »
Nous avons lu cette lettre écrite par un émigré, royaliste *quand même*, couvert de rubans et doté de plusieurs pensions par les princes de Coblentz, sans avoir jamais eu d'autres droits à leur bienveillance, à leurs grâces, que de faux certificats, que de prétendus services dans la Vendée et à l'armée de Condé ! Brutal égoïsme, atroce dérision, lâche insulte à l'infortune : voilà le royalisme et le dévouement de la plupart des hommes de l'ancien régime... Ces hommes ne conçoivent pas la victoire du peuple dans les trois journées : saisis de terreur, frappés de lâcheté, ils sont prêts à souscrire à toutes les conditions que leur imposerait la victoire nationale. Voici un trait caractéristique; il s'agit de ce qui les touche le plus, l'ar-

gent. Une dame, assise à la cour, portant un des grands noms de l'ancienne monarchie, a reçu, pour sa part personnelle dans le milliard de l'indemnité, une somme de 300,000 francs; persuadée qu'il faudra regorger cette indemnité, elle court dès le 31 chez son notaire, et le charge de lui procurer à tout prix et le plus tôt possible cette même somme de 300,000 fr., afin d'être prête à la restituer à la nation dès que la demande en sera faite... Telle est la situation dans laquelle les hommes de l'émigration se croyaient placés par la révolution des trois journées! « Ils se cachent dans la boue, et tous ces preux dont les exploits projetés ont fait chasser les descendans de Henri IV à coups de fourche, tremblent maintenant accroupis sous la cocarde tricolore. » C'est M. de Châteaubriand qui le dit (V. 7 août)..... Les excellens *patriotes*, les excellens *royalistes*!!!

L'ex-roi, craignant de plus en plus pour sa personne, effrayé des dispositions que manifestent les populations environnantes, voyant le découragement de ses troupes et la défection de plusieurs détachemens d'infanterie, convaincu, enfin, qu'il n'a plus rien à espérer des négociations que ses agens continuent toujours à Paris, se détermine à quitter Saint-Cloud; il part de cette résidence dans la nuit du 30, traverse rapidement Versailles où il n'ose s'arrêter, et arrive, sous l'escorte de ses gardes-du-corps, à Trianon; les troupes royales ont reçu l'ordre de s'y rendre, en évacuant Saint-Cloud..... Ne se croyant pas encore en sûreté à cinq lieues de Paris, Charles X prend, dans la journée même, 31, la résolution de partir pour Rambouillet, où les troupes royales reçoivent ordre de le suivre immédiatement et en forçant leur marche. Épuisés de fatigue et manquant de vivres, les soldats se voient dans la nécessité de recourir à la violence pour se procurer du pain; plusieurs d'entre eux sont massacrés par les paysans... » Les patriotes s'emparent de Trianon et du banquet royal. Le drapeau tricolore est aussitôt arboré à Versailles. — Un enfant de douze ans, trouvé armé d'un pistolet dans le parc de Trianon, est tué par la garde. » (*Histoire de la Révolution*, etc.) — Les troupes royales ont totalement manqué de vivres depuis le 28 juillet jusqu'à ce jour, le peuple de Paris s'étant d'abord emparé de la manutention et des magasins militaires..... Quant à la cour, elle nage dans l'abondance à Saint-Cloud, à Trianon, et, à son départ de Rambouillet, les fourgons de Charles x seront encore pleins de provisions de bouche : les soldats meurent de faim.

1er aout. — M. Peyronnet envoie au ministère de l'intérieur un affidé pour réclamer, de sa part et quittance en main, son traitement de ministre de l'intérieur, mois de juillet 1830 ! L'affidé de l'ex-ministre insiste fortement pour toucher, il est éconduit. — M. Peyronnet est un homme rangé, exact, ponctuel, qui ne veut rien perdre : s'il n'a pu sauver la royauté, il veut sauver au moins ses appointemens personnels : cela s'appelle ne pas perdre la tête, et ressemble à de l'effronterie, à du cynisme.

1er. — L'ex-roi commande encore à plus de huit mille hommes à Rambouillet; il dispose de quarante pièces d'artillerie; il peut attendre l'arrivée des troupes de Saint-Omer (environ dix mille hommes qui s'avancent à marches forcées), et tenir la campagne : c'est ce qu'eût fait Henri iv ! Mais Charles x n'a aucune des qualités militaires du *Béarnais* qui conquit, l'épée à la main, la couronne à la maison de Bourbon ; il ne sait que fuir, négocier ou abdiquer ;

voici le parti auquel se détermine *le petit-fils* de Henri IV :
« Le roi voulant mettre fin aux *troubles* qui existent dans la capitale et dans une partie de la France, comptant d'ailleurs sur le sincère attachement de son cousin, le duc d'Orléans, le nomme lieutenant-général du royaume. » — « Le roi ayant jugé *convenable* de retirer ses ordonnances du 25 juillet *approuve* que les chambres se réunissent le 3 août, et il *veut espérer* qu'elles rétabliront la tranquillité en France. » — « Le roi attendra ici le retour de la personne chargée de porter à Paris cette déclaration. » — « Si l'on cherchait à attenter à *la vie* du roi et de sa famille, ou à leur liberté, *il se défendra jusqu'à la mort.* » — « Fait à Rambouillet, le 1er août 1830. *Signé* Charles . »

Charles X s'est mis lui-même sur le chemin de l'exil ; son séjour à Rambouillet n'aura plus pour objet que de faire les préparatifs de son départ et d'obtenir les assurances nécessaires pour sortir sans danger d'un royaume où il exerçait huit jours auparavant une autorité absolue.

Proclamation du général Lafayette aux habitans de Paris. — « La réunion des députés actuellement à Paris vient de communiquer au général en chef la résolution qui, dans l'urgence des circonstances, a nommé M. le duc d'Orléans lieutenant-général du royaume. Dans trois jours, la chambre sera en séance *régulière*, conformément au mandat de ses commettans, pour s'occuper de ses devoirs patriotiques, rendus plus importans et plus étendus encore par le glorieux événement qui vient de faire rentrer le peuple français *dans la plénitude de ses imprescriptibles droits.* Honneur à la population parisienne ! » — « C'est alors que les représentans des colléges électoraux, honorés de l'assentiment de la France entière, sauront assurer à la patrie, *préalablement* aux considérations et aux formes secondaires de gouvernement, toutes les garanties de liberté, d'égalité et d'ordre public que réclament la nature souveraine de nos droits et la ferme volonté du peuple français. » — « Déjà, sous le gouvernement d'origine et d'influence étrangères qui vient de cesser, grâces à l'héroïque, rapide et populaire effort d'une juste résistance à l'agression contre-révolutionnaire, il était reconnu que, dans la session actuelle, les demandes du rétablissement d'administrations électives, communales et départementales, la formation des gardes nationales de France sur les bases de la loi de 91, l'extension de l'application du jury, les questions relatives à la loi électorale, la liberté de l'enseignement, la responsabilité des agens du pouvoir, et le mode nécessaire pour réaliser cette responsabilité, devaient être des objets de discussions législatives *préalables* à tout vote de subsides ; à combien plus forte raison ces garanties et toutes celles que la liberté et l'égalité peuvent réclamer, doivent-elles *précéder* la *concession des pouvoirs définitifs* que *la France* jugerait à propos de conférer? En attendant, elle sait que le lieutenant-général du royaume, appelé par *la* chambre » (*nota*, des députés) « fut un des jeunes patriotes de 89, un des premiers généraux qui firent triompher le drapeau tricolore. *Liberté, égalité et ordre public* fut toujours ma devise : je lui serai fidèle. *Signé* Lafayette. Paris, le 31 juillet. » (*Moniteur*, partie officielle).

1er. — Ordonnances de la lieutenance-générale du royaume.

1re Ordonnance. — Article 1er, la nation française reprend ses couleurs. Il ne sera plus porté d'autre cocarde que la cocarde tricolore.—Art. 2. Les commissaires chargés provisoirement des divers départemens du ministère veilleront, chacun en ce qui le concerne, à l'exécution de la présente ordonnance. *Signé* Louis-Philippe d'Orléans. Et plus bas, *le commissaire chargé provisoirement du ministère de la guerre. Signé* comte Gérard. » (La formule *et plus bas* n'avait pas été employée, depuis 1814, dans les ordonnances royales ; la volonté souveraine n'apparait plus seule ; la responsabilité ministérielle se manifeste ; le duc d'Orléans régnera, mais ne gouvernera pas.)

2°. — « La chambre des pairs et la chambre des députés se réuniront le 3 août prochain dans le local accoutumé. *Signé* Louis-Philippe d'Orléans. Et plus bas, *le commissaire chargé provisoirement du ministère de l'intérieur, Signé* Guizot. »

3°. — « M. Dupont de l'Eure est nommé commissaire au département de la justice. *Signé* Louis-Philippe d'Orléans. Et plus bas, *le commissaire*, etc. *Signé* Guizot. »

4°. — « Le comte Gérard est nommé commissaire au département de la guerre. *Signé* Louis-Philippe d'Orléans. Et plus bas, *Signé* Guizot. »

5°. — « M. Guizot est nommé commissaire au département de l'intérieur. *Signé* Louis-Philippe d'Orléans. Et plus bas, *Signé* comte Gérard. »

6°. — « M. le baron Louis est nommé commissaire provisoire au département des finances. *Signé* Louis-Philippe d'Orléans. *Signé* Dupont (de l'Eure). »

7° — « M. Girod de l'Ain, conseiller à la cour royale de Paris, est nommé préfet de police. *Signé* Louis-Philippe d'Orléans. Et plus bas, *le commissaire*, etc. *Signé* Guizot. »

1ᵉʳ — *Ordre du jour.* — « Place de Paris. Les troupes de la garnison reprendront le service de la place. Les chefs de corps prendront tous les moyens pour établir parmi leurs troupes l'ordre le plus parfait. Les réglemens sur la police et la discipline seront strictement observés ; les chefs de corps en sont personnellement responsables. — Les divers états demandés hier me seront adressés avant midi et tous les jours. La situation sera remise à mon état-major avant huit heures du matin. — Des ordres très-sévères sont donnés pour que tous soldats qui s'éloigneraient soient arrêtés sur-le-champ et conduits à la place. Le lieutenant-général commandant l'infanterie, chargé de son organisation, *Signé* comte Roguet. »

Garde nationale de Paris. — Le général commandant en chef, voulant régulariser le service, prévient MM. les chefs de légion de la garde nationale, *et tous les autres chefs de corps et d'administration*, qu'à compter de ce moment, tous les ordres donnés seront signés par lui, par le colonel Zimmer, faisant les fonctions de chef de l'état-major, et par MM. Georges Lafayette et le colonel Carbonnel ses aides-de-camp. Tout autre signature sera regardée nulle et non avenue. *Signé* Lafayette. » — Cet ordre du jour est daté du 1er août, à dix heures du matin.

Ordre de service. — « Le général commandant en chef invite MM. les chefs de légion à prendre toutes les mesures nécessaires pour maintenir la tranquillité publique. A cet effet, ils feront faire de nombreuses patrouilles et renforcer les postes qui ne seraient pas suffisans pour ce service. Il leur est enjoint d'envoyer sur-le-champ, à l'Hôtel-de-Ville, un sous-officier avec quelques hommes pour y prendre des cartouches. Ils enverront, autant que possible, la désignation des postes et l'état des hommes qui les composent. — MM. les chefs de légion qui ont des barrières dans leur commandement, feront sur-le-champ doubler les postes des barrières principales; ils ordonneront aux divers commandans de prendre toutes les mesures nécessaires pour assurer la perception des droits. *Signé* Lafayette. »

Ces ordres du jour et de service indiquent l'espèce de désordre ou d'anarchie qui règne encore dans la capitale, l'autorité ou l'influence que le général Lafayette y exerce, la crainte qu'inspirent les débris de l'armée royale réunis à Rambouillet, et les services signalés que la garde nationale rend à la patrie.

Paris sera redevable au zèle et au patriotisme infatigables de la garde nationale, de l'ordre et de la tranquillité qui renaîtront, comme par enchantement, dans cette immence capitale où bouillonnent encore tant de passions, d'intrigues et d'intérêts opposés : l'on ne saurait trop louer les officiers supérieurs * de cette garde civique dont tous les membres remplissent si dignement leur devoir, de cette garde où viennent se confondre tous les vœux et toutes les espérances de la patrie.

2.— Acte d'abdication du roi et du Dauphin. — « A mon cousin, le duc d'Orléans, lieutenant-général du royaume. » — « Je suis trop profondément peiné des maux qui *affligent* ou qui pourraient menacer *mes* peuples, pour n'avoir pas cherché un moyen de les *prévenir*. J'ai donc pris la résolution d'abdiquer la couronne en faveur de mon petit-fils, le duc de Bordeaux. » — « Le Dauphin, qui partage mes sentimens, renonce aussi à ses droits en faveur de son neveu. » — « *Vous aurez donc*, en votre qualité de

* Deux colonels de cette garde, M. de Schonen et M. le comte de Montalivet rendront, particulièrement, les plus importans services à l'ordre public, et le dernier préservera, plus tard, la capitale des désastres dont elle sera menacée dans le procès des ex-ministres de Charles x.

lieutenant-général du royaume, *à faire proclamer* l'avénement de Henri v à la couronne. Vous prendrez *d'ailleurs* toutes les mesures qui vous concernent pour régler *les formes du gouvernement* pendant la minorité du nouveau roi. Ici je me borne à faire connaître ces dispositions; c'est un moyen d'éviter encore bien des maux. » — « Vous communiquerez *mes intentions* au corps diplomatique, et vous me ferez connaître *le plus tôt possible la proclamation* par laquelle mon petit-fils sera reconnu roi sous le nom de Henri v. » — « Je charge le lieutenant-général vicomte de Foissac-Latour de vous remettre cette lettre. Il a ordre de s'entendre avec vous pour les arrangemens à prendre en faveur des personnes qui m'ont accompagné, ainsi que pour les arrangemens *convenables* pour ce qui me concerne et le reste de ma famille. » — « *Nous règlerons* ensuite les autres mesures qui seront la conséquence du changement de règne. » — « Je vous renouvelle, mon cousin, l'assurance des sentimens avec lesquels je suis votre affectionné cousin. » — « *Signé* Charles, *signé* Louis-Antoine. »

L'on ne peut s'empêcher de sourire de pitié, en voyant un roi et un dauphin de France, chassés de leurs palais, d'étape en étape, *à coups de fourches*, et *s'estimant heureux* de sortir sans danger de leur royaume; c'est un spectacle sans exemple que celui d'un roi *précipité* du trône et voulant disposer de la couronne qu'on arrache de son front déshonoré! Mais, ce qui est plus sérieux, c'est l'injonction faite par l'ex-roi, au duc d'Orléans, appelé par la volonté nationale à la lieutenance-générale du royaume, qu'il ait à *faire connaître ses intentions au corps diplomatique;* il n'est pas plus question dans l'acte de Charles x des chambres législatives, c'est-à-dire de la France, que si elles n'existaient pas; il ne s'agit que de l'*étranger* (il est vrai que c'est à l'étranger que Charles x a dû son trône). Est-ce donc l'étranger qui gouverne le royaume? et la France doit-elle se soumettre à l'acceptation ou au refus du corps diplomatique? L'ex-roi a fui de Saint-Cloud, il a fui de Trianon, et il s'apprête à fuir de Rambouillet : dans cette situation, il prétend imposer des conditions; faire la loi!! — Des commissaires avaient été envoyés, ce jour même, à Rambouillet par le lieutenant-général du royaume; l'ex-roi a refusé de les recevoir et les a renvoyés au traître de 1814; ces commissaires étaient chargés de demander à Charles x sa renonciation absolue au trône, et la restitution des diamans de la couronne (car les Bourbons de Coblentz emportent toujours les diamans et n'oublient que les papiers); à ce prix, les commissaires seront chargés de protéger Charles x et sa famille, et de veiller à leur embarquement; l'ex-roi leur a fait répondre *qu'il a encore des troupes pour le défendre*, et *qu'il ne s'en ira pas* qu'on ne lui ait *accordé* ce qu'il demande : de l'argent et beaucoup d'argent; cependant, mieux conseillé par la peur, l'ex-roi a envoyé, peu de temps après, son abdication et s'est déterminé, de la meilleure grâce du monde, à partir pour l'exil.

Plusieurs journaux font connaître un écrit publié à Londres, en novembre 1820, sous le titre de *Protestation du duc d'Orléans*, dans lequel on prétend établir que l'enfant qui serait né le 29 septembre précédent, et qui a été nommé Henri-Charles-Ferdinand-Dieudonné, n'est pas fils de S. A. R. madame la duchesse de Berry, et n'est qu'un enfant supposé. Nous ne croyons pas à l'authenticité de cette pièce, même après les circonstances de Blaye (1833), et c'est pour cela que nous ne la reproduisons pas; mais nous faisons remarquer qu'elle n'a pas été officiellement désavouée.

2 AOUT 1830.

2. — Paris. — Ordre du jour du général Lafayette, à l'occasion de sa nomination au commandement général des gardes nationales de France.

« Dans la glorieuse crise où l'énergie parisienne a reconquis nos droits, tout reste encore provisoire : il n'y a de définitif que la souveraineté de ces droits nationaux, et l'éternel souvenir de la grande semaine du peuple ; mais au milieu des divers pouvoirs improvisés par les nécessités de notre situation, la réorganisation des gardes nationales est un besoin de défense et d'ordre public réclamé de toutes parts. La pensée du prince exerçant la haute fonction de lieutenant-général du royaume, bien honorable pour moi, a été que je devais pour le moment prendre ce commandement. Je m'étais refusé, en 1790, au vœu de trois millions de mes camarades, parce que cette fonction eût été permanente, et pouvait un jour devenir dangereuse. Aujourd'hui que les circonstances sont différentes, je crois devoir, pour servir la liberté et la patrie, accepter l'emploi de commandant général des gardes nationales de France. *Signé* Lafayette. »

Un second ordre du jour du général Lafayette a pour objet la prompte formation des compagnies de la garde nationale parisienne, et les mesures à prendre par les chefs provisoires de chaque légion pour parvenir, le plus tôt possible, à ce but.

2. — Ordonnance de la lieutenance-générale. — « Art. 1er. Les condamnations prononcées pour délits politiques de la presse, restent sans effet. — Art. 2. Les personnes détenues à raison de ces délits, seront sur-le-champ mises en liberté. — Il est fait également remise des amendes et autres frais, sous la seule réserve des droits des tiers. — Les poursuites commencées jusqu'à

ce jour cesseront immédiatement. » *Signé* Louis-Philippe d'Orléans; *contre-signé* Dupont (de l'Eure).

2. — Afrique. — Prise de possession, par la brigade du général Damremont, de la ville de Bone, et du fort de la Casauba. On trouve dans le fort, la ville et les batteries de côte, 134 pièces de canon.

3. — Paris. — Ouverture de la session législative de 1830, par S. A. R. le lieutenant-général du royaume, en personne. « A une heure précise, une salve de 21 coups de canon et le roulement des tambours de la garde nationale ont annoncé l'arrivée de M. le duc d'Orléans. Le prince, revêtu de l'uniforme d'officier général, et décoré du seul cordon de la Légion-d'Honneur, a été accueilli à son entrée dans la salle par des applaudissemens universels, auxquels a succédé bientôt le plus profond silence. L'assemblée, qui s'était levée à son aspect, s'est assise aussitôt que le prince a pris place sur l'un des deux plians placés en avant du trône; son fils (le duc de Nemours) a occupé l'autre. Personne n'a donné aux députés de la nation *la permission de s'asseoir...* » (*Courrier français.*)

Son altesse royale a prononcé, d'une voix émue, le discours suivant: « Messieurs les pairs et messieurs les
« députés, Paris, troublé dans son repos par une dé-
« plorable violation de la Charte et des lois, les défen-
« dait avec un courage héroïque. » — « Au milieu de
« cette lutte sanglante, aucune des garanties de l'ordre
« social ne subsistait plus: les personnes, les propriétés,
« les droits, tout ce qui est précieux et cher à des hom-
« mes et à des citoyens, courait les plus grands dan-
« gers. » — « Dans cette absence de tout pouvoir
« public, le vœu de mes concitoyens s'est tourné vers

« moi ; ils m'ont jugé digne de concourir avec vous au
« salut de la patrie ; ils m'ont invité à exercer les fonc-
« tions de lieutenant-général du royaume. » — « Leur
« cause m'a paru juste, le péril imminent, mon devoir
« sacré. Je suis accouru au milieu de ce vaillant peuple,
« suivi de ma famille, et portant ces couleurs qui, pour
« la seconde fois, ont marqué parmi nous le triomphe
« de la liberté. » — « Je suis accouru, fermement ré-
« solu à me dévouer à tout ce que les circonstances exi-
« geraient de moi, dans la situation où elles m'ont placé,
« pour rétablir l'empire des lois, sauver la liberté me-
« nacée, et rendre impossible le retour de si grands
« maux, en assurant à jamais le pouvoir de cette Charte
« dont le nom, invoqué pendant le combat, l'était en-
« core après la victoire. » — « Dans l'accomplissement
« de cette noble tâche, c'est aux chambres qu'il appar-
« tient de me guider. » — « Tous les droits doivent être
« solidement garantis ; toutes les institutions nécessaires
« à leur plein et libre exercice doivent recevoir les dé-
« veloppemens dont elles ont besoin. » — « Attaché de
« cœur et de conviction aux principes d'un gouverne-
« ment libre, j'en accepte d'avance toutes les consé-
« quences. Je crois devoir appeler dès aujourd'hui votre
« attention sur l'organisation des gardes nationales,
« l'application du jury aux délits de la presse, la for-
« mation des administrations départementales et muni-
« cipales, et, avant tout, sur cet article 14 de la Charte,
« qu'on a si odieusement interprété. » — « C'est dans
« ces sentimens, messieurs, que je viens ouvrir cette
« session. » — « Le passé m'est douloureux, je déplore
« des infortunes que j'aurais voulu prévenir ; mais au
« milieu de ce magnanime élan de la capitale et de toutes
« les cités françaises, à l'aspect de l'ordre renaissant
« avec une merveilleuse promptitude, après une résis-

« tance pure de tout excès, un juste orgueil national
« émeut mon cœur, et j'entrevois avec confiance l'ave-
« nir de la patrie. » — « Oui ; messieurs, elle sera heu-
« reuse et libre cette France qui m'est si chère ; elle
« montrera à l'Europe, qu'uniquement occupée de sa
« prospérité intérieure, elle chérit la paix aussi bien
« que la liberté, et ne veut que le repos et le bonheur de
« ses voisins. » — « Le respect de tous les droits, le
« soin de tous les intérêts, la bonne foi dans le gouver-
« nement, sont les meilleurs moyens de désarmer les
« partis et de ramener dans les esprits cette confiance
« dans les institutions, cette stabilité, seuls gages assurés
« du bonheur des peuples et de la force des Etats. » —
« Messieurs les pairs et messieurs les députés, aussitôt
« que les chambres seront constituées, je ferai porter à
« leur connaissance l'acte d'abdication de S. M. le roi
« Charles x; par ce même acte, S. A. R. Louis-An-
« toine de France, Dauphin, renonce également à ses
« droits. Cet acte a été remis entre mes mains hier,
« 2 août, à onze heures du soir. J'en ordonne ce matin le
« dépôt dans les archives de la chambre des pairs, et je
« le fais insérer dans la partie officielle du *Moniteur*. »

Le lieutenant-général du royaume a prononcé ce discours avec une gravité noble, imposante ; il a été écouté avec une attention religieuse ; ce que le prince a dit de *l'odieuse interprétation* de l'article 14 de la Charte de Louis xviii, de la nécessité de *la bonne foi dans le gouvernement*, a excité les plus vifs applaudissemens ; l'annonce officielle de l'abdication de Charles x et de M. le dauphin, a été reçue avec une froideur, une insouciance qui semblaient dire que l'ex-roi et l'ex-dauphin n'avaient rien à abdiquer, ayant été jetés bas du trône par la volonté nationale qui, de toutes les parties du royaume, saluait, depuis le 29 juillet, la glorieuse révolution des trois journées. L'on a remarqué qu'en annonçant aux chambres l'acte d'abdication des deux princes, le lieutenant-général du royaume avait gardé le silence sur la partie de cet acte où il est dit que l'abdication est faite *en faveur du duc de Bordeaux*, et, par conséquent, sur l'injonction, si déplacée qu'elle en devient ridicule, faite au lieutenant-général par l'ex-roi : « *Vous* « *aurez donc*, en votre qualité de lieutenant-général du « royaume, à faire proclamer l'avénement de Henri v « à la couronne... et *vous me ferez connaître* le plus « tôt possible la proclamation par laquelle mon petit- « fils sera *reconnu* roi sous le nom de Henri v. »

Une foule immense encombre toutes les avenues de la chambre des députés ; à sa sortie de la salle, le lieutenant-général est salué d'acclamations générales ; elles l'accompagnent à son palais, où il est reçu par des salves d'applaudissemens long-temps prolongés, et aux chants de *la Marseillaise* qui éclatent de toutes parts ; l'hymne national est chanté depuis deux jours dans toutes les rues, sur toutes les places de la capitale, et le sera bientôt dans toute la France. Le lieutenant-général en donne lui-même l'exemple et se mêle, ainsi que sa famille, aux chants populaires ; jamais *la Marseillaise* n'aura été honorée d'un semblable hommage de la part d'un prince chef de gouvernement : *la Marseillaise* reçoit aujourd'hui l'onction royale ; elle entre, drapeau national en tête, dans le palais des rois!... Le lieutenant-général fera écrire une lettre très-flatteuse à M. Rouget-Delisle, auteur de cet hymne, véritable talisman de patriotisme, de liberté et de gloire ; il est dit, dans la lettre de la lieutenance-générale : « ... L'hymne des Marseillais a réveillé « dans le cœur de M. le duc d'Orléans des souvenirs qui « lui sont chers. Il n'a point oublié que l'auteur de ce « chant patriotique fut un de ses anciens camarades

« d'armes. » M. le duc d'Orléans accordera une pension de 1,500 francs au poète national dont les strophes patriotiques ont valu à la France tant de héros, tant de victoires ; la nation verra, dans cette récompense, une honorable justice rendue à l'un de ses meilleurs citoyens, au Français dont le noble caractère ne se démentit point sous l'empire, sous la restauration... L'on chante aussi une chanson patriotique, *la Parisienne*, composée pour la circonstance par M. Casimir Delavigne ; cette chanson lyrique, pâle et sans verve, n'est qu'une copie décolorée de *la Marseillaise*; elle n'est pas digne de l'auteur des *Messéniennes*, et le musicien n'a pas été beaucoup mieux inspiré que le poète.

3. — Ordonnances du lieutenant-général. — Le baron Pasquier, pair de France, est nommé président de la chambre des pairs, le marquis de Pastoret ayant donné, le 1er août, sa démission des fonctions et du titre de chancelier *..... Cette ordonnance est *contre-signée* Dupont (de l'Eure).

Le maréchal comte Jourdan est nommé commissaire provisoire au département des affaires étrangères ; le baron Bignon, commissaire provisoire au département de l'instruction publique. *Contre-signé* Guizot.

Ordonnances du lieutenant-général. — ... « Les ar-

* M. Pastoret s'est rendu justice ; il est rentré dans l'obscurité. Ce chancelier, président de la chambre des pairs, a manqué à tous ses devoirs : pendant que MM. de Sémonville et d'Argout prenaient sur eux des démarches honorables, où était M. le marquis de Pastoret ? Il se cachait aux regards de tous ; le vent a mal tourné pour lui, et cet homme *à places* et de tous les régimes donne une fois sa démission ; sans doute que ce titre de chancelier de France, titre sans fonctions, puisque le ministre de la justice est en même temps garde-des-sceaux, est à jamais supprimé.

rêts, jugemens, mandats de justice, contrats et tous autres actes seront intitulés ainsi qu'il suit, jusqu'à ce qu'une loi ait fixé définitivement la formule exécutoire : « Louis-Philippe d'Orléans, duc d'Orléans, lieutenant-général du royaume, à tous présens et à venir, salut : la cour... ou le tribunal de... a rendu, etc., etc. » (*ici copier l'arrêt ou le jugement*) ; « mandons et ordonnons, etc. »

3. — Vincennes. — Le drapeau tricolore est arboré sur les tours de cette forteresse ; elle est remise, par le marquis de Puyvert, au général Daumesnil. « Nous étions manche à manche, a dit le brave général à l'ex-émigré, mais la partie d'honneur est à moi : » la garnison de la forteresse est forte de 2,400 hommes ; elle renferme un immense matériel d'artillerie et de munitions de guerre.

Il n'est pas hors de propos de dire un mot de ces deux généraux ; ils appartiennent à l'histoire, mais à des titres différens.

Le marquis *Roux* de *Puyvert*, fils d'un ancien président du parlement de Toulouse, fut l'un des plus actifs agens contre-révolutionnaires employés par le comte d'Artois ; mais, homme politique très-inepte, conspirateur bénin, il se laissait prendre à tous les piéges de la police ; il subit une longue captivité sous le régime impérial, et fut, comme de raison, comblé de faveurs et de grâces par la *restauration;* capitaine de cavalerie en 1789, il se réveilla officier général en 1814, ainsi que la plupart de ses camarades d'émigration, sans avoir tiré un coup de fusil, et Louis XVIII lui fit la galanterie de le nommer gouverneur de Vincennes, où il avait été détenu prisonnier d'État ; M. de Puyvert remit cette forteresse à Napoléon, *le 20 mars* 1815, à neuf heures du matin, sur la simple sommation qui lui en fut faite par le général Merlin, suivi d'un domestique... Dès son arrivée à Paris, Napoléon rendit au général Daumesnil le gouvernement de Vincennes, dont il l'avait investi en 1812; en lui confiant, la première fois, ce commandement, l'empereur lui avait dit : « J'ai besoin à Vincennes d'un « homme sur qui je puisse compter, et c'est vous que « j'ai choisi. La place de Vincennes sera la plus im- « portante de France ; c'est de cette place que doi- « vent partir le matériel et les munitions de mes ar- « mées. » Daumesnil fut fidèle à l'empereur, à la patrie, à l'honneur ; il repoussa, avec indignation, au 31 mars 1814, toutes les sommations que les généraux russes et prussiens lui firent pour remettre cette forteresse entre leurs mains, et leur répondit qu'il ne leur rendrait la place que quand ils lui rendraient la jambe qu'il avait laissée chez eux ; il conserva Vincennes à la France, et sauva un matériel considérable d'artillerie et de munitions de guerre, seules ressources militaires que les Bourbons de Coblentz ne purent pas livrer à l'étranger. En juillet 1815, le général Daumesnil fit preuve de la même fidélité, de la même intrépidité. Le général Blucker lui envoya un officier de son état-major, et lui fit offrir un million et demi s'il consentait à rendre la place ; Daumesnil répondit : « Allez dire à « votre général que je garde sa lettre et la place ; cette « dernière, pour la conserver au pays qui me l'a con- « fiée ; sa lettre, pour la donner en dot à mes enfans. « Vous pouvez ajouter que, malgré ma jambe de bois, « je me sens assez de force pour défendre la place de « Vincennes, ou pour faire sauter avec elle votre géné- « ral et son armée *. »

* Vincennes était, en 1815, comme en 1814, le dépôt de

Le lieutenant-général du royaume, Louis-Philippe d'Orléans, ne pouvait confier le gouvernement de Vincennes à un officier général qui en fût plus digne que l'héroïque Daumesnil; malheureusement pour la France, ce brave des braves lui sera bientôt enlevé... Daumesnil, tu as immortalisé ton nom; aucun de nos maréchaux ne pourra s'honorer d'une gloire plus pure que la tienne: tu mourras pauvre. Reçois ici les hommages, les respects de la France : Daumesnil, tu as été son homme !

3-16. — Départ de l'ex-roi Charles x et de sa famille; son voyage et son embarquement à Cherbourg.

L'ex-roi a formé, autour de Rambouillet, un camp où se sont rendues les troupes qui viennent d'évacuer Saint-Cloud et Trianon ; elles forment un corps imposant, mais le moral des soldats est fortement ébranlé; leur fidélité chancelle et devient, de moment en moment, plus équivoque, tant la pusillanimité de Charles x devient plus marquée, de moment en moment! Les troupes royales manquent de vivres et de solde ; et quelles que soient la surveillance et même la sévérité des officiers supérieurs, les nouvelles de Paris transpirent dans le camp, et y répandent l'indiscipline et la désertion. La cour et le traître de 1814 cherchent à tromper les soldats sur la véritable situation des affaires; mais les soldats jugent, d'instinct, que celles de Charles x sont perdues ; *il n'y a plus pour eux* de roi à Rambouillet!..... Bientôt la cour ne pourra guère compter pour sa défense que sur les compagnies de MM. les gardes-du-corps, et sur ce qui lui reste des régimens de la garde royale et de la garde suisse.

l'artillerie et des munitions de guerre qui avaient échappé au brigandage des armées alliées; ce dépôt était d'une valeur de cent millions de francs, environ.

L'ex-roi est effrayé de sa position ; mais son séjour à Rambouillet ne laisse pas que de causer de vives inquiétudes à la capitale. Pour calmer les esprits et faire cesser un état de choses qui doit amener, s'il se prolonge, de nouvelles catastrophes, le lieutenant-général se décide, dans sa sagesse, à prendre des mesures énergiques et conciliatoires tout à la fois ; le général Lafayette reçoit ordre de faire marcher sur Rambouillet six mille hommes de garde nationale ; trois commissaires (M. de Schonen, M. le maréchal Maison et M. Odilon Barrot) ont été envoyés auprès de l'ex-roi, avec mission de lui faire sentir l'absolue nécessité de sa sortie de France dans le plus court délai possible ; ainsi que nous l'avons dit, Charles x a d'abord refusé de recevoir les commissaires ; mais l'approche des troupes populaires le décide bientôt à accepter les conditions qu'on veut bien lui accorder.

A peine M. de Lafayette a-t-il fait appel à la garde nationale, qu'une foule de gens de toutes les classes veulent faire partie de l'expédition, et se jettent dans les omnibus, les fiacres, les diligences, et dans toutes les petites voitures des environs de Paris ; en un clin d'œil, tous les moyens de transport sont mis en réquisition, et la capitale voit sortir de ses barrières des masses populaires fermement décidées à chasser à tout prix Charles x de Rambouillet ; l'on pourrait craindre un moment que les scènes des 5 et 6 octobre ne vinssent à se reproduire, si l'on n'était persuadé que le lieutenant-général a pris, dans sa haute prudence, toutes les précautions nécessaires pour les prévenir : la mansuétude de Charles x rassure d'ailleurs jusqu'à ses partisans!!! Sur toute la route de Versailles à Rambouillet, de nombreux rassemblemens de paysans se joignent aux troupes parisiennes, tant l'irritation est extrême contre l'ex-monarque ; il serait cerné, bloqué, et mis hors d'état de *fuir*, pour peu qu'il apportât de retard à évacuer la résidence royale ! Le colonel Poque-Beauvert* se présente, le premier, à la tête d'un détachement, aux troupes royales cantonnées au Péray, en avant de Rambouillet ; il s'annonce ; il demande à plusieurs reprises à être admis et entendu ; la garde royale suisse tire sur ce parlementaire ; il a une jambe fracassée : on sent combien une telle violation du droit des gens eût pu entraîner de malheurs pour la famille royale, si l'ex-roi Charles x ne se fût hâté d'adhérer aux conditions imposées par les commissaires, et de promettre qu'il partirait immédiatement ; il en a donné sa parole, et cette fois le *petit-fils de Henri* iv ne sera pas parjure. Les commissaires se hâtent d'en assurer le chef du nouveau gouvernement, par la lettre suivante : « A S. A. R. le lieutenant-général du royaume. — Monseigneur, c'est avec bonheur que nous vous annonçons le succès de notre mission. Le roi se détermine à partir avec toute sa famille. Nous vous apporterons, avec la plus grande exactitude, tous les détails, tous les incidens de ce voyage. Puisse-t-il se terminer heureusement ! Nous suivons la route de Cherbourg ; nous partons dans une demi-heure ; toutes les troupes sont dirigées sur Épernon, et demain matin on déterminera quelles sont celles qui suivront définitivement le roi. — Nous sommes avec respect et dévouement, monseigneur, de votre altesse royale, les très-humbles et très-obéissans serviteurs. *Signé* de Schonen, le maréchal Maison, Odilon Barrot. Rambouillet, le 3 août 1830, à dix heures du soir. »

---

* Cet aide-de-camp du général Lafayette avait été envoyé depuis quatre jours par la commission provisoire et par le général, pour suivre le mouvement des troupes royales et remplir une mission de patriotisme et de générosité.

*Les conditions imposées à l'ex-roi ne sont pas rigoureuses : licencier la garde royale, restituer les diamans de la couronne, se mettre en route pour Cherbourg, et s'y embarquer pour sortir du royaume. — Charles x obtempèrera aux injonctions des commissaires ; les diamans seront restitués...:.... Le caisson contenant les diamans de la couronne sera déposé, le 5 août, entre les mains du caissier du trésor royal, par M. Dégoussé, que le général Pajol avait envoyé à Rambouillet pour s'emparer des diamans : le caissier *Kesner** en donnera récépissé à M. Dégoussé.

3. — Rambouillet. — A dix heures vingt minutes du soir, l'ex-roi Charles x quitte Rambouillet pour aller coucher à Maintenon. Il est escorté par les gardes-du-corps et placé sous la sauvegarde des trois commissaires.

Après le départ de l'ex-roi, les troupes parisiennes prennent possession de Rambouillet; elles retournent le lendemain à Paris; les voitures royales et autres équipages de la cour servent de transports à la plupart des vainqueurs de juillet; la *voiture du sacre* de Charles x remplie de *canaille* : quelle profanation ! disent les partisans du roi détrôné... L'on en est indigné, et peut-être plus que de la chute du monarque, dans certains salons...

* Ce même caissier *Kesner* volera plus tard au trésor public une somme d'environ six millions; ce voleur de deniers publics aura toute liberté de gagner la frontière et de chercher asile en pays étranger : un crime aussi infâme, exécuté aussi facilement, prouvera combien la surveillance était peu active et peu éclairée dans le département ministériel de M. l'abbé Louis..... La haute banque, les princes de l'agiotage et de la Bourse manifesteront publiquement leur tendre intérêt pour le filou du trésor public; ce trait caractérise les mœurs financières de l'époque.

Le 4, l'ex-roi de France et de Navarre fait faire, par le duc de Raguse, ses adieux aux troupes de la garde, qui ont levé leur camp dans la nuit et sont arrivées à Maintenon vers cinq heures du matin ; l'*ordre du jour* du maréchal porte : « Aussitôt après le départ du roi, tous les régimens de la garde et de la gendarmerie se mettront en marche sur Chartres, où ils recevront tous les vivres qui leur seront nécessaires. MM. les chefs de corps, après avoir rassemblé leurs régimens, leur déclareront que sa majesté se voit, avec la plus vive douleur, obligée de se séparer d'eux ; qu'elle les charge de leur témoigner sa satisfaction, et qu'elle conservera toujours le souvenir de leur belle conduite, de leur dévouement à supporter les fatigues et les privations dont elles ont été accablées pendant ces circonstances malheureuses. Le roi transmet pour la dernière fois ses ordres aux braves troupes de sa garde qui l'ont accompagné ; c'est de se rendre à Paris, où elles feront leur soumission au lieutenant-général du royaume, qui a pris toutes les mesures pour leur sûreté et leur bien-être à venir. *Signé* le maréchal duc de Raguse. » On ne saurait être de meilleure composition que Charles x.

Charles x part de Maintenon à dix heures du matin, dans un carrosse attelé de huit chevaux, précédé d'une voiture à six chevaux, où se trouvent MM. Odilon Barrot et Schonen, et suivi d'une voiture à huit chevaux, où se trouvent Madame la duchesse de Berry et ses deux enfans : le duc et la duchesse d'Angoulême sont dans le carrosse de l'ex-roi avec M. le maréchal Maison.

Le petit-fils de Henri iv couche successivement à Dreux (Eure-et-Loir), à Verneuil (Eure); il traverse paisiblement cette plaine d'Ivry où Henri iv dit ces magnifiques paroles : « *Enfans, si les cornettes « vous manquent, ralliez-vous à mon panache blanc;*

« *vous le trouverez toujours au chemin de l'honneur
« et de la gloire.* » Ce panache s'est étrangement fourvoyé sous les petits-fils du Béarnais; sous les deux princes de Coblentz, il a suivi tranquillement et *immuablement* la route du déshonneur et de la honte... De Verneuil, l'ex-roi va coucher à l'Aigle, à Melleraut, à Argentan (Orne); il fait séjour dans cette dernière ville, et entend le dimanche, avec une profonde dévotion, la messe à la grande église de cette ville. Henri IV avait dit : *Paris vaut bien une messe;* Charles x croit au contraire qu'une messe vaut mieux que Paris et même qu'un royaume. — L'ex-roi est dirigé d'Argentan sur Cherbourg (département de la Manche), arrive le 13 août à Carentan, et le 14 à Valogne, où il séjourne le 15, afin d'assister aux solennités religieuses de l'Assomption; MM. les gardes-du-corps remettent, dans ce jour, leurs étendards à l'ex-roi; il remercie chacune des quatre compagnies, séparément, de la fidélité et du dévouement dont elle a fait preuve pour sa personne depuis le 27 juillet; il leur dit : « Je reçois vos nobles étendards, « sans tache, et j'espère que M. le duc de Bordeaux « vous les *rendra* de même; adieu, messieurs. » Quels adieux ! — L'ex-roi arrive le 16 à Cherbourg, terme de son voyage sur les terres de France.

MM. les gardes-du-corps se sont montrés constamment fidèles à leur devoir depuis le 27 juillet; cette troupe privilégiée, consacrée à la décoration du trône et à la défense personnelle du monarque, a déployé le plus honorable dévouement dans les conjonctures si éminemment critiques où elle s'est trouvée placée pendant près de trois semaines; l'ex-roi a reçu de MM. les gardes-du-corps les mêmes respects, les mêmes hommages, le même culte que dans les temps de sa toute-puissance; c'est un honneur dont s'étaient privés MM. les maréchaux de l'empire, ces *premiers gardes-du-corps* (disaient-ils) de l'empereur Napoléon, lorsque ce souverain partait de Fontainebleau (1814) : ils l'abandonnèrent lâchement et ne songèrent qu'à briguer, en toute hâte, les faveurs du monarque et des princes qui arrivaient avec les fourgons des armées étrangères envahissant et démembrant la France ! Pas un seul des maréchaux de l'empire, reconnus maréchaux de France par la *restauration*, n'aura la pudeur de présenter ses derniers respects à Charles x, ne fera mine de le suivre jusqu'au lieu de son embarquement... Honneur à MM. les gardes-du-corps; ils sont restés en bataille sur la grève, pendant l'embarquement, jusqu'à l'instant où les vaisseaux ont emporté l'ex-roi et sa famille. Charles x a pu sentir, dans ce moment, ce qu'il perdait d'affection et d'obéissance... Un de MM. les gardes-du-corps, M. Théodore Anne, publiera une relation du *Journal de Saint-Cloud à Cherbourg*, écrit remarquable par la noblesse des sentimens qui animent l'auteur : on y trouve des détails curieux et d'un touchant intérêt.

Charles x a mis douze jours pour faire une route de moins de quatre-vingts lieues; il espérait, dit-on, que les populations se prononceraient en faveur de la cause royale, et l'on a même donné pour principal motif de la lenteur avec laquelle il marchait à l'exil, l'intention secrète de se jeter dans la Vendée : c'était bien mal connaître le prince de 1795 et de 1814 : l'homme qui ne put jamais se résoudre, en vue des côtes de France, à aborder sur cette terre militaire du Poitou où il était appelé à grands cris, oserait-il aujourd'hui courir les risques de s'évader pour aller joindre quelques chouans? N'avait-il pas dit, dans l'expansion de son cœur, au comte de Vauban : « Mon ami, je ne « me soucie pas d'aller chouaner? » Quoi qu'il en soit des intentions prêtées à l'ex-roi depuis son départ de Rambouillet, il aperçoit, en arrivant sur les hauteurs qui dominent le port de Cherbourg, les vaisseaux prêts à le transporter en Angleterre; ils sont sous voile, ils l'attendent hors du port, lui et sa famille...

Le roi des ordonnances de juillet a pu se convaincre, tout à son aise, pendant ses douze journées de marche ou de séjour, de la profonde indifférence que sa destinée et celle de sa famille inspirent aux populations des départemens qu'il traverse; partout le drapeau blanc abattu, le drapeau tricolore flottant sur les édifices publics, les villes pavoisées des couleurs nationales, les armoiries et les indications royales mises au rebut : quelle dégradation! mais Charles x l'a méritée! Chef suprême d'une garde, ou plutôt d'une armée nombreuse, brave, dévouée à sa personne, qu'il lance sur son peuple, le monarque se laisse renverser du trône sans se montrer à ses troupes; il fuit de palais en palais, il quitte à jamais sa patrie, un livre de prières à la main; il subit pendant douze jours les regards des populations qui applaudissent à la royale catastrophe; il boit goutte à goutte le calice de l'humiliation, de la honte! Aussi, pas une seule manifestation populaire pour l'immense infortune; les populations voient froidement passer le convoi funéraire des princes de Coblentz, examinent l'ex-roi et gardent un profond silence : jamais le mépris public n'aura parlé à une famille royale avec tant d'unanimité, avec tant de force. Charles x paraît calme et tranquille : non, la postérité ne le croira pas!

Conduit d'étape en étape au lieu où il doit être déporté; gardé à vue par trois commissaires qui le couvrent de leur protection et l'accablent de leurs respects, l'ex-roi entre dans cette ville maritime, création de son frère Louis xvi; il a déposé, dans la matinée du 16, les dernières marques de sa royauté de six années, cette couronne en pierreries qui étincelle sur ses épaulettes, insignes de son habit *militaire*, cette plaque de l'ordre du Saint-Esprit, ces grand'croix de Saint-Louis et de la Légion-d'*Honneur* dont il s'est paré depuis Rambouillet, pendant ses douze jours d'arrestation!... Charles x a revêtu pour l'exil un habit bourgeois; que n'a-t-il pris l'habit de jésuite qui lui convenait mieux encore?

La ville de Cherbourg offre à l'ex-famille royale le spectacle d'une cité parée avec orgueil des couleurs nationales, les bâtimens du port pavoisés de pavillons tricolores : l'ex-roi traverse rapidement la ville, descend de carrosse vers l'arsenal de la marine, et est embarqué par les commissaires, à deux heures et demie, sur le navire américain *le Great-Britain*, appartenant à M. Patterson, beau-père du bigame Jérôme Bonaparte, frère de Napoléon : les personnes qui accompagnent l'ex-roi et sa famille s'embarquent sur le navire américain *le Charles Carrol*, appartenant au même M. Patterson. — Une corvette et un brick français, sous le commandement de M. Dumont-d'Urville, capitaine de vaisseau, ont ordre d'escorter les deux navires américains jusque sur les côtes d'Angleterre : Charles x a désiré être conduit à Spithead, île de Wight; son intention est de débarquer à Portsmouth. Au bout de vingt-quatre heures, le convoi de la déportation royale mouille (le 17) dans la rade de Portsmouth, où Napoléon devait débarquer en 1815 si le roi d'Angleterre et ses ministres n'eussent violé envers le grand homme les lois de l'hospitalité, pour le retenir captif et l'assassiner, jour par jour, pendant cinq ans et dix mois!!!

L'opinion nationale accorde son estime à MM. les gardes-du-corps; elle l'accorde aussi aux fidèles serviteurs d'une mauvaise cause qui suivent Charles x sur la terre d'exil, qui obéissent, dans la grande infortune, à un sentiment noble et désintéressé : ils méritent, exception faite du duc de Raguse, que la nation les honore dans leur dévouement... Nous nous faisons un devoir de citer parmi eux M. de Bourmont : il se rendra auprès du prince dans lequel il voit toujours son roi, dès qu'il aura remis le commandement de l'armée d'Afrique entre les mains du général nommé par le nouveau roi des Français. M. de Bourmont était libre, cependant, de rentrer en France et d'y conserver son grade et ses émolumens : mais qu'il ne compromette pas ce titre à l'estime, qui s'effacerait pour laisser reparaître celui de traître, s'il cherchait, dans la suite, à rentrer dans sa patrie pour la troubler et y tenter la guerre civile !... L'on remarque parmi les personnes qui ne se séparent pas de Charles x et de l'ex-famille royale : MM. le duc de Luxembourg, le prince de Croi-Solre, le duc de Polignac, le comte de La Rochejacquelin (Auguste), le duc de Guiche, le duc de Levis, le comte de Brissac, le comte de Mesnard, le baron de Damas (gouverneur du duc de Bordeaux), etc., et mesdames de Sainte-Maure-Montausier, la duchesse de Gontaut (Biron), la comtesse de Bouillé, la vicomtesse d'Agoult*, la baronne de Cha-

---

* C'est la veuve du pair de France dont il est question, t. III, p. 105, et à l'égard duquel l'on est tombé dans une erreur que nous nous empressons de corriger : notre copiste a confondu ce pair de France avec son homonyme, le vicomte d'Agoult (Vincent), major du régiment des gardes françaises, qui arrêta (mai 1788) dans le sein du parlement, en vertu des ordres du roi, MM. d'Esprémenil et Goislard de Montsabert. *Suum cuique.* — Le pair de France, dont nous avons mentionné la mort, était fils d'un conseiller au parlement de Grenoble; il jouissait de la plus haute faveur auprès de la duchesse d'Angoulême, à laquelle il avait donné, pendant deux ans, des leçons

rette, etc, etc. Le nombre des personnes, de toutes les classes, qui s'embarquent à la suite de l'ex-famille royale, s'élève à soixante-sept : plusieurs serviteurs de tout rang, restés en France, iront la rejoindre en Écosse :

d'équitation : il était, corps et âme, à l'ancien régime et au pouvoir absolu, assez bon homme d'ailleurs.

Nous saisirons cette occasion pour corriger une autre erreur, commise dans l'évaluation en francs des rixdhallers de Suède (V. page 118 de ce volume). Cette évaluation doit être abaissée d'un cinquième, au moins : ainsi, la liste civile du roi Charles-Jean XIV ne s'élèverait pas en réalité, tant en espèces qu'en papier, au-dessus de 17 à 18 cent mille francs, tous revenus et droits royaux compris. De si faibles ressources ne rendent que plus admirables les succès obtenus par le prince dans l'espace de ses vingt années d'administration ou de règne (1810 à 1830) : l'on ne revient pas de son étonnement lorsque l'on considère cette progression, toujours croissante, d'améliorations qui ont eu lieu entre ces deux époques! Défense du royaume, état civil, industrie, législature, liquidation des dettes de l'État, banque, finances, réserves pécuniaires pour les besoins de l'intérieur et le matériel de l'armée, construction des canaux et routes, instruction publique, etc., tout a été réformé, amélioré ou créé comme par une sorte d'enchantement; il n'est aucune sorte d'améliorations que le prince n'ait apportées dans toutes les parties de l'économie politique et de l'économie rurale : aussi la Suède qui importait annuellement, avant 1810, cinq cent mille tonneaux de blé, en récolte suffisamment aujourd'hui pour ses besoins, et peut même en exporter considérablement dans les bonnes années; dans le seul gouvernement de Malmôhus en Scanie, il a été défriché, depuis vingt ans, près de cinq cent mille arpens de France, autrefois incultes, et la population de la Suède, qui n'était, en 1810, que de 2,000,400 habitans, est aujourd'hui de près de 3,000,000 (la population de la Norwège s'élève à environ 1,200,000 habitans)! Il n'y a, dans le monde entier, que le seul gouvernement des États-Unis d'Amérique que l'on puisse mettre en parallèle avec le gouvernement de Suède, sous les rapports de sagesse, de justice, d'économie, de dignité nationale, de liberté politique et civile! En temps et lieu nous

il est inutile de dire que le confesseur de l'ex-roi, le cardinal Latil, sera l'un des premiers à s'y rendre.

Charles x n'osera prendre terre à Portsmouth, où les habitans se disposent à arborer les couleurs nationales françaises, aussitôt que l'ex-roi descendra dans leurs murs. Pourquoi cette crainte? il n'y a plus que de la honte à essuyer..... Le gouvernement anglais lui ayant permis de débarquer, comme simple particulier, sous le nom de comte de Ponthieu, l'ex-roi prendra terre dans le comté de Dorsett, et ira habiter le château de Lulworth, situé à environ six lieues de Plymouth, d'où il se rendra par mer*, au mois de novembre, à Edimbourg, capitale du royaume d'Écosse : le roi d'Angleterre lui a fait offrir le château royal (Holy-Rood) pour résidence. L'ex-roi connaît parfaitement ce château, il l'habita plusieurs années dans les temps de son émigration ; il y retrouvera encore un asile contre les créanciers du comte d'Artois qu'il n'a pas soldés depuis sa rentrée en France, depuis son avénement à la couronne.

Charles x, ex-roi de France et de Navarre, est mort politiquement et civilement en France ; il appartient à l'histoire : nous avons dit.

4. — Paris. — La commission municipale arrête : « Il

entrerons dans des détails importans sur le gouvernement de Charles-Jean xiv : il peut être appelé, à juste titre : le gouvernement-modèle !

Quand la France fonde un nouveau trône constitutionnel, lorsque le nouveau monarque proclame, avec la plus noble franchise, que *la Charte sera désormais une vérité*, cette note sur Charles-Jean de Suède ne paraîtra probablement pas hors de propos à nos lecteurs.

* Charles x veut, par-dessus tout, éviter Londres, où la population lui ferait subir le spectacle national que lui réservaient les habitans de Portsmouth.

sera publié une narration officielle de tous les traits d'héroïsme et d'humanité qui ont illustré les dernières journées de juillet... » Elle charge M. Plongoulm, avocat à la cour royale de Paris, de la rédaction de cet ouvrage; il n'aura pas encore paru dans les premiers mois de 1833.

6. — Ordonnance de la lieutenance-générale, qui nomme M. Casimir Périer président de la chambre des députés. — Il écrit à M. Laffitte, vice-président : « ..... L'état de ma santé ne me permettant pas de remplir ces honorables fonctions, je n'aurais pas hésité à m'en démettre immédiatement, si, dans les circonstances mémorables où nous sommes placés, il n'était pas du plus haut intérêt de ne pas suspendre, par de nouveaux scrutins, les travaux de la chambre. Elle est justement impatiente, comme la France entière, de léguer à notre glorieuse patrie un avenir de bonheur et une liberté forte et entière, en satisfaisant aux véritables vœux et aux besoins publics, et en *consolidant* un pouvoir national dans les mains du prince citoyen que les acclamations et les nécessités publiques ont appelé à venir assurer le règne des lois et le maintien des droits de la nation... » — Cette lettre annonce que le lieutenant-général du royaume va ceindre son front de la couronne royale ; la chambre des députés l'a remise entre les mains de ce prince, elle va la poser sur son front.

M. Casimir Périer s'est opposé de toutes ses forces à la révolution qui vient de s'opérer ; il seconde aujourd'hui le nouvel ordre de choses, et passe avec armes et bagage du côté de la victoire : nommé ministre par Charles X, il entrera dans les conseils de Louis-Philippe qui lui confiera plus tard le gouvernement de l'État. M. Casimir Périer s'est mis parfaitement en règle, et même en mesure de procédés, avec les princes de Coblentz; il n'exercera pas les fonctions de président de la chambre les 6 et 7, c'est-à-dire pendant les discussions relatives à la *déchéance* de Charles x et à la *modification* de la Charte : mais sa santé sera rétablie dès le 9, et il présidera la chambre le jour de la séance royale.

Dans la séance du 6, M. Salverte, député de la Seine (Paris), soumet à la Chambre la proposition suivante : « La chambre des députés accuse de haute « trahison les ministres signataires du rapport au roi, « et des ordonnances en date du 25 juillet 1830. » Cette proposition est renvoyée dans les bureaux, et le développement en est remis à huitaine.

6. — Chambre des députés. — Il s'agit de décider des destinées de la France, c'est-à-dire de prononcer sur les formes du gouvernement qui doit être appelé à la régir.

M. Bérard a rédigé, le 3, un projet de proposition dont il a fait lecture, à dix heures du soir, aux députés réunis chez M. Laffitte, projet qui a reçu leur approbation. — M. Bérard monte à la tribune, et, après avoir rappelé dans le *considérant* des propositions qu'il va soumettre à la chambre, une partie des récriminations produites contre la dynastie déchue dans le *projet* lu chez M. Laffitte, le 3, récriminations qu'il affaiblit aujourd'hui, il fait l'énumération des changemens, suppressions, modifications qu'il propose de faire subir à la Charte *octroyée* par Louis xviii ; il termine en disant : « Moyennant l'acceptation de ces dispositions et propositions, la chambre des députés déclare enfin que l'intérêt du peuple français appelle au trône S. A. R. Louis-Philippe d'Orléans, duc d'Orléans, lieutenant-général du royaume; et ses descendans à perpétuité, de mâle en mâle, par ordre de primogéniture, à l'exception des femmes et de leurs descendans. » — « En conséquence, S. A. R. Louis-Philippe d'Orléans, lieutenant-général du royaume, sera invité à accepter et à jurer les clauses et engagemens ci-dessus énoncés, l'observation de la Charte constitutionnelle et des modifications indiquées ; et, après l'avoir fait, à prendre le titre de roi des Français. »

La chambre des députés ordonne successivement « qu'une commission spéciale sera formée dans les bureaux, et que cette commission se réunira à celle de l'adresse, pour procéder à l'examen de la proposition Bérard. » — La séance est levée, et la chambre s'ajourne à huit heures précises.

Séance du soir. — L'effervescence populaire est à son comble ; la conduite suivie, pendant les trois journées, par la plupart des députés qui exercent, dans ce moment, une grande influence dans la chambre, fait craindre aux vainqueurs de juillet que « les partisans de la dynastie déchue ne rendent à peu près illusoire, ou du moins incomplète, la révolution qui vient de s'opérer ; une foule immense encombre les avenues de la chambre des députés ; elle crie : *A bas l'hérédité ! à bas la chambre des pairs ! plus de priviléges ! la chambre des députés nous trahit ! A bas l'hérédité !* » Ces cris ne cessent de se faire entendre sur le passage des députés, et redoublent d'énergie au moment où la chambre ouvre la séance : les députés, effrayés, parlementent pour apaiser l'irritation qui se manifeste avec éclat ; plusieurs d'entre eux descendent et s'efforcent de calmer la multitude, en l'assurant que la chambre répondra dignement aux vœux du peuple.

« M. Benjamin Constant essaie d'aller calmer cette foule, que l'intention connue de la chambre de conserver l'hérédité des pairs et l'inamovibilité de la magistrature a portée à ce point d'exaspération : les paroles que cet honorable député lui adresse la calment momentanément. Aux cris : *A bas l'hérédité!* succèdent ceux : *Vive Benjamin Constant! vive Lafayette! vive la chambre de 1815!* » (*Courrier français*). — M. Mauguin use, également, de son éloquence et de sa popularité pour calmer la multitude.

Le rapporteur de la commission chargée de l'examen de la proposition Bérard n'étant pas encore, à neuf heures, en mesure de paraître à la tribune, la chambre décide qu'elle restera en permanence jusqu'à ce que la commission ait fait son rapport.

Il est dix heures du soir..... Le rapporteur monte à la tribune, et fait lecture du rapport de la commission.

Sur la proposition de M. Guizot, la chambre met aux voix et adopte « l'impression et la distribution du rapport, et la discussion au lendemain, à dix heures du matin. » — La séance est levée.

7. — Chambre des députés. — La séance est ouverte à huit heures, quoique indiquée pour dix ; soixante députés plus diligens que leurs collègues sont présens.

La Charte constitutionnelle *octroyée* par Louis XVIII se compose de 76 articles : 29 de ces articles sont lus, examinés et mis en discussion ; les 47 autres articles ne sont ni discutés, ni examinés, ni même lus.

Après environ cinq heures de discussions plus ou moins vives sur les 29 art. soumis à examen en vertu du rapport de la commission, la chambre procède au scrutin secret; il donne le résultat suivant : nombre des votans, 252. — Boules blanches, *pour*, 219; boules noires, *contre*, 33. — La chambre adopte.

Avant de procéder au scrutin, la chambre a arrêté

que sa résolution sera communiquée à la chambre des pairs, et portée au lieutenant-général.—Immédiatement après l'adoption de la *déclaration*, le président dit : « S. A. R. le prince lieutenant-général du royaume m'a fait annoncer qu'il était prêt à recevoir la chambre. Comme nous serons, sans doute, accompagnés par la brave garde nationale, pour mettre de l'ordre dans notre marche, je propose de nous ranger trois par trois. »—La séance est levée ; il est quatre heures.

La chambre se rend à quatre heures trois quarts au Palais-Royal ; elle est reçue aussitôt par le prince ; M. Laffitte fait lecture de la résolution de la chambre qui lui défère la couronne, aux conditions portées dans la déclaration ; le prince répond : « Je reçois avec une « profonde émotion la déclaration que vous me présen- « tez. Je la regarde comme l'expression de la volonté « nationale, et elle me paraît conforme aux principes « politiques que j'ai professés toute ma vie. »—« Rem- « pli de souvenirs qui m'avaient fait toujours désirer de « n'être jamais destiné à monter sur le trône, exempt « d'ambition et habitué à la vie paisible que je menais « dans ma famille, je ne puis vous cacher tous les sen- « timens qui agitent mon cœur dans cette grande con- « joncture ; mais il en est un qui les domine tous, c'est « l'amour de mon pays. Je sais ce qu'il me prescrit, et « je le ferai. »

Le prince embrasse M. Laffitte, et paraît au balcon de son palais, accompagné de M. de Lafayette dans les bras duquel il se jette : la foule rassemblée dans les cours du palais fait retentir l'air des cris : de *vive le roi !*

DÉCLARATION DE LA CHAMBRE DES DÉPUTÉS [*].

« La chambre des députés, prenant en considération l'impérieuse nécessité qui résulte des événemens des 26, 27, 29, juillet dernier (*Nota*. Il y a omission du 28) et jours suivans, et de la situation générale où la France s'est trouvée placée à la suite de la violation de la Charte constitutionnelle;

« Considérant, en outre, que, par suite de cette violation et de la résistance héroïque des citoyens de Paris, S. M. (le préambule, adopté par la chambre ne porte pas : S. M.) Charles x, S. A. R. Louis-Antoine, dauphin, et tous les membres de la branche aînée de la maison royale sortent en ce moment du territoire français,

« Déclare que le trône est vacant en fait et en droit, et qu'il est indispensable d'y pourvoir.

« La chambre des députés déclare secondement que, selon le vœu et dans l'intérêt du peuple français, le préambule de la Charte constitutionnelle est supprimé comme blessant la dignité nationale, en paraissant octroyer aux Français des droits qui leur appartiennent essentiellement, et que les articles suivans de la même Charte doivent être supprimés ou modifiés de la manière qui va être indiquée.

« Art. 6. *Supprimé*.

« Art. 7. Les ministres de la religion catholique, apostolique et romaine, professée par la majorité des Français et ceux des autres cultes chrétiens, reçoivent des traitemens du trésor public.

---

[*] Nous rapportons cette déclaration d'après la version officielle du *Moniteur*.

« Art. 8. Les Français ont le droit de publier et de faire imprimer leurs opinions, en se conformant aux lois.

« La censure ne pourra jamais être rétablie.

« Art. 14. Le roi est le chef suprême de l'État, il commande les forces de terre et de mer, déclare la guerre, fait les traités de paix, d'alliance et de commerce, nomme à tous les emplois d'administration publique, et fait les réglemens et ordonnances nécessaires pour l'exécution des lois, sans pouvoir jamais ni suspendre les lois elles-mêmes ni dispenser de leur exécution.

« Toutefois, aucune troupe étrangère ne pourra être admise au service de l'État qu'en vertu d'une loi.

« Art. 15. Suppression des mots : *des départemens*.

« Art. 16 et 17. La proposition des lois appartient au roi, à la chambre des pairs et à la chambre des députés.

« Néanmoins toute loi d'impôt doit être d'abord votée par la chambre des députés.

« Art. 19, 20 et 21, *supprimés*, remplacés par la disposition suivante :

« Si une proposition de loi a été rejetée par l'un des trois pouvoirs, elle ne pourra être représentée dans la même session.

« Art. 26. Toute assemblée de la chambre des pairs qui serait tenue hors du temps de la session de la chambre des députés, est illicite et nulle de plein droit, sauf le cas où elle est réunie comme cour de justice, et alors elle ne peut exercer que des fonctions judiciaires.

« Art. 30. Les princes du sang sont pairs par droit de naissance ; ils siégent immédiatement après le président.

« Art. 31. *Supprimé.*

« Art. 32. Les séances de la chambre des pairs sont publiques comme celles de la chambre des députés.

« Art. 36. *Supprimé*.

« Art. 37. Les députés sont élus pour cinq ans.

« Art. 38. Aucun député ne peut être admis dans la chambre s'il n'est âgé de trente ans, et s'il ne réunit les autres conditions déterminées par la loi.

« Art. 39. Si, néanmoins, il ne se trouvait pas dans le département cinquante personnes de l'âge indiqué, payant le cens d'éligibilité déterminé par la loi, leur nombre sera complété par les plus imposés au-dessous du taux de ce cens, et ceux-ci pourront être élus concurremment avec les premiers.

« Art. 40. Nul n'est électeur s'il a moins de vingt-cinq ans, et s'il ne réunit les autres conditions déterminées par la loi.

« Art. 41. Les présidens des colléges électoraux sont nommés par les électeurs.

« Art. 43. Le président de la chambre des députés est élu par elle à l'ouverture de chaque session.

« Art. 46 et 47. *Supprimés* (en conséquence de l'initiative).

« Art. 56. *Supprimé*.

« Art. 63. Il ne pourra, en conséquence, être créé de commissions et de tribunaux extraordinaires, à quelque titre et sous quelque dénomination que ce puisse être.

« Art. 73. Les colonies seront régies par des lois particulières.

« Art. 74. Le roi et ses successeurs jureront, à leur avénement, en présence des chambres réunies, d'observer fidèlement la Charte constitutionnelle.

« Art. 75. La présente Charte et tous les droits qu'elle consacre demeureront confiés au patriotisme et au courage des gardes nationales et de tous les citoyens français.

« Art. 76. La France reprend ses couleurs. A l'avenir, il ne sera plus porté d'autre cocarde que la cocarde tricolore.

« Art. 75 et 76. *Supprimés.*

« *Disposition particulière.*

« Toutes les nominations et créations nouvelles de pairs faites sous le règne du roi Charles x sont déclarées nulles et non avenues.

« L'article 27 de la Charte sera soumis à un nouvel examen dans la session de 1831.

« La chambre des députés déclare troisièmement qu'il est nécessaire de pourvoir successivement, par des lois séparées et dans le plus court délai possible, aux objets qui suivent :

« 1° L'application du jury aux délits de la presse et aux délits politiques ;

« 2° La responsabilité des ministres et des autres agens du pouvoir ;

« 3° La réélection des députés promus à des fonctions publiques salariées ;

« 4° Le vote annuel du contingent de l'armée ;

« 5° L'organisation de la garde nationale, avec intervention des gardes nationaux dans le choix de leurs officiers ;

« 6° Des dispositions qui assurent d'une manière légale l'état des officiers de tout grade de terre et de mer ;

« 7° Des institutions départementales et municipales fondées sur un système électif ;

« 8° L'instruction publique et la liberté de l'enseignement ;

« 9° L'abolition du double vote et la fixation des conditions électorales et d'éligibilité;

« 10° Déclarer que toutes les lois et ordonnances, en ce qu'elles ont de contraire aux dispositions adoptées pour la réforme de la Charte, sont dès à présent et demeureront annulées et abrogées.

« Moyennant l'acceptation de ces dispositions et propositions, la chambre des députés déclare enfin que l'intérêt universel et pressant du peuple Français appelle au trône S. A. R. Louis-Philippe d'Orléans, duc d'Orléans, lieutenant-général du royaume, et ses descendans à perpétuité, de mâle en mâle, par ordre de primogéniture, et à l'exclusion perpétuelle des femmes et de leur descendance.

« En conséquence, S. A. R. Louis-Philippe d'Orléans, duc d'Orléans, lieutenant-général du royaume, sera invité à accepter et à jurer les clauses et engagemens ci-dessus énoncés, l'observation de la Charte constitutionnelle et des modifications indiquées, et, après l'avoir fait devant les chambres assemblées, à prendre le titre de roi des Français.

« Délibéré au palais de la chambre des députés, le sept août mil huit cent trente.

« *Les présidens et secrétaires,* Laffitte, *vice-président,* Jacqueminot, Pavée de Vandeuvre, Cunin-Gridaine, Jars.

« Collationné à l'original par nous président et secrétaires, Laffitte, Jars, Jacqueminot, Pavée de Vandeuvre, député de l'Aube, Cunin-Gridaine, député des Ardennes. »

7. — Chambre des pairs. — La séance est ouverte à huit heures du soir.

Le président, M. Pasquier, annonce qu'il a reçu de M. le président de la chambre des députés un message, ayant pour objet de communiquer à la chambre une déclaration adoptée par la chambre des députés dans la séance de ce jour; il en donne lecture, et consulte la chambre « pour savoir, d'une part, si elle entend ordonner l'impression et la distribution de la déclaration qui lui a été *communiquée*, et de l'autre, si elle veut en renvoyer l'examen à une commission spéciale....... La chambre décide qu'il n'y a lieu d'ordonner, préalablement à la discussion, l'impression et la distribution de l'acte ; elle décide pareillement qu'il ne sera pas nommé de commission spéciale. » — Le président déclare que la discussion est ouverte.

M. de Châteaubriand prend la parole, et prononce un long discours dans lequel il s'attache à prouver que le trône n'est pas vacant : « Je ne vois, dit-il, de vacant qu'un tombeau à Saint-Denis. » L'éloquent orateur prend en main la défense du duc de Bordeaux : «... Ce n'est ni par un dévouement sentimental, ni par un attendrissement de *nourrice* transmis de maillot en maillot, depuis le berceau de saint Louis jusqu'à celui du jeune Henri, que je plaide une cause où tout se tournerait de nouveau contre moi si elle triomphait. Je ne vise ni au *roman*, ni à la *chevalerie*, ni au *martyre*. Je ne crois pas au *droit divin* de la royauté, et je crois à la puissance des révolutions et des faits. Je n'invoque pas même la Charte, je prends mes idées plus haut : je les tire de la sphère *philosophique*, de l'époque où ma vie expire. Je propose le duc de Bordeaux *tout simplement* comme une nécessité d'un meilleur *aloi* que celle dont on argumente.

« Je sais qu'en éloignant cet enfant, on veut établir le principe de la souveraineté du peuple; niaiserie de l'ancienne école, qui prouve que, sous le rapport politique, nos vieux démocrates n'ont pas fait plus de progrès que les vétérans de la royauté. Il n'y a de souveraineté absolue nulle part; la liberté ne découle pas du droit politique, comme on le supposait au dix-huitième siècle; elle vient du droit naturel, ce qui fait qu'elle existe dans toutes les formes de gouvernement, etc... »

M. de Châteaubriand n'est pas fort en droit politique; il raisonne toujours dans son système du droit divin de la royauté, *quoiqu'il n'y croie pas,* et vise toujours, quoi qu'il en dise, au roman et à la chevalerie : mais il a contre lui les principes proclamés par l'assemblée constituante, principes incontestables et imprescriptibles, qui ne sont pas de la niaiserie, et dont les États-Unis ont fait une belle application.

« Inutile Cassandre, j'ai assez fatigué le trône et la pairie de mes avertissemens dédaignés; il ne me reste qu'à m'asseoir sur les débris d'un naufrage que j'ai tant de fois *prédit.* Je reconnais au malheur toutes les sortes de puissances, excepté celle de me délier de mes sermens de fidélité. Je dois aussi rendre ma vie uniforme : après tout ce que j'ai fait, dit et écrit pour les Bourbons, je serais le dernier des misérables si je les reniais au moment où, pour la troisième et dernière fois, ils s'acheminent vers l'exil. — Je laisse la peur à ces généreux royalistes qui n'ont jamais sacrifié une obole ou une place à leur loyauté, à ces champions de l'autel et du trône qui naguère me traitaient de renégat, d'apostat et de révolutionnaire. Pieux libellistes, le renégat vous appelle! Venez donc balbutier un mot, un seul mot avec lui pour l'infortuné *maître* qui vous combla de ses dons et que vous avez perdu. Provocateurs de coups d'État, prédicateurs du pouvoir constituant, où êtes-vous? Vous vous cachez dans la boue, du fond de laquelle vous leviez vaillamment la tête pour calomnier les vrais serviteurs du roi : votre silence d'aujourd'hui est digne de votre langage d'hier. Que tous ces preux, dont les exploits projetés ont fait chasser les descendans de Henri IV *à coups de fourche*, tremblent maintenant accroupis sous la cocarde tricolore : c'est tout naturel. Les nobles couleurs dont ils se parent protégeront leur personne, et ne couvriront pas leur lâcheté. » — « Au surplus, en m'exprimant avec franchise à cette tribune, je ne crois pas du tout faire un acte d'héroïsme : nous ne sommes plus dans ces temps où une opinion coûtait la vie ; y fussions-nous, je parlerais cent fois plus haut. Le meilleur bouclier est une poitrine qui ne craint pas de se montrer à découvert à l'ennemi. Non, messieurs, nous n'avons à craindre ni un peuple *dont la raison égale le courage*, ni cette *généreuse jeunesse* (*Nota*. M. de Châteaubriand lui donnait en 1815 le nom de *jeunes barbares!*) que j'admire, avec laquelle je sympathise de toutes les facultés de mon âme, à laquelle je souhaite, comme à mon pays, honneur, gloire et liberté... » — « Je vote contre le projet de déclaration. »

Nous avons cru nécessaire de rapporter une grande partie du discours de M. de Châteaubriand, parce que ce partisan si chaleureux des deux restaurations de 1814 et 1815 imprime à la révolution de juillet 1830 un caractère d'approbation et de justice qui n'est pas sans autorité pour la cause de la liberté constitutionnelle. L'orateur rend un juste hommage à l'héroïsme et à la générosité du peuple, il flétrit avec la même éloquence le servilisme et la lâcheté des soutiens de l'autel et du trône; il les place sur la sellette, et certes tous ces Bayards de 1814 et de 1815 ne peuvent récuser le miroir que leur présente ici M. de Châteaubriand ! Ils pourraient, il est vrai, lui répondre : « N'avez-vous pas proclamé les mêmes doctrines et suivi la même conduite que nous? ce sont vos leçons, vos préceptes que nous avons mis en pratique... En effet, M. de Châteaubriand a professé dans toute leur pureté les principes du droit divin et les maximes de l'ancien régime ; il les a poussés jusque aux plus extrêmes conséquences dans son pamphlet : *de Buonaparte et des Bourbons*, dans ses écrits politiques de 1815, dans le *Conservateur*, dans le *gouvernement-modèle* du roi Ferdinand VII, au *congrès de Vérone*, etc. : M. de Châteaubriand a fortifié de son immense talent les doctrines des royalistes *purs*, des royalistes *quand même !* il a semé, l'ancien régime a recueilli. Revenu à résipiscence constitutionnelle et libérale, ce grand écrivain s'est efforcé de rendre à la liberté les services qu'il avait rendus au despotisme, mais il n'a pas été moins funeste à la cause des Bourbons de Coblentz dans les dernières années de la restauration, qu'il ne l'avait été aux libertés nationales en 1814 et 1815... Les sentimens personnels de M. de Châteaubriand sont fort beaux, et il prononce un éloquent discours à la chambre des pairs ; mais cet orateur est d'une grande faiblesse lorsqu'il discute le droit politique, lorsqu'il effleure la question de la souveraineté nationale. M. de Châteaubriand, il est vrai, n'est pas homme d'État ; il achève de le prouver, en votant contre la révolution de juillet dont il fait néanmoins un brillant éloge : cet illustre littérateur est affamé de célébrité, elle est pour lui la gloire ; le bruit politique est son élément de vie, le repos lui est insupportable ; depuis près de vingt ans il sort du monde politique et y rentre tour à tour ; il parle sans cesse de retraite, de solitude, et il remonte à chaque instant sur la scène publique ! Cet homme de génie n'a jamais eu le secret de sa position ; il se met toujours en contradiction avec lui-même. En nous exprimant sur son compte avec une franchise exempte de tout esprit de parti, nous applaudissons, ainsi que tous les cœurs généreux, à la fidélité qu'il conserve au malheur de ses anciens *maîtres* ; mais il eût mis, ce nous semble, le comble à cette fidélité en ne les abandonnant pas dans l'exil, en leur consacrant ses derniers jours... Il se bornera à donner sa démission de pair de France, et à lancer en public, dans toutes les conjonctures qui viendront embarrasser la marche du gouvernement de juillet, des écrits tendant à favoriser le retour de la dynastie déchue, de cette dynastie qui (dit-il) a *menti jusqu'à la dernière heure*, de cette dynastie *de bêtise et d'hypocrisie*, de cette dynastie *d'eunuques!!!* Nous le dirons encore : M. de Châteaubriand est animé des plus nobles sentimens, il est doué d'un très-grand talent littéraire ; mais son jugement est loin de répondre à de si beaux attributs, son imagination l'égare sans cesse dans de fantastiques et brillans sophismes, et il fait continuellement de la poésie en législation et en matières d'État.

En résultat, le discours de M. de Châteaubriand jette sur la dynastie déchue une déconsidération proportionnée à la célébrité littéraire du personnage politique.

Après une heure environ de délibération, ou plutôt de pourparlers, la chambre procède au scrutin secret, sur l'ensemble de la *déclaration* de la chambre des députés.

La chambre des pairs se compose de 114 votans ; le résultat du scrutin donne : *pour* la déclaration, 89 voix ; *contre*, 10 ; billets blancs, 14 ; bulletin nul, 1..... La chambre adopte :

— DÉCLARATION DE LA CHAMBRE... « La chambre des pairs prenant en considération..... (Suit la répétition littérale de la *déclaration* de la chambre des députés, jusqu'au paragraphe : *Disposition particulière*). La chambre des pairs déclare qu'elle ne peut délibérer sur la disposition de la chambre des députés, conçue en ces termes : « Toutes les nominations et créa-

« tions nouvelles de pairs faites sous le règne du roi « Charles x sont déclarées nulles et non avenues. » — « *Elle déclare s'en rapporter entièrement, sur ce sujet, à la haute prudence du prince lieutenant-général.* » — « L'art. 27 de la Charte sera soumis, etc... » (Répétition littérale de la déclaration de la chambre des députés). — « Délibéré au palais de la chambre des pairs, le 7 août 1830.

« *Les présidens et secrétaires, signé* Pasquier, président, marquis de Mortemart, le duc de Plaisance, le comte Lanjuinais. — Pour expédition conforme : *les présidens et secrétaires, signé* Pasquier, *président*, marquis de Mortemart, le duc de Plaisance, le comte Lanjuinais. »

Il est neuf heures et un quart. — La chambre décide que la déclaration sera immédiatement portée au prince, par une grande députation tirée au sort... La députation se rend au Palais-Royal à dix heures ; 83 pairs sont présens : M. Pasquier, président, dit : « La chambre des pairs vient présenter à votre altesse royale l'acte qui doit assurer nos destinées. Vous avez autrefois défendu, les armes à la main, nos libertés encore nouvelles et inexpérimentées. Aujourd'hui, vous allez les consacrer par les institutions et les lois. Votre haute raison, vos penchans, le souvenir de votre vie entière nous promettent un roi-citoyen ; vous respecterez nos garanties qui sont aussi les vôtres. Cette noble famille que nous voyons autour de vous, élevée dans l'amour de la patrie, de la justice et de la vérité, assurera à nos enfans la paisible jouissance de cette Charte que vous allez jurer, et les bienfaits d'un gouvernement stable et libre. »

Le lieutenant-général répond : « Messieurs, en me présentant cette déclaration, vous me témoignez une confiance qui me touche profondément. Attaché de conviction aux principes constitutionnels, je ne désire rien tant que la bonne intelligence entre les deux chambres. Je vous remercie de me donner le droit d'y compter. Vous m'imposez une grande tâche; je m'efforcerai de m'en rendre digne. »

9. — Chambres des députés. — Séance royale.
Le duc d'Orléans, lieutenant-général du royaume, se rend à deux heures et demie à la chambre des députés; S. A. R. prend place entre ses deux fils (le duc de Chartres, le duc de Nemours) sur un pliant disposé en avant du trône; dit au président de la chambre des députés de lire la DÉCLARATION du 7 août (V. cette date); demande au président de la chambre des pairs l'acte D'ADHÉSION de cette chambre; et dit : « MM. les pairs, « MM. les députés, j'ai lu avec une grande attention la « *déclaration* de la chambre des députés et l'acte « *d'adhésion* de la chambre des pairs; j'en ai pesé et « médité toutes les expressions. — J'accepte, *sans res-* « *triction* ni réserve, les clauses et engagemens que « renferme cette DÉCLARATION, et le titre de ROI DES « FRANÇAIS qu'elle me *confère*, et je suis prêt à en jurer « l'observation. »

S. A. R. prend des mains de M. Dupont (de l'Eure), faisant fonction de garde des sceaux, la formule du serment, se découvre, lève la main et prononce le serment suivant : « En présence de Dieu, *je jure d'observer* « *fidèlement la Charte constitutionnelle, avec les mo-* « *difications exprimées dans la déclaration; de ne* « *gouverner que par les lois et selon les lois; de faire* « *rendre bonne et exacte justice à chacun selon son* « *droit, et d'agir en toutes choses dans la seule vue* « *de l'intérêt, du bonheur et de la gloire du peuple* « *français.* »

'A cette heure, S. A. R. monseigneur le duc d'Orléans est *roi des Français*.

Après avoir signé la *déclaration* de la chambre des députés, l'acte d'adhésion de la chambre des pairs, la formule du serment qu'il vient de prêter, le roi monte sur le trône, et dit : « MM. les pairs et MM. les dé-
« putés, je viens de consommer un grand acte. Je sens
« profondément toute l'étendue des devoirs qu'il m'im-
« pose. J'ai la conscience que je les remplirai. C'est avec
« pleine conviction que j'ai accepté le pacte d'alliance
« qui m'était proposé. »—« J'aurais vivement désiré ne
« jamais occuper le trône, auquel le vœu national vient
« de m'appeler. Mais la France, attaquée dans ses liber-
« tés, voyait l'ordre public en péril; la violation de la
« Charte avait tout ébranlé; il fallait rétablir l'action des
« lois, et c'était aux chambres qu'il appartenait d'y
« pourvoir. Vous l'avez fait, Messieurs; les sages mo-
« difications que nous venons de faire à la Charte garan-
« tissent la sécurité de l'avenir; et la France, je l'es-
« père, sera heureuse au dedans, respectée au dehors,
« et la paix de l'Europe de plus en plus raffermie. »

Le roi retourne au Palais-Royal, au milieu d'une foule immense, aux acclamations publiques et aux chants mille et mille fois répétés de *la Marseillaise*.

Sa majesté prendra nom : LOUIS-PHILIPPE Ier.

FIN DU TOME QUATRIÈME.

ERRATA.

Pages	lignes	Au lieu de	Lisez
96,	11,	Stryfaord,	Strafford.
263,	20,	en 1795	en 1815.
377,	18,	assassiné	assassine.
377,	27,	Condé! Brutal	Condé, où il n'a jamais paru! Brutal.

www.ingramcontent.com/pod-product-compliance
Lightning Source LLC
Chambersburg PA
CBHW070623230426
43670CB00010B/1627